O DESENVOLVIMENTO DO AUTISMO

Thomas L. Whitman

O DESENVOLVIMENTO DO AUTISMO

Social, Cognitivo, Linguístico, Sensório-motor e Perspectivas Biológicas

M.BOOKS
M.Books do Brasil Editora Ltda.

Dados de Catalogação na Publicação

Whitman, Thomas L.
O desenvolvimento do autismo / Thomas L. Whitman.
Rio de Janeiro – 2025 – Alta Books.
1. Autismo 2. Psicologia 3. Medicina
ISBN: 978-85-508-2636-3

Do original: The development of autism: A self-regulatory perspective
Original publicado por Jessica Kingsley
ISBN original: 978-18-4310-735-4

Editor: Milton Mira de Assumpção Filho

Produção Editorial: Carolina Evangelista

Tradução: Dayse Batista

Capa: Zuleika Iamashita

Editoração: Crontec

Editora
afiliada à:

ALTA BOOKS
GRUPO EDITORIAL

Rua Viúva Cláudio, 291 – Bairro Industrial do Jacaré CEP: 20.970-031 – Rio de Janeiro (RJ)
Tels.: (21) 3278-8069 / 3278-8419
www.altabooks.com.br – altabooks@altabooks.com.br
Ouvidoria: ouvidoria@altabooks.com.br

abdr ASSOCIAÇÃO BRASILEIRA DE DIREITOS REPROGRÁFICOS

ASSOCIADO CBL Câmara Brasileira do Livro

Dedicatória

Para Michael, Amy, Christopher e vovó Kathy. Dedicado também às muitas famílias que me lançaram à escrita deste livro e me ajudaram a entender o real significado do autismo.

Sumário

Prefácio

O autismo é um transtorno do desenvolvimento que tanto fascina quanto frustra a comunidade científica e clínica. Embora extensas pesquisas tenham tentado isolar a base neuropsicológica deste transtorno complexo, sua etiologia ainda é desconhecida. O autismo também apresenta grandes desafios àqueles que oferecem serviços para esta população. Existem controvérsias consideráveis envolvendo a forma como a educação e as intervenções biomédicas devem ser estruturadas e sobre quais seriam as melhores práticas para o seu tratamento. Complicando ainda mais este quadro, vemos informações conflitantes e incompletas publicadas abundantemente em revistas populares, nos filmes, na televisão e na internet sobre o autismo. Não nos surpreende que a formulação de políticas públicas úteis envolvendo o autismo aguarde esclarecimentos da comunidade científica, médica e educacional. Apesar do estado incompleto do conhecimento relacionado à natureza e ao tratamento do autismo, pesquisas e atividades recentes de estudiosos começam a oferecer um quadro mais preciso deste transtorno. Em particular, temos informações novas e interessantes sobre as bases biológicas do autismo e sobre o papel que o ambiente exerce em sua evolução. Além disso, intervenções novas e com base mais empírica começam a emergir.

Este livro foi escrito para abordar as necessidades de diferentes públicos, incluindo pais, professores, universitários que estudam o autismo, terapeutas e profissionais da saúde, bem como estudiosos e pesquisadores do autismo. Em virtude da diversidade de leitores, a forma como este texto é apresentado e desenvolvido precisou levar em conta tais diferenças. Para pais, professores e estudantes que começam a pesquisar sobre o autismo, o livro serve como uma introdução ao assunto, incluindo sua definição, avaliação, características básicas, possíveis causas e tratamento. Questões familiares e ligadas a políticas sociais também são discutidas extensamente. Já professores que buscam um texto sobre autismo descobrirão que este livro não apenas aborda os elementos básicos, mas também analisa o transtorno sob uma perspectiva teórica e empírica ampla. Para profissionais que atendem crianças com autismo, esta obra serve como um livro-texto básico sobre o tema. Ela fornece resumos concisos e perspectivas críticas com enfoques à avaliação, as características e teorias sobre o autismo, os programas educacionais, o tratamento, o auxílio ao estresse e manejo pelas famílias. Para pesquisadores, esta obra provavelmente oferecerá teorias instigantes, estimulará um modo diferente de pensar sobre o autismo e sugerirá novos rumos para pesquisas.

Este livro difere da maioria dos trabalhos anteriores, de diversas maneiras. Ele vai além das definições atuais de autismo e discute as formas complexas e variadas pelas quais este transtorno se manifesta. Além de resumir teorias populares sobre o assunto, ele propõe uma moldura teórica nova e abrangente voltada para a conciliação e integração de teorias mais antigas. Este trabalho examina o contexto social mais amplo no qual o autismo ocorre, incluindo o impacto sobre a família. Além de descrever uma vasta gama de intervenções educacionais e biomédicas, ele examina de forma crítica o estado atual do tratamento para o autismo. Em termos mais gerais, a obra examina o autismo sob uma perspectiva do desenvolvimento. Ela tenta oferecer um quadro dinâmico da forma como o transtorno emerge e o papel que processos emocionais, sensoriais, motores, cognitivos e sociais exercem em seu desenvolvimento, além de disponibilizar ao leitor insights sobre o mundo das pessoas com autismo; mais especificamente, por que se isolam do mundo social e organizam seus pensamentos, emoções, comportamentos e ambiente por meio de um arranjo incomum de obsessões e comportamentos compulsivos.

O livro apresenta dez capítulos. O capítulo 1 discute o autismo sob uma perspectiva histórica; as definições e critérios empregados no diagnóstico deste transtorno; distinções entre autismo e transtornos relacionados; enfoques à avaliação; e, finalmente, dados sobre incidência e prevalência, incluindo informações recentes que sugerem um aumento na incidência do autismo. O capítulo 2 descreve em maiores detalhes os principais sintomas (isto é, seus aspectos sociais, de linguagem e de estereótipos/rituais) que definem o autismo, assim como aqueles sintomas (sensórios, motores, emocionais, cognitivos e médicos/físicos) que não são incluídos como parte de sua definição formal, mas são importantes para seu entendimento. Pesquisas recentes que examinaram a sintomatologia são analisadas, juntamente com estudos que diferenciam o autismo de outros transtornos.

No capítulo 3, o leitor verá um resumo das teorias histórias e atuais do autismo, incluindo aquelas que salientam fatores socioambientais, psicológicos e biológicos. As teorias psicológicas examinam diversos processos que, segundo seus postulantes, exercem um papel de destaque no autismo, incluindo processos cognitivos (processamento de informações, funcionamento executivo, teoria da mente, metacognitivos e intersubjetivos), linguagem, integração sensorial e excitação/ativação. As teorias biológicas analisadas examinam o papel de fatores genéticos, anatômicos e de fatores bioquímicos. O capítulo 4 apresenta uma nova teoria que examina os sintomas diversificados (emocionais, motores, sensórios, cognitivos, de linguagem e sociais) do autismo dentro de uma moldura desenvolvimental e tenta explicar as diferenças individuais no modo como este transtorno se manifesta, conciliando as perspectivas tanto psicológica quanto biológica. O sistema autorregulatório singular dos indivíduos com autismo é discutido, incluindo as razões para a sua emergência e as funções às quais tal sistema atende no controle das emoções, cognição e comportamento.

O capítulo 5 descreve uma ampla variedade de intervenções educacionais e biomédicas que tem sido utilizada no tratamento do autismo e examina sua validade no contexto das teorias do passado e das pesquisas atuais. Esses programas de intervenção incluem a análise do comportamento aplicada (em inglês, *applied behavior analysis,* ou ABA, p. ex., aprendizado por tentativas discretas), TEACCH (Treatment and Education of Autistic and Communication Handicapped Children, em português, "tratamento e educação de crianças autistas e com desvantagens na comunicação", projeto de saúde pública da Carolina do Norte, nos Estados Unidos), sensório-motor, fala e comunicação, intervenção lúdica, desaceleração comportamental, farmacológica, hormonal, antileveduras, homeopática, imunológica, vitamínica e nutricional, assim como outras abordagens. O capítulo 6 descreve o impacto das crianças com autismo em suas famílias e como os parentes influenciam o desenvolvimento dessas crianças. Em termos mais específicos, ele examina os desafios com os quais as famílias de crianças com autismo se confrontam; o impacto deste transtorno, tanto positivo quanto negativo, sobre diferentes membros do lar; as características de lares que lidam com esses desafios com maior sucesso (p. ex., resiliência familiar); e intervenções e serviços para famílias. O capítulo 7 apresenta orientações aos pais, educadores e outros profissionais de saúde sobre práticas recomendadas de tratamento e melhorias na resiliência familiar. Há, ainda, recomendações a pesquisadores envolvendo áreas carentes de investigações empíricas e sugestões específicas sobre rumos para pesquisas básicas e aplicadas. Finalmente, o capítulo apresenta orientações para legisladores e administradores, para ajudá-los a desenvolver uma política social coerente que reflita o pensamento atual sobre o autismo.

Diversas pessoas foram muito úteis na preparação deste livro. Muitos estudantes ofereceram-me novos insights sobre o autismo, por meio de discussões em classe e trabalhos realizados. Agradeço especialmente a Julie Van Weelden, que me auxiliou imensamente com suas pesquisas de "biblioteca" e comentários editoriais; a Jaelyn Farris, Leann Smith e Chelsea Weaver, que me ajudaram tornando o livro mais fácil de ler; a Amy Daynes, por suas muitas contribuições e apoio; e a Judy Stewart e Pauline Wright, por seu auxílio no processamento de texto e por sua paciência. Finalmente, eu gostaria de agradecer às muitas famílias que abriram as portas de suas casas aos meus alunos. Eu acreditava, e ainda acredito, que os verdadeiros especialistas na área são os pais. Eles me ensinaram muito sobre o autismo e o significado de família. Em reconhecimento à contribuição que deram para este livro, todos os royalties irão para o Centro Regional de Autismo Michiana.

CAPÍTULO 1

História, definição e avaliação

Um menino pequeno está sentado no chão, no meio de uma sala de brincar, balançando-se para frente e para trás. Após algum tempo, ele para e pega um caminhãozinho. Ele vira o brinquedo e começa a girar as rodinhas, vezes sem conta. Enquanto faz isto, seus olhos permanecem fixos no brinquedo e seu rosto não demonstra emoção. Após dez minutos desta atividade, o pai chega, chama o menino pelo nome e pergunta-lhe se quer dar uma caminhada na rua. Parecendo ignorar a presença do pai, o garoto continua girando as rodinhas do caminhão e começa a se balançar devagar. O pai, desapontado, sai da sala e deixa o filho em seu mundo autista.

Nos últimos anos, o interesse público pelo autismo aumentou consideravelmente. Tal interesse evoluiu, em parte, por causa da atenção que os meios de comunicação têm dado a este tópico. Diversos filmes populares, por exemplo, retratam pessoas com autismo, como em *Rain Man, Gilbert Grape – Aprendiz de Sonhador* e *Código para o Inferno.* Discussões sobre o assunto são comuns no rádio e na televisão, em jornais e em revistas. O público sente fascínio pela imagem de uma bela criança que possui habilidades incomuns e vive em um mundo secreto.

O interesse da mídia, por sua vez, foi catalisado pelo número crescente de pessoas que se pronunciam em favor de pessoas autistas, incluindo pais de crianças com este transtorno, profissionais envolvidos no tratamento e/ou pesquisas, indivíduos com autismo e legisladores sociais. Os pais defendem serviços especializados para seus filhos. Os terapeutas, impressionados pelas conquistas das crianças com autismo, quando colocadas em programas educacionais, argumentam em favor do desenvolvimento de programas de intensiva intervenção precoce. Os pesquisadores, intrigados pela natureza multifacetada do autismo, buscam fundos para entender o papel que fatores biológicos e ambientais exercem em sua emergência. Indivíduos com autismo têm descrito, às vezes com grande eloquência, suas lutas, desejos e necessidades. Como consequência de tamanho esforço pelo desenvolvimento de serviços e estudos de qualidade, agências e políticos das comunidades sentem-se compelidos a abordar a demanda pública por ação.

O autismo é como um livro de suspense, no qual não está claro, exatamente, o que aconteceu com um dos protagonistas, por que aconteceu, ou quem ou o que é responsável. Ele tem sido comparado com um quebra-cabeça complexo, com muitas partes que não parecem se encaixar. Às vezes, aparenta que as partes podem ser montadas de várias maneiras para criarem-se imagens diferentes do autismo. Surge, então, a pergunta: há apenas uma, ou muitas soluções corretas para o quebra-cabeça? Neste livro, o quebra-cabeça do autismo, e as possíveis maneiras de resolvê-lo, serão examinados dentro de uma moldura teórica desenvolvimental, recorrendo a conceitos tradicionais da psicologia do desenvolvimento e, mais recentemente, perspectivas que emergem e são adotadas por estudiosos que atuam em áreas do desenvolvimento e da psicopatologia do desenvolvimento.

O exame do assunto no contexto do desenvolvimento faz bastante sentido, já que esta é uma deficiência do desenvolvimento. Por definição, indivíduos diagnosticados com autismo exibem seus sintomas antes dos 36 meses de idade. Ele é uma condição que emerge gradualmente, com sua trajetória de desenvolvimento variando consideravelmente de um indivíduo para outro. Crianças com autismo variam, não apenas em termos de gravidade ou padrão dos seus sintomas, mas também em sua resposta a programas de intervenção precoce. As informações obtidas de estudos realizados na psicologia do desenvolvimento, que se concentra na análise do desenvolvimento típico, ajudaram a iluminar a natureza das deficiências associadas com o autismo. Inversamente, o estudo do autismo forneceu aos pesquisadores novos insights sobre as diferentes maneiras de como o desenvolvimento pode ocorrer.

Neste livro, examinamos a multiplicidade de maneiras pelas quais o autismo se manifesta, em termos do desenvolvimento, incluindo: como afeta o funcionamento emocional, sensório, motor, cognitivo, linguístico e social. Historicamente, os teóricos e pesquisadores que estudam o desenvolvimento normal têm se concentrado em um desses processos, à exclusão dos outros. Em particular, os pesquisadores do desenvolvimento, influenciados por Piaget e por conceitualizações teóricas mais recentes, concentram sua atenção no estudo do desenvolvimento cognitivo. Pesquisas básicas na área do autismo sofreram de uma tendência similar. Como discutiremos no capítulo 3, muitas das teorias psicológicas atuais sobre o assunto têm um tom distintamente cognitivo.

Entretanto, com a emergência das áreas de psicologia do desenvolvimento ao longo de toda a vida (*lifespan psychology*) e da psicopatologia do desenvolvimento, tem havido uma ênfase crescente no exame dos inter-relacionamentos entre diferentes domínios do desenvolvimento, particularmente a influência recíproca dos sistemas emocional, cognitivo e social uns sobre os outros. Além disso, o interesse pelo desenvolvimento sensório, motor e da linguagem tem aumentado. Há uma atenção considerável ao estudo da evolução desses diversos processos do desenvolvimento no contexto social da família e da comunidade.

Além do exame do inter-relacionamento de diferentes processos psicológicos e sociais, os psicólogos desenvolvimentais salientam o estudo das diferenças individuais; isto é, como as pessoas diferem umas das outras e por que tais diferenças ocorrem. Duas abordagens básicas têm sido empregadas, neste sentido. Uma delas examina as diversas maneiras como um grupo de pessoas varia de um segundo grupo, por exemplo, como as pessoas com autismo diferem, social ou cognitivamente, de pessoas sem autismo. Uma segunda abordagem examina as diferenças dentro de determinado grupo, por exemplo, como indivíduos com autismo diferem uns dos outros em termos de características como comportamento social e linguagem. Embora as pesquisas sobre o assunto tenham sido mais do primeiro tipo, este livro argumentará que a segunda abordagem também é muito útil e pode fornecer insights preciosos sobre o desenvolvimento do autismo e a possibilidade da existência de diferentes tipos do transtorno. Uma vez que este é um transtorno de espectro, no qual os indivíduos diferem consideravelmente uns dos outros, precisamos de teorias e metodologias para examinar as razões para essas diferenças, em vez de usarmos abordagens que presumem, implicitamente, que todos os indivíduos com autismo são iguais.

O presente livro concentra-se em descrever, dentro de uma moldura do desenvolvimento, as muitas maneiras como o autismo manifesta-se, como essas diferentes manifestações podem ser explicadas e quais são as implicações de tal diversidade para o desenho de programas de intervenção. O capítulo 2 discutirá, em detalhes, as características comuns associadas ao autismo, tanto aquelas consideradas centrais para fins de diagnósticos, quanto outras, não centrais, mas que ocorrem com frequência. O capítulo 3 examinará os diferentes conceitos, tanto psicológicos quanto biológicos, sobre as origens e desenvolvimento do autismo. No capítulo 4, formularemos uma nova teoria do autismo, em uma tentativa de integrar aquelas já existentes em uma moldura conceitual mais ampla. Em termos mais específicos, apresentaremos uma perspectiva teórica que salienta a influência dos sistemas emocional, sensório e motor sobre o desenvolvimento cognitivo, linguístico e social de crianças com autismo; e como esses processos, combinados, influenciam a emergência de um sistema autorregulador único. O capítulo 5 descreve e avalia as abordagens de intervenção educacional e biomédica para o "tratamento" do autismo, incluindo tratamentos não validados e controversos empregados de forma comum por profissionais e famílias. O capítulo 6 examina os estressores com os quais as famílias se confrontam quando uma criança tem autismo e seus efeitos, tanto positivos quanto negativos, sobre o funcionamento familiar. Além disso, as características de famílias resilientes, que conseguem lidar com sucesso com esses estressores, juntamente com estratégias de intervenção para a promoção de tal resiliência, serão descritas. No capítulo final, apresentaremos recomendações específicas aos pais, terapeutas, pesquisadores e autoridades públicas envolvendo uma variedade de questões, incluindo programas de intervenção, pesquisas e política social.

Neste primeiro capítulo, oferecemos uma breve história do autismo, seguida por uma discussão sobre sua definição, seu diagnóstico e vários tipos de procedimentos de avaliação. Além disso, oferecemos esclarecimento sobre termos encontrados com frequência na literatura sobre o assunto, como "deficiência do desenvolvimento", "Transtorno Invasivo do Desenvolvimento", "Transtorno do Espectro do Autismo", "autismo atípico" e "retardo mental". Finalmente, discutiremos a demografia (distribuição) do autismo na população, os aumentos relatados em sua incidência e seu prognóstico.

Uma breve história do autismo

Embora, de certo modo, a história do autismo seja relativamente curta, ela está entranhada na história mais longa das doenças mentais e retardo mental. Desde o século XIX, nosso conhecimento sobre transtornos da primeira infância, o papel dos fatores biológicos e ambientais em seu desenvolvimento e as abordagens de tratamento aumentou exponencialmente. Embora as discussões sobre o autismo tenham começado mais de 60 anos atrás, seu pleno reconhecimento como uma entidade separada de outros transtornos, como a esquizofrenia na infância ou o retardo mental, evoluiu apenas gradualmente. A maior parte das histórias de autismo se inicia apenas nos anos 1940, com o trabalho de Leo Kanner, psiquiatra infantil, que publicou um artigo descrevendo um novo transtorno, o autismo infantil, e com a pesquisa de um pediatra, Hans Asperger, que descreveu um transtorno semelhante, que se tornou conhecido como Síndrome de Asperger.

De acordo com Kanner (1943), as principais características do autismo incluíam incapacidade de se relacionar com pessoas; falha no uso da linguagem para fins de comunicação em situações sociais; resistência a mudanças e uma preocupação excessiva com manter tudo igual; orientação para objetos em vez de pessoas; boas capacidades cognitivas-intelectuais; falta de resposta ao ambiente; rígida adesão a rotinas e tumulto emocional quando os rituais eram perturbados; linguagem incomum que incluía tendências para repetir a fala de respostas literais e utilização de pronomes inapropriadamente. Kanner acreditava que a maioria das crianças autistas tinha inteligência acima da média, uma perspectiva não compartilhada pela maioria dos estudiosos e pesquisadores atuais. Em uma publicação posterior, Eisenberg e Kanner (1956) caracterizaram o autismo em termos dos três principais aspectos: senso de solidão, preocupação com manter a rotina e início da condição nos dois primeiros anos de vida.

Embora Kanner receba o crédito pela identificação e por muitas descrições perspicazes sobre o autismo infantil, ele é frequentemente criticado por suas ideias sobre a origem do transtorno. Ele via o autismo, pelo menos em parte, como uma resposta a um estilo de criação infantil sem valor emocional; uma reação na qual a criança se retrai de uma realidade social desagradável ingressando em um mundo particular interno. Em determinado ponto, Kanner (1952) indicou que o autismo era difícil de tratar, devido à falta de cooperação dos pais, e sugeriu que crianças autistas poderiam se sair melhor se colocadas em lares adotivos. Enquanto Kanner salientava mais os componentes afetivos do autismo, outros se concentraram, posteriormente, nos déficits cognitivos associados com este transtorno, particularmente nos problemas de processamento de informações sociais e emocionais (Hobson, 1993; Rutter, 1983).

Logo após a publicação de Kanner (1943), Hans Asperger descreveu uma síndrome semelhante à de Kanner, que também se caracterizava por limitações sociais e interesses obsessivos. Contrastando com a descrição de autismo de Kanner, contudo, indivíduos com a Síndrome de Asperger, como veio a ser chamada, mostravam-se mais típicos em seu desenvolvimento da linguagem. Asperger (1944) apontou que a fala deste grupo de indivíduos, embora não atrasada, ainda assim era incomum e estereotipada. Os aspectos não verbais de sua comunicação também eram estranhos, envolvendo expressões faciais apáticas e gestos inapropriados. Wing (1981) levou o trabalho de Asperger (1944) à atenção de plateias profissionais, em uma tentativa para diferenciar uma forma de autismo que não se ajustava ao estereótipo de Kanner de crianças que não se comunicavam. Atualmente, há um debate acerca de existir realmente diferença entre crianças com autismo e com alto funcionamento e crianças com Síndrome de Asperger.

Embora o autismo não fosse mencionado formalmente como um transtorno antes da publicação, em 1943, de Kanner, sua existência anterior a isso é quase certa. Antes de Kanner, os indivíduos autistas tendiam a ser incluídos como particularidade de outros transtornos, como psicose infantil ou retardo mental, ou eram simplesmente vistos como pessoas estranhas e peculiares. Alguns autores de livros sobre o autismo sugerem que o *Menino Selvagem de Aveyron*, de Itard, poderia ter sido autista (Itard, 1962). Itard viveu durante um período, o final do século XIX, em que uma atitude mais racional e científica para com as deficiências do desenvolvimento começava a emergir. De acordo com Itard, em 1879 um menino foi encontrado perambulando em uma floresta na França, onde aparentemente viveu por muitos anos sem contato com outros humanos. Quando capturado, o menino apresentava comportamento semelhante ao de animais. Após ser examinado por Pinel, geralmente considerado o pai da psiquiatria moderna, a criança foi declarada "idiota" incurável. Entretanto, Itard, médico em uma instituição parisiense para surdos-mudos, sugeriu que a condição da criança resultava de sua falta de contato social e era curável. Itard, então, começou a tratar o menino, que recebeu o nome de Viktor. Embora o objetivo de normalizar o garoto tenha fracassado, Viktor demonstrou alterações comportamentais significativas. Como consequência do seu trabalho, Itard instilou otimismo em outros com relação ao potencial de tratamento de crianças com atrasos significativos do desenvolvimento e influenciou um aluno seu, Sequin, que depois foi aclamado por sua ação sobre o desenvolvimento de programas de educação especial na Europa e Estados Unidos.

Dois outros grandes nomes na história inicial do autismo são Bruno Bettleheim e Bernard Rimland. Bettleheim, como Kanner, salientou a importância do ambiente social no desenvolvimento do autismo nas crianças (Bettleheim, 1967). Talvez influenciado por sua própria história pessoal como prisioneiro de um campo de concentração nazista, Bettleheim via crianças com autismo como vítimas de trauma ambiental e, mais especificamente, de negligência materna. Em sua opinião, o autismo, e particularmente seus sintomas de retraimento social e apatia, evoluíam devido ao distanciamento emocional de mães "frias".

Embora Kanner e Bettleheim tenham sido fortemente criticados por sua perspectiva etiológica sobre o autismo, seus pontos de vista não surpreendem, dado o espírito do tempo em que viviam, uma época na qual as perspectivas psicanalíticas dominavam o pensamento sobre a doença mental e salientavam a influência do ambiente social inicial sobre o desenvolvimento socioemocional de um indivíduo. A teoria sobre o autismo desses dois estudiosos foi refutada posteriormente pela maioria dos membros das comunidades médica e psicológica, incluindo Bernard Rimland, que enunciou uma teoria do autismo com base biológica.

Em apoio a esta posição, Rimland (1964) citou pesquisas que apontavam que: 1) os padrões de personalidade, da maioria dos pais de crianças autistas, não se ajustavam à caracterização estereotipada (de frios e distantes) de Kanner sobre eles; 2) a maioria dos irmãos de crianças com autismo não tinha autismo; 3) a proporção de meninos autistas para meninas era tipicamente em torno de três ou quatro para um caso; 4) havia comorbidade de autismo em gêmeos idênticos; e 5) sintomas típicos do autismo estavam associados com uma disfunção cerebral orgânica. Além do seu trabalho especializado, Rimland, pai de um menino com autismo, era um ativo defensor de crianças autistas e exerceu um papel instrumental na formação da Autism Society of America, uma organização nacional para pais de autistas, com filiais estaduais e locais. Hoje ainda há muita influência do seu trabalho na área.

Em termos mais gerais, a área do autismo foi profundamente influenciada por movimentos sociais, ativismo político e pesquisas nas áreas de retardo mental e deficiências do desenvolvimento, durante as décadas de 1950, 1960 e 1970. Neste ponto da história, houve uma preocupação crescente nos Estados Unidos de que não estava sendo feito o bastante para ajudar crianças com deficiências. Através do esforço dos pais, a Associação National para Crianças com Retardo foi inaugurada, ajudando a catalisar a emergência de novos serviços para aquelas pessoas com atrasos de desenvolvimento. A década de 1960 foi um tempo de indignação moral nos Estados Unidos, quando práticas desumanas de tratamento nas instituições foram expostas em livros como *Christmas in purgatory* (Blatt e Kaplan, 1966, ainda não publicado em português) e por estrangeiros em visita aos EUA, como Bengte Nirje, que caracterizou as instituições para mentalmente retardados como campos de concentração nazistas (Nirje, 1969).

Nirje introduziu o princípio de normalização na cultura americana. Influenciado por modelos de serviços desenvolvidos em países escandinavos, o princípio de normalização guiou a estrutura e a oferta do programa. A normalização, como definida por Nirje (1969), significava oferecer às pessoas com deficiências condições de vida quotidiana, tão próximas quanto possível, das normas e padrões da sociedade em geral. A filosofia de normalização influenciou os serviços disponíveis, sua qualidade, onde eram oferecidos e quem os fornecia. Nessa mesma época, o ativismo político nos Estados Unidos durante os mandatos de Kennedy e Johnson levou ao desenvolvimento da Comissão Presidencial para o Retardo Mental, à Guerra à Pobreza, a programas de intervenção precoce, como o Head Start e a uma gama de outros que englobavam o bem-estar de indivíduos com deficiências do desenvolvimento. Nos anos 1970, direitos ao tratamento ativo, à educação, a processos devido e à liberdade quanto a perigos se estabeleceram por lutas dos cidadãos e pela legislação para indivíduos com deficiências.

Além desses eventos, a emergência da modificação comportamental, uma abordagem didática e terapêutica baseada na teoria da aprendizagem, teve um impacto pronunciado nos tipos de serviços oferecidos em instituições residenciais, escolas e arranjos de vida doméstica. Inicialmente, os programas de modificação comportamental foram utilizados para populações difíceis de tratar, como a de indivíduos com níveis graves e profundos de retardo mental. Mais adiante, em virtude do sucesso dessa abordagem documentado empiricamente, as técnicas comportamentais foram empregadas no trabalho com uma variedade de populações clínicas, além de no ensino de crianças matriculadas em escolas regulares. Foi nesse contexto que emergiu outro indivíduo importante na história do autismo, Ivar Lovaas.

Lovaas desenvolveu uma forma de modificação comportamental, chamada "aprendizado por tentativas discretas", para uso com crianças autistas. Ele descobriu que estas poderiam aprender uma ampla variedade de comportamentos adaptativos, incluindo cuidados consigo mesmas, linguagem e habilidades sociais e acadêmicas. Ele ofereceu evidências sugerindo que algumas dessas crianças, incluindo indivíduos que originalmente apresentavam atrasos extensos do desenvolvimento, eram capazes de alcançar uma faixa normal de funcionamento. Marcos importantes desta abordagem comportamental incluem sua ênfase em: 1) definição dos objetivos de tratamento; 2) uso de lembretes sistemáticos para auxiliar no aprendizado dessas crianças; 3) emprego de procedimentos motivacionais/de reforço individualizados; 4) início de programação precoce e intensiva (20 a 40 horas por semana); e 5) avaliação constante dos efeitos do tratamento. A característica mais importante desta abordagem talvez tenha sido seu foco no treinamento dos pais e professores para a oferta de um programa de intervenção nos ambientes de vida quotidiana dessas crianças.

A influência de Lovaas foi estendida pelo trabalho de profissionais da segunda geração, como Robert Koegel e Laura Schreibman. Para informações sobre Lovaas e sobre a abordagem comportamental, recomendamos que o leitor consulte Koegel e Koegel (1995), Lovaas (1977), Lovaas (1992) e Schreibman (1988). Evidências adicionais da influência e popularidade da abordagem comportamental podem ser encontradas em livros escritos por Catherine Maurice: *Let me hear your voice* (1993) e *Behavioral interventions for young children* (Maurice, Green e Luce, 1996) (ambos não publicados em português). Nessas obras, Maurice descreve sua busca por auxílio aos seus filhos com autismo. A autora oferece extensas informações sobre o processo de estabelecer um programa de intervenção comportamental, juntamente com relatos e evidências clínicas envolvendo sua eficácia.

Além de Lovaas, muitos outros indivíduos prestaram contribuições importantes no desenvolvimento de programas de intervenção, bem como nas pesquisas sobre o autismo. Eric Schopler e Gary Mesibov, por exemplo, colaboraram para o entendimento do autismo por meio de seus conhecimentos gerais e especializados, pela publicação *Journal of Autism and Developmental Disorders* e, particularmente, por sua influência sobre o desenvolvimento do modelo TEACCH de tratamento. O TEACCH, inicialmente criado para atender às crianças com autismo e com deficiências relacionadas de comunicação na Carolina do Norte, Estados Unidos, foi amplamente disseminado no território nacional, bem como em outros países. Esse é um programa multidimensional que aborda as necessidades de pessoas com autismo ao longo de suas vidas. Ele integra uma variedade de tratamentos, em um esforço para discutir as necessidades singulares de cada indivíduo. A ênfase do programa é colocada sob sua avaliação. Uma vez que é guiado por pesquisas em outras áreas e por práticas recomendadas, a estrutura do TEACCH evoluiu ao longo do tempo e ainda passa por mudanças.

A lista de estudiosos e pesquisadores que prestaram contribuições notáveis para a área é extensa e continua se expandindo. Ela inclui muitos indivíduos mencionados neste livro, como Marian Sigman, Eric Courchesne, Peter Hobson, Uta Frith, Helen Tager-Flusberg, Simon Baron-Cohen, Francesca Happé, James Russell, Michael Rutter e muitos outros. Nenhuma história sobre autismo estaria completa sem mencionarmos a influência considerável do trabalho de pessoas, como, Temple Grandin e Donna Williams, bem como as próprias famílias de autistas. As perspectivas de quem vive o transtorno forneceram insights consideráveis sobre sua natureza, além de ajudarem a catalisar o desenvolvimento da teoria, pesquisas e programas de intervenção.

Definição do autismo e seus limites

Historicamente, há uma confusão sobre o que é o autismo, exatamente, e como difere de transtornos não autistas. As dúvidas são bastante compreensíveis, uma vez que a definição de autismo mudou um pouco ao longo do tempo, à medida que os limites entre ele e outros transtornos foram gradualmente refinados. Até mesmo atualmente, distintas organizações profissionais utilizam descrições levemente diferentes. A confusão envolvendo o significado do autismo é particularmente aparente quando o consideramos no contexto de outros termos, como Transtorno Invasivo do Desenvolvimento, autismo atípico, Transtorno do Espectro do Autismo, Síndrome de Asperger, retardo mental, deficiência do desenvolvimento e esquizofrenia.

Por várias razões, é importante esclarecermos o que queremos dizer com o termo "autismo". Uma definição concreta permite a comunicação clara entre profissionais e pais em relação ao que é o autismo, ajuda os pesquisadores a estudarem este transtorno de um modo organizado e auxilia os terapeutas no desenvolvimento e avaliação de programas de intervenção. Nesta seção, primeiro definiremos o autismo e, então, o discutiremos no contexto de outras terminologias relacionadas.

Transtorno Autista

Está além do escopo deste capítulo revisar a ampla variedade de definições do autismo já apresentadas, assim como todas aquelas empregadas atualmente. Para uma discussão sobre algumas dessas outras descrições, consulte a *Classificação Internacional de Doenças,* publicada pela Organização Mundial de Saúde (1990) e Simpson e Myles (1998). Apesar da multiplicidade de definições do autismo, há também uma continuidade na forma como têm sido estruturadas desde que Leo Kanner descreveu a síndrome pela primeira vez. Em geral, a maioria das definições refere-se às características sociais, de linguagem e de comportamento incomum (p. ex., respostas estereotipadas) dos indivíduos com autismo. As definições e discussões sobre a natureza deste transtorno têm diferido umas das outras em termos das subcaracterísticas listadas sob as três categorias acima mencionadas e em seu grau de referência a outras características, tais como respostas emocionais, cognitivas, motoras e sensoriais atípicas. No próximo capítulo, apresentaremos uma descrição abrangente e uma discussão sobre tais características.

A definição de autismo utilizada para orientar a discussão neste livro é citada frequentemente em textos atuais sobre o assunto; especificamente, ela é a descrição presente no *Manual Diagnóstico e Estatístico de Transtornos Mentais, quarta edição* (DSM-IV), publicado pela American Psychiatric Association em 1994. E, geralmente, é empregada por profissionais como um guia para a classificação e estudo científico.

De acordo com o DSM-IV, o autismo refere-se a um transtorno no qual as pessoas manifestam as seguintes características: prejuízos na interação social, problemas de comunicação e atividades e interesses repetitivos, estereotipados e limitados. O autismo é frequentemente chamado de síndrome, porque consiste de um misto de diferentes características que ocorrem em conjunto umas com as outras. Para serem classificadas como autistas, as pessoas devem manifestar pelo menos seis dos sintomas descritos no DSM-IV antes dos três anos de idade. Os critérios de diagnóstico do DSM-IV para Transtorno Autista são resumidos a seguir:

Prejuízos da interação social (pelo menos duas das características a seguir)

- Prejuízo significativo no uso de comportamentos não verbais, como contato visual direto, expressão facial, postura corporal e gestos de interação social.

- Incapacidade de estabelecer relações com seus pares, de acordo com seu nível de desenvolvimento.
- Falta de um desejo espontâneo de compartilhar situações agradáveis, interesses ou conquistas pessoais.
- Falta de reciprocidade social ou emocional.

Prejuízos da comunicação qualitativa (pelo menos uma das características a seguir)

- Atraso ou ausência do desenvolvimento da linguagem falada, bem como modos alternativos de comunicação, como gestos.
- Déficit significativo para iniciar e/ou manter uma conversa com outros (em pessoas com fala adequada).
- Uso da linguagem idiossincrático ou estereotipado e repetitivo.
- Ausência de brincadeiras apropriadas de imitação social ou de "faz de conta".

Interesses, atividades e padrões repetitivos, limitados e estereotipados de comportamento (pelo menos uma das características a seguir)

- Preocupação com um ou diversos interesses estereotipados e limitados, anormais em foco ou em intensidade.
- Aderência inflexível a rotinas ou rituais disfuncionais.
- Movimentos motores repetitivos e estereotipados, como abanar as mãos e balançar o corpo.
- Preocupação persistente com uma parte específica de um objeto.

Recomendados que o leitor consulte o DSM-IV para informações mais específicas sobre este transtorno (APA, 1994).

Autismo e Transtornos Invasivos do Desenvolvimento

No sistema de classificação do DSM-IV, o Transtorno Autista é um dentre diversos transtornos ou subcategorias dentro de uma classe mais ampla de Transtornos Invasivos do Desenvolvimento (TIDs). Os TIDs, incluindo o Transtorno Autista, caracterizam-se por prejuízo grave e global em várias áreas do desenvolvimento: habilidades de interação social recíproca, habilidades de comunicação, ou presença de comportamentos, interesses e atividades estereotipados (American Psychiatric Association, 1994, p. 69). O autismo difere de outros Transtornos Invasivos do Desenvolvimento em termos de amplitude e/ou gravidade dos sintomas. Os outros transtornos, além do Autista, subclassificados sob TIDs, são: Transtorno de Rett, Transtorno Desintegrativo da Infância, Síndrome de Asperger e Transtorno Invasivo do Desenvolvimento Sem Outra Especificação (TID-SOE). Todos eles, por compartilharem muitas características com o autismo, às vezes, são chamados de TIDs não autistas. Cada um deles será descrito brevemente e comparado com os critérios de diagnóstico para o Transtorno Autista.

Transtorno de Rett

Pessoas diagnosticadas com o Transtorno de Rett apresentam: "1) desenvolvimento pré-natal e perinatal aparentemente normal; 2) desenvolvimento psicomotor aparentemente normal durante os primeiros cinco meses após o nascimento; e 3) circunferência craniana normal ao nascer" (American Psychiatric Association, 1994, p. 77). O transtorno manifesta-se após um período de desenvolvimento normal, com o início associado aos seguintes sinais:

1. desaceleração do crescimento craniano entre os cinco e os 48 meses;
2. perda de habilidades manuais voluntárias, adquiridas entre os cinco e os 30 meses, com desenvolvimento posterior de movimentos de mãos estereotipados (p. ex., torcer ou "lavar" as mãos);
3. perda do envolvimento social logo no início do curso (embora a integração social desenvolva-se depois);
4. aparecimento de marcha ou movimentos do tronco descoordenados;
5. desenvolvimento da linguagem expressiva e receptiva seriamente prejudicado com grave retardo psicomotor.

(American Psychiatric Association, 1994, p. 77)

Duas outras características importantes do Transtorno de Rett são: que apenas o sexo feminino é afetado e está tipicamente associado com retardo mental severo ou profundo.

As características que mais diferenciam o Transtorno de Rett do Transtorno Autista são: o padrão característico de desaceleração do crescimento craniano, a perda de habilidades manuais voluntárias, o aparecimento de marcha ou de movimentos de tronco descoordenados e o fato de que o primeiro ocorre apenas em mulheres, enquanto o Transtorno Autista ocorre com frequência muito maior em homens.

Transtorno Desintegrativo da Infância

O aspecto fundamental deste transtorno é

> uma regressão acentuada em várias áreas do funcionamento após um período de pelo menos dois anos de desenvolvimento aparentemente normal na comunicação verbal e não verbal apropriada à idade, relacionamentos sociais, brincadeiras e comportamento adaptativo.
>
> (American Psychiatric Association, 1994, p. 77)

Após os dois anos de idade, mas antes dos dez, a criança perde as habilidades já adquiridas em pelo menos duas das seguintes áreas: linguagem expressiva ou receptiva, habilidades sociais ou comportamento adaptativo, controle intestinal ou urinário, habilidades lúdicas ou motoras. Pessoas com Transtorno Desintegrativo da Infância geralmente exibem todas as características mencionadas para o Transtorno Autista, incluindo prejuízos na interação social, comunicação e aspectos restritivos, repetitivos e estereotipados do comportamento, interesses e atividades. Portanto, a principal característica diferenciadora entre os dois transtornos é a ocorrência de regressão do desenvolvimento após, pelo menos, dois anos de desenvolvimento normal. Se esta regressão não pode ser documentada, um diagnóstico de Transtorno Autista é recomendável pelo DSM-IV (American Psychiatric Association, 1994).

Síndrome de Asperger

Os critérios de diagnóstico para este transtorno são os mesmos do Transtorno Autista, na medida em que existam prejuízos qualitativos na interação social e na presença de padrões restritivos, repetitivos e estereotipados de comportamento, interesses e atividades. Entretanto, ele difere do Transtorno Autista no sentido de não existir retardo expressivo no desenvolvimento inicial da linguagem. Além disso, não existem atrasos significantes durante os três primeiros anos de vida no desenvolvimento cognitivo ou das habilidades de aprendizado e outros comportamentos adaptativos, com a exceção daqueles do domínio da interação social. Curiosidade sobre o ambiente também é demonstrada (American Psychiatric Association, 1994). Ainda assim, a Síndrome de Asperger está associada com prejuízos clinicamente significativos nas esferas social, ocupacional e em outras áreas. Existem divergências na literatura de pesquisas envolvendo a existência de reais diferenças entre indivíduos com Síndrome de

Asperger e indivíduos com Transtorno Autista e que exibem alto funcionamento (Ghaziuddin *et al.*, 1995).

Transtorno Invasivo do Desenvolvimento Sem Outra Especificação (TID – SOE)

O DSM-IV aponta que:

> Esta categoria deve ser usada quando há prejuízo severo e global no desenvolvimento de interação social recíproca associado com prejuízo nas habilidades verbais e não verbais de comunicação ou com a presença de comportamento, interesses e atividades estereotipados, mas os critérios para Transtorno Invasivo do Desenvolvimento específico, esquizofrenia, transtorno de personalidade esquizotípica ou transtorno de personalidade evitativa não são atendidos.
>
> (American Psychiatric Association, 1994, p. 84)

O DSM-IV indica que:

> Esta categoria inclui o autismo atípico – apresentações que não atendem aos critérios para o Transtorno Autista em virtude da idade tardia de aparecimento, sintomatologia atípica ou abaixo do limiar, ou todos esses.
>
> (American Psychiatric Association, 1994, p. 84)

Comentários gerais

Aqui, tentamos capturar a essência dos critérios para o diagnóstico do Transtorno Autista e suas distinções de outros Transtornos Invasivos do Desenvolvimento (p. ex., de Rett, Desintegrativo da Infância e Síndrome de Asperger, bem como o TID – SOE, menos específico). O leitor deverá consultar informações adicionais no DSM-IV (American Psychiatric Association, 1994). Embora tenha ocorrido um avanço significativo na definição da natureza do Transtorno Autista, ainda existe ambiguidade no diagnóstico, o que leva a uma dificuldade para a diferenciação entre indivíduos com alto funcionamento com Transtorno Autista e aqueles com a Síndrome de Asperger. Além disso, em vista da natureza ampla e um pouco amorfa da categoria de TID – SOE (autismo atípico), parece provável que ela seja excessivamente usada e empregada, mesmo quando não apropriado. Maes *et al.* (1993) referem-se ao TID – SOE como uma categoria subliminar semelhante à personalidade atípica e definida negativamente, no sentido de que o transtorno não é autismo. Pesquisas realizadas por esses autores sugerem que crianças diagnosticadas com TID – SOE apresentam perturbações menos intensas em termos de vínculos sociais que aquelas com autismo (Buitelaar *et al.*, 1999).

Outras questões terminológicas

Nesta seção, o autismo será discutido com relação a outros termos encontrados com frequência na literatura, entre eles: o Transtorno do Espectro do Autismo, a esquizofrenia, a deficiência do desenvolvimento e o retardo mental.

Transtorno do Espectro do Autismo

Existem diversas formas de empregar o termo Transtorno do Espectro do Autismo. A denominação tem sido usada para reconhecerem-se as amplas diferenças individuais que existem entre pessoas diagnosticadas como autistas. Indivíduos com tal diagnóstico vão desde aqueles com todos (ou a maioria) dos sintomas listados nos critérios do DSM-IV para o Transtorno Autista até aqueles que apresentam apenas os sintomas mínimos exigidos. Esta faixa inclui indivíduos que operam em alto nível do desenvolvimento, além daqueles que estão muito abaixo em seu nível de funcionamento. Uma segunda forma de empregar o termo sugere um *continuum* ainda mais extenso de sintomatologia, que inclui indivíduos diagnosticados com Transtornos Autistas, Síndrome de Asperger e TID – SOE. Às vezes, o espectro parece ser definido de modo ainda mais amplo e igualar-se com toda a faixa de Transtornos Invasivos do Desenvolvimento.

O argumento para o autismo estar em um espectro ou ser um transtorno de espectro baseia-se na similaridade da sintomatologia de indivíduos no espectro. Em última análise, ainda precisamos de estudos adicionais sobre as vias de causalidade para os diferentes tipos de indivíduos incluídos no espectro, para sabermos se este *continuum* realmente faz sentido. Na medida em que indivíduos que diferem na gravidade ou padrão de sintomas têm causas similares ou vias causais subjacentes semelhantes, a moção do autismo como um transtorno de espectro faz sentido, em termos teóricos. As possíveis vias causais subjacentes ao desenvolvimento do autismo serão discutidas de forma detalhada nos capítulos 2, 3 e 4.

Esquizofrenia

A esquizofrenia é parte de uma categoria mais ampla de psicose e compartilha alguns aspectos com o Transtorno Autista e também com os outros Transtornos Invasivos do Desenvolvimento. De acordo com o DSM-IV, as características essenciais da esquizofrenia consistem de um misto de sinais positivos e negativos que estão presentes por um tempo significativo (no mínimo um mês). Os sintomas positivos referem-se a um excesso ou distorção das funções normais, enquanto os sintomas negativos dizem respeito à perda ou redução dessas funções. Os sintomas da esquizofrenia consistem em uma faixa de disfunções cognitivas e emocionais, incluindo delírios, alucinações, fala desorganizada e comportamento amplamente destoante ou catatônico (todos sinais positivos), assim como embotamento afetivo, alogia e avolição (todos sinais negativos).

Mais especificamente, os delírios consistem em crenças errôneas que tipicamente envolvem uma representação incorreta da percepção ou das experiências. Eles podem ser bastante bizarros em natureza e incluir crenças incorretas, por exemplo, de ser espionado e/ou perseguido. As alucinações podem ocorrer em qualquer modalidade sensorial e envolver a sensação de algo que não tem referencial externo. O pensamento desorganizado reflete-se na fala, que varia de incoerente a tangencial, isto é, envolvendo associações frouxas. O comportamento amplamente desorganizado manifesta-se de várias maneiras, mas tipicamente inclui dificuldade em executar comportamentos dirigidos a um objetivo, que é parte da vida diária e a execução pode ser acompanhada por tolices ou agitação imprevisível. Comportamentos catatônicos têm um aspecto motor no qual a pessoa apresenta reatividade diminuída ao ambiente e também podem envolver posturas bizarras e/ou atividade motora excessiva. O embotamento afetivo é especialmente comum, caracterizado por face imóvel e sem reação, fraco contato visual e linguagem corporal reduzida. A alogia, geralmente, envolve pobreza da fala, manifestada por respostas breves e vazias. A avolição refere-se a uma incapacidade para iniciar e persistir em atividades dirigidas a um objetivo. Finalmente, a esquizofrenia envolve disfunção em áreas como relacionamentos interpessoais, trabalho ou educação e cuidados pessoais. O leitor deve consultar o DSM-IV (American Psychological Association, 1994) para informações mais completas.

Embora o Transtorno Autista e a esquizofrenia fossem considerados inicialmente como transtornos relacionados, ambos são vistos agora como entidades separadas. A comparação dos sintomas de Transtorno Autista e a esquizofrenia, entretanto, sugere que ambos os transtornos compartilham diversas características, particularmente nos domínios motor, de linguagem, afetivo e social. Um diagnóstico de Transtorno Autista é indicado quando: ocorre cedo, tem natureza crônica e envolve interferência no desenvolvimento da linguagem e interação social; em comparação com as distorções que emergem tardiamente no funcionamento normal e que ocorrem na esquizofrenia. Em indivíduos caracterizados com Transtorno Autista, um diagnóstico adicional de esquizofrenia é feito se existem delírios ou alucinações claros. Uma constatação adicional de esquizofrenia provavelmente é mais apropriada quando a pessoa diagnosticada com Transtorno Autista apresenta linguagem e processos de pensamento mais desenvolvidos.

Konstantareas e Hewitt (2001) apontam que a Síndrome de Asperger supostamente é um diagnóstico mais apropriado que Transtorno Autista em indivíduos que apresentam alguns dos sinais de esquizofrenia; especificamente, porque a esquizofrenia é, pelo menos em parte, um transtorno do pensamento e da percepção. Esta espécie de disfunção é difícil de se detectar na maioria dos indivíduos com Transtorno Autista, porém estudos apoiando esta hipótese apresentam resultados dúbios. As conclusões de uma pesquisa conduzida por Ghaziudden *et al.* (1995) sugerem níveis superiores de desorganização do pensamento em crianças com Síndrome de Asperger, comparadas às crianças com autismo e funcionamento superior. Um estudo realizado por Konstantareas e Hewitt (2001) comparou as características de um grupo de adultos com esquizofrenia crônica e homens com Transtorno Autista com alto funcionamento. Os resultados indicaram que nenhum dos indivíduos no grupo de esquizofrenia atendia aos critérios para Transtorno Autista, enquanto alguns indivíduos no grupo autista compartilhavam vários sintomas com o grupo de esquizofrenia, incluindo falta de interesse por imitação e extremos de atividade (sinais negativos de esquizofrenia), e delírios ou alucinações (sinais positivos de esquizofrenia). Os autores interpretam seus resultados como apoiando a posição de que o Transtorno Autista e a esquizofrenia são distintos e que podem coexistir, isto é, podem ser comórbidos.

Deficiência do desenvolvimento

Embora os psicólogos do desenvolvimento tipicamente o conceitualizem como um processo que ocorre ao longo da vida, o termo "deficiência do desenvolvimento", como geralmente é usado, refere-se a uma disfunção que emerge durante a porção mais precoce da vida (entre 0 a 22 anos). Sua definição originou-se como parte de um esforço do governo dos Estados Unidos para identificar e auxiliar pessoas carentes de serviços de apoio pela legislação federal. O projeto de lei norte-americano de assistência para deficiências do desenvolvimento, de 1990, define deficiência do desenvolvimento como severa e crônica:

- sendo atribuível a um déficit mental ou físico, ou uma combinação de déficits mentais e físicos;
- manifestando-se antes dos 22 anos de idade;
- continuando indefinidamente;

- resultando em limitações funcionais substanciais em três ou mais áreas de atividades importantes da vida, incluindo cuidados pessoais, linguagem receptiva e expressiva, aprendizagem, mobilidade, autodeterminação, capacidade para vida independente e autossuficiência econômica;
- refletindo a necessidade da pessoa por uma combinação de serviços individualizados e coordenados que durem por toda a vida ou por tempo prolongado.

Tabela 1.1. Causas, processos e deficiências do comportamento adaptativo associadas com deficiências do desenvolvimento

Causas	Processos	Deficiências do comportamento adaptativo
Deficiências genéticas/ cromossômicas	Neurobiológicos (p. ex., estruturais, neuroquímicos e hormonais)	Cuidados pessoais
Pré-natais (p. ex., teratógenos como álcool, toxoplasmose, rubéola e AIDS)	Problemas sensoriais (p. ex., cegueira, surdez e hipersensibilidade)	Mobilidade
Perinatais (p. ex., hipóxia, prematuridade, baixo peso ao nascer)	Problemas motores (p. ex., coordenação motora fina e grossa)	Linguagem receptiva e expressiva
Pós-natais (p. ex., doenças como encefalite, lesão craniana, e situações como pobreza, abuso/negligência parental, violência nas proximidades do local de residência)	Problemas emocionais (p. ex., ansiedade e depressão)	Aprendizado
	Problemas cognitivos (p. ex., desatenção, problemas de percepção, inteligência e pensamento abstrato)	Acadêmicos
		Vida independente
		Autossuficiência econômica

As causas das deficiências do desenvolvimento incluem fatores de origem genética e ambiental. Esses fatores, que se manifestam antes ou após o nascimento, durante os primeiros anos de vida ou na adolescência, influenciam adversamente o funcionamento neurobiológico e psicológico, resultando, ao final, em uma deficiência. A tabela 1.1 apresenta algumas das principais causas de deficiências do desenvolvimento, os processos pelos quais essas causas operam e as deficiências resultantes. Os critérios quanto ao que se constituiria em limitações funcionais em atividades importantes de vida na definição de deficiências do desenvolvimento parecem ter sido deixados deliberadamente vagos, referindo-se a atividades que podem ser executadas tipicamente por indivíduos em determinados grupos etários, mas para as quais uma pessoa com deficiência precisa de assistência, pelo menos moderada, para executar.

Usando esta definição, a maioria dos indivíduos com Transtorno Autista seria definida como tendo uma deficiência do desenvolvimento, certamente cedo na vida, mas tipicamente também depois. Uma vez que pessoas com diagnóstico de autismo têm deficiências nas áreas da linguagem e interação social, elas geralmente também apresentam problemas em outras áreas, como desenvolvimento acadêmico e ocupacional e vida independente, que são centrais para a definição das deficiências do desenvolvimento.

Retardo mental

Questões envolvendo o relacionamento entre o Transtorno Autista e o retardo mental são frequentes. Embora as estimativas variem, a contagem de pessoas com Transtorno Autista que atendem aos critérios de retardo mental pode estar em torno de 75% (American Psychiatric Association, 1994). De acordo com a American Association on Mental Retardation, a definição de retardo mental é:

> O retardo mental refere-se a limitações substanciais no funcionamento atual do paciente. Ele se caracteriza por funcionamento intelectual significativamente abaixo da média, existindo concomitantemente com limitações relacionadas em duas ou mais das seguintes áreas de habilidades adaptativas: comunicação, cuidados pessoais, vida doméstica, habilidades sociais, uso da comunidade, autodeterminação, saúde e segurança, habilidades acadêmicas funcionais, lazer e trabalho. O retardo mental manifesta-se antes dos 18 anos.
>
> (AAMR, 1992, p. 1)

Esta definição abrange dois componentes fundamentais: funcionamento intelectual abaixo da média e limitações em duas ou mais áreas de habilidades adaptativas. Dependendo do teste de QI, "abaixo da média" refere-se a escores padrão de QI de aproximadamente 70 a 75 ou menos. Similar à definição de deficiências do desenvolvimento, um segundo critério de retardo mental refere-se a limitações no comportamento adaptativo. A maioria das crianças com Transtorno Autista atende facilmente aos critérios de comportamento adaptativo para retardo mental; contudo, nem todas manifestam funcionamento intelectual abaixo da média, refletido, por sua pontuação em um teste de QI. O DSM-IV (APA, 1994) aponta que, às vezes, é difícil determinar se um diagnóstico adicional de Transtorno Autista é apropriado, quando o nível de retardo mental está na faixa de grave ou profundo.

Pode-se argumentar que crianças com Transtorno Autista estão em desvantagem, quando seu funcionamento intelectual é avaliado por testes tradicionais de QI; especificamente, porque a maioria de tais avaliações coloca peso considerável na capacidade vernal como indicador de capacidade intelectual e, além disso, porque são administrados em um contexto social que pode causar confusão e temor em quem os realiza. Em uma tentativa de oferecer à pessoa com diagnóstico de autismo oportunidade máxima para pontuar bem, muitos administradores de testes desviam-se dos procedimentos padrão de aplicação, criando um ambiente de teste mais amistoso e com maior apoio social. Até mesmo sob essas circunstâncias, as pontuações de QI de pessoas com diagnóstico de Transtorno Autista podem representar uma subestimativa de sua capacidade intelectual. Embora conceitos tradicionais de inteligência vejam a proficiência no idioma como um componente importante, concepções mais recentes sugerem que existem diferentes tipos de inteligência, alguns dos quais não exigem alta capacidade verbal e não são adequadamente avaliados com o uso de testes tradicionais de QI.

Diagnóstico e avaliação de autismo

Para a definição de um plano de tratamento, é fundamental que se realize uma avaliação detalhada. O processo de avaliação começa determinando se a criança tem autismo ou algum outro tipo de Transtorno do Desenvolvimento. Após o estabelecimento de um diagnóstico de autismo, outros procedimentos de avaliação são necessários para se definir o perfil de aspectos positivos e limitações da criança. Nesta seção, discutiremos o processo inicial de diagnóstico e procedimentos específicos da análise, seguidos por uma revisão de outros procedimentos de avaliação utilizados para o planejamento do tratamento e avaliação.

Obtenção de um diagnóstico

Muitos pais relutam em levar a criança para testes diagnósticos. Antes do resultado, eles vivem com a esperança de que não haja realmente qualquer problema com seu filho ou filha. Embora frequentemente estejam conscientes de que seu herdeiro não parece se desenvolver normalmente, eles temem o confronto com a realidade desagradável de que a criança possa ter um problema grave, como autismo. Essa ansiedade certamente é compreensível. Alguns pais também se preocupam com os efeitos adversos do "rótulo de autista", como ser estigmatizado por pessoas com atitudes preconceituosas.

Apesar das preocupações com o diagnóstico, este processo serve a diversos fins práticos. Em alguns casos, uma avaliação permite que o médico isole a causa de um transtorno e forneça o tratamento capaz de levar à cura. Entretanto, este não é o caso quando se apresenta um caso de autismo. Uma vez que as causas biológicas do autismo ainda não foram determinadas, tratamentos definitivos e curativos para este transtorno por enquanto não são possíveis. Entretanto, uma avaliação diagnóstica, em conjunto com outros procedimentos de avaliação, pode ajudar médicos e educadores a desenvolverem tratamentos paliativos e programas de prevenção para crianças com autismo, que, com frequência, reduzem a gravidade deste transtorno. É possível serem criados, por exemplo, programas para a redução de problemas sensoriais, melhoria do funcionamento motor, diminuição de dificuldades alimentares, abordagem a cadências nutricionais, desenvolvimento da linguagem e promoção de comportamentos sociais. Se iniciados cedo, esforços de prevenção, às vezes, podem alterar significativamente a trajetória de desenvolvimento de uma criança autista.

Os programas de prevenção subdividem-se em primários, secundários ou terciários. Os programas de prevenção primária visam a evitar o desenvolvimento inicial de um transtorno. Campanhas de vacinação infantil, por exemplo, foram desenvolvidas para impedir doenças como poliomielite, sarampo, caxumba, tétano e difteria. Embora não existam, atualmente, programas de prevenção primária para autismo, as prevenções secundária e terciária são possíveis. Programas de prevenção secundária, apesar de não curarem, têm por objetivo prevenir o desenvolvimento completo do transtorno. Alguns pais chegam a relatar que tais programas "normalizaram" o desenvolvimento dos filhos, com a exceção de alguns sintomas "autistas" residuais. Um diagnóstico precoce permite a execução de programas de prevenção secundária mais cedo, aumentando assim a probabilidade de seu sucesso. Programas de prevenção terciária ocorrem quando o transtorno apresenta manifestação mais completa, e são menos voltados para a prevenção de sintomas e mais para a sua redução, além do manejo comportamental.

Sob uma perspectiva clínica e educacional, um diagnóstico como autismo também ajuda na comunicação entre os profissionais e desses com os pais. Um parecer fornece uma descrição exata do problema de uma criança. Ao ser recebido, ele permite que os pais busquem serviços e informações com outras pessoas, em livros e na internet, de um modo mais estratégico. Adicionalmente, um diagnóstico pode estabelecer a elegibilidade da criança para receber serviços clínicos e educacionais gratuitos ou com subsídio parcial.

Sob uma perspectiva científica, um diagnóstico é essencial para a condução de estudos. Antes que os estudiosos possam pesquisar o autismo e suas causas, eles precisam identificar pessoas com tal transtorno. Procedimentos diagnósticos e de avaliação ajudam os pesquisadores a reconhecer de forma confiável as pessoas para inclusão em seus estudos, além de descreverem as características específicas de sua amostra. Finalmente, um diagnóstico, às vezes, pode ser útil para se fazer prognósticos acerca de como a criança se sairá no futuro. Falaremos mais sobre este tópico adiante, neste capítulo.

Crianças pequenas e diagnóstico precoce

À medida que o conhecimento científico sobre o desenvolvimento precoce do autismo aumenta, crianças estão sendo diagnosticadas em idades mais precoces. Historicamente, um diagnóstico de autismo ocorre apenas em torno dos quatro anos ou mais tarde, quando as crianças ingressam na escola. Entretanto, há uma tendência, atualmente, para um parecer mais precoce, com muitas crianças sendo diagnosticadas aos dois ou três anos. Esta tendência ocorre porque os procedimentos melhoraram, os médicos estão mais informados sobre o assunto e as crianças são analisadas mais cedo pelas agências das comunidades. Em virtude da importância de se iniciar intervenções o quanto antes, é fundamental diagnosticar o autismo no estágio mais prematuro possível. Embora muitos instrumentos não tenham sido validados em crianças com menos de três anos de idade, tais métodos começam a evoluir.

Ainda assim, a tarefa de diagnosticar o autismo em uma idade precoce apresenta desafios. Por ser um transtorno do desenvolvimento, o autismo manifesta-se de diversas maneiras, em diferentes idades. Antes dos três anos, e particularmente antes dos dois anos, muitas das características centrais associadas com o transtorno ainda não se manifestaram claramente; em particular, atrasos na interação social e na comunicação são difíceis de detectar. Em idades mais precoces, as diferenças entre crianças com atrasos do desenvolvimento nessas áreas e aquelas de desenvolvimento normal são consideravelmente menos pronunciadas que em uma idade mais tardia. É intrínseco à natureza do atraso do desenvolvimento que a disparidade entre crianças com atrasos e aquelas sem atrasos aumente ao longo do tempo, enquanto o crescimento avança, especialmente durante o período em que comportamentos como linguagem e interação social começam a emergir em suas formas mais complexas.

Também é difícil obter um diagnóstico válido de autismo porque bebês e crianças pequenas, como representantes de uma população, apresentam variabilidade considerável em seus padrões de desenvolvimento. Antes de as crianças serem diagnosticadas como autistas, os pais, com frequência, relatam que pediatras lhes disseram que cada indivíduo se desenvolve em ritmos bastante diferentes e que o crescimento de seus filhos, embora talvez um pouco atrasado, não era tão fora do normal. A menos que pediatras ou médicos de família encaminhem a criança para uma avaliação formal do desenvolvimento, é improvável que um diagnóstico de autismo seja seriamente considerado em uma idade inferior a dois anos. Embora o conhecimento sobre o transtorno esteja sempre crescendo, como um todo, os médicos ainda dispõe de relativamente poucas informações.

Apesar das dificuldades associadas com um diagnóstico precoce, estudiosos e terapeutas tornam-se gradualmente conscientes do que muitos pais sabem ou suspeitam; que a vida e comportamentos iniciais das crianças pequenas que são diagnosticadas como autistas, com frequência, são bastante diferentes daqueles de crianças com desenvolvimento normal. Embora as autistas não nasçam com todos (ou talvez com nenhum) dos sintomas, eles com frequência começam a surgir desde cedo. Pais que não têm outros filhos estão menos propensos a perceber diferenças precoces no desenvolvimento do seu bebê, porque não têm uma referência concreta com a qual comparar o comportamento da criança. Tipicamente, eles se preocupam quando o filho não desenvolve a linguagem expressiva. Entretanto, antes disto, a maioria dos pais se inquieta quando seu filho não brinca normalmente, não responde às iniciativas sociais e/ou quando se fixam por longos períodos em objetos do ambiente, em vez de em pessoas.

Os aspectos sociais de diagnósticos precoces associados com o autismo incluem fracasso para: fazer contato visual, olhar para rostos, exibir comportamento imitativo, responder quando seu nome é chamado, expressar interesse em jogos sociais e demonstrar entusiasmo ao interagir com outros. Adicionalmente, crianças pequenas diagnosticadas mais tarde com autismo com frequência parecem exibir afeto mais embotado e demonstrar uma preferência por brincarem sozinhas. Além disso, ocorrem atrasos de comunicação; não apenas a fala é atrasada, mas também o uso de gestos sociais (p. ex., apontar) para obter ou compartilhar a atenção. Uma variedade de comportamentos incomuns, limitados e/ou repetitivos pode estar presente, incluindo arranjar objetos em fila, apego a itens incomuns, girar coisas, brincadeiras estereotipadas e falha em reagir a estímulos sensoriais, como sons altos (Lord e Risi, 2000; Ruble e Sears, 2001; Siegel, 1996; Stone e Ousley, 1996).

Em um interessante estudo conduzido por Baranek (1999), uma análise retrospectiva de gravações históricas em vídeo foi utilizada para a análise de comportamentos sensórios-motores e sociais em crianças com autismo, quando tinham de 9 a 12 meses de idade; isto é, em um ponto do seu desenvolvimento bastante anterior ao diagnóstico real. Em comparação com crianças com outras deficiências de desenvolvimento e crianças com desenvolvimento típico, aquelas com autismo mostraram orientação visual/atenção mais fraca a estímulos não sociais, maior abocanhamento de objetos, maior aversão ao toque social e resposta mais atrasada ao seu nome. Os autores sugerem que os bebês com autismo podem ter problemas gerais com a resposta (orientação/atenção) a todos os tipos de estímulos sensoriais, sociais e não sociais. Atualmente, existe um otimismo considerável de que novas ferramentas de avaliação sejam desenvolvidas, permitindo um diagnóstico preliminar do autismo na faixa dos 8 aos 12 meses, se não antes (Bristol-Power e Spinella, 1999).

Instrumentos de diagnóstico

Está além do escopo deste capítulo revisar de forma abrangente os numerosos instrumentos que têm sido empregados para o diagnóstico de autismo. O objetivo, aqui, será caracterizá-los e fornecer informações gerais sobre algumas das possíveis ferramentas usadas com maior frequência.

Basicamente, existem duas formas de se obter informações para um diagnóstico de autismo: observação direta de uma criança e entrevista com indivíduos que a conhecem bem. Instrumentos de observação direta tipicamente são utilizados por um médico experiente. Tais métodos podem ser empregados durante contatos estruturados ou não estruturados com a criança. Em contraste com esta abordagem observacional, outros instrumentos empregam entrevistas ou listas de verificação para a obtenção de informações de pais, professores ou outros que interagem com frequência com a criança sob avaliação. As vantagens associadas com instrumentos de observação direta são que eles, tipicamente, têm alta confiabilidade e utilizam observadores com bastante familiaridade e conhecimento sobre o autismo. Em contraste com observadores treinados, pais ou professores podem não prestar atenção a comportamentos críticos da criança e/ou não interpretar da forma correta o que veem. Inversamente, uma grande vantagem associada com o uso de dados relatados por pais ou professores é que essas pessoas têm maior conhecimento geral sobre as crianças, com base em contatos prolongados com elas por extensos períodos de tempo. Idealmente, ambos os tipos de avaliações devem ser utilizados para o diagnóstico.

Atualmente, um grande número de instrumentos de diagnóstico está disponível. Por exemplo, métodos de observação incluem: a Behavior Observation Scale for Autism, a Behavior Rating Instrument for Autistic and Atypical Children (BRIAAC), a Escala de Avaliação do Autismo na Infância (CARS), a Ritvo-Freeman Real Life Rating Scale (CRLRS) e a Checklist for Autism in Toddlers (CHAT).

Existem também diversos instrumentos semiestruturados e interativos de avaliação, como o Programa de Observação Diagnóstica do Autismo (ADOS-G) e a Screening Tool for Autism in Two-Year-Olds (STAT). Diversos questionários para pais e professores estão disponíveis, incluindo o Diagnostic Checklist for Behavior-Disturbed Children (Form E-2) e a Autism Behavior Checklist (ABC). Finalmente, há instrumentos de entrevista com pais como a Autism Diagnostic Interview-Revised (ADI-R) e a Parent Interview for Autism (PIA). Para informações adicionais sobre esses instrumentos, o leitor deverá consultar Filipek et al. (1999), Ruble e Sears (2001) e Scheuermann e Webber (2002).

Pesquisas realizadas por Sevin *et al.* (1991) avaliaram as características psicométricas de diversos instrumentos para avaliação do autismo. Em seu estudo, a confiabilidade e a validade de três escalas empregadas habitualmente, a Autism Behavior Checklist (ABC), a Ritvo-Freeman Real Life Rating Scale (RLRS) e a *Escala de Avaliação do Autismo na Infância* (CARS) foram examinadas. Embora a confiabilidade interavaliadores estivesse, na maior parte, dentro de uma faixa aceitável para todos esses instrumentos, as análises de validade cederam alguns resultados intrigantes. No exame da correlação entre as três escalas, a RLRS e a CARS estavam correlacionadas de forma significativa (r = 0,77); porém, nem a CARS nem a RLRS estavam significativamente correlacionadas com a ABC. Os autores sugeriram que os resultados poderiam estar relacionados com o modo como os itens eram pontuados (escalas binárias *versus* tipo Likert) ou outra variação no método. Enquanto os dados da ABC baseiam-se no relato dos pais, as informações da RLRS e da CARS derivam-se da observação direta. O exame dos itens dos instrumentos sugeriu que a ABC poderia ter avaliado diferentes aspectos do autismo, em comparação com as duas outras escalas.

A avaliação do relacionamento entre estas três escalas de autismo e duas medições de comportamento adaptativo (o Vineland ABS-Survey e a ABS-School Edition desenvolvidas pela Associação Americana para o Retardo Mental) também indicou que as três escalas de autismo não se relacionavam da mesma forma às avaliações do comportamento adaptativo. Embora não fosse descoberta uma relação significativa entre os escores de comportamento adaptativo e a CARS, um conjunto de dimensões de comportamento adaptativo (ajuste social e pessoal, e responsabilidade pessoal e social) estava associado com escores na ABC, enquanto outro grupo de dimensões do comportamento adaptativo (autossuficiência na comunidade e pessoal) estava associado com pontuações na RLRS.

Finalmente, diagnósticos feitos usando duas das escalas de autismo (a ABC e a CARS) foram conferidos em relação àqueles realizados com base nos critérios do DSM-III-R e da Autism Society of America (ASA) para o autismo. Esses últimos diagnósticos foram obtidos por avaliadores independentes usando entrevistas não estruturadas com os pais e observação direta ou gravada em vídeo dos participantes. Estes eram crianças e adolescentes encaminhados para teste em virtude de acentuada sintomatologia autista. Os resultados indicaram que, enquanto apenas 50% da amostra diagnosticada como autista usando a avaliação do DSM-III-R atendia ao critério de corte da ABC, 92% da mesma amostra atendia ao critério da CARS.

Os resultados desse estudo realizado por Sevin *et al.*, (1991) não foram apresentados para sugerir que uma dessas escalas de autismo era, necessariamente, melhor que as outras, mas, para apontar que diversas dessas escalas com frequência contêm diferentes itens e diversas abordagens para a coleta de informações, assim, como resultado, elas podem medir divergentes dimensões do autismo. Enquanto uma escala pode fornecer informações mais precisas sobre a presença ou ausência do transtorno de acordo com critérios de diagnóstico, tais como aqueles enunciados no DSM-III-R, outra pode fornecer melhores informações sobre outros tipos de déficits, deficiências no comportamento adaptativo e/ou problemas de comportamento associados com o diagnóstico de autismo.

Os profissionais envolvidos na condução de avaliações diagnósticas precisam conhecer a gama de instrumentos disponível e suas características psicométricas. Além disso, independentemente da ferramenta de diagnóstico empregada, é importante que um profissional experiente interprete os resultados. Diagnósticos definitivos nem sempre são possíveis quando esses instrumentos são usados com crianças muito jovens. Nesses casos, é melhor continuar monitorando-a atentamente, para observar como o desenvolvimento avança. Enquanto um diagnóstico de autismo é feito, é importante considerar potenciais sobreposições com outros transtornos, como retardo mental, Transtorno de Desenvolvimento da Linguagem, Transtorno de Hiperatividade e Déficit de Atenção, assim como diversos Transtornos Invasivos do Desenvolvimento não autistas (p. ex., transtorno de Rett, Desintegrativo da Infância, Sídrome de Asperger, além de TID-SOE).

Avaliação e intervenção

Além dos instrumentos para diagnósticos que acabamos de apresentar, existem outros procedimentos de avaliação utilizados na detecção de crianças com autismo. A finalidade de um programa abrangente de avaliação é garantir o desenvolvimento de uma estratégia apropriada de intervenção. Tipos comuns de avaliações usadas em crianças com autismo incluem: testes de aptidão e realização acadêmica, análise do comportamento adaptativo e do desenvolvimento e uma metodologia de observação que utiliza a análise funcional. Cada uma dessas estratégias de avaliação será descrita resumidamente nesta seção.

Avaliações de aptidão, realização acadêmica e comportamento adaptativo

Testes de aptidão são realizados com maior frequência com crianças para medir a inteligência geral. Exemplos incluem: a Escala de Inteligência Wechsler para Crianças, a Escala de Inteligência de Stanford-Binet, as Escalas Bayley de Desenvolvimento Infantil e as Escalas McCarthy de Aptidões e Psicomotricidade para Crianças. Embora, de certo modo, todas as avaliações de inteligência meçam aptidões, a distinção entre testes de inteligência e de aptidão é que os primeiros são utilizados para se fazer inferências sobre a capacidade futura de uma criança para aprender e sua taxa esperada de aprendizado, particularmente em situações acadêmicas. Em contraste, testes de aptidão são utilizados com frequência em escolas para documentar a quantidade real ou nível de aprendizado obtido em determinado ponto do tempo.

Avaliações de comportamento adaptativo também analisam a aptidão, mas, tipicamente, em áreas não acadêmicas; por exemplo, o desempenho em áreas de habilidades motoras, comunicação, autocuidados, vida quotidiana, recreacional, social e pré-vocacional geralmente é medido. Exemplos específicos deste tipo de avaliação são as Vineland ABS-Survey e as escalas de comportamento adaptativo da American Association on Mental Deficiency (AAMD). Enquanto os testes de habilidades e de aptidão escolar são preenchidos pela pessoa que está sendo avaliada ou com sua participação ativa, avaliações de comportamento adaptativo são obtidas pela observação direta ou, com maior frequência, por entrevista com o cuidador e/ou professor principal de uma criança. Em um interessante estudo realizado por Stone *et al.* (1999), a Vineland ABS-Survey foi usada para investigar as diferenças de comportamento adaptativo entre crianças com autismo e crianças com atraso do desenvolvimento, mas sem autismo. Ambos os grupos foram combinados em idade cronológica e mental (IC e IM). Os resultados indicaram que, em relação ao grupo de comparação, as crianças com autismo demonstravam menor desenvolvimento de habilidades de socialização e comunicação, embora as idades mental e cronológica delas fossem comparáveis.

A maioria das escalas de habilidades, aptidão e comportamento adaptativo faz referência à norma. Um teste referenciado pela norma emprega uma regra ou grupo de comparação usado na interpretação dos resultados da avaliação. Mais especificamente, quando esses tipos de avaliações são conduzidos, o desempenho de um aluno é comparado com o desempenho de um grupo normativo, e caracterizado como dentro da média, abaixo da média ou acima da faixa média de funcionamento. Para informações adicionais sobre as avaliações mencionadas anteriormente e outras avaliações de habilidades, aptidão e comportamento adaptativo, o leitor deverá consultar Carlson, Hagiwara e Quinn (1998).

Avaliações do desenvolvimento

Embora as avaliações mencionadas sejam úteis para a comparação de crianças com autismo e aquelas com desenvolvimento mais típico, elas fornecem apenas informações gerais sobre áreas nas quais os programas de intervenção na educação são necessários, em vez de informações específicas sobre objetivos dos programas e como tais programas devem ser estruturados. Em contraste com avaliações de habilidades, aptidão e comportamento adaptativo (que avaliam o desempenho de um estudante em comparação com um grupo normativo), as análises do desenvolvimento examinam o desempenho de um estudante ao longo de um *continuum* de aquisição das habilidades vistas em crianças com desenvolvimento típico. Isto é, este modelo de avaliação revela o que uma pessoa pode fazer atualmente em diversas áreas do desenvolvimento e o que precisa realizar para aumentar sua competência. Por exemplo, ao examinar a linguagem expressiva e receptiva, uma avaliação pode revelar que uma criança consegue dar nome a um objeto quando apresentado sozinho, mas não quando apresentado com um grupo de outros itens; ou que uma criança pode ser capaz de responder a instruções simples que envolvam uma única resposta motora, mas tem dificuldade com instruções mais complexas, que exijam diversas respostas. Uma boa avaliação do desenvolvimento tem implicações diretas para a elaboração de um currículo. Ela especifica que habilidades, conceitos e comportamentos particulares precisam ser ensinados e a sequência na qual o devem ser. Avaliações do desenvolvimento precisam ser conduzidas por observação direta do desempenho de uma criança em situações de tarefas específicas (Carlson *et al.*, 1998).

Análise funcional

A análise funcional tem suas raízes no campo da análise aplicada do comportamento, que emergiu nos anos 1960. Esta abordagem à avaliação baseia-se na premissa de que a maioria dos comportamentos é aprendida pela interação de uma criança com seu ambiente. Comportamentos que emergem servem a uma finalidade; em termos mais específicos, eles permitem que uma criança obtenha o que deseja ou precisa. Os comportamentos são aprendidos e mantidos, inicialmente, por eventos de estímulo que precedem uma resposta (muitas vezes chamados "antecedentes", "eventos definidores" ou "estímulos discriminativos"), bem como por eventos de estímulo que acompanham um comportamento (geralmente chamados "reforços positivos e negativos"). À medida que o aprendizado avança, estímulos anteriores servem para sinalizar à criança a resposta ou o comportamento que tende a lhe trazer o que deseja. Estímulos que servem como reforços ajudam a garantir que o comportamento continuará ocorrendo naquela circunstância.

Por exemplo, uma criança aprende que quando vê uma bola (um estímulo antecedente) e diz "bola", sua mãe lhe sorrirá e dará um abraço, dizendo: "Sim, isso é uma bola" (um reforço positivo), motivando a criança, assim, a repetir esta resposta no futuro. Alternativamente, ela pode aprender que, quando alguém de quem "não gosta" aproxima-se e fala com ela, se ignorá-la esta pessoa poderá ir embora (reforço negativo). Dentro de uma estrutura comportamental de aprendizado, postula-se que, embora o autismo esteja enraizado em causas biológicas, os sintomas ou comportamentos específicos que as crianças com ele exibem, muitas vezes, são aprendidos da mesma forma que os comportamentos mais apropriados ou adaptados. Em programas de análise do comportamento aplicada, como aprendizado por tentativas discretas, os comportamentos desadaptados são reduzidos e aqueles adaptados são ensinados, por meio do arranjo do ambiente físico e social de determinadas maneiras.

Durante uma avaliação analítica funcional, o avaliador obtém informações sobre os estímulos que influenciam o comportamento e o aprendizado da criança. Quando um comportamento/resposta ocorre, as características do arranjo geral e eventos específicos que o antecedem (antecedentes) e o seguem (consequentes) são registradas. Através desse processo, o analisador formula hipóteses sobre as causas ambientais dos comportamentos desajustados e adaptados, e sobre os tipos de eventos de estímulo que facilitam o desenvolvimento desses comportamentos; essas hipóteses são, então, usadas para guiar o desenvolvimento de programas de intervenção. O leitor deverá consultar Scheuermann e Webber (2002) para informações adicionais acerca da condução de uma análise funcional.

A análise funcional é similar a outro tipo de avaliação, às vezes chamada de "análise ecocomportamental", que examina o nível em que características ambientais (como tamanho da sala, nível de ruído, cor, claridade, número de crianças, janelas, estímulos irrelevantes à tarefa e estrutura do programa) influenciam o desenvolvimento do comportamento e o aprendizado da criança. Através da análise ecocomportamental, assim como na funcional, o avaliador desenvolve hipóteses sobre os tipos de estímulos ambientais associados com o desenvolvimento do comportamento adaptado e não adaptado, e utilizados para a criação de intervenções (Carlson, Hagiwara e Quinn, 1998).

Outras avaliações

Além das avaliações já descritas neste item, existem muitas outras análises importantes empregadas para assistência a crianças com autismo. Essas avaliações incluem: avaliações sensoriais, como testes de visão e audição; avaliações da fala, para o exame da fala receptiva e expressiva, bem como habilidades de protocomunicação (pré-fala); avaliações motoras, para averiguar as capacidades motoras finas e grossas, assim como habilidades de planejamento motor; avaliações lúdicas, para examinar a complexidade, adequação e imaginação em brincadeiras; exames neurológicos, para avaliar o funcionamento cerebral e problemas como epilepsia, além de uma ampla gama de outras avaliações biomédicas que examinam, por exemplo, deficiências nutricionais, problemas metabólicos, imunológicos e anormalidades genéticas.

A quem recorrer para uma avaliação

Onde e a quem os pais devem levar seus filhos para diagnóstico e avaliações para o planejamento do tratamento? A resposta a esta questão não é simples, em parte, porque ela varia de uma para outra comunidade. Idealmente, profissionais representando uma variedade de disciplinas devem se envolver em uma avaliação abrangente e coordenada. Deve-se notar, porém, que alguns não têm um conhecimento profundo sobre o autismo. Tal ignorância pode levar ao uso de instrumentos de avaliação inadequados, à insensibilidade clínica na administração de avaliações, a problemas na interpretação de resultados de testes e à falta de encaminhamento apropriado a outros profissionais.

Especialistas específicos que podem ser muito úteis no processo de avaliação incluem psicólogos, educadores, terapeutas do desenvolvimento, patologistas da fala, fonoaudiólogos, fisioterapeutas, terapeutas ocupacionais, nutricionistas e outros profissionais da área médica, particularmente pediatras do desenvolvimento e neurologistas pediátricos. Psicólogos clínicos, muitas vezes, têm competência em exames psicométricos e podem administrar diversos instrumentos de diagnósticos, além de testes que avaliam a capacidade intelectual, o comportamento adaptativo, o nível de desenvolvimento, problemas comportamentais, características de personalidade e problemas neuropsicológicos. Eles também podem ter experiência na condução de análises funcionais e ecocomportamentais. Também os psicólogos escolares são capazes de conduzir algumas dessas avaliações, além de analisarem, com outros educadores, a aptidão acadêmica.

Os patologistas da fala avaliam as competências de linguagem e comunicação, além de anomalias biológicas que podem interferir com o processo da linguagem e a comunicação. Os fonoaudiólogos avaliam a audição da criança. Fisioterapeutas e terapeutas ocupacionais têm competência no exame do funcionamento sensório-motor. Enquanto os fisioterapeutas salientam a análise geral do funcionamento sensório-motor, os terapeutas ocupacionais envolvem-se mais com a avaliação do uso de habilidades sensório-motoras pelas crianças nas situações quotidianas. Os nutricionistas podem ajudar no estudo da dieta, no entendimento das deficiências nutricionais e da necessidade de intervenções na alimentação de uma criança.

Alguns profissionais médicos, incluindo médicos de família, pediatras e psiquiatras, não têm muita formação, historicamente, na área do autismo e de deficiências do desenvolvimento. Essa tendência está mudando lentamente, com a emergência de novos programas de educação médica e pelo aumento de especializações na medicina, como pediatria do desenvolvimento, neurologia pediátrica e psiquiatria infantil. Tais especialidades concentram-se de forma apropriada na avaliação e tratamento de problemas médicos, mas também coordenam seus esforços, com frequência, com outros profissionais que conduzem avaliações do desenvolvimento e educacionais.

As análises podem ocorrer em diversos arranjos, incluindo a casa da criança, escola, clínicas e hospitais. Um ambiente ideal para a avaliação ocorre quando os especialistas são parte de uma equipe interdisciplinar (transdisciplinar) que possui a ampla gama de habilidades de teste recém-discutidas e extensa experiência no trabalho com crianças com autismo. Essas equipes interdisciplinares podem ser encontradas, com maior frequência, em centros para autismo, arranjos hospitalares ou clínicas especializadas em deficiências do desenvolvimento. Em uma situação ideal, informações de diversas avaliações são reunidas, antes de os pais receberem os resultados envolvendo o *status* de saúde de seu filho. Às vezes, entretanto, as análises ocorrem de forma sequencial e os pais recebem resultados pouco a pouco. Em um mundo perfeito, os pais recebem apoio emocional ao saberem da notícia de que seu filho é autista, são auxiliados ativamente no desenvolvimento de um plano de tratamento e são encaminhados a outras agências. Infelizmente, uma vez que os profissionais nem sempre receberam formação adequada na área do autismo, as necessidades gerais das famílias podem não ser abordadas. Os pais precisam ser proativos para analisarem, da melhor maneira possível, o conhecimento dos profissionais que consultam. A família deve sempre sentir-se à vontade para buscar o parecer de outros especialistas, se necessário.

Incidência, características demográficas e prognóstico

Estimativas da incidência de autismo variam imensamente, com dados recentes sugerindo um aumento do transtorno. Por exemplo, pesquisas mais antigas sugeriam que o autismo ocorria em cerca de quatro a dez crianças por 10.000 nascimentos (APA, 1994; Jordan, 1999). Em comparação, diversos estudos mais recentes indicam maior prevalência do transtorno. Em uma análise das pesquisas atuais, Charman e Baird (2002) sugerem que a taxa pode chegar a 40 a 60 por 10.000 pessoas. Estimativas, como aquelas oferecidas pela Autism Society of America, também indicam que o transtorno pode ocorrer em dois a seis indivíduos em cada 1.000 (ASA: www.autism-society.org).

Croen, Grether, Hoogstrate e Selvin (2002), conduzindo um estudo baseado na população de oito nascimentos sucessivos na Califórnia, de 1987 a 1994, descobriram um aumento na prevalência de 5,8 a 14,9 casos de autismo a cada 10.000 crianças. Os autores indicaram que durante o mesmo período, a prevalência de retardo mental caiu de 28,8 para 19,5 por 10.000 indivíduos. Este achado sugere que o aumento na prevalência de autismo pode se dever, pelo menos em parte, à reclassificação de crianças da categoria de retardo mental para a categoria de autismo. O padrão de aumento não parece se relacionar com a idade materna, raça/etnia, educação, gênero da criança ou pluralidade. Contudo, os autores relataram que a idade na qual as crianças ingressaram em seu sistema de prestação de serviços diminuiu ao longo dos anos de nascimento sucessivos entre 1987 e 1994. Enquanto em 1987 a idade média de ingresso era de 6,9 anos, em 1994 a idade média era de 3,3 anos. Não nos surpreende que o número total de crianças inscritas no sistema de atendimento da Califórnia tenha aumentado no mesmo período, quase que triplicando.

Um crescimento semelhante, mas menos drástico na prevalência de autismo na Islândia foi relatado por Magnússon e Saemundsen (2001). As taxas estimadas de prevalência para autismo infantil ou na infância foram de 3,8 por 10.000 crianças nascidas entre 1974 e 1983 e 8,6 por 10.000 dentre as nascidas entre 1984 e 1993. Os autores também relataram que uma proporção maior das crianças da população mais jovem, comparada com a população mais velha, caía na faixa de retardo mental, 95% *versus* 67%. Eles sugeriram, contudo, que pesquisas como a deles podem representar excessivamente indivíduos com funcionamento mais baixo, que estão mais propensos a ingressar no sistema de serviço social.

Esses estudos levantam uma questão: a incidência do autismo está realmente aumentando ou o transtorno está apenas sendo diagnosticado com maior frequência? Pode-se argumentar em favor de cada lado desta questão. Por um lado, é possível dizer que uma definição diferente e mais claramente articulada de autismo, juntamente com um aumento nos tipos e qualidade dos instrumentos de avaliação do mesmo, resultou no uso desta categoria como diagnóstico com maior frequência pelos médicos. Uma vez que a conscientização profissional sobre o autismo aumentou, pode ser que a incidência dele não tenha mudado, mas que a capacidade de diagnosticá-lo e diferenciá-lo de outros problemas, como retardo mental, tenha crescido. Fombonne (1996) expressa ceticismo sobre relatos de maior incidência e sugere que podem ser artefatos dos métodos epidemiológicos empregados, por exemplo, os mecanismos de descoberta de caso aprimorados, usados nos levantamentos. Também pode ser que o aumento no autismo, sugerido por algumas estimativas, se deva à inclusão de transtornos semelhantes a ele, como os Transtornos Invasivos do Desenvolvimento não autistas. Além disso, também é possível que, à medida que o reconhecimento do autismo cresce, os pais busquem de forma mais ativa serviços de diagnósticos e tratamento para seus filhos, aumentando assim a oportunidade para a identificação de novos casos pelos profissionais.

Argumentos favorecendo um aumento real no autismo sugerem que agentes como toxinas ambientais ou aditivos alimentares podem gerar casos adicionais do transtorno. A publicidade sobre agrupamentos de autistas em diversas áreas geográficas levou alguns a cogitar sobre o papel que os poluentes industriais no ar, na água e/ou no solo exercem no desenvolvimento do autismo. Entretanto, estudos sistemáticos de alguns desses supostos agrupamentos, como o de Brick, em Nova Jérsey, EUA, não forneceram evidências favorecendo esta hipótese e sugeriram, em vez disso, que os aumentos nos casos de autismo se deviam a outros fatores, como manutenção de dados e mudança de pessoas para certos locais em virtude da disponibilidade de serviços para o transtorno (Wang, 2000).

Muitos pais de crianças com autismo e alguns profissionais argumentam que alterações nos procedimentos de vacinação podem ser responsáveis por um aumento nos casos autismo, fornecendo um novo gatilho ou via para o desenvolvimento deste transtorno. Em contraste com décadas anteriores, mais crianças recebem vacinas; além disso, mais vacinas são administradas simultaneamente. Há a preocupação sobre o uso histórico do timerosol, que contém mercúrio, como profilático para a vacina. Algumas pessoas sugerem que novos protocolos de imunização podem suplantar o sistema imunológico em desenvolvimento das crianças, em particular daquelas cujas respostas imunes já estão comprometidas, por razões genéticas e ambientais. Atualmente, estudos empíricos não apoiam a posição de que vacinas sejam uma das causas do autismo. Ainda assim, à medida que os estudiosos examinam de modo mais crítico a interação entre procedimentos de vacinação e várias características específicas de crianças com autismo, é possível que se descubra que as vacinações podem servir como um gatilho para uma subpopulação selecionada de crianças que apresentam certos tipos de problemas metabólicos ou imunológicos. Essa questão será abordada, em maiores detalhes, no capítulo 3.

Demografia e outras características

Embora existam algumas incertezas acerca de uma mudança na incidência do autismo, a demografia deste transtorno é mais conhecida. Por definição, para que o autismo seja diagnosticado, ele deve ocorrer nos 36 primeiros meses de vida. Após o diagnóstico, a maioria das crianças o mantém durante a vida inteira; portanto, este é um transtorno crônico. Sintomaticamente, indivíduos com autismo apresentam uma ampla gama de desfechos. Alguns, por exemplo, têm boas habilidades de linguagem, saem-se bem na escola e funcionam sem supervisão atenta. Na outra extremidade do *continuum* do autismo, vemos indivíduos com atrasos pronunciados do desenvolvimento e com retardo mental. Entretanto, as pesquisas sugerem que mais indivíduos com autismo operam em uma faixa inferior de funcionamento, em termos do desenvolvimento, com cerca de 77% apresentando retardo mental, além do autismo (Gillberg, 1984). Com a implementação de intervenções mais precoces e intensivas, essa distribuição de nível de funcionamento provavelmente mudará, pelo menos até certo ponto, à medida que as pessoas demonstrarem maiores ganhos em desenvolvimento.

Sob uma perspectiva de gênero, a maioria dos estudos indica que o autismo é consideravelmente mais prevalente entre homens, com a maior parte das pesquisas indicando uma proporção de homens para mulheres de aproximadamente 3 para 1 ou 4 para 1 (Volkman, Szatmari e Sparrow, 1993). Entretanto, as mulheres estão mais propensas a ter uma forma mais grave de autismo que envolve o retardo mental. Em termos socioeconômicos, no passado, pensava-se que o autismo era um transtorno que ocorria em famílias com maiores condições socioeconômicas (CSEs). Entretanto, pesquisas recentes sugerem que não existem diferenças na incidência deste transtorno entre famílias de diferentes classes sociais. Em um resumo dos estudos na área, Mesibov, Adams e Klinger (1997) observaram que uma tendência aparente de maior CSE parece ser uma função de fatores sociais; mais especificamente, que famílias de baixa renda estão menos inclinadas a conhecer os problemas de desenvolvimento dos seus filhos e também estão menos propensas a encontrar e utilizar serviços disponíveis para o autismo.

Embora dados envolvendo a expectativa de vida de pessoas com autismo sejam limitados, tanto as especulações quanto as informações disponíveis indicam que essas pessoas têm um risco maior de mortalidade. As altas taxas de óbito são encontradas em indivíduos diagnosticados com autismo e retardo mental grave e em mulheres que, embora diagnosticadas com autismo com menor frequência, estão mais propensas, que os homens, ao retardo mental grave. Em um estudo conduzido na Califórnia, Shavelle *et al.* (2001) descobriram taxas de mortalidade elevadas em indivíduos com autismo, comparados com taxas de mortalidade para a população geral. Os números de óbitos relacionados a problemas convulsivos eram particularmente elevadas. Taxas crescentes de mortalidade por afogamento, sufocação e transtornos respiratórios também foram observadas.

Às vezes, o diagnóstico é útil para fazer-se um prognóstico, isto é, para predizer qual será o curso de desenvolvimento para uma pessoa com certo transtorno. Pais cujos filhos receberam o diagnóstico de autismo querem saber o quanto seus filhos serão beneficiados com o tratamento e programas educacionais e como será o futuro dessas crianças. No caso do autismo, devido ao fato de sabermos relativamente pouco, é difícil, e até mesmo arriscado, dar respostas definitivas para perguntas sobre prognóstico, particularmente se geram expectativas injustificadas ou irrealistas. Atualmente, o autismo é considerado um transtorno vitalício. Apenas recentemente estudos sobre ele começam a oferecer informações úteis de como diferentes crianças no espectro do autismo desenvolvem-se e respondem ao tratamento. À medida que surgem tratamentos mais eficazes, o prognóstico para crianças com autismo tende a mudar. Uma vez que previsões pessimistas (ou excessivamente otimistas) sobre o futuro podem influenciar adversamente as ações de pais e profissionais, a melhor estratégia para aqueles incumbidos do diagnóstico e da educação na área do autismo é admitir as limitações de seu conhecimento. Essas pessoas precisam ter a mente aberta, ser otimistas, mas também se manter apropriadamente conservadoras ao fazerem previsões futuras.

Dois fatores gerais parecem influenciar o nível em que crianças com autismo se beneficiam de tratamentos educacionais e médicos: os tipos, gravidade dos sintomas, a qualidade e o momento de ocorrência dos programas educacionais e médicos aos quais são expostas. Dado o nosso estado atual de conhecimento e capacidade de tratamento, crianças com formas mais severas de autismo não apresentam tanta propensão a avançar, com a mesma rapidez, que aquelas com autismo menos severo. Entretanto, há razões para otimismo. Os programas educacionais para crianças com autismo estão melhorando e sendo implementados em idades mais precoces. Além disso, à medida que compreendemos melhor as causas biológicas do autismo, é bastante possível vermos o desenvolvimento de tratamentos médicos eficazes.

No próximo capítulo, a sintomatologia complexa associada com o autismo será descrita em detalhes. Nos capítulos 3 e 4, discutiremos teorias envolvendo como os fatores biológicos, psicológicos e ambientais influenciam o desenvolvimento desta sintomatologia, e o capítulo 5 oferecerá uma descrição dos programas de tratamento atuais.

CAPÍTULO 2

O autismo e suas características

Como é ser uma criança com autismo? De que forma o desenvolvimento de crianças com autismo é diferente daquele de outras crianças? Podemos obter algum insight para essas perguntas comparando seu mundo com o mundo das crianças que não apresentam o transtorno. Antes do nascimento, os bebês estão isolados pelo casulo protetor do útero. Seu ambiente sensorial é rico, mas razoavelmente organizado em sua estrutura. Ele é cheio de sons, devido aos batimentos cardíacos da mãe, sua respiração, sons digestivos, movimentos e voz. À medida que explora o ambiente intrauterino, o feto recebe diversos tipos de experiências táteis, proprioceptivas e de paladar (Maurer e Maurer, 1988). Comparado com o mundo encontrado após o nascimento, este ambiente pré-parto, embora rico em estímulos sensoriais, é relativamente calmo, homogêneo e previsível. Após o parto, o mundo do bebê muda drasticamente. Acho que foi William James quem descreveu o mundo inicial pós-parto do bebê como uma "confusão ruidosa e efervescente". Embora esse mundo seja caótico e possa ser estressante, os bebês têm mecanismos protetores, incluindo reflexo de sucção, fechar os olhos e outros comportamentos de regulação de estado, que os ajudam a adaptarem-se ao seu ambiente até o amadurecimento de seus sistemas neurosensorial e neuromotor. Um ambiente com cuidados suaves também protege o bebê de estímulos excessivos e o ajuda neste processo de adaptação.

O que ocorre, porém, como parece ser o caso com o autismo, se o ambiente continua sendo percebido como caótico? O que ocorre se o sistema biológico que auxilia o bebê a se adaptar ao ambiente é diferente ou comprometido? O que ocorre se o ambiente em que vive não tem pleno conhecimento das demandas excessivas colocadas sobre uma criança que apresenta limitações biológicas e comportamentais? Com base nas observações dos pais, e profissionais que interagem com crianças com autismo, assim como no relato de autistas com alto nível de funcionamento, como Temple Grandin e Donna Williams, o mundo de pessoas com autismo não apenas começa no caos, mas permanece confuso e assustador. Ele, às vezes, é muito brilhante, ruidoso, áspero, doloroso e intenso. A sintomatologia associada com o autismo apresenta um quadro de indivíduos com anormalidades sensoriais, motoras e cognitivas; que enfrentam sérios desafios, enquanto tentam se adaptar aos seus ambientes; que têm deficiência em recursos de enfrentamento, e que compensam suas limitações desenvolvendo formas incomuns de regular suas emoções e controlar os aspectos físicos e sociais do ambiente à sua volta. Embora o autismo seja um transtorno complexo, com muitas faces, ele representa, em última análise, um meio-termo alcançado pelos indivíduos que vivem em um mundo cujas demandas excedem suas capacidades convencionais de adaptação.

Neste capítulo, as características centrais contidas na definição de autismo e outras características comuns associadas com o transtorno serão analisadas. Existem muitos mitos e equívocos relacionados a pessoas com autismo; por exemplo, que não fazem contato com os olhos, não sorriem, não expressam afeto ou se envolvem em brincadeiras recíprocas ou pensam abstratamente. Essas atitudes derivam-se de uma época anterior ao desenvolvimento de programas de intervenção precoce, uma era em que muitas dessas crianças eram internadas em instituições ou recebiam apenas cuidados físicos básicos. Em termos gerais, esses pensamentos se baseiam em uma visão estática do autismo, um instantâneo de crianças com autismo que deturpa a essência de quem são e o que podem se tornar. Estes equívocos contrastam com uma perspectiva na qual as crianças com autismo demonstram um desenvolvimento dinâmico ao longo do tempo e, às vezes, deixam para trás muitos dos sinais "clássicos" do transtorno. Estereótipos de pessoas com autismo, como a maioria dos estereótipos sobre pessoas, ignoram o fato de que elas são muito diferentes umas das outras; não apenas no modo como o autismo se expressa, mas também em seus temperamentos, personalidades e competências subjacentes.

Embora estes estereótipos muitas vezes apresentem um quadro falso deste transtorno, existem, ainda assim, déficits centrais que caracterizam indivíduos autistas. Contudo, há debates acerca de quais são estes déficits centrais e até sobre o que constitui um déficit central. Sigman (1994) descreve três critérios que têm sido empregados para definir o significado de um déficit central: especificidade, universalidade e primazia. A especificidade refere-se a características exibidas apenas por pessoas com autismo, mas não por crianças com outros transtornos. Embora a maioria dos sintomas associados com autismo não seja exclusiva deste transtorno, a configuração global dos sintomas é única e é usada para distingui-lo de outros transtornos. Universalidade significa que um déficit central deve estar presente em todos os indivíduos com autismo. Empregando-se este critério, as características gerais (p. ex., deficiências sociais e de linguagem) usadas para descrever o Transtorno Autista na definição do DSM-IV (American Psychiatric Association, 1994) seriam consideradas como características básicas. Finalmente, a primazia refere-se à exigência de que um déficit central precise ocorrer no início do desenvolvimento. De modo relacionado, outro aspecto, não explicitamente mencionado por Sigman (1994), é que um déficit central deve ajudar a explicar como surgem outras características do autismo, de desenvolvimento mais tardio. Como será discutido neste capítulo e no capítulo 4, a literatura sobre o autismo está repleta de sugestões sobre quais seriam os déficits centrais neste último sentido; ou seja, quais precedem outros e explicam seu surgimento.

Neste capítulo, descreveremos características universais usadas no diagnóstico do autismo, assim como outras (p. ex., sensoriais, motoras e emocionais) manifestadas habitualmente, embora não de forma universal. Apresentaremos pesquisas que examinaram estes traços, juntamente com perspectivas sobre eles por pessoas com autismo. As categorias gerais de características a serem descritas, na ordem de sua apresentação, incluem:

1. problemas de processamento sensorial;
2. disfunções motoras;
3. problemas de estimulação/ativação;
4. deficiências cognitivas;
5. problemas com a interação social;
6. deficiências com a linguagem;
7. interesses, atividades e comportamentos repetitivos, restritos e estereotipados (autorregulação);
8. problemas de comportamento;
9. características físicas/médicas.

A tabela 2.1 apresenta uma visão geral das características frequentemente associadas com o autismo.

Tabela 2.1 Características frequentemente associadas com o autismo

Domínio/Processo	Características
Sensorial	Hipersensibilidade, hipossensibilidade, evitação sensorial, busca sensorial, problemas de integração vestibular, proprioceptiva e sensorial.
Motor	Atrasos no desenvolvimento motor, problemas com coordenação motora fina e grossa, baixo tônus motor, problemas de planejamento motor, falta de destreza, dificuldades de coordenação.
Estimulação/ativação/emoção	Hiperestimulação, hipoestimulação, temperamento difícil ou lento, alta reatividade emocional, fraca regulação emocional, medo generalizado, ansiedade, depressão, problemas motivacionais.
Cognição	Dificuldades de atenção, pensamento concreto, boas habilidades de "visualização", fraco aprendizado incidental e por observação, falta de brincadeiras de "faz de conta", problemas de funcionamento metacognitivo e executivo, dificuldades na solução de problemas, baixo entendimento social e sobre si mesmo (teoria de deficiências mentais), baixo Q.I. e retardo mental, competências *savant.*
Interação social	Fraco contato visual, deficiências na imitação, atenção conjunta e referências sociais, baixa iniciativa de interações sociais, tendência a isolar-se, afeto social embotado e inapropriado, falta de empatia, baixo uso de gestos sociais, falta de conscientização sobre protocolos sociais e amizades superficiais.
Linguagem/comunicação	Problemas de protocomunicação (p. ex., falta de gestos sociais), ecolalia, deficiências na linguagem expressiva e receptiva, uso idiossincrático da linguagem, inversão de pronomes, linguagem em *script,* deficiências pragmáticas, fraca compressão de leitura e fala coloquial.

Domínio/Processo	Características
Autorregulação	Falta de habilidades apropriadas de autorregulação, dificuldades de automonitoramento, autoinstrução e autoavaliação, deficiências na solução de problemas, incapacidade para solicitar e utilizar apoios instrumentais e emocionais, sinais de fraca autorregulação (impulsividade, distração, hiperatividade, TDAH, comportamento estereotipado e autoestimulador, interesses obsessivos e limitados, comportamentos compulsivos e ritualísticos).
Problemas comportamentais	Desobediência, agressividade, autoagressividade, problemas com o sono e com a alimentação.
Características físicas/ problemas médicos	Aparência "normal", circunferência craniana grande, convulsões.

Problemas de processamento sensorial

Histórico e descrição

Os sentidos nos alertam para eventos que acontecem ao nosso redor. Eles mobilizam e orientam o comportamento, influenciam as emoções e fornecem informações que afetam o pensamento em um nível estrutural e de conteúdo. Através dos sentidos, aprendemos sobre o nosso ambiente, bem como sobre nós mesmos, criando as memórias que contêm registros da nossa história de experiências sensoriais. Alguns filósofos, como John Locke, chegaram a sugerir que a mente é, inicialmente, como uma folha em branco, na qual experiências sensoriais são escritas.

Embora as definições formais do autismo não incluam tipicamente problemas com o processamento sensorial como uma característica chave deste transtorno, a presença de distúrbios sensoriais em crianças autistas é amplamente reconhecida. A gama de tais disfunções sensoriais é considerável e incluem hiper e hipossensibilidades táteis, auditivas, visuais, olfativas (cheiro) e gustativas (sabor). Problemas de defesa tátil (hipersensibilidade) são frequentemente observados na literatura sobre o autismo. A defesa tátil, por exemplo, pode manifestar-se por uma aversão a ser abraçado, usar certas roupas, caminhar sobre grama e/ou manejar determinados tipos de materiais. Alguns indivíduos exibem medo muito intenso em situações sociais, devido à sua hipersensibilidade tátil. Temple Grandin (1995) descreve o desconforto de ser tocado e abraçado, bem como, paradoxalmente, seu desejo de afeto físico. Da mesma forma, a defesa auditiva envolve hipersensibilidade a determinados sons, como sirenes, condicionadores de ar, zumbido de fios de alta tensão ou certos tipos de música. Uma pessoa com defesa visual pode ter um problema com luzes brilhantes ou que piscam, tais como dispositivos elétricos fluorescentes. Aversões alimentares também são comuns entre as crianças com autismo. Nem sempre é claro se a repulsa relaciona-se com o gosto, cheiro ou textura da comida, ou com alguma combinação dessas características. Como consequência de tais aversões, algumas crianças comem apenas um pequeno número de alimentos.

Além da hipersensibilidade, pessoas com autismo apresentam diversos outros problemas sensoriais. Alguns indivíduos mostram sensibilidade reduzida (hipossensibilidade) à dor, frio e sons, além de uma ampla variedade de outros estímulos sensoriais. Inversamente, outros autistas parecem fortemente atraídos para determinados tipos de estímulos, ao ponto da fixação, e procuram perpetuar essa estimulação com comportamentos repetitivos e compulsivos. Por exemplo, algumas crianças anseiam pelo estímulo de pressão profunda. Outros parecem ser particularmente atraídos por odores e exibem tendência a cheirar tudo. Para outros ainda, um estímulo pode não ser percebido completamente ou pode parecer distorcido. Há especulações, por exemplo, de que os problemas de leitura de algumas crianças com o transtorno podem estar relacionados à impressão de que as letras ondulam ou desaparecem completamente.

Algumas dificuldades sensoriais podem refletir uma incapacidade de coordenar ou integrar estímulos sensoriais de diversas fontes e/ou múltiplas modalidades sensoriais. Crianças com este último tipo de problema podem ter dificuldade em acompanhar uma conversa quando há ruídos de fundo, ou ter problemas para focar um estímulo visual quando alguém está falando. Também há especulações de que a mistura sensorial (sinestesia) pode ocorrer em alguns indivíduos; por exemplo, uma pessoa pode ver sons ou ouvir imagens. Finalmente, algumas disfunções sensoriais envolvem o sistema vestibular, que ajuda a regular o equilíbrio e o movimento, e o sistema proprioceptivo, que fornece feedback sobre a posição corporal pelos músculos, tendões e ligamentos. Problemas nesses dois últimos sistemas provavelmente são responsáveis, pelo menos em parte, pelas dificuldades que muitas crianças têm nas atividades motoras grossas e finas. O leitor deverá consultar Huebner (2001) para uma descrição mais completa de problemas sensoriais apresentados por pessoas com autismo.

O'Neill e Jones (1997), revendo evidências de estudos empíricos e clínicos, sugerem que respostas sensoriais incomuns podem estar presentes na maioria das crianças com autismo. Eles indicam que estas respostas, muitas vezes, estão presentes durante o desenvolvimento inicial e se ligam a outros aspectos do comportamento autista. Similarmente, Gillberg e Coleman (1992) sugerem que as respostas sensoriais anormais aos estímulos podem constituir o sintoma mais característico do autismo não presente, atualmente, nos critérios de diagnóstico deste transtorno. Ao sumarizar as pesquisas nesta área, estes autores sugerem ainda que anormalidades sensoriais representam o tipo mais comum de sintoma encontrado em casos de autismo na infância. Eles salientam também que os sintomas, como surdez evidente, reações estranhas ao toque e olhar fixo vazio, distinguem o autismo de outro transtorno do desenvolvimento, o retardo mental.

Efeitos de problemas de processamento sensorial

O processamento sensorial envolve a recepção e a organização da experiência sensorial, idealmente de um modo que leve a respostas adaptadas ao ambiente. Quando os processos sensoriais são deficientes, a experiência sensorial é incompleta ou distorcida. Crianças com autismo, que, às vezes, parecem estar vivendo em um mundo diferente, podem de fato ter especificamente, sua experiência sensorial do mundo bem diferente daquela de outras pessoas.

Temple Grandin (1988) relata:

> Ruídos eram um grande problema para mim. Quando me deparava com barulhos altos ou confusos, eu não conseguia modulá-los. Eu precisava bloquear todo o ruído e me retirar ou deixar que tudo me invadisse como uma enxurrada. Para evitar o ataque, eu geralmente me retraía e me fechava para o mundo externo. Agora, adulto, ainda tenho problemas para modular estímulos auditivos. (p. 3)

Similarmente, Ornitz (1983) sugere que o comportamento das crianças com autismo torna-se desorganizado devido à incapacidade para modular informações sensoriais. A desorganização pode ocorrer por várias razões, inclusive uma incapacidade de concentrar-se em estímulos recebidos, falha ao filtrar aspectos irrelevantes dos estímulos e/ou falha para processar completamente a informação contida nos estímulos. Estes problemas então podem produzir perturbações em um nível autônomo (emoção) que inibe ainda mais o processamento sensorial eficaz e ativa uma resposta de luta ou fuga; essas duas respostas impedem a ação coordenada e estratégica. Em termos de comportamento, este indivíduo pode parecer, em um extremo, hipoativo e retraído ou, no outro extremo, hiperativo e desorganizado.

Embora dificuldades sensoriais sejam relatadas com frequência em termos de uma modalidade específica, tal como o toque, problemas em uma modalidade sensorial, frequentemente, influenciam o funcionamento em outras modalidades sensoriais, criando assim problemas de integração sensorial (veja a revisão de Anzolone e Williamson, 2000). Por sua vez, dificuldades de integração dos sentidos podem conduzir a problemas em outras áreas, tais como o funcionamento motor. A influência dos problemas sensoriais no sistema motor pode ser abrangente e profunda. Por exemplo, Paris (2000a) sugere que problemas na discriminação de informações táteis podem resultar em prejuízos em: controle motor grosso (esquema corporal reduzido, prejuízo nas reações de equilíbrio, insegurança na postura e falta de destreza motora), controle da mão (deficiência na apreensão, controle isolado dos dedos, habilidades de manipulação e uso de instrumentos), controle motor oral (movimentos de língua isolados reduzidos, fechamento de lábios deficiente, instabilidade do maxilar e problemas de articulação) e problemas físicos, como encurtamento da mão. Em termos mais gerais, Paris (2000a) indica que os problemas de discriminação tátil podem afetar atividades como ficar de pé, caminhar, alimentar-se e muitas outras da vida diária.

Como mencionado anteriormente, os distúrbios sensoriais, observados em indivíduos com autismo, variam amplamente entre modalidades sensoriais e incluem problemas de hipossensibilidade e hipersensibilidade. Dunn (1997) salienta que algumas crianças hipersensíveis podem mostrar um alto nível de estimulação e atividade. No entanto, para outras a hipersensibilidade pode resultar em sobrecarga sensorial e em letargia comportamental subsequente, além de falta de afeto, que por sua vez pode estar associado com alta estimulação fisiológica ou bloqueio fisiológico (talvez devido à exaustão). Em termos cognitivos, crianças hipersensíveis podem parecer distraídas, estreitamente focadas em um aspecto do ambiente ou voltadas para dentro de si. Elas também podem adaptar-se, tentando controlar firmemente o seu ambiente através de modelos comportamentais ritualistas, obrigatórios e estereotipados.

Em contraste com crianças hipersensíveis, as hipossensíveis parecem ter um alto limiar sensorial e, portanto, requerem mais estimulação para evocar uma resposta. Dunn (1997) indicou que as crianças hipossensíveis frequentemente aparentam ser impassíveis. Em termos de comportamento, elas podem parecer irresponsivas ou desorganizadas em suas respostas. Cognitivamente, a hipossensibilidade está associada com baixos níveis de atenção a estímulos recebidos. Ela pode ser vista como uma tentativa por parte das crianças de lidar com o problema da superestimulação, fechando-se para um mundo intenso ou caótico demais. Elas podem apresentar um padrão misto de reatividade a estímulos, às vezes parecendo hipersensíveis e outras vezes hipossensíveis. Outras crianças com hipossensibilidade podem aparentar privadas de estímulos e dar a impressão de que se envolvem em atividades para obter informações sensoriais, por exemplo, através de balanço do corpo, giros ou toques rápidos. Ocasionalmente, uma hipossensibilidade específica pode ser vista como desenvolvimento normal, no sentido de que a apresentação repetida de um estímulo tipicamente leva a pessoa a se habituar, ou seja, a prestar menor atenção ao estímulo, já que este perdeu sua novidade.

Dunn (1997) sugere que as crianças sejam classificadas sob uma perspectiva de processamento sensorial, ao longo de dois *continua:* um *continuum* de limiar neurológico, relacionado a se o estímulo é ou não registrado, e um *continuum* de resposta comportamental, que descreve até que ponto a pessoa responde ativamente a determinado nível de estimulação. Indivíduos que operam nos extremos destes *continua* se enquadram em uma de quatro categorias:

1. baixo registro, resposta comportamental passiva;
2. baixo registro, resposta comportamental alta (busca sensorial);
3. alto registro, resposta comportamental baixa;
4. alto registro, resposta comportamental alta (evitação sensorial).

Esse esquema de classificação enfatiza a importância da distinção entre o que é percebido e a reação ao que é percebido, e, em termos mais gerais, a relação complexa que existe entre o sistema sensório e o sistema motor.

Disfunção motora

De acordo com Paris (2000b), o sistema de controle motor consiste em um conjunto de processos que ajudam a organizar e coordenar os movimentos funcionais. Ele evolui ao longo do tempo como consequência de feedback do ambiente e do corpo. Os comportamentos motores, particularmente os atos intencionais, envolvem o planejamento motor, um processo que requer atenção e esforço conscientes. Da mesma forma, a aprendizagem motora envolve uma fase cognitiva, na qual as informações são obtidas pelos sentidos, e uma fase de prática, na qual o feedback é usado para direcionar o desempenho.

Problemas motores são frequentemente observados em crianças com autismo. Embora as capacidades motoras finas sejam mais afetadas que as capacidades motoras grossas, problemas em ambas as áreas são observados com frequência. Não está claro até que ponto tais problemas são imperfeições nas regiões motoras do cérebro, no sistema sensorial ou uma combinação delas e outras. Os pais, médicos e pesquisadores notaram que bebês e crianças pequenas, posteriormente diagnosticados com autismo, muitas vezes exibem dificuldades precoces na alimentação autônoma, no vestir-se e na destreza manual geral, bem como atrasos na conquista dos principais marcos do desenvolvimento motor inicial (p. ex., sentar, engatinhar e andar) (Teitelbaum *et al.*, 1998). Outros tipos de problemas observados nessa população incluem: o controle postural – posturas incomuns, fora do comum, falta de jeito; as habilidades motoras gerais e mais complexas (p. ex., andar de bicicleta); comportamentos motores repetitivos; baixo tônus motor; anormalidades de contato visual direto e de rastreamento ocular; falta de resistência; perturbações no equilíbrio; dificuldades para sugar e engolir; complicações com a fala, com movimentos coreiformes e com dispraxia.

A dispraxia, ou disfunção motora prática, refere-se a problemas na formulação de um objetivo, em descobrir como concretizá-lo (planejamento motor) e a execução real da ação, etapas que têm obviamente um forte componente cognitivo e motor. Crianças com dispraxia têm dificuldade para aprender novas tarefas. Elas precisam de esforço e repetição consideráveis para atingirem um nível específico de competência. Crianças com Síndrome de Asperger, ou uma forma de autismo com alto funcionamento, frequentemente têm dispraxia, mesmo se seu nível geral de competência motora é bom. Murray-Slutsky (2000) resume quatro tipos de dispraxias já identificados:

1. dispraxia visual;
2. problemas com a prática ao receber um comando verbal;
3. dificuldades com a integração e sequenciamento bilateral;
4. somatodispraxia (dispraxia somatosensorial).

Crianças com dispraxia visual têm fraca percepção de forma e de espaço, e problemas na coordenação visual-motora. Aquelas com problemas de praxia do comando são incapazes de assumir posturas físicas a estímulos verbais e têm dificuldades com o sequenciamento motor. Já aquelas com problemas de sequenciamento e integração bilateral têm dificuldade em coordenar os dois lados do corpo, não conseguem desenvolver predominância de mão e evitam cruzar a linha média do seu corpo. Finalmente, crianças com somatodispraxia manifestam problemas com a discriminação tátil, com a coordenação motora fina e grossa, com o controle da mão, dos orais-motores, e com o esquema corporal. Em termos gerais, elas parecem desajeitadas. Crianças com autismo e Síndrome de Asperger frequentemente exibem somatodispraxia.

O controle motor pode ser afetado adversamente por prejuízos nos sistemas nervoso central, músculo-esquelético e periférico, assim como por sistemas que controlam o planejamento motor e o processamento sensorial. Uma vez que cada um destes componentes desempenha um papel crítico no controle motor, uma deficiência em qualquer um deles pode influenciar negativamente os outros componentes e, em última análise, a aprendizagem motora e o desempenho. Os sistemas sensoriais, particularmente os sistemas visual, tátil, vestibular e proprioceptivo, exercem um papel central no desempenho motor, fornecendo informações que orientam a atividade motora.

Em uma revisão de pesquisas, Paris (2000b) sugere que problemas de controle motor em indivíduos com autismo podem estar relacionados com a perda de Fibras de Purkinje, na porção do vérmis do cerebelo. Este desempenha um papel fundamental na coordenação de movimentos complexos, do equilíbrio e do controle motor fino. Curiosamente, o vérmis tem conexões com regiões que controlam a atenção, o nível de excitação e a assimilação de informações sensoriais (ver também a revisão de Murray-Slutsky, 2000). Assim, talvez não surpreenda que os problemas motores em autistas possam contribuir para deficiências em outras áreas, tais como regulação comportamental, brincadeiras, comunicação e interação social. Além disso, déficits motores podem afetar a capacidade geral de uma criança para explorar seu ambiente, afetando assim, potencialmente, o seu desenvolvimento cognitivo global (Anzalone e Williamson, 2000; Huebner e Kraemer, 2001).

Problemas de controle motor têm sido mencionados como uma das características chave de indivíduos com Síndrome de Asperger. Em um estudo de grupo, Gillberg (1989) descobriu que 83% dos indivíduos com este transtorno tinham habilidades motoras relativamente deficientes; em particular, ele observou que essas pessoas eram, geralmente, desajeitadas e tinham um jeito estranho de andar. Diversos outros estudos sugerem que entre 50% e 90% dos que apresentam a Síndrome de Asperger exibem problemas de coordenação motora (Attwood, 1998). Problemas motores específicos observados incluem: dificuldades para jogar e pegar uma bola, problemas com o equilíbrio (p. ex., ficar de pé em uma perna com os olhos fechados) e falta de destreza manual (p. ex., dificuldades em amarrar cadarços, e com escrita). Os movimentos dos indivíduos com Síndrome de Asperger também têm sido descritos como rápidos e arrítmicos. Foi sugerido que as dificuldades motoras de crianças e adultos com com este transtorno são semelhantes aos sintomas motores exibidos em outras síndromes que apresentam um distúrbio de movimento, tais como a Síndrome de Tourette, catatonia e doença de Parkinson (ver revisão por Attwood, 1998).

Enquanto problemas de controle motor são vistos como uma importante característica da Síndrome de Asperger, crianças com autismo têm sido retratadas, historicamente, como exibindo desenvolvimento motor normal e até mesmo, ocasionalmente, competências especiais neste domínio. No entanto, uma variedade de pesquisas recentes desafia esta perspectiva e sugere que muitos autistas podem ter uma incidência semelhante ou ainda maior de problemas motores do que crianças com Síndrome de Asperger (Manjiviona e Prior, 1995; Rinehardt, *et al*, 2001). Manjiviona e Prior (1995) relataram, por exemplo, níveis semelhantes de deficiência motora em grupos de crianças com Síndrome de Asperger e autistas com alto nível de funcionamento. Rinehardt *et al.* (2001) também encontraram desempenhos semelhantes em uma tarefa simples de reprogramação motora em indivíduos com autismo, em comparação com indivíduos com Síndrome de Asperger. Embora ambos os grupos tivessem dificuldade na preparação do movimento, os autores sugerem que a natureza dos problemas de planejamento motor nos dois grupos pode ser um pouco diferente. Os resultados de um estudo de Baranek (1999) são intrigantes, no sentido de sugerirem que problemas motores e sensoriais estão presentes desde cedo em crianças com autismo, quando estão com nove a 12 meses de idade, e que esses sintomas podem ser usados, em conjunto com deficiências sociais, para diferenciar entre crianças autistas e crianças com desenvolvimento típico.

Se aceitarmos a posição de que a maioria, se não todas as crianças com autismo, tem problemas motores e que estes problemas se manifestam durante os estágios iniciais de desenvolvimento, precisamos então responder a duas perguntas críticas: Qual o impacto desses problemas motores no desenvolvimento da criança? E o que produz tais problemas motores, em primeiro lugar? Uma resposta a essas perguntas é que os problemas sensoriais iniciais associados com o autismo criam grande estresse no bebê, o que por sua vez leva ao comportamento motor desorganizado. Os problemas motores, por conseguinte, limitam a disponibilidade dos recursos de enfrentamento motor disponíveis para lidar com o estresse, o que então exacerba ainda mais seus déficits sensoriais e motores. Também é possível que uma disfunção mais básica do sistema de estimulação/ativação do bebê seja responsável por estes problemas sensoriais e motores, em um momento inicial. Na próxima seção, descreveremos o sistema de estimulação/ativação de indivíduos com autismo.

Problemas de estimulação/ativação

Descrições de pessoas com autismo por aqueles com quem convivem, assim como por elas mesmas, sugerem que esses indivíduos são facilmente estressados, ansiosos e temerosos. Eles não apenas mostram frequentemente fortes reações ao ambiente, mas podem ter dificuldade para regular suas emoções quando se sentem incomodados. Temple Grandin descreveu-se como vivendo em um constante estado de medo, com eventos aparentemente menores causando, às vezes, uma reação intensa. Ela afirmou que, à medida que ficava mais velha, seus ataques de ansiedade pioravam, chegando a um estado constante de alerta fisiológico, ataques de pânico e, finalmente, depressão. Ela indicou, ainda, que cerca de metade dos indivíduos com autismo de funcionamento elevado têm problemas semelhantes (Grandin, 1995). A observação clínica de crianças autistas também sugere que elas exibem alta reatividade autonômica, particularmente em situações novas, bem como dificuldade de autorregulação dessa reatividade. Waterhouse (2000), baseando-se em descrições clínicas, autodescrições de pessoas com autismo, pesquisas e teorias, ressalta a primazia da ansiedade na vida das crianças e adultos autistas, vidas essas governadas pelo medo e terror. Ela especula que a raiz da ansiedade pode ter bases biológicas e, talvez, até mesmo genéticas, como parte do temperamento básico do indivíduo (ver tabela 2.1, *p. 58*).

Thomas e Chess (1977) sugerem que a maioria das crianças pode ser colocada em uma das três categorias de temperamento: fácil, difícil ou lenta para aquecer. Com base em suas pesquisas, os autores indicam que cerca de 40% dos bebês demonstram temperamento fácil, cerca de 10% exibem temperamento difícil e cerca de 15% são lentos para aquecer. O restante das crianças, cerca de 35%, exibe uma mistura de traços que não se encaixam facilmente em qualquer dessas três categorias. Bebês fáceis exibem ritmicidade (p. ex., regularidade ao comer, dormir e nos hábitos de toalete); abordam novas situações e pessoas com facilidade e são adaptáveis, ou seja, toleram mudanças na rotina; têm humor positivo e demonstram intensidade de afeto de baixa a moderada, quando contentes ou tristes. Em contraste, crianças difíceis são arrítmicas, têm alto nível de atividade, são esquivas a novas situações e pessoas, exibem baixa adaptabilidade, são mais negativas no humor e mostram alta intensidade em seu afeto, quando tristes ou incomodadas. Finalmente, bebês lentos para aquecer têm baixo nível de atividade, evitam novas situações, têm pouca capacidade de adaptação e baixa intensidade em seu afeto, quando contentes ou tristes. Embora as crianças com autismo possam diferir em termos de temperamento, a maioria parece exibir traços associados com as categorias difícil e/ou lenta para aquecer (Chess e Thomas, 1989). Ambos os tipos de temperamento compartilham um componente comum, um problema de estimulação. Enquanto as crianças com temperamento difícil manifestam abertamente o excesso de estímulo, crianças na categoria de lentas para aquecer parecem controlar o excesso de estímulos pela evasão e retirada.

Alguns estudiosos têm especulado sobre o papel que a estimulação exerce no autismo. Tinbergen e Tinbergen (1972), por exemplo, indicam que a estimulação excessiva pode ser responsável pelas deficiências sociais observadas em indivíduos autistas. Ornitz (1983) postulou que pelo menos alguns dos sintomas associados com autismo podem resultar de uma incapacidade de modular as informações sensoriais, o que se reflete em problemas de baixa reatividade e reatividade excessiva. Paris (2000a) sugere que, uma vez que seu nível de estimulação está abaixo do ideal, o aprendizado e o desempenho de indivíduos autistas são negativamente afetados. Esse impacto no aprendizado e no desempenho poderia ser mediado através dos problemas de atenção que resultam de estimulação excessiva ou insuficiente, com a desatenção ou atenção seletiva levando a problemas de codificação, processamento e recordação das informações necessárias para a ocorrência de aprendizado.

Em resumo, para o funcionamento eficiente, é preciso haver um estado de alerta tranquilo. Paris (2000a) sugere que os indivíduos com autismo demonstram níveis de estimulação inferiores ao ideal ou tão altos que ocorre a descompensação. Se há estimulação insuficiente, por razões biológicas e/ou ambientais, a hiporresponsividade (incapacidade para responder rapidamente ou até mesmo chegar a dar uma resposta) pode ocorrer. Se ocorre estimulação excessiva, novamente por razões similares, a resposta torna-se desorganizada, impulsiva ou até mesmo inibida, como consequência de evasão ou retraimento. Uma questão crítica que requer investigação é se a ansiedade e os medos das pessoas com autismo relacionam-se a problemas de estimulação e regulação do estado, a fracas habilidades sociais e cognitivas, ou a uma combinação desses. Do ponto de vista neurológico, problemas como os descritos anteriormente podem resultar de imperfeição no sistema de ativação reticular. Esta parte do cérebro, que influencia o estado de alerta, tem ligações com muitos tipos de informações sensoriais e desempenha um papel no controle de estímulos sensorial (ver a revisão de Paris e Murray-Slutsky, 2000). No capítulo 4, apresentaremos uma teoria do autismo que enfatiza as funções críticas que o sistema de estimulação/ativação e as emoções desempenham no desenvolvimento deste transtorno, através de sua influência sobre os processos sensoriais, motores, cognitivos, sociais e linguísticos.

Deficiências cognitivas

Existem mais discussões, pesquisas e teorias sobre as características cognitivas das pessoas com autismo do que sobre qualquer outra característica deste transtorno. Também há um consenso razoavelmente uniforme de que esta população apresenta déficits em: memória complexa, capacidades metacognitivas, conhecimento de outras pessoas, reconhecimento de emoções, conhecimento de si mesmo, habilidades de resolução de problemas e pensamento abstrato. Estes déficits, por sua vez, muitas vezes têm sido utilizados para explicar suas dificuldades de interação social e de linguagem. Muitas das deficiências sociais e de linguagem associadas com o autismo têm componentes cognitivos, incluindo aqueles relacionados à comunicação pragmática, com o fazer perguntas, a atenção conjunta, a imitação e jogos de "faz de conta". Em comparação, há também o reconhecimento de "ilhas" de capacidades cognitivas nesta população, e evidências de que processos cognitivos, como atenção, discriminação, memorização, percepção visual-espacial e certos tipos de conhecimento de objetos, não sofrem prejuízos ou o prejuízo é menor. Na verdade, às vezes, existem áreas de capacidades cognitivas especiais, tais como aquelas exibidas por *savants* autistas. Nesta seção, discutiremos diversas características cognitivas associadas com o autismo, incluindo: dificuldades de atenção e memória; pensamento concreto; processo metacognitivo e executivo; teoria de deficiências da mente; déficits na inteligência emocional e cognitiva; e *savantismo* (ver tabela 2.1, *p. 58*).

Dificuldades de atenção

O mais rudimentar dos processos cognitivos, a atenção, é um pré-requisito para o desenvolvimento de processos cognitivos mais complexos. É bastante comum que pessoas com autismo tenham dificuldades de atenção, estima-se que 64% dos autistas apresentem este déficit. Um problema concomitante, a hiperatividade, também ocorre com grande frequência (entre 36% a 48% – Tsai, 1998). Portanto, não surpreende que muitas crianças com autismo recebam um diagnóstico inicial de Transtorno de Déficit de Atenção e Hiperatividade (TDAH).

Pais e professores geralmente relatam que crianças com autismo têm dificuldades com a atenção em situações de aprendizagem. Embora elas possam ser facilmente distraídas e seu foco possa se desviar com frequência, sua atenção, paradoxalmente, às vezes, é capturada por sugestões irrelevantes à tarefa, nas quais se fixam por longos períodos de tempo. Este problema, que é também chamado, de "seletividade excessiva ao estímulo", porque envolve uma consideração limitada de sugestões ambientais, é observado com frequência em crianças que parecem fracamente motivadas a aprender (Simpson e Myles, 1998). Essa "desatenção seletiva" pode, porém, ter pouco a ver com o nível de motivação das crianças autistas, mas em vez disso com o fato de serem incapazes de descobrir/discriminar sugestões no ambiente consideradas importantes ou relevantes por outras pessoas.

Hipóteses sobre a natureza exata dos problemas de atenção das crianças com autismo sugerem uma gama de déficits potenciais, incluindo incapacidade para:

- orientar-se para um estímulo;
- sustentar a atenção a um estímulo por períodos mais longos;
- desviar a atenção de um estímulo para outro, ou seja, desativar a atenção de um objeto para fixá-la em outro;
- ampliar seu foco de atenção (ver a revisão de Mesibov *et al.*, 1997).

Ocasionalmente, crianças autistas se envolvem em comportamentos paradoxais, aparentando ignorar completamente seu ambiente, e, em outros momentos, mudando continuamente o foco de sua atenção. Em geral, as pesquisas sugerem que muitas das características de atenção mencionadas acima podem não ser reflexos de uma imperfeição ou deficiência subjacente básica.

Se os problemas de atenção dos indivíduos com autismo não representam má-formações básicas em si e por si mesmos, ainda precisamos responder por que eles ocorrem. A esse respeito, existem muitas respostas possíveis: podem atentar para um estímulo à exclusão dos outros porque este apresenta reforço intrínseco, ou seja, por causa de suas qualidades sensoriais atraentes – por exemplo, algumas crianças autistas sentem-se atraídas por objetos com certa qualidade de som ou cadência; ou pode representar uma forma de lidar com situações que produzem um estado de estimulação excessiva. A teoria do desenvolvimento descrita no capítulo 4 sugere que o estilo único de atenção dos indivíduos com autismo pode evoluir, pelo menos em parte, como uma forma de regular as emoções desagradáveis. Sob esta perspectiva, a desatenção e a atenção seletiva representam mecanismos gerais através dos quais as crianças autistas lidam com situações demasiadamente difíceis. Características da atenção, como evitar olhar nos olhos, tendência a olhar para objetos usando a percepção periférica e "falta de vontade" para dividir a atenção com outras pessoas são exemplos específicos desses mecanismos de enfrentamento.

Uma explicação final para os problemas de atenção das crianças com autismo é que seu foco está em aspectos estreitos do ambiente, porque têm dificuldade para integrar a percepção ou extrair significado de padrões de estímulos "complicados"; assim, elas atentam para estímulos de natureza mais simples (Mesibov *et al.*, 1997). Similarmente, alguns estudiosos sugerem que crianças com este transtorno têm um problema no uso de sugestões para direcionarem suas ações, se tais sugestões contêm informações, particularmente aquelas de natureza social, que devam ser interpretadas (Leekam e Moore, 2001). Esta teoria também pode explicar por que as crianças têm dificuldade em dividir a atenção com os demais e acompanhar o olhar de outros. Isto é, as crianças com autismo podem não dividir a atenção, ou seguir o olhar de outros, porque tais ações exigem uma compreensão de sugestões sociais complexas que elas não processam. Este tipo de deficiência poderia explicar também por que elas têm dificuldades em situações educacionais que enfatizam a comunicação social.

Estudos conduzidos por Pierce, *et al.* (1997) fornecem algum apoio a esta perspectiva. Em sua pesquisa, as crianças assistiram vinhetas em vídeo de outras crianças interagindo, nas quais o número de sugestões necessárias para a interpretação correta da interação variava de um a quatro; as sugestões incluíam conteúdo verbal, tom de voz e indicadores não verbais, tais como sorriso (acompanhado ou não de um objeto, como dar um presente). Em geral, crianças com autismo conseguiam responder a perguntas específicas sobre atenção (informações) e percepção social, relacionadas às histórias, de modo tão preciso quanto as crianças com desenvolvimento típico e aquelas com déficits mentais, quando as histórias continham apenas uma sugestão. No entanto, quando as histórias continham várias sugestões, crianças autistas tinham maior dificuldade em responder às perguntas do que os outros grupos. Esta pesquisa deixa em aberto a questão acerca de o desempenho inferior das crianças com autismo relacionar-se com sua dificuldade em atentar a diversas sugestões e integrar e interpretar indicadores e/ou dever-se ao fato de essas sugestões serem de natureza social.

Uma das explicações oferecidas pelos autores acerca do desempenho inferior das crianças com autismo em situações com diversas sugestões é particularmente intrigante. Eles indicaram que a situação com várias sugestões colocava mais esforço de atenção sobre as crianças, porque exigia maior mudança da atenção e integração das informações; por sua vez, tal tensão causava uma sobrecarga de estímulos nos participantes, interferindo assim com sua capacidade de atentar para as informações. Se, como sugerido anteriormente, as crianças autistas estão mais sujeitas a estimulação excessiva, e têm problemas de autorregulação de seu nível de estimulação, esta explicação faz muito sentido.

Os resultados de outro estudo também sustentam a opinião de que crianças com tal transtorno não têm um problema geral para orientarem-se para tarefas, manterem a atenção ou codificarem informações; seu desempenho em tarefas se deteriora, porém, quando uma atividade requer a assimilação de informações complexas, rápida mudança da atenção, planejamento estratégico ou respostas conceituais (Goldstein, *et al.*, 2001). É possível que as dificuldades exibidas pelas crianças, na interpretação de sugestões sociais e no comportamento apropriado em situações de interação social, possam ser uma função do fato que as sugestões, nestas situações sociais, são intrinsecamente mais complexas e dinâmicas (mutáveis) do que aquelas existentes na maioria das tarefas não sociais com que se confrontam na vida cotidiana. Essa interpretação também pode explicar por que as crianças autistas, com funcionamento superior e com Síndrome de Asperger, frequentemente se saem bem no trabalho acadêmico, mas não em suas interações sociais.

Memória

As perspectivas iniciais sobre o funcionamento da memória em crianças autistas sugerem que essas têm boa capacidade para memorizar (Kanner, 1943). Estudos de caso indicam que alguns indivíduos com autismo, incluindo alguns autistas *savants,* exibem memória melhor que a média e até mesmo excepcional para determinados tipos de material. As pesquisas fornecem uma visão mais refinada dos processos de memória nesta população. Os estudos estabeleceram, por exemplo, que, assim como ocorre com crianças típicas, a memória melhora com a idade nas crianças autistas. Indivíduos com autismo, muitas vezes, saem-se tão bem quanto as pessoas sem o transtorno, quando o material a ser recordado é de natureza visual, porém têm mais problemas para recordar materiais quando estes são apresentados em forma auditiva, particularmente se são de natureza verbal. Além disso, eles parecem ter mais dificuldade em recordar informações complexas e com relevância. Existem também evidências de que indivíduos autistas com retardo mental têm déficits de memória mais graves (ver a revisão de Renner, *et al.*, 2000). Embora os estudos sobre a memória infantil estejam aumentando, temos um número bem menor de trabalhos nesta área em relação a outros processos cognitivos, como atenção e percepção social. Muitas conclusões não foram replicadas, talvez devido às diferenças nas características da amostra estudada, nas tarefas utilizadas e em outras variações nos procedimentos experimentais.

Ainda assim, alguns resultados de estudos mais recentes são fascinantes. Por exemplo, Millward, *et al.* (2000) descobriram que crianças com autismo estavam menos propensas a recordar eventos executados por elas mesmas do que aqueles executados por um companheiro. Inversamente, crianças não autistas estavam mais propensas a recordar eventos executados por elas mesmas. Os autores apontam que esses resultados são consistentes com teorias que sugerem que crianças autistas têm menor consciência sobre si mesmas, estão menos propensas ao automonitoramento e, como consequência, não desenvolvem um autorreconhecimento bem definido. Além disso, os resultados são coerentes com a teoria da mente e perspectivas metacognitivas que sustentam que crianças com autismo não entendem suas próprias mentes.

Pensamento concreto

Pessoas com autismo tendem a entender o mundo em termos mais concretos (Waterhouse, 2000). Elas têm dificuldade para compreender ideias abstratas; reagem, em vez disso, de modo literal às palavras de outros, o que torna difícil entenderem humor, comportamentos enganadores, expressões metafóricas e figuras de linguagem. O estilo autista de pensamento pode ser uma função do modo como a linguagem é aprendida, e da tendência para ligar palavras a imagens visuais específicas. Temple Grandin narra como precisava converter ideias abstratas em imagens, para entendê-las. Ela menciona, por exemplo, que palavras como "igreja" lhe traziam imagens específicas de todas as igrejas que já havia visto, em vez de uma imagem geral de uma igreja (Grandin, 1995). Uma consequência ou correlato do pensamento concreto orientado visualmente é que leva a um padrão interessante de recursos em um contexto de muitas limitações. Em testes de Q.I., como as *Escalas Wechsler de Inteligência para Crianças*, por exemplo, indivíduos com autismo, com frequência, se saem melhor nos subtestes que exigem habilidades de visualização, como desenho de blocos, mas têm dificuldades com subtestes que exigem interpretação do significado de palavras, conceitos e situações sociais com similaridades, e subtestes de informações (veja a revisão de Lerea, 1987).

Metacognição, processos executivos e autorregulação

Tanto os estudos quanto a literatura clínica oferecem exemplos abundantes de que pessoas com autismo podem aprender habilidades comportamentais e cognitivas, simples e complexas, necessárias em situações específicas, por exemplo, aquelas ensinadas em programas acadêmicos, mas que elas têm dificuldade para transferir ou generalizar tais habilidades para outras situações em que seriam apropriadas. Esse tipo de dificuldade poderia ser explicado em termos de suas características de pensamento concreto e visual. Outra possível explicação para a incapacidade de transferir o que aprenderam para outros contextos é que essas pessoas têm um transtorno autorregulador.

Na maioria dos programas educacionais formais, as crianças aprendem primeiro como responder a uma situação e, então, aprendem sobre outras situações em que a resposta pode ser aplicada. Psicólogos cognitivos e educacionais têm sugerido que, para que ocorra a transferência de aprendizado de uma para outra situação, uma pessoa precisa ter um entendimento metacognitivo de suas capacidades, além de um conhecimento sobre os ambientes com os quais interage. Em termos mais específicos, uma pessoa precisa saber que habilidades possui, de que habilidades precisa em novas situações que encontra e se possui as habilidades necessárias, em determinadas situações. Indivíduos com um entendimento metacognitivo de si mesmos, e do seu ambiente, não apenas entendem suas capacidades e o que elas podem fazer, mas também compreendem suas limitações e sabem o que não podem fazer.

Para lidar com novas situações que exigem ação, uma pessoa também precisa ser capaz de utilizar ou executar aquilo que sabe fazer. Portanto, além do conhecimento metacognitivo, o conceito de um executor é importante. Por exemplo, em uma situação específica de solução de problemas, uma pessoa não apenas precisa examinar a questão e caracterizar o que precisa para resolvê-la, mas também implementar uma solução. Indivíduos com essas *habilidades metacognitivas* e *executivas,* com frequência, são caracterizados como autorreguladores do seu comportamento. Dentro desta moldura, aqueles que solucionam problemas com sucesso atentam para o seu comportamento (automonitoramento), fazem julgamentos sobre o grau de aceitação de tal comportamento, por meio de comparações sobre o que estão fazendo e o que precisa ser feito (autoavaliação), e têm a sensação de dever cumprido quando alcançam sucesso (autorreforço). Dependendo do resultado de sua autoavaliação, eles decidem se devem ou não mudar seu comportamento. Se um problema não é resolvido, eles precisam reavaliar o que estão fazendo e procurar uma nova solução. Pessoas com boa capacidade de autorregulação reconhecem que são capazes de controlar seu ambiente através de suas ações e, como consequência, ganham confiança e um senso de autoeficácia (Whitman, 1990).

As pessoas com autismo são caracterizadas, com frequência, como tendo deficiências em processos metacognitivos e executivos, em parte porque têm grande dificuldade em transferir o que aprenderam para novas situações. Elas são vistas como possuindo pouco insight sobre suas próprias mentes e sobre o que sabem e não sabem. Quando colocadas em novas situações de aprendizagem, elas podem:

- parecer confusas, indefesas e distraídas;
- agir de forma impulsiva e aparentemente sem sentido;
- perseverar, utilizando repetidamente estratégias ineficazes.

(Adrien, *et al.*, 1995)

Os indivíduos com autismo não parecem monitorar ou avaliar suas próprias ações; e, mesmo quando são bem-sucedidos, não parecem entender as razões para o seu sucesso ou experimentar um sentimento de autorrealização (veja, por exemplo, Millward *et al.*, 2000). Embora possam ter roteiros, sociais ou outros, para lidar com situações específicas, essas pessoas, muitas vezes, têm dificuldade em modificar esses roteiros, a fim de se adaptarem a novas situações (Volden e Johnston, 1999). Na medida em que essa caracterização é correta, não é de estranhar que as crianças autistas pareçam desmotivadas em novas situações de aprendizagem e desinteressadas em ampliar sua gama de interesses.

Teoria da mente e da inteligência emocional

Pessoas com autismo são vistas como carecendo de insight, não apenas sobre suas próprias mentes, mas também sobre as mentes de outras pessoas. Hobson (1993) sugere que a emergência do pensamento autorreflexivo depende de avanços na compreensão social, que, por sua vez, depende do desenvolvimento das relações interpessoais. Muitos dos prejuízos sociais que as pessoas autistas exibem têm sido atribuídos à sua incapacidade de entender o que outras pessoas estão pensando e que as perspectivas de outros podem ser diferentes da sua. Uma vez que têm problemas para entender os pensamentos, crenças e atitudes de outras pessoas, esses indivíduos também possuem dificuldade para entender os seus próprios sentimentos e os dos outros. A falta de compreensão dos sentimentos alheios faz com que seja difícil entenderem suas próprias emoções e vice-versa. Pessoas com autismo também parecem não vivenciar certas emoções (p. ex., vergonha, orgulho e culpa), ou pelo menos não senti-las da mesma forma que outras pessoas (Grandin, 1995). Ao descreverem suas próprias emoções, as pessoas com autismo tendem a dar respostas decoradas, menos relevantes em termos pessoais e tangenciais (Kasari, Chamberlain e Bauminger, 2001). Por sua vez, este tipo de problema provavelmente torna difícil sentirem empatia por outras pessoas. Como consequência das dificuldades acima mencionadas, considera-se, muitas vezes, que pessoas autistas têm baixa inteligência emocional ou competência emocional.

Ao discutir a competência emocional, Sarni (1999) sugere a necessidade de diversas habilidades para desenvolver-se um senso de bem-estar psicológico em situações sociais. Essas habilidades incluem as capacidades para:

- estar ciente do próprio estado emocional e de que se pode sentir várias emoções, às vezes contraditórias, simultaneamente;
- discernir as emoções dos outros, usando indicadores físicos e sociais;

- usar o vocabulário de emoções e expressões emocionais de forma convencional;
- ter empatia pelos outros;
- reconhecer que estados emocionais internos e expressões comportamentais de emoção não precisam necessariamente corresponder, em si mesmo ou nos outros;
- lidar com emoções angustiantes ou aversivas;
- em termos mais gerais, reconhecer que a natureza das relações sociais é definida, em grande parte, pela qualidade da comunicação emocional que ocorre dentro dessas relações.

Através dessas habilidades, as pessoas não apenas gerenciam suas próprias emoções, mas também conquistam um senso geral de autoestima e autoeficácia emocional em situações sociais.

Sarni (1999) considera que a competência emocional se desenvolve no âmbito das relações sociais e experiências emocionais de uma pessoa. Ela sugere que crianças com autismo, em virtude de um grande déficit cognitivo da forma como interpretam suas experiências emocionais e as dos outros, são incapazes de transmitir emoções de formas convencionais. Celani *et al.* (1999) apontam que o reconhecimento da emoção é uma habilidade complexa que requer a interpretação de expressões faciais em um específico contexto social e físico. Na medida em que as crianças autistas têm dificuldade para atentar e integrar sugestões de diferentes origens, esperaríamos que tivessem problemas para interpretar o significado de determinadas expressões e "circunstâncias" emocionais, e não tivessem reação apropriada a essas situações.

Pesquisas que examinaram emoções em crianças com autismo sugerem que elas, como as crianças típicas, experimentam o mundo em um nível emocional, mas transmitem as emoções de formas não convencionais; por exemplo, mostrando expressões felizes com maior frequência em situações solitárias que em situações sociais, ou exibindo emoções tais como alegria em situações que parecem desagradáveis para um observador. Reddy *et al.* (2002) descobriram, após analisar gravações em vídeo e comparar respostas de crianças com Síndrome de Down e autistas em situações de brincadeiras livres, que as crianças com autismo exibiam frequências menores de atenção e sorrisos em resposta ao riso de outras. Tais observações sugerem que crianças autistas não aprendem os roteiros culturais de emoção ou conhecem os passos da "dança" da interação social, marchando assim, aparentemente, à batida de um tambor diferente (Sarni, 1999).

Q.I. e retardo mental

Tem sido afirmado, com frequência, que a maioria das crianças com autismo também apresenta retardo mental (Sigman e Capps, 1997). Do ponto de vista formal, esta provavelmente é uma avaliação correta. De acordo com a definição apresentada pela Associação Americana de Retardo Mental (AAMR):

> O retardo mental refere-se a limitações substanciais no funcionamento atual. Ele caracteriza-se por funcionamento intelectual significativamente abaixo da média, existindo concomitantemente com limitações relacionadas em duas ou mais das seguintes áreas de habilidades adaptativas: comunicação, cuidados pessoais, vida doméstica, aptidões sociais, uso da comunidade, autodeterminação, saúde e segurança, habilidades acadêmicas funcionais, lazer e trabalho. O retardo mental manifesta-se antes dos 18 anos.
>
> (AAMR, 1992, p. 5)

Assim, para receber um diagnóstico de retardo mental, um indivíduo deve exibir deficiências de comportamento adaptativo e intelectual antes dos 18 anos de idade.

Utilizando esses critérios, não nos surpreende que crianças com autismo recebam com frequência o diagnóstico de retardo mental. Elas, geralmente, exibem uma variedade de limitações nas habilidades ou comportamentos, com maior frequência na comunicação, na interação social, no lazer, e nas áreas acadêmicas e profissionais. Crianças autistas, que supostamente funcionam em um nível de desenvolvimento mais baixo, muitas vezes, apresentam deficiências em todas as áreas de habilidades listadas na definição da AAMR. Além disso, muitas delas pontuam na faixa de "significativamente abaixo da média" de funcionamento intelectual em testes de inteligência, definida como um escore de Q.I. de aproximadamente 70 a 75 ou abaixo.

A inteligência, conforme avaliada por testes de Q.I., é uma medida da taxa de desenvolvimento; ou seja, descreve quanto desenvolvimento ocorreu em um determinado período de tempo e também é um índice que projeta quanto desenvolvimento tende a ocorrer no futuro.

O desenvolvimento de indivíduos com Q.I.s mais baixos ocorre mais lentamente, conforme descrições, do que em pessoas com Q.I.s mais altos; ao longo do tempo, a disparidade no nível de desenvolvimento e conquistas entre esses dois grupos aumenta. Com frequência é difícil detectar diferenças no início do desenvolvimento, por exemplo na idade de dois ou três anos, entre indivíduos em uma faixa de Q.I. de 65-75 comparados com indivíduos com Q.I.s em torno de 100; entretanto, com o aumento da idade, a disparidade torna-se cada vez mais óbvia. Quando o Q.I. avaliado das crianças cai abaixo de 50, torna-se muito mais fácil detectar problemas de desenvolvimento em idade precoce.

Estimativas da incidência de escores de Q.I. na faixa de retardo mental em pessoas com autismo variam consideravelmente, de aproximadamente 25% a 80% (Zahner e Pauls, 1987). Em geral, as estimativas estão na faixa de 50% a 80%. No exame da capacidade intelectual, os escores de Q.I. das pessoas autistas são menos reveladores do que a variação em seu desempenho nos subtestes específicos de uma avaliação de Q.I. (Lerea, 1987). Pessoas com autismo exibem um padrão irregular de pontos fortes e fracos. Normalmente, elas pontuam mais alto em subtestes que medem habilidades não verbais do que naqueles que avaliam habilidades verbais. Elas se saem melhor em subtestes que avaliam a memória de curto prazo do que em subtestes que avaliam a compreensão e o conhecimento social. Elas também pontuam melhor nos subtestes que analisam habilidades de organização perceptual, mas estão mais propensas a ter problemas com subtestes que exigem habilidades de sequenciamento. Se adotarmos a noção de que a inteligência é composta não de uma capacidade geral, mas de múltiplas habilidades, pessoas com autismo poderiam ser caracterizadas, em relação ao seu Q.I. geral, como tendo um perfil de habilidades contrastantes e deficiências.

Às vezes, é feita uma distinção entre o processo ou processos básicos subjacentes à inteligência e as realizações de desenvolvimento em vários domínios avaliados pelos testes de inteligência. Em seu nível mais básico do processo, os pesquisadores às vezes a veem como um índice da velocidade na qual as informações são processadas. Uma proposta de hipótese instigante sugere que mesmo que as pessoas com autismo sejam deficientes em determinadas áreas, como compreensão social, a maioria não apresenta prejuízo na velocidade de processamento, ou seja, na fundação básica subjacente da inteligência. Um estudo realizado por Scheuffgen, Happé, Anderson e Frith (2000) analisou esta hipótese. A velocidade de processamento das crianças autistas em uma inspeção de tarefa cronometrada foi comparada com a de crianças com desenvolvimento normal e idade equivalente, que tinham Q.I.s com um desvio padrão acima da média. Os resultados sugeriram que crianças com autismo haviam preservado esta capacidade de processamento básico, apesar de terem escores de Q.I. inferiores aos do grupo de comparação. Em geral, os resultados implicam, pelo menos para algumas crianças com autismo, que seus baixos escores em testes de inteligência não são em função de um déficit na velocidade de processamento, mas se devem, de fato, a imperfeições em outras áreas, por exemplo em processos da atenção, regulatórios ou cognitivos e sociais, que também influenciam o desempenho em testes de Q.I.

Existe também na literatura uma discussão considerável sobre testes de Q.I., questionando se o autismo e a Síndrome de Asperger seriam realmente transtornos distintos ou apenas um transtorno *continuum*. Com base nos resultados de uma análise do desempenho de crianças e jovens com Síndrome de Asperger em vários subtestes da escala de Q.I., Wechsler *et al.* (2000) concluíram que aqueles com Síndrome de Asperger têm desenvolvimento mais típico em seu perfil de desempenho do que os com outros transtornos relacionados ao autismo. Uma vez que suas conclusões basearam-se em comparações dos seus resultados (que forneceram informações apenas sobre os indivíduos com Síndrome de Asperger) com os resultados de outros estudos, deve-se ter cuidado ao aceitar sua interpretação. Em um interessante estudo realizado por Miller e Ozonoff (2000), descobriu-se que os participantes com Síndrome de Asperger tinham maiores escores de Q.I. verbal e de escala completa, e melhores habilidades de percepção visual do que crianças com autismo de funcionamento elevado. No entanto, e mais interessante, quando as diferenças de Q.I. entre os dois grupos eram estatisticamente controladas, os perfis de desempenho dos dois grupos foram bastante semelhantes. Os autores sugerem que seus resultados fornecem apoio para a hipótese de que a Síndrome de Asperger pode ser simplesmente "autismo com alto Q.I.".

Algumas pessoas questionam se os testes de Q.I. administrados a crianças com autismo são justos, porque elas frequentemente têm deficiências de linguagem, e os testes têm um forte componente verbal. Mesmo quando as suas competências linguísticas são bem desenvolvidas, elas parecem ter dificuldade em seguir as instruções do administrador do teste, talvez devido ao modo não convencional como crianças autistas usam e entendem a língua. Elas também apresentam problemas com a atenção, em situações sociais estruturadas nas quais o teste é administrado. Assim, o Q.I. das crianças com autismo, que podem disfarçar suas competências em áreas não verbais, pode ser baixo, devido à natureza social das situações do teste e ao seu formato verbal. Neste aspecto, Temple Grandin (1995) expressou sua frustração com uma sociedade que avalia o pensamento e a inteligência apenas de um modo, e ressaltou que muitos pensadores competentes têm um estilo de pensamento visual, não verbal. No entanto, deve notar-se que os testes de Q.I., que avaliam habilidades e aprendizagem verbais, são bons preditores de desempenho acadêmico nas escolas, que têm, em sua maioria, um currículo baseado na linguagem convencional. Um teste assim pode não ser um bom previsor do desempenho de crianças autistas que são colocadas em um currículo com orientação mais visual e que leva suas limitações sociais em conta; ou seja, um currículo mais individualizado e que utiliza as competências especiais do aluno.

Características de savant

Características de *savant,* ou savantismo, referem-se à presença de capacidades notáveis e, às vezes, surpreendentes, existentes no contexto de déficits mentais. Estas características são mais comuns em indivíduos com autismo, mas também são encontradas em indivíduos com retardo mental e em vários tipos de danos cerebrais. Rimland (1978) relata que habilidades de *savant* podem ocorrer em cerca de 10% das pessoas autistas. Estimativas da frequência de savantismo baseiam-se, contudo, na forma como esta síndrome é definida especificamente. Exemplos de savantismo, que são mais comuns do que definições claras desta síndrome, incluem pessoas cujos dons envolvem realizações sensoriais (particularmente visuais e auditivas), motoras, de memória ou habilidades não simbólicas e façanhas em áreas como arte e música (Treffert e Wallace, 2002). Mais especificamente, os *savants* podem ter uma memória prodigiosa, uma capacidade de produzir uma peça musical depois de ouvi-la apenas uma vez, habilidades de desenho especiais, ou podem exibir proezas incríveis de cálculo. As habilidades especiais que autistas *savants* demonstram, porém, não são tipicamente úteis sob uma perspectiva social ou ocupacional.

Existem teorias abundantes sobre as razões de tais habilidades e como se desenvolvem. Talvez a mais importante seja a de que uma imperfeição ou lesão no hemisfério esquerdo resulta em uma reorganização do cérebro e no aprimoramento das funções associadas com o hemisfério direito. Mottron e Burack (2001) salientam que autistas *savants,* assim como muitos autistas não *savants,* exibem padrões de competências relativas, no contexto de limitações. Eles sugerem a existência de um desequilíbrio vertical no autismo; especificamente, que a relação entre processos psicológicos inferiores e superiores (e o cérebro) é perturbada, e que processos inferiores superdesenvolvidos, como o reconhecimento e a reprodução sensorial, interferem com o desenvolvimento dos processos superiores, como pensamento abstrato e reflexão social. Inversamente, poderíamos argumentar que a falta de desenvolvimento de processos superiores poderia catalisar o desenvolvimento de habilidades especiais, que emergem para compensar as capacidades perdidas ou reduzidas. Em virtude dos padrões impressionantes, e muitas vezes semelhantes de habilidades e deficiências em autistas *savants,* alguns pesquisadores sugerem que esta síndrome incomum pode fornecer janelas incomparáveis para uma visão do funcionamento do cérebro.

Deficiências na interação social

Pessoas com autismo exibem um amplo padrão de deficiências em situações de interação social. Sob uma perspectiva de diagnóstico, estes déficits sociais são considerados uma característica central do autismo. Durante os estágios iniciais do crescimento, deficiências no desenvolvimento social das crianças autistas também não são sempre aparentes, porque seu desenvolvimento social precoce está nos limites normais, ou mais provavelmente porque diferenças nesta área são mais sutis e menos fáceis de detectar. À medida que ingressam no segundo ano de vida, suas dificuldades sociais tornam-se cada vez mais aparentes. Quando chegam aos três anos de idade, seu desenvolvimento global no campo social muitas vezes está acentuadamente atrasado.

Embora crianças com autismo se apeguem aos seus pais; utilizem ocasionalmente habilidades não verbais, como gestos para fazer solicitações; e possam mostrar habilidades de revezamento durante brincadeiras, elas, geralmente, apresentam limitações acentuadas nessas e em outras áreas da interação social, particularmente em situações que exigem atenção conjunta, iniciação e reciprocidade social dinâmica. Elas são menos capazes de beneficiarem-se de experiências em ambientes sociais não tão estruturados e que exigem o aprendizado pela observação. Crianças autistas também manifestam dificuldades específicas em manter contato visual apropriado, usar adultos como referência social para interpretar situações ambíguas, expressar empatia, engajar-se em jogos com os colegas, seguir protocolos sociais e desenvolver amizades. Suas expressões faciais, que, às vezes, são indiferentes ou inapropriadas, parecem refletir uma falta de compreensão dos sinais sociais (ver tabela 2.1, *p. 58*).

Em um estudo de 50 indivíduos, na faixa etária de 28 meses até 33 anos e com um histórico de autismo infantil, Volkmar *et al.* (1986) examinaram respostas dos pais a uma série de questões envolvendo o desenvolvimento social dos seus filhos. Os autores descobriram que a maioria dos pais descrevia essas pessoas como emocionalmente distantes, alheias às pessoas, esquivas de contato visual, exibindo pouca afeição ou interesse social, ignorando demonstrações de afeto ou se retraindo ante tais exposições, dando a impressão de ver através das pessoas e não demonstrando reconhecer suas mães como tais.

Embora as deficiências sociais de crianças com autismo se tornem mais evidentes à medida que envelhecem, existem diferenças individuais consideráveis no padrão geral de desenvolvimento. Algumas crianças mostram-se quase totalmente irresponsivas ao ambiente social. Outras reagem a iniciativas sociais e até mesmo são pró-ativas na interação social, mas o fazem de maneiras mais incomuns e menos maduras (Waterhouse e Fein, 1998; Asa e Gould, 1979).

Wing e Gould (1979) sugerem que os estilos de interação social de indivíduos com Transtornos do Espectro do Autismo podem ser agrupados em três tipos: distante, passivo, e ativo (mas singular na atividade). Crianças distantes isolam-se do contato social, aborrecem-se quando perto de outras pessoas e geralmente rejeitam propostas sociais. Em contraste, as crianças no grupo passivo, embora não tomem iniciativas sociais, aceitam tais iniciativas por outros sem demonstrarem aborrecimento e podem até mesmo apreciar tal contato social. O último grupo é composto por indivíduos que se aproximam espontaneamente das pessoas, mas o fazem de maneira incomum, unilateral e inapropriada. Este grupo demonstra frequentemente um nível mais elevado de competência geral que os outros dois grupos.

Como os indivíduos com Transtorno Autista, crianças com Síndrome de Asperger mostram comportamento social prejudicado, apesar de sua linguagem e desenvolvimento intelectual mais "normais". Gillberg e Gillberg (1989) sugeriram que, para o diagnóstico de Síndrome de Asperger, uma criança deve ter pelo menos duas das seguintes deficiências sociais: incapacidade para interagir com seus pares, falta de desejo de se relacionar com os colegas, falta de apreciação de sugestões sociais e/ou comportamento social e emocional inapropriados. Gillberg e Gillberg (1989) também indicaram que prejuízos na comunicação não verbal devem estar presentes para o diagnóstico. Especificamente, a criança precisa ter pelo menos uma das seguintes características: uso limitado de gestos, linguagem corporal desajeitada/inadequada, expressões faciais limitadas, expressões inapropriadas e/ou olhar fixo peculiar.

Vários fatores estão associados com o desenvolvimento social das crianças com autismo, incluindo idade, Q.I. e apoios sociais. O desenvolvimento de competências sociais normalmente ocorre com o aumento da idade. Além disso, o Q.I. correlaciona-se positivamente com o grau de desenvolvimento social, com autistas de maior Q.I. adquirindo habilidades sociais mais extensas. Finalmente, com estruturas de apoio e intervenções adequadas, o comportamento social melhora. Na verdade, desde a criação de programas de intervenção precoce, o estereótipo histórico de crianças autistas como retraídas, não afetivas e não interativas mudou. Para revisões da literatura descrevendo o comportamento social dos indivíduos com autismo, o leitor deve consultar Paris (2000a), Sigman e Capps (1997) e Waterhouse (2000).

No restante desta seção, examinaremos em maiores detalhes algumas das características sociais mais salientes de crianças autistas. Em termos mais específicos, analisaremos comportamentos de apego, bem como deficiências que essas crianças exibem em atenção conjunta, referência social, imitação, jogos e formação de amizades.

Apego

Sob uma perspectiva evolutiva, comportamentos de apego servem para manter as crianças próximas dos seus pais, garantindo assim sua segurança física e a preservação da espécie. Relacionamentos seguros de apego também são considerados necessários porque oferecem segurança emocional para as crianças, o que, por sua vez, lhes permite explorar ativamente seu ambiente. Além disso, as relações de apego são importantes porque influenciam a percepção que as crianças têm de pessoas que não sejam seus pais. Como consequência de experiências iniciais de apego infantil, forma-se um "modelo funcional" de como as pessoas são e como tendem a tratar a criança, particularmente em relacionamentos próximos. Teoricamente, uma variedade de fatores inibe, hipoteticamente, o desenvolvimento de comportamentos de apego nas crianças autistas, incluindo: ansiedade, problemas na interpretação de expressões não verbais de emoção, incapacidade para fazer inferências sobre estados mentais de outras pessoas e perturbações hormonais e de neurotransmissores (p. ex., níveis anormais de ocitocina, vasopressina, cortisol e noradrenalina) (ver comentários por Coleman e de Gillberg, 1992; Huebner e Kraemer, 2001). Relatórios clínicos de crianças com autismo, que tratam os pais como objetos, por exemplo, como peças de mobiliário, levaram à sugestão de que esses indivíduos têm um déficit do apego. Embora as crianças autistas frequentemente sejam caracterizadas como incapazes de desenvolver estreitos vínculos emocionais com pessoas, diversas pesquisas sugerem que elas se apegam aos seus pais/cuidadores (Sigman e Mundy, 1989).

Estudos que empregam o paradigma da "situação do estranho" para a avaliação do apego indicam que crianças com autismo sentem falta dos pais quando deixadas sozinhas em uma sala, que sentem alívio ao serem reunidas com seus pais e que preferem a companhia deles à de um estranho: todos os sinais que um apego específico foi formado. Pesquisas realizadas por Sigman e seus colegas sugerem que, enquanto as crianças autistas exibem uma variedade de comportamentos de apego, seu estilo específico de apego é difícil de categorizar. Por exemplo, Sigman e Mundy (1989) descobriram que das 15 crianças que podiam categorizar, todas haviam sido classificadas, inicialmente, como desorganizadas/desorientadas. No entanto, uma análise subsequente e mais detalhada do estilo de apego sugeriu que seis delas tinham apego seguro, duas eram inseguras e ambivalentes, duas eram esquivas, três eram desorganizadas e três não podiam ser subclassificadas. Embora estes resultados sugiram que as crianças muitas vezes criam laços, eles também indicam que tais laços nem sempre são seguros. Deve-se salientar que este tipo de estudo é conduzido normalmente mais tarde nas suas vidas, devido ao fato de que o diagnóstico de autismo geralmente é feito apenas após os dois ou três anos de idade. Por esta razão, tais estudos não fornecem informações sobre o momento em que esses vínculos se desenvolvem ou se a formação do apego está atrasada.

Diversas questões críticas envolvendo relacionamentos de apego de crianças autistas ainda requerem respostas. Por exemplo, os relacionamentos de apego sofrem maior prejuízo em certos subgrupos de autistas, como o grupo de crianças distantes de Wing e Gould (1979)? Qual é a relação entre o Q.I. da criança e seu estilo de apego? Como os estilos de apego das crianças ao autismo diferem daqueles de crianças sem uma deficiência de desenvolvimento? É bem provável que algumas características tipicamente associadas ao autismo, incluindo hipossensibilidade, hipersensibilidade, desatenção, hiperatividade, dificuldades de linguagem, deficiências de autorregulação, problemas sociais, cognitivos e comportamentais (p. ex., hábitos de sono irregulares) possam exercer uma influência considerável sobre a formação, natureza e complexidade do relacionamento de apego. Além das características das crianças com autismo, é bem possível que o contexto social em torno delas influencie a formação de apego, incluindo fatores sociais, tais como luto parental, depressão, estresse e dificuldade em interpretar os sinais dos seus filhos. Mesmo se as crianças autistas formam vínculos emocionais seguros com seus cuidadores, como alguns estudos sugerem, elas não formam automaticamente conceitos articulados sobre quem são seus pais, como são as outras pessoas e os relacionamentos em geral. O desenvolvimento de tal modelo conceitual presume a capacidade, pela criança, de entender sua própria mente e as mentes de outras pessoas, de sentir empatia e generalizar atribuições formadas em uma situação interpessoal para outras pessoas: habilidades cognitivas que, com frequência, são deficientes em crianças, bem como em adultos autistas (veja a revisão de Sigman e Capps, 1997).

Atenção conjunta

O que distingue crianças com autismo de crianças com desenvolvimento típico não é tanto o fato de não interagirem com os outros ou formarem relacionamentos, mas sim as formas como aquelas crianças interagem. Por exemplo, embora elas demonstrem alguns comportamentos de apego, abordem seus cuidadores para fazer pedidos, façam contato visual ocasional e até mesmo participem de jogos que exijam revezamento, elas não tendem a compartilhar ativamente seus interesses e realizações com outras pessoas, e não participam do interesse de outros, ou seja, não compartilham a atenção com outros. No início do desenvolvimento, é improvável que apontem para objetos a fim de atrair a atenção dos outros, olhem para onde os outros estão olhando ou transfiram seu olhar de um objeto para um adulto. Alguns pesquisadores acham que a atenção conjunta pode ser uma chave para entendermos o desenvolvimento do autismo, uma vez que ela parece ser muito importante para a aquisição da linguagem oral e para decifrar comunicações orais e expressões não verbais de outras pessoas, assim como para aprender indiretamente por meio da observação, para desenvolver empatia e para entender a mente dos outros. A atenção conjunta também é, supostamente, um pré-requisito crítico para melhorar o comportamento social de crianças autistas (veja as revisões de Carpenter e Tomasello, 2000; Mundy e Stella, 2000).

Em uma criança com desenvolvimento típico, a atenção é mais dirigida para estímulos sociais que para os não sociais, geralmente para os olhos de uma pessoa (veja a revisão de Klin *et al.* (2002), que descobriram que o tempo reduzido de fixação na região dos olhos era um bom previsor de autismo). Curiosamente, no entanto, uma maior fixação na boca predizia melhor ajuste social e menos prejuízo em indivíduos autistas. Em contraste, fixação maior em objetos estava associada com sintomatologia autista mais extensa. Como apontam os autores, os resultados levantam uma série de hipóteses intrigantes sobre o padrão de relações entre tempos de fixação na boca e nos olhos, e o desenvolvimento da linguagem e da competência social. Por exemplo, pode ser que a fixação tanto na boca quanto nos olhos seja importante para a aquisição da linguagem, porque a boca fornece informações sobre a formação e estrutura de sons e palavras, e os olhos fornecem informações com nuances sobre referentes e significados das palavras. De modo mais geral, a atenção aos sinais faciais parece ser um requisito fundamental para a atenção conjunta.

A atenção conjunta foi definida como envolvendo "comportamentos usados para seguir ou direcionar a atenção de outra pessoa para um evento ou objeto e compartilhar o interesse naquele evento ou objeto" (Siller e Sigman, 2002, p. 77). Em uma revisão de estudos, Mundy e Crowson (1997) apontam que as deficiências de atenção conjunta, isoladamente, eram capazes de discriminar de forma confiável amostras de crianças com autismo de crianças com outros atrasos no desenvolvimento, e sugerem que esta deficiência, juntamente com o jogo e imitação, é um dos melhores indicadores precoces de autismo. Além disso, esses autores especulam que, uma vez que a atenção conjunta está ligada ao desenvolvimento social e cognitivo posterior, talvez esta habilidade fundamental deva ser orientada para o início de programas de intervenção precoce. Parece provável que a atenção conjunta influencie o desenvolvimento social e cognitivo posterior, por seu impacto sobre o desenvolvimento da imitação e de brincadeiras, habilidades nas quais as crianças com autismo também são deficientes. Em um estudo interessante, Leekam e Moore (2001) examinaram, mas não encontraram apoio para a teoria de que a dificuldade destas crianças em imitar e responder à atenção dos outros está relacionada a um problema mais geral de desengajamento da atenção (desviar a atenção de um objeto para fixá-la em outro). Essa teoria intrigante precisa ser mais bem investigada, juntamente com outra teoria proposta pelos autores: a de que as crianças autistas têm dificuldade em interpretar e utilizar as informações obtidas através dos processos de atenção.

Referências sociais

Outra característica intimamente relacionada com a atenção conjunta é a da referência social. À medida que as crianças crescem, e se interessam por seus cuidadores e outras pessoas, elas tendem a passar mais tempo olhando para eles. Esse interesse provavelmente surge do fato de que os adultos fornecem estímulos, objetos de valor (p. ex., alimentos) e apoio emocional para os bebês. Com o interesse social geral vem uma tendência específica para um foco visual em adultos em situações incomuns, ambíguas ou confusas, um fenômeno conhecido como referência social. Adultos tornam-se fontes de informação para as crianças em tais situações, influenciando, assim, o comportamento e as emoções dos bebês. Durante o período de referência social, as crianças desviam a atenção de uma pessoa ou um objeto novo ou estranho para o pai ou mãe, olhando de um para outro, aparentemente com o propósito de obter informações sobre como interpretar o significado do objeto e se constitui uma ameaça.

Desviando-se desse padrão normativo, crianças autistas passam menos tempo olhando para seus cuidadores, mesmo em situações incomuns ou ambíguas. Quando chegam a olhar para o rosto do cuidador, elas não parecem usar as informações contidas em sinais faciais não verbais para orientar seu comportamento. Por exemplo, se crianças com autismo encontram um objeto estranho, sua reação a ele não parece ser muito influenciada pelo fato de seus cuidadores sorrirem ou demonstrarem medo. Talvez esse déficit na referência social ocorra porque as crianças autistas estão sobrecarregadas pela complexidade sensorial de seu ambiente físico e social e se distraem, obtendo assim pouca informação ou ajuda de outras pessoas para resolver a confusão. Além disso, se consideram seu ambiente caótico ou amedrontador, elas podem tentar controlá-lo por meio da evasão, rotinas rígidas e fixação da atenção, limitando ainda mais o modo como se envolvem com seus ambientes sociais (veja a revisão de Sigman e Capps, 1997).

Imitação

A imitação é uma habilidade que se manifesta no início do ciclo de vida humano. Os bebês podem apresentar um comportamento imitativo já algumas semanas após o nascimento. Durante o desenvolvimento normal, eles são atraídos para os rostos de seus cuidadores e imitam ou tentam imitar, com frequência cada vez maior, as suas expressões faciais. Essas imitações fazem parte de uma dança de interação social maior, que começa logo após o nascimento entre os bebês e os pais. Em contraste, as crianças com autismo muitas vezes demonstram deficiências na imitação espontânea ou provocada (solicitada). Essas deficiências na imitação, supostamente, são tão importantes que têm sido atribuídas ao status de um déficit central ou básico. Através da imitação, os bebês adquirem novas habilidades, incluindo a linguagem, comportamentos motores, expressões emocionais e protocolos sociais. Alguns estudiosos consideram que a imitação ajuda a criança a entender a mente de outras pessoas e as convenções sociais, bem como a regularem seu próprio comportamento e emoções durante interações sociais (Smith e Bryson, 1994).

Junto com a atenção conjunta e brincadeiras, a imitação é um discriminador precoce confiável do autismo (Mundy e Crowson, 1997). Uma vez que a imitação social exige a atenção para outras pessoas, deficiências na imitação podem ocorrer devido a uma deficiência de atenção e/ou de interpretação social (Leekam e Moore, 2001). Embora as crianças autistas muitas vezes melhorem suas habilidades de imitação ao longo do tempo, sua dificuldade nesta área frequentemente as diferencia de crianças com desenvolvimento típico e crianças com outras deficiências, incluindo retardo mental. Como consequência, os programas de intervenção para crianças com autismo geralmente se concentram, desde cedo, no comportamento imitativo como um prelúdio para o ensino de outros comportamentos não verbais e verbais específicos (Cox, 1993; Rogers e Bennetto, 2000). Espera-se também que uma vez que as crianças autistas aprendam a imitar, elas possam aprender de modo mais informal pela observação de outras pessoas em situações sociais, como em brincadeiras.

Brincadeiras

Brincar é um processo que se desenvolve desde a infância até a idade adulta. As brincadeiras podem ser diferenciadas de várias maneiras, inclusive por sua diversidade, complexidade, funcionalidade, função social *versus* orientação associal, e por sua natureza simbólica *versus* concreta. Normalmente, as crianças mostram uma progressão da exploração de objetos para o uso de brinquedos de formas específicas e convencionais; de brincadeiras solitárias e cooperativas com outras crianças; e de jogos concretos, simbólicos e imaginários (de "faz de conta"). As brincadeiras servem como o veículo através do qual as crianças aprendem sobre seu ambiente e como interagir com ele, influenciando assim seu desenvolvimento sensório-motor, cognitivo e socioemocional. Como Murray e Paris (2000) apontam, "tocando, manipulando, explorando e testando", as crianças descobrem sobre o mundo, sobre elas próprias e sobre seus relacionamentos com os outros (p. 370). Brincadeiras ajudam as crianças a experimentar novos papéis, resolver problemas, trabalhar em cooperação com os outros, e formular e executar planos.

Uma incapacidade de participar em brincadeiras apropriadas, em contextos não sociais e particularmente sociais, é considerada como uma das características diferenciadoras precoces de crianças com autismo. Embora essas crianças brinquem, as pesquisas indicam que a brincadeira de autistas caracteriza-se por:

1. natureza estereotipada, com objetos muitas vezes servindo como fontes de autoestimulação repetitiva;
2. preocupação com brinquedos específicos, bem como aspectos específicos de um brinquedo;
3. ausência de interações funcionais e normativas com brinquedos;
4. falta de imaginação e de uma orientação para o "faz de conta";
5. natureza concreta e não simbólica;
6. solidão e qualidade não social;
7. estrutura simplista e decorada.

Os pais percebem desde cedo que seus filhos com autismo não utilizam os brinquedos de formas habituais, interessam-se por brinquedos mais simples, restringem muito seus brinquedos e podem desenvolver um apego excessivo a eles, muitas vezes mantendo-os próximos, mas sem brincar. Crianças autistas que operam em um nível intelectual mais elevado podem brincar mais funcional e socialmente, ter interações mais diversificadas e complexas com brinquedos e maior tendência para se envolver em jogos imaginários ou de "faz de conta". No entanto, sua abordagem às brincadeiras ainda possui certa qualidade fixa e não espontânea (Siegel, 1996; Sigman e Capps, 1997). Pesquisadores têm sugerido que crianças com autismo possuem dificuldades em brincadeiras por causa dos problemas que exibem no processamento sensorial, modulação da excitação, atenção seletiva e mudança do foco de atenção. Outros sugeriram que suas deficiências em brincadeiras podem se relacionar com sua dispraxia e controle executivo (integração de informações sensoriais, formação de representações e transferência desta representação para a ação) (veja a revisão de teorias e pesquisas nesta área por Baranek *et al.*, 2001). Uma vez que brincadeiras fornecem um importante contexto para o desenvolvimento de amizades, não é de estranhar que as crianças autistas tenham dificuldade para a formação de relacionamentos sociais significativos com outros.

Amizade

As amizades, e outros relacionamentos com companheiros etários, fornecem um contexto no qual as crianças desenvolvem habilidades sociais, uma compreensão de regras sociais, um senso de identidade pessoal e valorização das diferenças individuais. Relacionamentos também são uma fonte de satisfação emocional. Embora crianças com autismo tenham conhecidos da mesma faixa etária, seus contatos com os coleguinhas muitas vezes têm natureza ocasional. Embora, também, elas possam aprender uma série de habilidades sociais, como o contato visual apropriado, responder a cumprimentos, iniciar e responder comunicação, essas crianças têm dificuldade em usar essas habilidades de modo espontâneo. Crianças autistas com funcionamento superior, que desenvolvem competências linguísticas e habilidades sociais mais complexas têm maiores chances de estabelecer e manter relacionamentos com outros que as crianças autistas que funcionam em um nível inferior. Apesar de suas habilidades sociais superiores, seus relacionamentos são, ainda assim, tipicamente superficiais em natureza. Presume-se, com frequência, que as crianças com autismo não podem desenvolver amizades profundas por causa de sua incapacidade de compreender as mentes e emoções dos outros.

Em uma revisão de teorias e pesquisas sobre amizade, Bauminger e Kasari (2001) apontam que, embora as crianças com autismo possam explicar o que é um amigo, elas parecem ver a amizade em termos mais instrumentais, por exemplo, conseguem dizer que possuem um amigo, mas suas descrições de fotos de amigos e amizades tendem a enfatizar detalhes físicos como cor de roupa ou frequência de contato, em vez de aspectos sociais, cognitivos ou afetivos do indivíduo ou relacionamento. Embora as crianças autistas pareçam compreender o que significa solidão, elas não parecem associar a solidão ou a falta de amigos com sentimentos de tristeza. Bauminger e Kasari (2001) sugerem que as intervenções dirigidas ao desenvolvimento da amizade devem ser individualizadas, de acordo com o nível de desenvolvimento da pessoa, e de forma ideal devem conter componentes que não só visem à aquisição de competências comportamentais específicas, mas também se concentrem no desenvolvimento do significado social e emocional da amizade. Eles recomendam, ainda, que os colegas, pais e professores sejam recrutados para desenvolver, apoiar e sustentar amizades.

Deficiências com a linguagem

Existe um relacionamento dinâmico entre a linguagem das crianças e seu funcionamento social e cognitivo. Através da linguagem, elas expressam suas necessidades, pedem aquilo que precisam, regulam o comportamento próprio e dos outros, comunicam seus sentimentos, exploram e respondem ao seu ambiente social, entendem melhor a si mesmas e imaginam mundos diferentes daquele em que vivem. A linguagem ajuda as crianças a escaparem da realidade e a se tornarem, em suas mentes, quem e o que desejarem ser. Ela também lhes permite compreender mais facilmente as mentes de outras pessoas. Durante o desenvolvimento típico, gestos pré-verbais e atos de atenção conjunta ajudam a pavimentar o caminho para a linguagem. A comunicação intencional desenvolve-se cedo (entre nove e 13 meses), seguida pelas primeiras palavras (entre 13 e 18 meses), combinações de palavras (entre 18 e 30 meses), frases (30 meses a cinco anos) e gramática do discurso (entre cinco e oito anos) (Prizant e Wetherby, 1993).

Deficiência na linguagem é uma característica diagnóstica central do autismo. Estimativas sugerem que aproximadamente 50% das crianças com autismo não adquirem a linguagem como um modo principal de comunicação (Prizant, 1996). É comum para crianças autistas que têm muita dificuldade com a linguagem expressiva ecoarem as palavras que escutam. Esta ecolalia também é encontrada, mais comumente, em crianças que recém começam a adquirir a linguagem. Com base em relatos dos pais, parece que algumas crianças com autismo perdem suas capacidades de linguagem após um período de desenvolvimento normal (ver tabela 2.1, *p. 58*).

Embora crianças autistas variem consideravelmente no desenvolvimento da linguagem, todas têm dificuldades de comunicação. Algumas têm fala receptiva e expressiva mínima, enquanto outras desenvolvem habilidades de linguagem mais elaboradas; entretanto, até mesmo este último grupo tem dificuldade para envolver-se em discurso dinâmico com outras pessoas e para entender a complexidade das comunicações sociais. O fato de crianças com autismo terem deficiências de linguagem não surpreende, dados os seus problemas na comunicação pré-verbal (p. ex., uso limitado de gestos sociais) e deficiências na manutenção de contato visual, atenção conjunta, referência social e imitação.

Em uma revisão conduzida por Sigman e Capps (1997), as deficiências de linguagem de crianças com autismo são resumidas como incluindo problemas em: palavras e gramática, pragmática (o que inclui os recursos prosódicos da linguagem), convenções de conversação, entender a perspectiva do ouvinte e uso da narrativa. Em sua análise, os autores citam pesquisas que sugerem que o desenvolvimento fonológico (som) das crianças autistas, embora mais lento, assemelha-se ao de outras crianças, mas os significados que crianças com autismo anexam às palavras são idiossincráticos, bem como altamente ligados a objetos concretos específicos.

Entre as crianças com o transtorno que desenvolvem uma linguagem mais complexa, sua gramática e sintaxe, embora semelhantes às de crianças típicas, mostram uma variedade de anomalias, como sequências incomuns de palavras, regras de gramática menos sofisticadas, dificuldades no uso do pretérito, inversões de pronomes (p. ex., "eu" usado em lugar de "você"), utilização de sentenças na voz passiva e problemas na produção e compreensão de perguntas. Embora algumas crianças com autismo desenvolvam uma gramática razoavelmente normal, seu uso da linguagem, porém, permanece problemático. Sigman e Capps (1997) sugerem que estas crianças têm menos experiência com interações sociais recíprocas dinâmicas que poderiam ajudá-las a compreender as nuanças de palavras e, em termos mais gerais, a pragmática da linguagem.

Crianças com autismo e com funcionamento superior utilizam a linguagem, pelo menos inicialmente, mais para satisfazer as suas necessidades do que para compartilhar a atenção ou entender o ponto de vista dos outros. Suas conversas são frequentemente caracterizadas por perseveração sobre temas específicos, detalhes irrelevantes e mudanças tangenciais de tópico. Elas tendem a não iniciar uma conversa. Com frequência, mostram interpretações idiossincráticas da fala dos outros, bem como problemas na modulação, volume, timbre, ênfase (prosódia) e ritmo. Estão menos propensas a usar ênfase na entonação para transmitir um significado ou interpretar enunciados. As conversas com crianças autistas normalmente "se perdem" quando elas são questionadas. Elas também têm tendência a interromper os outros, bem como dificuldades na elaboração de comentários sobre os outros e para manter um fluxo de diálogo lógico. Estes últimos problemas provavelmente se relacionam com uma dificuldade mais ampla que as crianças com autismo têm de compreender a perspectiva dos outros (Sigman e Capps, 1997).

Muitas das características mencionadas acima também estão presentes em crianças com síndrome de Asperger. Gillberg e Gillberg (1989) incluem entre os critérios de diagnóstico para esse transtorno as seguintes características da fala e da linguagem: atraso no desenvolvimento, linguagem expressiva superficialmente perfeita, linguagem formal e pedante, prosódia estranha, características peculiares de voz e prejuízos na compreensão, incluindo uma tendência a interpretar mal tanto os significados literais quanto implícitos das palavras (ver Attwood, 1998, para uma discussão destas características).

Tager-Flusberg (1996) aponta que as crianças com autismo raramente usam a linguagem para compartilhar ou obter informações de outros. Consequentemente, suas conversas são limitadas. Embora possam ter um bom vocabulário e sintaxe, e, em geral, possam ser sensíveis às verbalizações dos outros, essas crianças frequentemente não iniciam, expandem ou elaboram conversas. Tager-Flusberg (1996) sugere que as crianças autistas, mesmo que apresentem alto funcionamento, não entendem que outras pessoas muitas vezes têm pontos de vista diferentes dos seus; isto é, elas não têm uma teoria da mente.

Em contraste com esta perspectiva, Prizant (1996) sugere que há cada vez mais evidências de que os problemas de fala, em indivíduos com autismo, podem ser causados por outros fatores, além de prejuízos sociais e cognitivos. Mais especificamente, ele indica que as dificuldades motoras gerais, incluindo dificuldades motoras da fala e problemas de planejamento motor, podem ser responsáveis pelo atraso na fala e na comunicação. Da mesma forma, Murray-Slutsky (2000) aponta que o discurso e a linguagem eficazes requerem o registro das informações sensoriais, formulação de uma ideia, planejamento e sequenciamento de pensamentos e, finalmente, a fala. Ela ressalta que este é o mesmo processo que ocorre no planejamento motor e execução de atividades corporais totais, e levanta a hipótese de que o planejamento motor (práxis) e a linguagem compartilham estruturas neurais que se sobrepõem.

Travis e Sigman (2001) sugerem que duas reorganizações do desenvolvimento, supostamente críticas para a aquisição da linguagem, não ocorrem em autistas da mesma forma que em outras crianças. Estes dois marcos relacionam-se com o surgimento de intenções comunicativas e com a capacidade simbólica. As intenções comunicativas ocorrem tipicamente por volta dos nove meses, quando as crianças começam a mostrar a consciência de que os seus comportamentos/sinais têm um efeito sobre outros. Como resultado, elas reproduzem esses comportamentos para chamar novamente suas consequências. A capacidade simbólica se inicia tipicamente em torno dos 11-13 meses, quando as crianças tornam-se conscientes de que os sinais substituem os objetos a que se referem. Esse reconhecimento leva a gestos "simbólicos" e a palavras para comunicar suas necessidades e interesses. Apesar do fato de que as crianças com autismo manifestam limitações acentuadas e limitações características nestas áreas, Travis e Sigman (2001) sugerem, com base em sua revisão das pesquisas, que esses atos intencionais e simbólicos podem ser adquiridos; por exemplo, a maioria das crianças autistas pode aprender a fazer solicitações e a rejeitar solicitações de outros.

Em contraste com a linguagem expressiva, pouco se sabe sobre a compreensão da linguagem por crianças autistas. No entanto, pesquisas sugerem que elas não atentam à fala do mesmo modo que outras crianças e são melhores no processamento visual que auditivo/verbal. Em virtude dos seus problemas de atenção e do fato de que o significado da fala é adquirido dentro de um contexto social, não nos surpreende que elas tenham problemas para entender os significados do discurso, em particular os aspectos da fala de natureza mais simbólica (ver revisão por Watson, 2001).

Atividades, interesses e padrões de autorregulação repetitivos, restritos e estereotipados

Talvez a mais intrigante das características fundamentais utilizadas para a definição do autismo seja a que descreve atividades, interesses e padrões de comportamento repetitivos e restritos. Em contraste com deficiências na linguagem e comunicação, este terceiro conjunto de características centrais consiste em comportamentos incomuns e até mesmo bizarros, talvez porque sua origem e função não sejam bem compreendidas. Exemplos específicos de tais comportamentos são: balançar ou girar o corpo, ondular a cabeça, girar ou alinhar objetos, torcer ou tocar os dedos, dar descarga no vaso sanitário, apegar-se intensamente a itens específicos, aderir rigidamente a rotinas fixas e falar excessivamente sobre determinado assunto, por exemplo, dinossauros. Em uma revisão das pesquisas, Tsai (1998) apresenta dados que indicam que a ocorrência de tais características em pessoas autistas é bastante elevada, por exemplo, preocupações mórbidas ou incomuns (43% a 88%), fenômenos obsessivos (37%), rituais compulsivos (16% a 86%), expressões estereotipadas (50% a 89%) e maneirismos estereotipados (68% a 74%). A tabela 2.1 (*p. 58*) sugere que estas respostas são reflexos de um sistema de autorregulação mal desenvolvido, que evolui porque formas de autorregulação cognitiva e social mais sofisticadas não são aprendidas. Nesta seção, a estereotipia e o comportamento obsessivo/compulsivo serão discutidos em mais detalhes.

Estereotipia

O estudo do comportamento estereotipado, ou estereotipia, às vezes chamada de "comportamento de autoestimulação", tem recebido atenção considerável. Embora as definições de estereotipia variem, elas costumam incluir referência a comportamentos repetitivos, geralmente ocorrendo com alta frequência, invariáveis em topografia ou padrão e não funcionais, no sentido de que não parecem ter uma explicação óbvia ou convencional para sua ocorrência. Embora existam diferenças consideráveis na estrutura dos comportamentos estereotipados específicos entre indivíduos com autismo, há considerável consistência intraindividual, isto é, as respostas estereotipadas particulares para um determinado indivíduo são relativamente invariáveis.

Outra resposta, às vezes classificada como estereotipia, é o comportamento autodestrutivo, por exemplo, bater a cabeça. Embora historicamente o ato de bater a cabeça ocorresse frequentemente com indivíduos autistas em contextos institucionais, ele é observado apenas ocasionalmente no arranjo domiciliar. Comportamentos autodestrutivos são como outras respostas estereotipadas, no sentido de que, geralmente, são invariáveis na forma, repetitivos e podem ocorrer com alta frequência, porém, eles diferem de outras respostas estereotipadas, contudo, no sentido de que podem resultar em danos físicos. No capítulo 4, argumentaremos que comportamentos estereotipados e autodestrutivos servem a uma importante função reguladora para crianças com autismo.

Além de ocorrer em pessoas autistas, a estereotipia acontece em indivíduos com retardo mental, particularmente naqueles que estão na faixa de Q.I. inferior (Q.I. de 55). Ele também é exibido, com frequência, por crianças e adultos que vivem em ambientes institucionais sem estímulos, em indivíduos com transtorno genético e/ou orgânico (p. ex., Lesh-Nyan, esquizofrenia e cegueira) e em pessoas sob efeito de certas drogas, como anfetaminas. Além disso, respostas motoras repetitivas simples, tais como rolar a cabeça e chutar, ocorrem rotineiramente como parte do desenvolvimento humano durante a infância. Adultos normais também se envolvem em respostas semelhantes, tais como balançar as pernas, o corpo ou batucar com os dedos. Em populações normais, no entanto, esses comportamentos não ocorrem normalmente com ritmo tão elevado quanto em indivíduos com autismo. Finalmente, a estereotipia é também observada em animais criados em isolamento ou mantidos em espaços confinados.

As teorias sobre as causas da estereotipia são abundantes. Em bebês pequenos, parece que respostas repetitivas são parte do desenvolvimento motor normal e, na verdade, provavelmente são essenciais para o aperfeiçoamento do sistema motor e do comportamento adaptativo posterior. Outra explicação para a estereotipia sugere que há um nível ideal de estimulação necessária para o funcionamento humano ajustado. A fim de manter a homeostase, os indivíduos ativam a si mesmos ou procuram estimulação quando seu nível de excitação é baixo ou, inversamente, diminuem a estimulação quando seu nível geral de excitação é alto. Sob esta perspectiva, o comportamento estereotipado serve também a uma função de autoestimulação, voltada a aumentar o estímulo, ou como um mecanismo de filtragem, dirigido para a redução do estímulo externo.

Uma segunda explicação importante, embora relacionada, para a ocorrência do comportamento estereotipado, é que ele é utilizado para reduzir a ansiedade ou tensão. Respostas estereotipadas são ativadas quando um indivíduo torna-se estressado ou experimenta um alto nível de excitação. O comportamento repetitivo, como balançar o corpo, serve para reduzir a tensão. As hipóteses homeostática e de tensão/excitação sugerem que, embora o ambiente desempenhe um papel na estereotipia, o fator crítico não é o que está acontecendo no ambiente, mas o impacto que ele tem sobre o estado de excitação/ativação interno do indivíduo, ou seja, estados internos de alta ou baixa excitação/ativação mediam os efeitos que o ambiente externo tem sobre a ocorrência do comportamento estereotipado.

Uma terceira explicação para estereotipia baseia-se na teoria do aprendizado e nos conceitos de reforço positivo e negativo. Por definição, um reforço é qualquer evento (estímulo) que se segue após um comportamento e aumenta a probabilidade futura do comportamento ocorrer ou não. O reforço positivo supostamente ocorre quando um estímulo, por exemplo, a atenção social, segue-se a uma resposta e leva a um aumento da resposta. Em contraste, o reforço negativo envolve o término de um estímulo, geralmente considerado desagradável, tal como a coerção física ou social, após a ocorrência de uma resposta. Por definição, ele também resulta em um aumento na resposta. Estímulos que servem como reforços positivos ou negativos podem variar amplamente entre os indivíduos. Sob uma perspectiva de aprendizagem, a estereotipia em indivíduos com autismo pode ser aumentada através de reforço negativo, por exemplo, se os professores deixam de fazer exigências depois que estes alunos se envolvem em comportamento estereotipado; ou através de reforço positivo, por exemplo, se os pais dão atenção a uma criança, após o início do comportamento estereotipado. Mesmo que a teoria de aprendizagem possa explicar e ser usada para controlar a taxa na qual o comportamento estereotipado ocorre em indivíduos autistas, isso não esclarece totalmente por que esses comportamentos se desenvolvem, em primeiro lugar.

Diversas explicações biológicas para a estereotipia também foram propostas. Observou-se, por exemplo, que os usuários de anfetamina muitas vezes manifestam padrões de comportamento estereotipado. Outra evidência propõe o envolvimento dos sistemas de dopamina e opiáceos. Foi sugerido que os comportamentos estereotipados produzem um estado bioquímico que reforça o indivíduo para engajar-se em tal comportamento (ver capítulo 3). Para mais informações sobre as teorias relativas às origens da estereotipia, o leitor deve consultar Baumeister e Forehand (1973), Berkson (1983), Charman e Swettenham (2001), Lewis e Baumeister (1982), O'Brien (1981) e Whitman *et al.* (1983).

Transtorno Obsessivo-Compulsivo

Além da estereotipia, indivíduos com autismo frequentemente se envolvem em uma série de outros comportamentos incomuns, que podem ser categorizados como obsessivos e/ou compulsivos em natureza. As obsessões, geralmente, se relacionam a comportamentos de natureza mais cognitiva, enquanto as compulsões têm natureza não verbal ou motora. Tsai (1996) relata uma variedade de pesquisas que sugerem uma incidência muito alta de comportamento obsessivo/compulsivo em indivíduos autistas. Estes comportamentos parecem ser usados pelo indivíduo para criar ou manter um tipo específico de ordem no ambiente. Exemplos incluem: brincar continuamente com um brinquedo específico, escrever, repetidamente, palavras ou números, alinhar objetos, aderir rigidamente a uma rotina, falar incessantemente sobre um determinado tópico e pedir muitas vezes para se envolver em determinada atividade. Estimativas de comportamentos obsessivos/compulsivos em crianças com autismo e inteligência normal são elevadas, geralmente bem acima de 50% (Tsai, 1998). Esses comportamentos tendem a aumentar em frequência, quando um indivíduo está tendo dificuldade de adaptação a um novo ambiente e/ou está sob estresse. Em contraste com as pessoas com Transtorno Obsessivo-Compulsivo (TOC), crianças autistas que apresentam sintomas obsessivos ou compulsivos parecem menos preocupadas com os efeitos e não resistem a eles (Tsai, 1992). No entanto, parece que as pessoas com autismo, como indivíduos com TOC, usam seus sintomas como forma de reduzir a ansiedade. No capítulo 4, discutiremos em maiores detalhes as razões para o surgimento de comportamentos obsessivos/compulsivos, como parte de uma teoria do desenvolvimento do autismo.

Problemas de comportamento e condições comórbidas

Diversas outras características dos indivíduos com autismo foram examinadas por estudiosos, incluindo problemas comportamentais/socioemocionais e transtornos psiquiátricos comórbidos. Bryson (1996) sugere que mais de 50% das pessoas autistas têm algum tipo significativo de problema comportamental ou médico. Discutiremos brevemente, nesta seção, alguns dos problemas mais salientes mencionados, incluindo desobediência, agressividade, distúrbios do sono, problemas com a alimentação e transtornos psiquiátricos comórbidos.

Desobediência e agressividade

Como as crianças com desenvolvimento normal, aquelas com autismo se mostram desobedientes. Alguns pesquisadores e profissionais da prática clínica sugerem que a desobediência em crianças autistas ocorre em virtude de suas habilidades limitadas de comunicação e, portanto, representa uma forma alternativa de se comunicar. Algumas intervenções usam a ocorrência de respostas desobedientes para o ensino da fala. Quando bem-sucedidas, tais intervenções têm sido associadas não somente com uma redução na desobediência, mas também com melhoria da linguagem expressiva, bem como outros tipos de comportamento adaptativo (Paul, 1987). Se não tratada, a desobediência simples, ocasionalmente, transforma-se em agressividade.

O comportamento agressivo representa uma das respostas mais debilitantes exibidas por crianças com deficiências do desenvolvimento. Respostas agressivas não apenas dificultam os programas de intervenção, mas podem levar à exclusão dessas crianças dos arranjos educacionais regulares. Talvez o efeito mais devastador de comportamento agressivo seja o impacto que tem na percepção de outras pessoas sobre o indivíduo que exibe esse comportamento. À medida que crianças autistas tornam-se adolescentes e adultos, seu comportamento agressivo provoca não apenas preocupação, mas também medo nos outros, o que, por sua vez, pode resultar em isolamento adicional a pessoas que já estão isoladas em razão de suas deficiências sociais. Tal comportamento agressivo também pode apresentar um importante obstáculo à educação inclusiva, ao envolvimento na comunidade e ao desenvolvimento de amizades (Fox *et al.*, 2000).

Transtornos do sono

Os transtornos do sono são frequentemente classificados em duas categorias: dissonias e parassonias (American Sleep Disorders Association, 1990). As dissonias incluem dificuldades em iniciar o sono, mantê-lo e/ou sonolência excessiva. As parassonias envolvem interrupções nas transições entre estágios do sono e despertares parciais que perturbam a qualidade do descanso. Empregando metodologias tanto objetivas quanto de autorrelato, as pesquisas sugerem que problemas de sono entre as crianças com transtornos globais do desenvolvimento, incluindo aquelas com autismo, são superiores aos de grupos sem tais deficiências. No entanto, estudos nesta área são escassos.

Estimativas de problemas do sono em indivíduos com autismo variam de 36% a 83% (veja a revisão de Schreck, 2001). Entretanto, não há consenso da literatura acerca dos padrões de sono das crianças autistas serem realmente tão diferentes daqueles das outras crianças (Hering *et al.*, 1999). Problemas de sono observados em populações com autismo incluem: dificuldades para adormecer, má qualidade do sono, acordar durante a noite, sonambulismo, acordar cedo e padrões de sono irregular (Cezar e Ben-Zion, 2001). Pesquisadores do sono documentaram ligações entre os problemas de sono e fraca regulagem comportamental, problemas de comportamento e psicopatologia em populações clínicas e não clínicas (veja a revisão de Sadeh *et al.*, 2002). A lista de causas e correlatos de problemas de sono é imensa, incluindo idade, Q.I., rotinas diurnas e noturnas irregulares, práticas de definição de limites pelos pais, perturbações ambientais, sonhos assustadores e medo ao despertar, bem como uma série de problemas biológicos relacionados com a dieta, padrões de alimentação, alergias, medicamentos e produção de melatonina.

Problemas com a alimentação

Embora hábitos alimentares aberrantes e problemas relacionados à alimentação sejam amplamente observados em crianças com autismo, tais relatos baseiam-se principalmente em evidências informais. Schopler (1995), por exemplo, observa relatos de problemas como mastigar materiais não comestíveis, ser excessivamente seletivo, comer rápido demais, limitação na alimentação por conta própria e respostas alérgicas a alimentos. Ahearn *et al.* (2001) revisam evidências sugerindo que indivíduos com atrasos no desenvolvimento, particularmente pessoas com retardo mental, grave e profundo, frequentemente apresentam problemas com a alimentação. Os resultados de sua pesquisa, com base em uma análise dos padrões de alimentação de 30 crianças diagnosticadas com autismo, ou Transtorno Global do Desenvolvimento sem outra especificação, indicaram que mais da metade dos participantes exibia um ou mais dos seguintes fatores: baixos níveis de aceitação alimentar, padrões individuais de recusa de alimentos, seletividade quanto ao tipo e quanto a textura de alimentos. Os autores sugerem que, apesar de seus resultados serem consistentes com outros relatos de problemas de alimentação em crianças com Transtornos do Espectro do Autismo, eles podem não ser exclusivos de crianças com este tipo de problema de desenvolvimento. Eles também apontam que problemas alimentares são notados com frequência pelos pais de crianças com desenvolvimento normal.

Transtornos comórbidos

Uma variedade de sintomas relatados em indivíduos com autismo, alguns dos quais já foram mencionados, sugere a presença de outras doenças. Pessoas autistas, por exemplo, frequentemente exibem sintomas como desatenção, ansiedade, depressão, afeto inadequado, comportamentos bizarros, alucinações, delírios, comportamentos obsessivo/compulsivos, hiperatividade e agressividade. Estes sintomas podem ser indicativos de diagnóstico de outras condições psiquiátricas, tais como esquizofrenia, Transtorno Depressivo, Transtorno de Ansiedade, Transtorno Obsessivo-Compulsivo, Transtorno de Déficit de Atenção/Hiperatividade e Transtorno de Conduta. Por outro lado, crianças com estes últimos distúrbios, às vezes, também manifestam sintomas autistas (Tsai, 1996). Em termos clínicos, diagnósticos duplos são úteis se levam a tratamentos adicionais adequados. Sob uma perspectiva de pesquisa, o uso mais frequente de diagnósticos duplos, quando apropriados, também pode ajudar os pesquisadores na análise das condições em que tais transtornos comórbidos se desenvolvem.

Características físicas e problemas médicos

A aparência de crianças autistas é descrita, com frequência, como a de qualquer outra criança. Às vezes, também são caracterizadas como crianças "bonitas". Um traço físico marcante, frequentemente mencionado na literatura da área, é a dimensão craniana. Embora o tamanho da cabeça no parto pareça normal, o crescimento craniano supostamente se acelera após o nascimento. Durante a primeira infância, a circunferência craniana das crianças autistas é um pouco maior que a de outras crianças, em média, cerca de 10% (veja a revisão de Tager-Flusberg *et al.*, 2001). Este tamanho maior da cabeça em tese relaciona-se com um tamanho maior do cérebro. Em conjunto, a dimensão craniana e o tamanho do cérebro dessas crianças podem estar ligados a um defeito genético. A aceleração do crescimento cerebral no autismo é discutida no capítulo 3.

Barton e Volkmar (1998) indicam que existem evidências consideráveis de que causas neurobiológicas desempenham um papel crítico no desenvolvimento do autismo. Eles ressaltam que o papel que as condições médicas comumente associadas com o autismo exercem na etiologia do transtorno é menos claro. Eles analisam evidências que indicam que 10% a 30% das pessoas autistas têm uma condição médica associada conhecida. Problemas genéticos, como a Síndrome do X frágil, Síndrome de Tourette e Síndrome de Down; condições neurológicas, incluindo convulsões; doenças ambientais e produzidas por infecções, como envenenamento por chumbo e encefalite; e fatores de risco pré-natal, como rubéola materna foram implicados no desenvolvimento do autismo. Embora Barton e Volkmar (1998) apresentem evidências gerais para tais ligações, eles apontam que os relacionamentos fundamentais podem não ser entre essas condições médicas e o autismo, mas entre essas condições e baixo Q.I., especificamente o retardo mental grave.

Entre as muitas condições médicas associadas com o autismo, a epilepsia é, provavelmente, a mais frequente. A epilepsia é um distúrbio com base neurológica normalmente diagnosticada pela observação de convulsões clínicas.

Crianças que têm convulsões observáveis, também mostram atividade elétrica cerebral anormal em um eletroencefalograma (EEG). Contudo, existe um grupo de indivíduos com EEGs anormais, mas que não manifestam convulsões clínicas observáveis. As estimativas da incidência de convulsões em crianças autistas variam amplamente, de 11% a 42%. Os tipos de convulsões mudam, mas convulsões motoras generalizadas parecem ser particularmente comuns.

Há diferentes perspectivas sobre a relação entre o autismo e a epilepsia. Uma delas é que ambos são manifestações de uma causa neurológica subjacente comum. Outra é que a atividade convulsiva influencia o curso do autismo e seus sintomas associados. Neste aspecto, existem especulações de que a epilepsia pode ter um papel no aparecimento do autismo em crianças que, inicialmente, se desenvolvem normalmente, mas depois apresentam regressão em áreas como linguagem e interação social. O apoio de pesquisas para esta posição e, em termos mais gerais, para um relacionamento causal entre epilepsia e autismo, é mínimo, na melhor das hipóteses. Contudo, existem evidências de que a atividade convulsiva é mais comum em indivíduos com autismo que apresentam séria deficiência mental e déficits motores, assim como em meninas autistas, talvez porque elas estejam mais propensas que os meninos a manifestar deficiência mental grave (Tuchman *et al.*, 1991).

A resolução da questão acerca de a epilepsia exercer um papel causal no desenvolvimento do autismo é importante sob a perspectiva de tratamento. Se tal relação realmente existir, sugere que uma abordagem mais agressiva para o tratamento da atividade convulsiva clínica e subclínica seria apropriada, utilizando abordagens terapêuticas como medicamentos anticonvulsivantes, corticoterapia ou tratamento cirúrgico. Atualmente, porém, precisamos de mais estudos que examinem a ocorrência de quaisquer benefícios terapêuticos reais no uso de tais tratamentos. Sugere-se atenção particular sobre o uso de cirurgia, exceto para epilepsia intratável (Kanner, 2000). Para mais informações sobre autismo e epilepsia, o leitor deve consultar também Ballaban-Gil e Tuchman (2000), Kanner (2000) e Tuchman (2000). No próximo capítulo, condições médicas associadas com o autismo e possíveis causas biológicas da doença serão discutidas com maior detalhe.

Resumo geral

Este capítulo salientou diversos pontos. Em primeiro lugar, indivíduos com autismo exibem diversas características/sintomas, incluindo deficiências sensoriais, motoras e emocionais, que não fazem parte dos critérios diagnósticos para este transtorno. Em segundo lugar, existem consideráveis diferenças individuais nas características/sintomas exibidos por pessoas com este transtorno, embora elas compartilhem características diagnósticas centrais. Em terceiro lugar, parece haver uma relação dinâmica entre os vários tipos de sintomas, com sintomas nos diferentes domínios, provavelmente exercendo influências consideráveis uns sobre os outros. Como apontaremos no capítulo 4, a maior parte das teorias do autismo não aborda sistematicamente as razões para as diferenças individuais amplas existentes na forma como este transtorno se manifesta, nem examina as implicações de tais diferenças para o desenvolvimento.

CAPÍTULO 3

Teorias sobre o autismo

com Kathleen J. Kolberg

Entre os estudos científicos, teorias sobre transtornos como o autismo servem a uma variedade de funções. Algumas teorias são mais descritivas, agindo como organizadores conceituais sobre o que é conhecido. Por exemplo, elas descrevem a natureza de um transtorno, como ele se desenvolve e como difere de outras doenças. Já uma teoria mais sofisticada permite fazermos previsões; por exemplo, sobre como as pessoas com determinado transtorno se comportarão no futuro, dados os seus sintomas atuais. Além dessas funções descritivas e preditivas, uma teoria abrangente formula hipóteses sobre os processos críticos subjacentes ao desenvolvimento de um transtorno e especula sobre melhorias na estruturação de intervenções. Teorias não são certas ou erradas, mas são mais ou menos úteis. Aqueles que permitem previsões mais precisas e exatas, e/ou levam à criação de intervenções eficazes, são mais úteis e, por isso, caracterizam-se como tendo maior validade.

Tipicamente, as teorias sobre o autismo podem ser subdivididas em psicológicas ou biológicas. Teorias psicológicas especificam o papel que diferentes processos, tais como aqueles que envolvem a atenção ou o sistema sensorial, desempenham no desenvolvimento do sintoma. Contrastando com isso, teorias biológicas salientam a forma como diferentes fatores, como os genes, processos neuroquímicos, estruturas neurológicas e toxinas ambientais influenciam a formação dos sintomas. Idealmente, teorias psicológicas devem ser coerentes com o que se sabe sobre autismo em termos biológicos. Reciprocamente, teorias biológicas devem ser coerentes com o que se sabe sobre o autismo em termos psicológicos.

Diversas teorias já foram propostas sobre o autismo. Muitas delas são bastante descritivas e não muito formalizadas em sua apresentação. A maioria das teorias sobre o assunto é bastante especulativa e carece de verificação empírica. Além disso, grande parte tem escopo estreito e se concentra em apenas alguns dos sintomas associados com o transtorno. A formulação teórica na área do autismo é particularmente difícil em razão do número e da natureza diversificada dos sintomas. Neste momento, não está claro quais sintomas são primários, ou seja, quais são uma parte crítica de um processo precoce levando a outros sintomas. Idealmente uma teoria abrangente do autismo deve enfatizar como fatores biológicos, psicológicos e ambientais podem operar em conjunto para explicar o seu desenvolvimento. Além disso, para ser realmente útil, uma teoria do autismo deve especificar como intervenções biológicas e/ou psicocomportamentais podem ser estruturadas para abordar suas causas subjacentes, a fim de evitar ou amenizar os sintomas associados com esse transtorno. Embora não haja suporte empírico para algumas teorias do autismo, uma delas conquistou ampla aceitação. Devido ao crescente interesse científico pelo transtorno, é provável que a paisagem teórica mude radicalmente na próxima década.

Neste capítulo, as teorias atuais do autismo serão brevemente revistas. Daremos atenção especial às teorias socioambientais, psicológicas e biológicas. As teorias socioambientais têm seu foco em como a família e outros fatores sociais influenciam o desenvolvimento do transtorno. As teorias psicológicas enfatizam a importância dos processos cognitivos, da linguagem, integração sensorial ou de estimulação/ativação. As teorias biológicas salientam a importância dos fatores genéticos, neuroquímicos e ambientais. Nossa discussão começa com uma análise das teorias que salientam a influência do ambiente social no desenvolvimento do autismo.

Teorias socioambientais

Influências dos pais

Historicamente, conforme discutido no capítulo 1, houve muita especulação acerca de o autismo ser causado por cuidados parentais deficientes. Kanner (1943) observou que muitos pais de crianças autistas pareciam ser frios e distantes, mais preocupados com suas atividades profissionais e pessoais do que com os seus filhos. Como consequência desse tipo de pensamento, alguns profissionais consideraram que seria melhor para crianças autistas separá-las dos seus pais (Bettleheim, 1967). Atualmente, não há suporte para a teoria de que os pais, ou certo tipo de cuidados parentais, causam o autismo. Há o reconhecimento geral de que pais de crianças autistas variam bastante em suas características de criação dos filhos e que, sejam essas quais forem, eles não são responsáveis pelo autismo de seus filhos.

Entretanto, existem algumas evidências de que as características dos pais e dos seus filhos autistas podem estar correlacionadas, de certa forma. Por exemplo, alguns pais de crianças com autismo manifestam em si características semelhantes às do transtorno e/ou problemas socioemocionais. Uma explicação proposta para essa semelhança entre pais e filhos salienta a importância de fatores genéticos. Supõe-se que as crianças não herdam o autismo em si, mas uma predisposição para desenvolvê-lo, e que esta talvez seja ativada por certos fatores ambientais pré-natais e/ou pós-natais. Esta e outras teorias biológicas serão descritas em maiores detalhes neste capítulo.

Embora não seja tipicamente discutida na literatura sobre o autismo, outra possível razão para a correlação entre as características dos pais e dos seus filhos autistas, tais como aquelas mencionadas por Kanner (1943), pode ser, na verdade, que as próprias crianças influenciem o comportamento de seus pais. Por exemplo, crianças que não fazem contato visual ou respondem às iniciativas dos pais podem produzir ansiedade e uma sensação de desamparo nos adultos que, por sua vez, se distanciam dos filhos, aumentando, assim, a impressão de reserva tanto nas crianças quanto nos próprios pais.

Embora não existam provas empíricas sugerindo que os pais são responsáveis pelo autismo de seus filhos e há evidências consideráveis em contrário, não é absurdo supor que esses pais, assim como quaisquer outros, exercem uma influência considerável sobre o desenvolvimento geral dos seus filhos. Os pais que se informam sobre o autismo e como tratá-lo, buscam intensivamente serviços para seus filhos e tornam-se professores ativos deles, por isso têm propensão para um impacto diferente sobre suas crianças do que se tivessem menos conhecimento, menos iniciativa e menor envolvimento. Embora os programas de intervenção variem no grau em que incorporam os pais, a maioria reconhece que eles devem ser parte do processo de tratamento. Algumas abordagens ao ensino de crianças com autismo, tais como a análise aplicada do comportamento e o TEACCH, exigem extenso envolvimento dos familiares na administração do programa (consulte o capítulo 5 para uma discussão sobre esses programas). As pesquisas sugerem que estruturas terapêuticas desenvolvidas por profissionais, e implementadas pelos pais e voluntários, podem ter efeito sobre o modo como as crianças autistas desenvolvem-se. Em termos mais gerais, os cientistas há muito reconhecem o papel crítico que o ambiente social e físico, como o arranjo residencial, exerce no desenvolvimento de transtornos como o autismo.

Efeitos da institucionalização

Atualmente, crianças com autismo raramente são colocadas em instituições ou programas residenciais. Historicamente, a institucionalização dessas crianças era comum. Já foi sugerido, e parcialmente documentado, que arranjos residenciais que oferecem apenas cuidado custodial, e nenhum programa de tratamento/educação ativos, apresentam sérios efeitos adversos sobre o desenvolvimento das crianças. Pesquisas iniciais nas áreas de aprendizagem e psicologia do desenvolvimento indicam que atrasos comportamentais e comportamentos desviantes podem ser produzidos por ambientes restritivos, punitivos e com privações.

Por exemplo, em um livro inspirador, Hunt (1961) resume evidências que retratam a inteligência humana, com sua base genética, com muita plasticidade neural e capaz de ser imensamente melhorada ou suprimida pelas experiências sociais e ambientes nos quais uma pessoa é colocada. Ele descreve uma ampla variedade de pesquisas, humanas e animais, indicando que o desenvolvimento não apenas cognitivo, mas também sensorial e motor, pode ser inibido quando a estimulação ambiental é restrita. Hunt (1961) cita também estudos sugerindo que ambientes institucionais, tais como aqueles que existiam em meados do século passado, foram responsáveis por atrasos no desenvolvimento de crianças, incluindo o retardo no crescimento físico e mental. Após a publicação do livro de Hunt (1961), pesquisas que descreviam o impacto adverso da privação ambiental e da pobreza, e os efeitos positivos de diferentes tipos de intervenções ambientais sobre o desenvolvimento, proliferaram.

Uma linha de pesquisa, particularmente relevante na área do autismo, investigou os efeitos de arranjos ambientais restritos sobre o desenvolvimento de comportamentos estereotipados. Em uma revisão desta pesquisa, Lewis e Baumeister (1982) relatam conclusões que sugerem que os comportamentos estereotipados, tais como balançar e andar a esmo, desenvolvem-se quando crianças e animais são criados em situações de isolamento. Outro conjunto intrigante de estudos revisado por eles descreve os efeitos debilitadores que a separação da mãe pode ter sobre o funcionamento comportamental, cognitivo e autônomo dos filhotes, bem como ligações potenciais entre o isolamento social e sintomas tais como ansiedade, hiperatividade e outros problemas comportamentais. É interessante notar que, embora as crianças com autismo não sejam tipicamente separadas fisicamente de suas mães, ou internadas atualmente, a natureza do autismo resulta em isolamento psicológico dos filhos em relação às suas mães e outros cuidadores, bem como em sintomas não muito diferentes daqueles descritos na revisão de Lewis e Baumeister (1982). A pesquisa de Lovaas (1977) também aponta para os efeitos profundos que os ambientes sociais podem ter sobre crianças com o transtorno. Elas, demonstrou o estudo, mostravam uma redução acentuada em sintomas autistas e melhorias no comportamento adaptativo, enquanto participavam de um programa de análise do comportamento aplicada comunitário; no entanto, posteriormente, as crianças regrediram ao retornarem a um arranjo institucional residencial que não possuía os recursos para implementar programas de ensino intensivo.

Em resumo, diversas pesquisas sugerem que numerosos problemas de desenvolvimento, incluindo sensoriais, motores, de linguagem e cognitivos, bem como respostas desajustadas ou peculiares, como comportamentos autoagressivos e estereotipados, podem ser produzidos, pelo menos em parte, pelos ambientes institucionais (e outros ambientes) não estimulantes, atípicos e/ou insensíveis em seus arranjos de cuidados. Embora não haja evidência de que o autismo é realmente causado por fatores ambientais, existem crescentes indícios clínicos e de pesquisas indicando que o ambiente pode ter uma acentuada influência sobre o desenvolvimento de sintomas autistas, e que intervenções cuidadosamente estruturadas podem levar à redução na sintomatologia autista.

Teorias psicológicas

Em contraste com as teorias socioambientais do autismo, que salientam a influência do contexto social sobre ele, outras teorias sugerem que o transtorno pode desenvolver-se como consequência de deficiência psicológica com origens ambientais e biológicas. Nesta seção, resumiremos brevemente as principais teorias psicológicas do autismo que apontam para a importância dos processos cognitivos, de linguagem, sensoriais e de estímulo da emoção. Estudantes principiantes do autismo, que não têm bagagem no conhecimento da psicologia, podem considerar algumas dessas teorias, principalmente as cognitivas, demasiadamente técnicas. Se este for o caso, o leitor deverá ler brevemente as seções, para obter uma visão geral.

Teorias cognitivas

Na história inicial do autismo, afirmações de um déficit intelectual geral subjacente a este transtorno eram comuns. Tal visão parecia basear-se no fato de que a avaliação do Q.I. de pessoas autistas, frequentemente, estava na faixa do retardo mental. À medida que a área da psicologia cognitiva evoluía e os dados de testes de inteligência eram analisados com maior atenção, outra perspectiva emergiu, a de que os déficits cognitivos associados com o autismo têm uma natureza mais especializada. Por exemplo, alguns investigadores apontaram que o Q.I. verbal de pessoas autistas é inferior ao seu Q.I. de desempenho. Eles apontaram, ainda, que indivíduos com o transtorno são razoavelmente proficientes em certos subtestes de escalas de Q.I., como aqueles que avaliam a memorização e habilidades visuais/motoras, mas menos proficientes em outros subtestes, por exemplo, os que avaliam a compreensão social e o vocabulário (ver revisão de Tager-Flusberg *et al.*, 2001). Além disso, reconheceu-se que testes de inteligência fornecem informações apenas limitadas sobre muitas das capacidades e deficiências cognitivas, supostamente associadas com o autismo, e que é preciso dar mais atenção ao exame de processos cognitivos específicos, aos possíveis déficits em áreas como processamento de informações, ao funcionamento executivo, cognição social e conhecimento metacognitivo. Teorias que sugerem a importância destes processos são resumidas brevemente nesta seção.

Coerência central

Frith e Happé (1994) sugerem que pessoas com autismo exibem anormalidade no processamento de informações, mais especificamente uma falha no processamento holístico ou o que chamam de "fraca coerência central". Estes indivíduos preferem atentar a aspectos específicos de uma tarefa ou um ambiente, em vez de examinarem a tarefa como um todo. Embora tal estilo de processamento possa ser desvantajoso em atividades que exigem consideração global do que fazer, ele pode ser útil quando a solução requer atenção a partes específicas de uma tarefa. Por exemplo, na conclusão da tarefa de montar blocos do teste de Q.I. de Wechsler, os autores sugerem que indivíduos com autismo estão em vantagem, porque observam os componentes individuais da montagem final que devem reproduzir, em vez da configuração geral do desenho final. Esse processamento, orientado para as partes, também pode ser vantajoso em outras situações, quando as tarefas envolvem a identificação das partes "escondidas", como naquelas com figuras embutidas, mas uma desvantagem quando as atividades exigem que a pessoa observe os inter-relacionamentos de diferentes partes de uma figura (ver revisão de Happé, 2000).

Jordan (1999), em uma revisão das pesquisas da hipótese de coerência central, sugere que o apoio à pesquisa para esta posição teórica é misto. No entanto, o trabalho de Frith e Happé (1994) salienta que pessoas com autismo têm dificuldade em processar materiais complexos, especialmente quando esse material tem significado semântico. Confrontados com uma tarefa complexa, elas parecem propensas a atentar tanto características irrelevantes quanto relevantes. A questão é: por quê? Alguns pesquisadores sugerem que seus problemas de desempenho em tarefas complexas relacionam-se a uma deficiência na função executiva.

Deficiência na função executiva

Embora alguns teóricos tenham sugerido que as deficiências cognitivas associadas com o autismo estão no domínio de processamento das informações, e se relacionem com problemas como a fraca coerência central, outros teóricos afirmaram que os déficits relacionam-se mais com o controle executivo das informações processadas e com os comportamentos que fluem dessas informações (veja a revisão por Tager-Flusberg *et al.*, 2001). O funcionamento executivo envolve processos como planejamento, pesquisa, seleção de estratégias, controle de impulsos (incluindo inibir respostas prepotentes que não são úteis), deslocamento da atenção e monitoramento: todos esses processos facilitam a flexibilidade de pensamento e a ação; sua natureza é mais intencional e consciente, em vez de automática e reflexiva.

O controle executivo envolve autocontrole ativo, em vez de controle do ambiente externo. O controle é mental, guiado pelo conhecimento, objetivos, ideias, planos e roteiros (ver Jordan, 1999). Russell (1997) refere-se ao funcionamento executivo como "um conjunto de processos mentais necessários para o controle da ação" (p. 258). A ação pode ser comportamental ou mental. O funcionamento executivo supostamente é mediado neurologicamente pelos lóbulos cerebrais frontais, embora o importante papel de outras partes do cérebro também seja mencionado no conjunto complexo de processos (Robbins, 1997).

Postula-se que as crianças com autismo apresentam diversos problemas em virtude de um déficit em seu sistema de controle executivo (Turner, 1997). Por exemplo, elas têm dificuldade em tarefas que requerem respostas de mudança de atenção, como uma atividade de discriminação que, inicialmente, envolve pedir para criança para que selecione quadrados, em vez de círculos, e posterior que selecione círculos, não quadrados. Crianças autistas tendem a perseverar em uma tarefa assim, e continuam selecionando quadrados, embora o reforço seja dado apenas para a seleção de círculos. Esta tendência a perseverar é consistente com a caracterização dos indivíduos com autismo como obsessivo e compulsivos.

Turner (1997) sugere que o comportamento repetitivo observado em crianças com autismo está relacionado a problemas com o processo executivo. Ele levanta a hipótese de que essas crianças se envolvem em comportamentos repetitivos porque são incapazes de gerar formas alternativas de agir. Ele ressalta que, se elas têm uma disfunção executiva, pode-se esperar que ajam de determinadas formas em novas situações; especificamente, podem ser menos flexíveis, menos espontâneas, lentas para agir ou não reagir, ou, inversamente, podem ser impulsivas, agindo de forma aleatória, ilógica ou repetitiva. Além disso, elas provavelmente também são mais distraídas em novas situações e estão menos propensas a monitorar e a ajustar suas ações com base no feedback que recebem.

Jarrold (1997) aponta que as crianças com autismo também podem ter problemas com brincadeiras, em virtude de uma disfunção executiva, incluindo a dificuldade para inibir uma resposta dominante. Durante brincadeiras de "faz de conta", as crianças precisam inibir ações normalmente desencadeadas por um objeto; por exemplo, ao fingirem que um lápis é um telescópio, a resposta de "faz de conta" "normal" seria olhar com o lápis, assim essa resposta, precisaria vir antes da resposta tradicional: desenhar com o lápis. Com base em sua pesquisa empírica, ele sugere que outros problemas de controle executivo, ligados à seleção de objetivos e à representação, também podem explicar o déficit em brincadeiras de "faz de conta".

Russell (1997) descreve as características de desenvolvimento do sistema executivo e como uma disfunção precoce neste sistema pode afetar a autoconsciência. Ele sugere que durante o desenvolvimento inicial normal, um sistema de monitoramento primitivo da ação emerge, permitindo que o sistema nervoso registre informações dos sentidos e codifique ações que se originam no mundo e aquelas iniciadas pela criança. A consciência ou conhecimento da ação se desenvolve como resultado do feedback recebido por ela e suas consequências, juntamente com uma autoconsciência primitiva sobre como determinadas ações e seus efeitos se relacionam. Posteriormente, de forma automática, em vez de intencional, a criança consegue instigar movimentos, a fim de controlar e obter certos tipos de informações perceptuais. Através deste processo, um senso de intermediação ou intencionalidade desenvolve-se; isto é, uma expectativa por parte da criança que ela pode alterar suas informações perceptuais através da ação.

Russell (1997) especula que, no autismo, o desenvolvimento desta consciência primitiva pode ser interrompido por problemas com o monitoramento da ação e de memória; e que, como consequência disso, as crianças autistas têm problemas para ampliar o conhecimento envolvendo suas próprias ações e imitar as ações de outros, além de regular seus atos por meio de conversas internas. Além disso, ele levanta a possibilidade de que esta disfunção pode também prejudicar sua compreensão das intenções de outras pessoas, em virtude do prejuízo da autoconsciência nessas crianças; isto é, elas têm dificuldade em compreender outras pessoas porque não entendem a si mesmas. Assim, sob esta perspectiva, as disfunções de processamento executivo levam à teoria de problemas mentais, mais especificamente, problemas em compreender o que ocorre na mente de outras pessoas.

Ao discutir outros fatores que podem influenciar negativamente o funcionamento executivo, Russell (1997) aponta para pesquisas que sugerem que as crianças com autismo têm problemas no controle executivo, porque possuem dificuldades com a memória de trabalho, especialmente quando a quantidade de informações a ser processada é grande ou semanticamente significativa. De modo semelhante, Russell (1997) sugere que as crianças autistas apresentam prejuízo em sua capacidade de utilizar a voz interior, para ajudá-las a manter informações importantes, e usá-las para guiar o comportamento. Esta visão será descrita de forma detalhada posteriormente, neste capítulo e no capítulo 4. Embora Russell (1997) favoreça a posição de que os problemas de controle executivo levam à teoria de deficiências mentais, ele admite que seja possível, embora pouco provável, que problemas mentais sejam responsáveis por disfunções do processamento executivo. Na próxima seção, discutiremos a teoria de deficiências da mente.

Cognição social, teoria da mente e metacognição

A área da cognição social envolve o estudo de como os processos de pensamento de uma pessoa se relacionam com o seu contexto social. As pesquisas neste campo têm seu foco em como uma pessoa começa a entender seus próprios processos de pensamento e os processos de pensamento de outras pessoas. Hipóteses envolvendo este último tópico são parte de uma literatura importante chamada de teoria da mente. Estudiosos da teoria da mente analisam como os estados mentais de outros (seus desejos, crenças, intenções e conhecimento) vêm a ser entendidos por aqueles à sua volta (veja a revisão de Tager-Flusberg *et al.*, 2001).

Na literatura experimental, a "teoria da mente" das crianças tem sido estudada em situações estruturadas, incluindo uma que utiliza um paradigma de falsa crença. Neste tipo de pesquisa, uma criança precisa responder a uma pergunta sobre uma situação em que detém um conhecimento em comum com outra criança e um conhecimento que só ela possui. Por exemplo, duas crianças veem lápis de cera em uma caixa azul. Depois uma das crianças (que já recebeu informações) recebe informações adicionais (ela sabe que os lápis foram retirados da caixa azul e colocados em uma caixa vermelha) que a outra criança (não informada) não possui. As crianças informadas, que desenvolveram um entendimento da mente de outros, responderão que as crianças não informadas, que não viram os lápis serem retirados da caixa azul e colocados na caixa vermelha, pensarão que os lápis ainda estão na caixa original. Crianças com conhecimento menos avançado das mentes de outros indicarão que as crianças não informadas pensarão como elas: que os lápis estão na caixa vermelha.

Teorias, sobre como as crianças em geral e as com autismo entendem o mundo ao seu redor, estão integradas em uma literatura mais geral da psicologia do desenvolvimento e da psicologia cognitiva. Essas teorias levantam questões sobre a capacidade das crianças com o transtorno para pensar de modo abstrato; para diferenciar entre a realidade mental e física; para diferenciar entre eventos imaginários, fictícios e reais; e para entender a si mesmas. Alguns estudiosos sugerem que crianças autistas têm um déficit primário no entendimento da mente de outros e de como os estados mentais das pessoas (desejos, crenças e conhecimento) influenciam seu comportamento em situações de interação social (Baron-Cohen *et al.*, 2000). Outros pesquisadores discordam e sugerem que crianças com autismo não entendem as mentes de outros porque não desenvolvem um senso de que elas próprias têm uma mente, ou se possuem este conhecimento geral, não entendem ou apreciam o conteúdo de sua própria mente. Uma parte da literatura sugere que, embora crianças geralmente variem em sua capacidade para conhecer suas próprias mentes, e entender o que sabem e não sabem, crianças autistas têm particular dificuldade para pensar sobre seus próprios padrões de pensamento; isto é, elas apresentam um déficit metacognitivo. A metacognição refere-se ao autoconhecimento que as pessoas têm sobre seus estados cognitivos e processos mentais (Flavell, 1978). O leitor deverá consultar o trabalho de Baron-Cohen *et al.* (1993), e Russell (1997) para discussões adicionais sobre teorias da mente.

Hipóteses sobre por que crianças com autismo têm dificuldade para entender sua própria mente, e a de outros, variam em termos de seus conceitos sobre os processos subjacentes às origens desta disfunção cognitiva de alto nível. Algumas teorias concentram-se em possíveis razões neurológicas para a deficiência, tais como um déficit na área pré-frontal do cérebro. Outras descrevem uma deterioração em um mecanismo cognitivo básico, como a capacidade para formar metarrepresentações, e outros ainda se concentram em processos sociais para explicar problemas da teoria da mente. Este último tipo salienta que o desenvolvimento cognitivo ocorre em um contexto interpessoal e que, para entender-se a mente como uma entidade social, o contexto social no qual ela surge deve ser considerado. Uma teoria influente desta espécie foi proposta por R. Peter Hobson.

Hobson (1993) aponta que o que as crianças tipicamente aprendem em transações sociais não é uma teoria das mentes de outras pessoas, mas um conhecimento sobre as pessoas. As crianças "aprendem sobre estados subjetivos das pessoas através de suas experiências subjetivas" com pessoas (p. 5). De acordo com o autor, um entendimento do outro e a natureza de suas mentes é adquirido pela "experiência individual de padrões afetivos, coordenadas de modo intersubjetivo nas relações com outras pessoas" (p. 5). Por meio de encontros sociais com pessoas, as crianças adquirem um senso de *self*, uma capacidade para a simbolização, e um senso sobre atitudes e sentimentos de outros.

Hobson (1993) vê o autismo como uma condição em que os indivíduos têm um entendimento limitado de que as pessoas têm experiências subjetivas e psicológicas. Em contraste com a visão de Leslie (1987) de que indivíduos autistas têm um problema inato com a metarrepresentação, isto é, no desenvolvimento de representações mentais do que ocorre na mente de outras pessoas, Hobson (1993) vê o desenvolvimento desta deficiência metarrepresentativa como tendo raízes sociais, nos problemas das crianças autistas para se envolverem com outros de um modo intersubjetivo. Hobson (1993) salienta que indivíduos com autismo manifestam uma "incapacidade relativa para o contato intersubjetivo" (p. 3) e um problema com a conexão emocional com outros, uma conexão que, segundo ele, é de "corações e mentes" (p. 3). Como consequência deste prejuízo no envolvimento intersubjetivo, outros problemas manifestam-se nas áreas cognitiva, linguística e social.

Hobson (1993) enxerga as dificuldades que crianças com autismo têm em interações com colegas etários e adultos – incluindo aquelas ligadas a gestos sociais, compartilhamento de experiências, atenção conjunta, coordenação do afeto, percepção e expressão de emoções, comportamento de apego e autodesenvolvimento – como evidência de uma dificuldade mais ampla no envolvimento intersubjetivo. Como consequência desta dificuldade intersubjetiva, crianças autistas têm capacidade limitada para adquirir o conhecimento sobre estados mentais e emocionais de outras pessoas e de si mesmas, em outras palavras, elas têm problemas para simbolizar e formar representações mentais de si mesmas e de outros. Hobson (1993) salienta que as origens emocionais do entendimento psicológico envolvem processos cognitivos, incluindo a capacidade para fazer inferências sobre os estados emocionais de outros, com base no conhecimento dos próprios estados internos, um processo chamado tipicamente de empatia. A linguagem é um componente crítico envolvido no desenvolvimento da empatia. Ela influencia e é influenciada pela forma como as interações sociais e o envolvimento intersubjetivo ocorrem.

Teorias da linguagem

Como mencionado anteriormente, existem evidências de que crianças com autismo têm pontuação menor na seção verbal de testes de Q.I. do que na seção de desempenho. Conclusões de diversos estudos sugerem, contudo, que a discrepância no Q.I. de desempenho verbal é mais evidente em crianças autistas que têm menor Q.I., e que é imperceptível entre aquelas com autismo de funcionamento superior (Q.I.). Parece que entre crianças autistas com funcionamento superior, que tipicamente desenvolvem a linguagem mais tarde, a discrepância no Q.I. de desempenho verbal diminui com o tempo, enquanto seu desenvolvimento da linguagem se acelera (veja a revisão de Tager-Flusberg *et al.*, 2001).

Ainda assim, até mesmo entre as crianças autistas que têm habilidades de linguagem receptiva e expressiva bem desenvolvidas, um bom vocabulário e habilidades gramaticais, existem recursos da linguagem que as diferenciam de crianças sem autismo. Especificamente, as autistas têm os assim chamados déficits pragmáticos, que se tornam aparentes em seus intercâmbios sociais. Por exemplo, elas frequentemente têm dificuldade para interpretar e responder a conversas de outros, particularmente quando termos desconhecidos, não literais, figurativos e abstratos são utilizados. Elas também têm dificuldade para responder às questões de outros, assim como para fazer perguntas. Em contraste, elas são mais proficientes quando o tópico da conversa é concreto e familiar.

Como indicado anteriormente na seção sobre a teoria do controle executivo, Russell (1997) sugere que crianças autistas podem ter dificuldade no registro e utilização das informações para orientarem seu comportamento, em razão da incapacidade para usar a fala interna, um processo que supostamente tem raízes sociais. Alguns teóricos salientam que a fala interna, ou autoverbalização, é parte de um processo de desenvolvimento em que a natureza interpessoal do pensamento é transferida ou internalizada para um processo intrapessoal, no qual as ações das crianças se tornam controladas menos por diretivas verbais externas, e mais por suas próprias respostas verbais. Esta perspectiva teórica foi influenciada pelas conceitualizações de Luria (1961) e Vygotsky (1978).

A premissa geral da teoria do desenvolvimento de Vygotsky, elaborada por Wertsch (1979), é que o desenvolvimento ocorre no contexto da interação social. De acordo com estes teóricos, o controle verbal das crianças sobre o comportamento motor aumenta com a idade. Durante os estágios iniciais do crescimento humano, os adultos orientam e direcionam verbalmente o comportamento infantil. Mais tarde, eles abandonam gradualmente o controle verbal, à medida que a criança adquire a capacidade para a ação independente. Embora os adultos, inicialmente, forneçam considerável e específico auxílio para orientar o comportamento infantil, as crianças acabam por regular verbalmente seu próprio comportamento, com o auxílio dos mais velhos ocorrendo apenas quando necessário. Finalmente, elas assumem o controle regulatório verbal completo sobre o seu comportamento, um processo que, ao término, se torna cada vez mais velado e "cognitivo" em natureza. Em virtude dos problemas que as crianças autistas têm em seus relacionamentos interpessoais, muitos dos quais acabamos de abordar na discussão da teoria intersubjetiva de Hobson (1993), parece provável que tal processo de internalização não avance de forma típica, e que a linguagem e os processos cognitivos, que ajudam as crianças a autorregularem seu comportamento, não se desenvolvem normalmente. Falaremos mais sobre este tópico no capítulo 4.

Nas teorias de aquisição da linguagem, as explicações sobre o desenvolvimento da linguagem salientam os processos mencionados anteriormente, de natureza social, envolvendo pessoas no contexto da criança que apoiam o aprendizado da linguagem, além de mecanismos linguísticos que são parte da arquitetura neurológica do cérebro. Em contraste, uma teoria mais recente da aquisição da linguagem, defendida por Bloom e Tinker (2001), vê a criança menos como um objeto ou destinatário passivo de sugestões sociais ou físicas, e mais como agente ativo no desenvolvimento da sua linguagem. Sob esta perspectiva, a linguagem é adquirida ou emerge em conjunção com o desenvolvimento social, cognitivo e emocional da criança durante os três primeiros anos de vida. Dentro deste contexto ligado ao desenvolvimento, elas adquirem conhecimento e desenvolvem percepções que influenciam sua representação do mundo, incluindo suas crenças, desejos e sentimentos sobre o seu universo. A ênfase neste modelo está menos no cérebro e/ou ambiente, para explicar a aquisição da linguagem, e mais na cognição e ações da criança. Embora a teoria de Bloom e Tinker não tivesse a intenção de explicar o desenvolvimento da linguagem em crianças com autismo, ela implica que, para entendermos o processo de aquisição da linguagem em crianças autistas, as características cognitivas, emocionais e sociais incomuns desta população devem ser consideradas, uma posição que será desenvolvida em mais detalhes no capítulo 4.

Em contraste com as muitas hipóteses que salientam a primazia dos processos cognitivos e de linguagem no desenvolvimento do autismo, outras teorias apontam para a importância de processos mais básicos, e que emergem antes, especificamente aqueles envolvendo os sistemas de estimulação/ativação e sensoriais.

Teoria da integração sensorial

A integração sensorial envolve uma série de processos que incluem o recebimento de informações sensoriais, a assimilação (processamento) dessas informações no cérebro e a organização subsequente do comportamento (ação) em resposta a elas. Embora as diferentes modalidades sensoriais sejam especializadas para a detecção de diferentes atributos de um estímulo sensorial, os sistemas sensoriais têm uma organização subjacente semelhante. A teoria da integração sensorial tenta explicar ambos os funcionamentos, típico e atípico, por um entendimento dos relacionamentos entre estímulos-cérebro-comportamento.

Durante o desenvolvimento humano, experiências sensoriais com o ambiente influenciam a estrutura emergente do cérebro e os processos que fluem deste. Problemas do desenvolvimento estão especialmente propensos a ocorrer se esta sequência é perturbada durante os estágios iniciais do desenvolvimento, no período perinatal ou pós-natal e no primeiro ou segundo ano de vida. A teoria da integração social, em conjunto com pesquisas genéticas, sugere que o autismo pode resultar de uma perturbação no desenvolvimento cerebral durante o período de gestação. Dentro de uma estrutura do desenvolvimento, o impacto de pequenas alterações, de ocorrência precoce, no ambiente e/ou estrutura cerebral talvez resultem em grandes alterações no funcionamento ao longo do tempo. Estressores biológicos ou ambientais podem alterar a microestrutura do cérebro, resultando em prejuízo na sensibilidade e uma cascata de eventos, que leva a um ciclo de prejuízos crescentes no nível biológico e comportamental.

Em geral, existem diferenças individuais consideráveis na forma como crianças e adultos processam e respondem a experiências sensoriais. Alguns indivíduos respondem lentamente aos estímulos sensoriais em seu ambiente, enquanto outros reagem rapidamente. Eles também podem responder emocionalmente de diferentes maneiras a determinado estímulo: com prazer, de modo neutro ou com dor. Algumas pessoas parecem buscar estímulos sensoriais, enquanto outras parecem evitá-los. Também existem variações na modalidade específica em que as pessoas exibem supersensibilidade e hipossensibilidade. Um indivíduo pode mostrar especial sensibilidade a certos estímulos auditivos e outro é sensível ao toque. Muitas crianças com autismo parecem vivenciar o mundo sensorial ao extremo, mostrando hipersensibilidade ou hipossensibilidade. O impacto que a disfunção no sistema sensorial apresenta sobre o desenvolvimento é potencialmente considerável, incluindo problemas emocionais e atrasos nos domínios motor, da linguagem, cognitivo e social. As consequências deste sistema sobre o desenvolvimento do autismo serão descritas em maiores detalhes no capítulo 4. Para informações adicionais envolvendo a teoria da integração sensorial e autismo, o leitor deverá consultar o capítulo 2 e também a revisão por Huebner e Dunn (2001). Além disso, a estreita ligação entre o sistema sensorial e o sistema de estimulação/ativação é discutida na próxima seção.

Estimulação e autorregulação

Indivíduos com autismo frequentemente são caracterizados como vivenciando o mundo em um ou em ambos os extremos do *continuum* de estimulação. Problemas de estimulação/ativação nesta população têm sido relacionados a problemas neurológicos, sensoriais e com o contexto social. Como Huebner e Dunn (2001) apontam, estimulação tem sido definida como um estado fisiológico de prontidão e um estado geral de excitação nervosa. A estimulação possui um substrato neurológico que pode ser influenciado pelo ambiente e pela percepção do ambiente pelas pessoas. A estimulação, como um estado, coloca-se em um *continuum* de alto a baixo. Em termos cognitivos, ela está associada, em um extremo, com desatenção e sonolência; no meio, com atenção concentrada e alerta; e, no outro extremo, com distração e flutuar de ideias. Em termos afetivos, o *continuum* está associado de formas diversas com apatia, tédio, calma, excitação, ansiedade, medo e terror. A estimulação ideal, que repousa no meio do *continuum*, está relacionada com o desempenho e aprendizado eficazes. Em contraste, a hipoestimulação está frequentemente associada com letargia, indiferença e sono, enquanto a hiperestimulação está atrelada a sensações intensas e muitas vezes desconfortáveis, de evitação ou imobilidade (Huebner e Dunn, 2001).

Alguns teóricos e pesquisadores sugerem que o principal problema das crianças com autismo não está em um sistema de estimulação disfuncional em si, mas em vez disso, em sua incapacidade para modular ou regular esta estimulação. Sob esta perspectiva, o que as diferencia das crianças que se desenvolvem da forma mais típica é o seu fracasso, quando se sentem incomodadas ou aborrecidas, para conseguirem readquirir um estado de calma, alerta e atenção concentrada. Esta falha poderia ser atribuída à sua incapacidade para desenvolver e/ou empregar estratégias autorreguladoras motoras (p. ex., acalmar a si mesmo), cognitivas (p. ex., solução de problemas) ou sociais (p. ex., buscar conforto) eficazes. A observação dos indivíduos com autismo sugere, no entanto, que eles usam estratégias de autorregulação, e que essas estratégias são eficazes, em certo sentido, pelo menos no curto prazo; no entanto, essas estratégias não convencionais envolvem comportamentos que criam problemas secundários. Mais especificamente, muitos dos comportamentos incomuns que os indivíduos com autismo exibem (p. ex., incapacidade de fazer contato visual, desatenção, extremo retraimento, indiferença social, balanço do corpo, comportamentos autoagressivos, comportamentos ritualísticos e insistência na mesmice, hiperatividade e evitação ativa através de fuga) podem ser vistos como funcionais, no sentido de que servem para reduzir os estados desagradáveis de alta excitação. Além disso, alguns teóricos têm sugerido que algumas das estratégias, acima mencionadas, bem como comportamentos como girar o corpo e girar objetos, também podem servir para proporcionar a estimulação sensorial para os indivíduos que têm baixa estimulação e estímulos insuficientes (Lewis e Baumeister, 1982). Essas duas perspectivas são consistentes com um modelo de processamento sensorial proposto por Dunn (1997).

Em seu modelo, Dunn (1997) propõe que as pessoas variam tanto no limiar em que experimentam a estimulação quanto na maneira de lidar com essa estimulação. Mais especificamente, alguns indivíduos, que têm um alto limiar de estimulação, reagem apenas a intensidades mais altas de estímulo e muitas vezes aparecem passivos em suas respostas ao ambiente, parecendo não registrar ou reconhecer que a estimulação ocorreu e, portanto, dando a impressão de apáticos ou autoabsorvidos. No outro extremo do *continuum* de atividade, algumas pessoas com este mesmo alto limiar de estimulação procuram ativamente os estímulos, como se sofressem de privação destes, e com frequência parecem excitáveis. Por outro lado, alguns indivíduos com baixo limiar de estimulação, ou seja, com reação muito rápida a níveis de intensidade muito inferiores de estímulos, podem parecer, na extremidade baixa do *continuum*, reagir normalmente ou talvez dar a impressão de sentirem leve desconforto e distração. Em contraste, os indivíduos com baixo limiar de estimulação semelhante, mas que operam na extremidade alta do *continuum* de atividade, podem reconhecer rapidamente a recepção de um estímulo, tornar-se emocionalmente perturbados e tentar terminar com o estímulo através de evitação ativa ou qualquer outra maneira de controle.

Extrapolando-se o modelo de Dunn (1997), temos uma série de questões intrigantes sobre a natureza do autismo. Por exemplo, será que os indivíduos autistas apresentam maior variação nos limites em que um estímulo específico é experimentado e na forma como respondem a tal estímulo em relação aos indivíduos sem autismo? Ou seja, será que aqueles com o transtorno têm um limiar diferente e mais extremo de estimulação que aqueles sem? De modo semelhante, será que as crianças autistas apresentam maiores extremos de resposta (de muito passiva a muito ativa) a níveis específicos de estimulação? Dados informais sugerem que os indivíduos com autismo, como uma população, realmente operam no extremo em termos de limiar sensorial, em comparação com indivíduos sem autismo. Além disso, parece também que as pessoas com o transtorno podem responder em termos comportamentais, independentemente do seu limiar sensorial, no extremo, seja ignorando o estímulo, por meio de esquiva ativa do mesmo ou, inversamente, por sua busca ativa e compulsiva. Assim, é possível que as pessoas com autismo difiram das pessoas sem autismo na forma como vivenciam um estímulo (isto é, o limiar no qual o sentem), na forma como reagem e lidam com um estímulo detectado (isto é, como regulam sua resposta afetiva a ele), ou em sua sensibilidade e estilo de enfrentamento. Também é possível que as crianças autistas variem consideravelmente entre si, em termos de sensibilidade e estilo de enfrentamento. Por exemplo, pode ser que algumas não só sejam mais sensíveis (reativas) a determinado nível de estimulação, mas também não tenham capacidade para lidar e modular suas respostas afetivas. Em contraste, outras crianças autistas podem ser hipossensíveis à estimulação ambiental e mobilizar-se ativamente para buscar a estimulação. Outra possibilidade intrigante é que todas as crianças sejam hipersensíveis, mas que algumas desenvolvem mecanismos de autorregulação, como o retraimento cognitivo, que faz com que pareçam hipossensíveis. No capítulo 4, desenvolveremos em maiores detalhes uma teoria que descreve o autismo como um Transtorno de Autorregulação.

Teorias biológicas do autismo

Além de teorias socioambientais e psicológicas do autismo, vemos o surgimento de diversas teorias biológicas do transtorno. Nesta seção, apresentamos uma visão geral dessas teorias, que enfatizam fatores genéticos, ambientais, bioquímicos, neuroestruturais e imunológicos. Todas essas hipóteses, direta ou indiretamente, sugerem que o autismo é um transtorno neurológico que afeta o cérebro. Antes de as discutirmos, apresentaremos uma visão geral do desenvolvimento cerebral e métodos para estudar o seu desenvolvimento e atividade.

Desenvolvimento e disfunção cerebral

O cérebro é o primeiro órgão a se desenvolver, a partir do 18º dia após a concepção, e continuando após o nascimento até o início da idade adulta. Em geral, as estruturas que regulam a organização fisiológica básica (p. ex., o controle da frequência cardíaca e respiratória) amadurecem antes, sendo seguidas por estruturas responsáveis pela regulação sensorial e motora, regulação do estado (sono/vigília) e funções cognitivas e de coordenação do movimento. Processos pré-natais precoces levam à formação de três áreas principais do cérebro, o cérebro anterior, mesencéfalo e cérebro posterior, que, eventualmente, se diferenciam nas estruturas específicas descritas na tabela 3.1 (*p. 130*). As células nessas áreas dividem-se rapidamente durante os últimos estágios do desenvolvimento fetal, com 250.000 novos neurônios sendo formados a cada minuto. Durante a gestação e a vida pós-natal, as células migram para a camada adequada, amadurecem e formam conexões com outras células nervosas. Estas células também estão envolvidas em um processo de morte celular programada, em que as células nervosas em excesso são "podadas". Durante este processo, vias nervosas em pleno funcionamento são preservadas e os neurônios excessivos ou inativos são eliminados. A eliminação de células nervosas excessivas ocorre em um rápido ritmo no final da gestação e na primeira infância. Durante o final da gestação e na infância, as vias neurais são envolvidas gradualmente por uma bainha de mielina, que aumenta a velocidade de transmissão e previne a sinalização cruzada com outros trajetos nervosos (Michel e Moore, 1995).

Tanto os genes quanto o ambiente afetam o desenvolvimento do sistema nervoso. Os genes desempenham um papel particularmente crítico no início do período pré-natal, quando são criadas as estruturas básicas e as camadas celulares básicas se formam. Mesmo durante essas fases iniciais do desenvolvimento neurológico, forças ambientais podem alterar o desenvolvimento de forma crítica ou desorganizada. Na fase pré-natal mais tardia, e nos estágios pós-natais, o ambiente desempenha um papel cada vez mais ativo no crescimento, especialmente na formação de conexões entre as células neurais, assim como no processo de poda.

Durante todo o desenvolvimento do sistema nervoso, o cérebro está especialmente vulnerável a insultos ambientais. Esse período vulnerável estende-se desde alguns dias após a concepção até o final da primeira infância, consistindo em um período mais longo de vulnerabilidade do que para qualquer outro sistema de órgãos. O ambiente pode danificar o sistema nervoso de diversas maneiras, por meio de toxinas, infecções ou traumas. Agentes que interferem em processos do desenvolvimento são chamados de "teratogênicos". Insultos precoces ao tecido cerebral muitas vezes têm efeitos mais severos. Em contraste, insultos mais tardios podem ser menos graves, porque o cérebro apresenta redundância para processos posteriores, de modo que se algumas células sofrem perturbação, é possível outras assumirem seu papel. Embora esse desenho protetor reduza os problemas de desenvolvimento no sistema nervoso, ele não os elimina completamente.

O ambiente também desempenha um papel positivo no desenvolvimento do sistema nervoso. Mesmo antes do nascimento, trajetos sensoriais que transmitem estímulos de toque, vestibulares (posição em relação à gravidade), olfato, paladar e auditivos começam a funcionar e ativam-se quando estimulados pelo ambiente. Esta atividade nervosa facilita a formação de sinapses. A ausência de estimulação ambiental pode levar à poda de vias neurais críticas (LeDoux, 2002). Às vezes, a experiência ambiental pode afetar adversamente o amadurecimento cerebral e a integração sensorial. Por exemplo, os sentidos são normalmente estimulados em uma ordem definida antes do nascimento, com toque e movimento vindo antes e, em seguida, olfato, paladar, audição e, por último, a visão. Se esta ordem se altera, a função sensorial também pode ser alterada. Filhotes de codorna que têm estimulação visual precoce não aprendem a distinguir suas mães pelo som, e aqueles filhotes de codorna que experimentam maior estimulação auditiva não desenvolvem o reconhecimento visual normal (Sleigh e Lickliter, 1997). Traumas ambientais precoces também podem produzir consequências trágicas no desenvolvimento. Por exemplo, pesquisas indicam que quando crianças pequenas são abusadas, ocorrem alterações duradouras no funcionamento do córtex pré-frontal, que estão associadas a problemas de avaliação de ameaças e autorregulação (Teicher *et al.*, 2002).

Deficiências do desenvolvimento, particularmente aquelas em que ocorrem prejuízos do comportamento adaptativo, têm sido associadas frequentemente com diferentes tipos de disfunção neurológica. Pesquisadores que trabalham na área do autismo acreditam que a maioria dos sintomas relacionados com este transtorno tem uma base neurológica. Embora as causas genéticas e ambientais exatas ainda não tenham sido identificadas, os estudiosos estão fazendo progressos na identificação de partes específicas do cérebro associadas com a sintomatologia autista. Esse processo de identificação tende a se acelerar, dado o volume de pesquisas que estão sendo conduzidas e a crescente sofisticação dos métodos para estudar o funcionamento neurológico. Métodos que incluem: avaliação clínica; técnicas de monitoramento, como eletrocardiograma (ECG), eletroencefalograma (EEG), magnetoencefalografia (MEG) e registros de potenciais evocados (EPS); análise neuroquímica; exames de autópsia; e técnicas de neuroimagem, como tomografia transaxial computadorizada (TC), ressonância magnética (RM) e tomografia por emissão positrônica (PET).

Teorias genéticas

Visão geral

Evidências de uma base genética para o autismo vêm de vários tipos de pesquisa, incluindo aquelas com gêmeos, família e estudos de ligação genética. Cada vez mais, reconhecemos que o autismo é também hereditário. No entanto, o padrão de herança e expressão do transtorno é complicado. Se a genética nos dissesse tudo, a percentagem de gêmeos idênticos, afetados igualmente, chegaria a praticamente 100%. Padrões simples de herança são detectáveis em aproximadamente 10% dos casos de autismo, muitas vezes em comorbidade com outras síndromes, tais como a Síndrome do Cromossomo X frágil e a esclerose tuberosa. Estudos de ligação genética sugerem que alguns genes (talvez entre 15 a 20) são necessários para a produção das características associadas com o fenótipo autista. Esses estudos também fornecem evidências preliminares sobre a localização destes genes em cromossomos específicos (veja a revisão de Jones e Szatmari, 2002; Risch *et al.*, 1999; Tager-Flusberg *et al.*, 2001). Algumas pesquisas sugerem que o que é normalmente herdado é uma suscetibilidade genética para o transtorno, pelo menos para alguns, se não para a maioria dos casos de autismo (Andres, 2002); ou seja, uma vulnerabilidade a um insulto secundário, como uma toxina ambiental ou infecção, é herdada. Uma pessoa suscetível responde ao insulto pelo desenvolvimento de sintomas autistas, enquanto isto não ocorre com alguém não suscetível.

Estudos de gêmeos, irmãos e famílias

Em estudos de gêmeos, as taxas de concordância para o autismo em irmãos monozigóticos (idênticos) variam consideravelmente, mas normalmente são superiores a 60%; ou seja, se um dos gêmeos tem autismo, a probabilidade de que o segundo também tenha é superior a 60% (Bailey *et al.*, 1995; Smalley, 1997). As taxas de concordância variam entre os estudos, em parte em função da definição formal de Transtorno Autista a ser usada ou de utilizarmos uma definição mais ampla, que inclua outros distúrbios no espectro do autismo, tais como o TGD-SOE e Síndrome de Asperger. Quando uma definição mais ampla de autismo é empregada, as taxas de concordância são mais elevadas.

Estudos examinando irmãos de diferentes idades (não gêmeos) em famílias, nas quais uma das crianças é autista, também indicam uma incidência maior que a esperada de autismo nos outros irmãos: cerca de cem vezes mais provável que na população em geral. Taxas de concordância entre gêmeos dizigóticos, que são tão diferentes geneticamente quanto irmãos de idades diferentes, são semelhantes às taxas gerais para irmãos, mas não em todos os estudos (Hallmayer *et al.*, 2002 – para uma exceção, consulte Greenberg *et al.*, 2001). Pesquisas familiares também revelam taxas mais elevadas de ocorrência das características autistas (p. ex., problemas de interação social e deficiências de comunicação), bem como características de outros transtornos psiquiátricos (p. ex., depressão e Transtorno Obsessivo-Compulsivo) nos pais e em outros parentes de crianças com autismo. O que estas taxas de concordância nos dizem, em geral, é que quanto mais informações genéticas as pessoas têm em comum, mais provável será que compartilhem os traços de autismo.

Análise genética

A análise genética é empregada para localizar genes envolvidos no autismo. Métodos analíticos incluem a análise cromossômica, que examina alterações maiores no cromossomo; análise de ligação, que é empregada na busca de pequenas sequências comuns de DNA em indivíduos afetados e que estão ausentes em indivíduos não afetados; e análise de traço, que busca os genes associados a características específicas (p. ex., atraso na fala).

Em termos de metodologia, uma análise genética, normalmente, começa com a busca de anomalias cromossômicas, tais como segmentos cromossômicos adicionais (duplicações) ou ausentes (exclusões). Aproximadamente 5% dos indivíduos com autismo têm uma anormalidade cromossômica identificada. A anomalia mais relatada em estudos de pesquisas é a duplicação de uma seção do braço longo do cromossomo 15, uma área também associada com as Síndromes de Angelman e de Prader-Willi, que compartilham alguns sintomas em comum com o autismo (Andres, 2002; Folstein e Rosen-Sheidley, 2001). Por exemplo, Buxbaum *et al.* (2002), examinando 80 famílias com diversos casos de autismo, descobriram que traços autistas estavam associados com o gene para o receptor do GABA (ácido gama-aminobutírico, um neurotransmissor inibitório) no braço longo do cromossomo 15.

A análise de ligação, um dos métodos mais comuns na investigação genética, busca pequenas alterações no DNA (detectadas por cortes na enzima de restrição de DNA) que ocorrem nos indivíduos afetados em uma família, mas não naqueles não afetados. As alterações detectadas podem estar no gene ou próximas ao gene que causa o problema, e isto serve para reduzir a área do genoma de interesse. Embora estudos de ligação do autismo tenham apresentado conclusões inconsistentes, várias áreas de ligação foram encontradas no braço longo (q) dos cromossomos 3, 7, 2, 13, 15 e 6, e no braço curto (p) dos cromossomos 16, 19, 11, 13 e 1 (Andres, 2002; Auranen *et al.*, 2002; Folstein e Rosen-Sheidley, 2001; Sultana *et al.*, 2002).

Quando traços específicos do autismo são usados para classificar as ligações, podemos obter informações adicionais sobre a localização. Por exemplo, Alarcon *et al.* (2002) descobriram, em um estudo de 152 famílias, que a idade em que a primeira palavra era dita estava fortemente ligada à área 7q. Comportamentos repetitivos também foram localizados em 7q, em uma região sobreposta. Durante o desenvolvimento do cérebro fetal, a região 7q se expressa nas áreas frontais, parietais e temporais, tornando-a uma região genética ainda mais interessante (Sultana *et al.*, 2002). Vários outros locais genéticos específicos têm sido implicados por estudos de ligação e estão sendo explorados de modo mais detalhado (McKusick *et al.*, 2002).

Alguns estudos focados em marcadores genéticos do autismo utilizam a análise de traço. Esta técnica auxilia na busca de padrões de genes associados a características autistas específicas, que ocorrem entre membros da família que podem ou não ser autistas. Por exemplo, a análise de traço para um comportamento tipo autista, "insistência na mesmice", levou os estudiosos a definirem os três genes do receptor GABA no cromossomo 15 (Shao *et al.*, 2003). Atrasos na fala também foram ligados a uma área no cromossomo 2 (Shao *et al.*, 2002). A análise de traço é uma técnica particularmente importante para transtornos que envolvem diversos genes, como o autismo.

As pesquisas genéticas atuais sobre o assunto estão se acelerando, parcialmente devido à disponibilidade de grandes bancos de dados genéticos cooperativos. Por exemplo, o Cure Autism Now (CAN) e o Instituto Neuropsiquiátrico da UCLA criaram o banco de genes AGRE (Autism Genetic Resource Exchange, ou Troca de Recursos Genéticos para o Autismo). O objetivo do AGRE é coletar e armazenar informações genéticas de um grande número de pessoas com autismo e seus familiares e, depois, torná-las disponíveis para pesquisadores que estudam o transtorno. As conclusões que utilizaram dados do AGRE já estão expandindo nossa compreensão da genética do autismo (Alarcon *et al.*, 2002). Para o resumo mais atualizado sobre a genética e o autismo, consulte *Online Mendelian Inheritance in Man* (OMIM) (McKusick *et al.*, 2003).

Teorias socioambientais

Embora o autismo seja uma doença determinada geneticamente, o ambiente tende a desempenhar um papel na forma como este transtorno se manifesta. Evidências de uma variabilidade na expressão vêm de estudos com gêmeos idênticos. Em pesquisas realizadas por Bailey *et al.* (1995) e Smalley (1997), taxas de concordância de 40% e 60% foram encontradas quando uma definição mais estreita de autismo foi usada. Quando uma definição mais ampla foi usada, que incluía a Síndrome de Asperger e outros transtornos do espectro autista, a taxa de concordância ou co-ocorrência subiu para mais de 90%. Esses dados sugerem fortemente que em pessoas com "genes do autismo" idênticos, a expressão desses genes pode levar ao autismo ou a outro transtorno no espectro do autismo. Alguns estudos também mostram que gêmeos não idênticos têm uma taxa maior de autismo do que irmãos de gestações diferentes (Betancur *et al.*, 2002; Greenberg *et al.*, 2001). Se, de fato, este for o caso, o padrão dos resultados sugere que fatores ambientais pré-natais podem exercer um papel importante no desenvolvimento do autismo. Nem todos os estudos, no entanto, encontraram uma diferença entre gêmeos não idênticos e outros irmãos (Hallmeyer *et al.*, 2002; Hultman *et al.*, 2002).

O interesse recente no papel de fatores ambientais no desenvolvimento do autismo também tem sido evocado pela suposta alta incidência do transtorno em lugares como o município de Brick, em Nova Jersey (Centers for Disease Control, 2000). Foi sugerido que fatores ambientais, tais como uma toxina no ar, água ou terra, influenciam a expressão dos genes ou até mesmo causam diretamente o transtorno. Embora gatilhos ambientais específicos para o autismo ainda não tenham sido isolados, sabemos, em termos mais gerais, que fatores ambientais específicos podem causar e/ou colocar uma pessoa em maior risco para transtornos do desenvolvimento. Por exemplo, o consumo materno de álcool durante a gravidez pode levar a síndrome alcoólica fetal e a sintomas associados (p. ex., retardo mental, deficiências sociais e defeitos físicos). Um exemplo de um transtorno genético que requer uma influência ambiental é a fenilcetonúria. Pessoas com esse transtorno genético são incapazes de metabolizar a fenilalanina, um aminoácido. Quando expostas à fenilalanina em sua dieta (fator ambiental), crianças com este transtorno tipicamente experimentam grave retardo mental e de crescimento, mas com uma dieta especial sem fenilalanina, o desenvolvimento ocorre normalmente.

A busca por gatilhos ambientais do autismo tem sido orientada, em parte, por uma suposição que tal gatilho provavelmente ocorre no início do desenvolvimento, especificamente por causa do padrão de anomalias cerebrais associado com o transtorno. O apoio para esta suposição vem de estudos que mostram diferenças na localização e número de Fibras de Purkinje no cerebelo das pessoas com autismo, anomalias que se iniciam durante as primeiras fases da migração celular (Rodier *et al.*, 1996). A talidomida é um exemplo de um possível gatilho para o autismo. Stromland *et al.* (1994) avaliaram 86 pessoas que haviam sido expostas a talidomida no útero. Eles encontraram quatro indivíduos com autismo nesta população. Esses quatro faziam parte de um grupo maior de 15 pessoas, todos expostos a esta droga entre o 20º e o 24º dia da gestação. Embora a talidomida provavelmente não seja uma fonte de autismo hoje, especificamente porque seu uso durante a gravidez foi proibido, pesquisas como essa ajudam a esclarecer os gatilhos ambientais precoces do autismo.

Estudos mais recentes revelaram uma variedade de outros fatores ambientais ligados ao autismo. Por exemplo, ao examinarem dados de vários estudos, incluindo o seu, Juul-Dam *et al.* (2001) descobriram que o baixo uso de contraceptivos, sangramento uterino no segundo e terceiro trimestre, incompatibilidade de Rh, parto induzido, trabalho de parto prolongado, suplementação de oxigênio ao nascer e níveis elevados de bilirrubina estavam associados com autismo. Hultman *et al.* (2002) também constataram uma associação entre autismo e fatores pré-natais/perinatais, como atraso de crescimento intrauterino, tabagismo diário durante a gravidez e parto cesariano. Em pesquisas não humanas, descobriu-se que a injeção de *influenza* humana em ratas grávidas causava alterações no tamanho número das células piramidais e desenvolvimento anormal do córtex nos filhotes, além de características comportamentais semelhantes àquelas encontradas no autismo (Fatemi *et al.*, 2002). Infecções virais em humanos também têm sido associadas com esquizofrenia nos filhos, um transtorno que compartilha os sintomas com o autismo (Brown e Susser, 2002). Embora fatores como os listados não sejam suficientes para explicar o autismo, já que geralmente também ocorrem em gestações que não resultam em autismo, eles podem ser parte de um processo ambiental e genético maior que leva ao transtorno.

Um fator intrigante que afeta o ambiente pré-natal é o material genético da mãe, particularmente os genes que influenciam o metabolismo, química sanguínea e outros processos que dão suporte à gestação. Resultados de um estudo realizado por Robinson *et al.* (2001) sugerem que a deficiência materna em um gene, que codifica uma enzima que controla a conversão de dopamina em noradrenalina, é um fator de risco moderado, mas significativo, para se ter um filho com autismo. Esse estudo fornece outro exemplo de como os genes e o ambiente podem agir em combinação para a produção do autismo.

Atualmente, os agentes ambientais, que ocorrem mais tarde no desenvolvimento, também são considerados como fatores de risco, especialmente no autismo, que parece ter seu início no segundo ano de vida, após um período de desenvolvimento aparentemente normal. Tais agentes incluem: medicamentos anticonvulsivantes (p. ex., o ácido valproico); vírus da coriomeningite; e vacina tríplice. Embora teratógenos, toxinas, proteínas e vírus específicos não ainda tenham sido comprovadamente associados com o autismo, existem especulações e um interesse considerável sobre o papel potencial de tais agentes na produção de danos cerebrais e sintomatologia autista (veja a discussão sobre vacinas no final deste capítulo).

Teorias neuroquímicas

A função cerebral deriva-se de um emaranhado, aparentemente impenetrável, de nervos e suas extensões, axônios e dendritos. Os neurônios comunicam-se uns com os outros através dos axônios, que liberam sinais químicos, que atravessam uma pequena lacuna, e se ligam aos dendritos ou corpo celular da próxima célula nervosa. Quando presentes em níveis anormais (altos ou baixos), estes produtos químicos, chamados "neurotransmissores", ou seus receptores, afetam o modo como o cérebro funciona. Os neurotransmissores variam em termos do seu canal de influência. Eles podem estimular algumas funções e suprimir outras. Por exemplo, a serotonina e a dopamina são neurotransmissores que ocorrem em níveis inferiores em pacientes deprimidos. Elevar esses níveis, muitas vezes, leva a uma redução dos sintomas depressivos. Outros neurotransmissores, como noradrenalina, são importantes para a atenção, alerta e resposta ao estresse. O GABA, outro neuroquímico, é relevante para a inibição da atividade neural que, por sua vez, está associada com a sensação de relaxamento. Os neurotransmissores, incluindo monoaminas (que consistem de serotonina, dopamina, epinefrina e noradrenalina), têm capturado o interesse dos pesquisadores do autismo, porque geralmente são encontrados em áreas do cérebro que controlam as emoções e o comportamento voltado ao objetivo. Nesta seção, examinaremos vários neuroquímicos que estão sendo investigados por seu papel no transtorno, especificamente a serotonina, a dopamina, o GABA, opioides e ocitocina.

As pesquisas têm demonstrado, de forma consistente, que autistas têm níveis altos de serotonina sanguínea (Anderson *et al.*, 1990; Cook, 1996; Cook, Arora *et al.*, 1993). Considerando que baixos níveis de serotonina estão associados com distúrbios psicológicos como a depressão, níveis elevados da substância têm sido relacionados com esquizofrenia e autismo (Jakovljevic *et al.*, 1998). Chugani *et al.* (1999) analisaram 30 crianças autistas e descobriram que os níveis de serotonina delas aumentavam com a idade, enquanto crianças no grupo de controle apresentavam redução nos níveis de serotonina. A serotonina é de particular interesse para os pesquisadores do autismo, devido ao papel fundamental que desempenha no desenvolvimento do cérebro. Ela, por exemplo, influencia a remoção de neurônios, o desenvolvimento de dendritos, a formação e manutenção de sinapses, a migração celular e a organização celular no interior de áreas como o hipocampo e córtex sensorial. Se estudos descobrirem que níveis de serotonina alteram-se durante o desenvolvimento fetal e pós-natal inicial, isto poderia explicar parte dos problemas estruturais e funcionais encontrados no autismo.

A dopamina (DA) é outro neurotransmissor implicado no autismo. Ela e a noradrenalina desempenham um papel importante no desenvolvimento do córtex pré-frontal, que está associado com funções tais como o pensamento complexo, avaliação de ameaças, resolução de problemas e emoções, todos afetados pelo autismo. Estudos terapêuticos descobriram que fármacos que aumentam a DA, e outras monoaminas (noradrenalina), também reduzem alguns dos sintomas do autismo, como a desatenção, autoestimulação e autoagressão (Volkmar, 2001). Em um estudo realizado por Ernst *et al.* (1997), o acúmulo de 18-F-DOPA (um marcador químico para a dopamina) no córtex pré-frontal medial anterior era reduzido em pacientes autistas, comparados com indivíduos não autistas. A enzima, que converte a dopamina em noradrenalina, também estava significativamente mais baixa em membros da família, incluindo um terço das mães de pacientes autistas; no entanto, 20% das mulheres sem filhos autistas também mostravam esta característica (Robinson *et al.*, 2001).

O GABA, um neurotransmissor inibitório que serve para modular a reatividade do cérebro, também pode desempenhar um papel no autismo. Diversos tranquilizantes produzem relaxamento pela ação de elevação da ação do GABA. Níveis elevados de GABA foram encontrados no sangue e urina de crianças autistas (Dhossche *et al.*, 2002). Além disso, em um pequeno estudo de autópsias, o número de receptores de GABA no hipocampo era inferior em quatro indivíduos masculinos com autismo, comparados com controles combinados para a idade (Blatt *et al.*, 2001). Genes relacionados aos receptores de GABA, nos cromossomos 7 e 15, também têm sido associados ao autismo (Menold *et al.*, 2001; Serajee *et al.*, 2003). Além disso, as enzimas envolvidas na conversão de glutamato para GABA apresentavam níveis inferiores no lobo parietal e cerebelo de pessoas com autismo, em comparação com controles (Fatemi *et al.*, 2002).

A ocitocina é um neuro-hormônio interessante, que está sendo cada vez mais examinado, devido à sua relação com a modulação do autismo e do estresse. A ocitocina, normalmente, é liberada durante o trabalho de parto e amamentação, bem como através da estimulação vagal ventral que ocorre durante afagos. Ela tem sido associada com comportamentos sociais em animais. Por exemplo, descobriu-se que uma cepa de ratos, com nocaute no gene de ocitocina (o que garante que a ocitocina não é produzida), exibia comportamentos sociais anormais (p. ex., não reconheciam parentes). Em contraste, os ratos nocaute com injeções de ocitocina não mostravam essas deficiências (Winslow e Insel, 2002). Dados humanos também sugerem uma relação entre a ocitocina e sintomas autistas. Em uma comparação de crianças autistas e não autistas, Modahl *et al.* (1998) encontraram níveis médios mais baixos de ocitocina em um grupo de crianças autistas, em comparação com um grupo de controle com a mesma idade. Enquanto o grupo não autista apresentava aumento dos níveis de ocitocina com a idade, as crianças com o transtorno não apresentavam este aumento. Além disso, aqueles sem o transtorno mostravam maior variabilidade nos níveis de ocitocina; curiosamente, as crianças com níveis mais elevados de ocitocina exibiam melhores habilidades sociais. Crianças autistas com níveis mais elevados de ocitocina também estavam mais propensas a ter um amigo preferido. A relação entre o nível de ocitocina e o comportamento social em crianças autistas, no entanto, era mais complexa do que estas conclusões sugerem. Crianças no grupo de autismo também mostravam uma correlação negativa entre os níveis de ocitocina e algumas habilidades de socialização, como imitação verbal e não verbal. Um estudo realizado por Green *et al.* (2001) mostrou que as crianças com autismo com níveis de ocitocina baixos tinham níveis elevados de ocitocina-X, um precursor da ocitocina ativa, o que indica um possível erro no trajeto sintético para a ocitocina.

Também foram propostas outras explicações bioquímicas para o autismo. Por exemplo, alguns teóricos sugeriram que o cérebro de indivíduos com autismo produz excesso de opioides, uma forma de opiáceos, e que tal produção pode estar associada com sintomas do transtorno, particularmente autoestimulação e retraimento social. A produção de opiáceos supostamente é ativada em crianças com desenvolvimento normal por comportamentos sociais, tais como procurar a mãe. Se, como alguns pesquisadores sugerem, os opiáceos são produzidos através de outros mecanismos em crianças com autismo, tais como balançar ou girar o corpo, isto poderia explicar sua baixa motivação para procurar outras pessoas e sua aparência de retraimento social. Por esta razão, medicamentos que visam reduzir os níveis de opioides têm sido sugeridos como tratamento para diminuir comportamentos de retraimento social e autoestimulação (veja a análise por Tsai, 1998).

Teorias estruturais

Diversas estruturas neurológicas foram propostas como agentes críticos no desenvolvimento do autismo. Estes locais incluem o tronco cerebral, cerebelo, formação reticular e o cérebro, particularmente os lobos frontal e temporal. A tabela 3.1 (*p. 130*) descreve essas e outras estruturas, e as funções comumente associadas a elas. Estudos neuroanatômicos do autismo examinam essas estruturas e a anatomia celular subjacente, incluindo o tamanho celular, axônios, dendritos e a sinapse entre as células. Tais pesquisas usam diversas metodologias, incluindo as descritas anteriormente (p. ex., autópsia, tomografias, exames de PET e ressonância funcional).

Um dos locais mais intrigantes, examinados por sua associação com o autismo, é o tronco cerebral. Essa estrutura começa na parte superior da medula espinhal e é composto do bulbo raquidiano e da ponte, no mesencéfalo (ver tabela 3.1, *p. 130*). Outra estrutura, o centro de ativação reticular, atravessa o tronco cerebral e serve a uma função de ativação sensorial. Como parte do sistema de regulação do estado, este centro ajuda a controlar a excitação, os ciclos de sono/vigília e mantém a homeostase. Falhas no tronco cerebral podem explicar alguns dos problemas de estimulação, sensoriais (p. ex., hipersensibilidade e hipossensibilidade) e das dificuldades de atenção em indivíduos com autismo (Huebner e Lane, 2001).

O cerebelo é outra estrutura que tem recebido muita atenção dos pesquisadores, a grande área na superfície dorsal do cérebro, que consiste em dois hemisférios ligados pelo vérmis (tabela 3.1, a seguir). O cerebelo ajuda a coordenar movimentos na ausência de controle consciente, modula estímulos sensoriais e integra a capacidade de resposta sensorial em todo o cérebro. Defeitos no cerebelo estão associados com problemas sensório-motores, baixo tônus muscular, dificuldades de coordenação motora e deficiências na modulação sensorial, todas as características comumente associadas ao autismo. Além disso, o cerebelo pode desempenhar papéis especiais, como, por exemplo, associar afeto com movimentos de comunicação não verbal, regular a velocidade de processos cognitivos e o momento de ocorrência das interações sociais, apoiar aspectos não motores da linguagem e aprender padrões de movimentos – todos os processos que parecem perturbados em indivíduos com autismo (Huebner e Lane, 2001).

Tabela 3.1 Áreas cerebrais e suas funções

Área Cerebral Primária	Estruturas Cerebrais Específicas	Funções
Cérebro anterior	Hemisférios cerebrais (incluindo lobos pré-frontal, frontal, temporal, parietal e occipital)	Processamento de ordem superior de informações, processamento sensorial, controle motor voluntário. Pré-frontal – avaliação de ameaças, resolução de problemas. Frontal – fala, comportamento sensório, movimentos. Temporal – integração sensorial, compreensão da linguagem. Parietal – recepção de informações sensoriais. Occipital – informações visuais.
	Sistema límbico	Humor, resposta emocional e memória.
	Tálamo	Dor, transferência sensorial dos hemisférios cerebrais e atenção.
	Hipotálamo	Controle da respiração, batimentos cardíacos, equilíbrio hídrico, temperatura e níveis hormonais.

Área Cerebral Primária	Estruturas Cerebrais Específicas	Funções
Mesencéfalo	Ponte	Grande feixe de fibras nervosas que serve como ponte entre o cérebro, o tronco cerebral inferior e o cerebelo.
Cérebro posterior	Cerebelo	Recebe informações sensoriais pelos ouvidos, usadas para manter o equilíbrio, recebe feedback dos músculos e outras partes do corpo sobre seu movimento e posição atuais, regula o tônus muscular, coordena o movimento muscular e o movimento ordenado pelo telencéfalo.
	Tronco cerebral inferior (bulbo raquidiano)	Regula a frequência cardíaca, respiração, pressão sanguínea, reflexo de vômito, serve como centro de retransmissão para a maior parte dos nervos sensoriais e motores, para a vigília e para a atenção.

O lobo temporal é uma área de associação, altamente conectada com o córtex frontal, lobo parietal, sistema límbico, córtex auditivo e córtex visual. Muitos indivíduos autistas têm convulsões que envolvem esta área do cérebro. Crianças com convulsões infantis com hipoperfusão bilateral precoce (menor fluxo sanguíneo do lobo temporal) estão mais propensas a ser diagnosticadas como autistas (Chugani DaSilva e Chugani, 1996). Em crianças com esclerose tuberosa, o crescimento tuberoso no lobo temporal tem sido fortemente correlacionado com autismo (Bolton e Griffiths, 1997). Todavia, experimentos com primatas mostram alterações comportamentais semelhantes ao autismo quando o lobo temporal sofre danos (Bauman e Kemper, 1997). Waterhouse *et al.*, (1996) apresentam um modelo que atribui muitos dos sintomas de autismo a uma disfunção no lobo temporal-medial. Esta área inclui estruturas do lobo temporal e as áreas parietais de associação e, mais especificamente, a amígdala, sistemas límbico e hipocampal, bem como circuitos neuroquímicos de serotonina, ocitocina, vasopressina e beta endorfinas. Uma disfunção de partes do lobo temporal pode explicar as dificuldades que os indivíduos com autismo têm no processamento de estímulos auditivos e visuais, bem como para associarem o significado e as emoções com tais estímulos.

Uma área final do cérebro, muitas vezes relacionada com autismo, é o lobo frontal. Problemas na porção pré-frontal dessa estrutura têm sido associados com a função executiva e defeitos de processamento de informações, e poderiam explicar os problemas que pessoas autistas têm para a formação de estratégia, planejamento, flexibilidade cognitiva e monitoramento do desempenho (Happé *et al.*, 1996; Luna *et al.*, 2002). Existem debates, porém, acerca de o lobo frontal exercer um papel primário no desenvolvimento do autismo ou se problemas nesta área resultam de disfunções nas estruturas neurológicas inferiores.

Pesquisas sobre a anatomia cerebral, histologia e padrões de atividade no autismo

Os sintomas comportamentais do autismo são impressionantes; no entanto, evidências de uma base neurológica ainda não são sólidas. Embora o alargamento de diversas estruturas cerebrais e padrões de atividade incomuns tenham sido relatados com frequência, uma imagem coesa de mudanças estruturais associadas com o autismo ainda não se revelou. Uma vez que atualmente existem novas ferramentas para o exame da atividade química e microanatomia cerebral há otimismo, no sentido de que pesquisas possam fornecer informações que ajudem a melhorar o diagnóstico e os tratamentos. Analisar os resultados de pesquisas que utilizam essas ferramentas é complicado, porque o autismo se manifesta de diferentes maneiras. Nesta seção, apresentaremos exemplos de achados típicos sobre o aumento cerebral, alterações no nível celular e padrões de atividade incomum no cérebro.

Diversos estudos revelaram um aumento no cérebro de pessoas no espectro do autismo (Lainhart *et al.*, 1997; Piven, 1997; Woodhouse *et al.*, 1996). Por exemplo, Gillberg e De Souza (2002) encontraram macrocefalia durante o primeiro ano de vida em crianças diagnosticadas mais tarde com Síndrome de Asperger. Esses alargamentos, presentes ao nascer, às vezes, tornam-se mais distintos posteriormente na infância (Lainhart *et al.*, 1997). Foram encontrados aumentos no cerebelo, amígdala, hipocampo e lobos parietal, temporais e occipital do cérebro (Piven *et al.*, 1996; Sparks *et al.*, 2002). O aumento da amígdala é mais comum entre crianças autistas que em crianças com Síndrome de Asperger ou outros transtornos globais do desenvolvimento, um efeito que desaparece na adolescência (Sparks *et al.*, 2002). Em um estudo do crescimento do cérebro,

Courchesne *et al.* (2001) avaliaram 30 meninos, de dois a quatro anos de idade, com autismo, nascidos com circunferência craniana normal. Eles descobriram que 90% dos garotos tinham volume cerebral maior que a média e 37% atendiam aos critérios de macrocefalia do desenvolvimento. Esses meninos também tinham mais substância cerebral e matéria branca e cinzenta cerebelar. Com a idade, o quadro se alterava; uma amostra de meninos adolescentes autistas não apresentou volumes de matéria cinzenta ou branca acima da média. Os autores concluíram que o autismo está associado a alteração no momento da ocorrência e no controle do crescimento cerebral (Courchesne *et al.*, 2001).

O cerebelo, que desempenha um papel na função sensorial, na atenção, na função linguística e na coordenação motora, foi examinado em diversos outros estudos. O *neocerebellum*, que compreende os lobos VI e VII do vérmis e o lobo posterior dos hemisférios laterais, é particularmente interessante, devido ao papel que desempenha na atenção (deslocamento da atenção), nas funções cognitivas e linguísticas. Déficits nos lobos VI e VII do vérmis têm sido associados ao comportamento exploratório reduzido em porquinhos-da-índia e ratos pela inativação do gene L1CAM. O vérmis do cerebelo foi analisado em seres humanos usando RM. Diversos desses estudos descobriram que anormalidades no cerebelo estavam correlacionadas com o autismo em geral e com traços autistas específicos, tais como baixa exploração e expressão verbal. Por exemplo, Courchesne *et al.* (2000) descobriram matéria cerebelar cinzenta e lobos VI e VII menores no vérmis em meninos autistas que em meninos não autistas. Medições de exploração reduzida de brinquedos correlacionavam-se negativamente com o volume dos lobos VI e VII do vérmis e relacionavam-se positivamente com o volume do lobo frontal (Pierce e Courchesne, 2001). Escores de Q.I. verbais mais baixos também têm sido associados com medidas anormais do vérmis (Courchesne *et al.*, 1994). Parece, no entanto, que a hipoplasia do *neocerebellum* pode estar mais associada ao retardo mental (encontrado em pelo menos 60% a 70% dos indivíduos autistas) ou a outros déficits neurológicos inespecíficos, que podem ser atribuídos ao autismo (Schaefer *et al.*, 1996).

Além de estudos da anatomia do cérebro, pesquisas da atividade cerebral têm sido úteis no exame dos relacionamentos de sintomas cerebrais e autismo. Por exemplo, imagens funcionais são empregadas para o exame de tecido cerebral vivo e do cérebro em funcionamento. Imagens funcionais observam principalmente a utilização da glicose ou alterações no fluxo sanguíneo como um índice de atividade cerebral. Esses estudos também são realizados com indivíduos em repouso ou durante a execução de tarefas específicas.

Diversos estudos de pessoas em repouso mostram uma redução do fluxo sanguíneo no lado esquerdo dos lobos frontal e temporal, e fluxo aumentado nas áreas frontal, temporal e parietal do lado direito do cérebro, de modo mais significativo no córtex auditivo, sensório-motor e na área de Broca (Chiron *et al.*, 1995; Hashimoto *et al.*, 2000; Zilbovicius *et al.*, 2000). Eles também mostram alguns efeitos relacionados com a idade. Por exemplo, Zilbovicius *et al.* (1995) examinaram crianças autistas com três ou quatro anos e encontraram menor fluxo sanguíneo cerebral regional no lobo frontal, mas aos seis a sete anos de idade, o fluxo estava mais próximo daqueles de crianças sem autismo.

Estudos da atividade cerebral, realizados durante o cumprimento de tarefas de interesse no autismo, produziram resultados variados. O desempenho desses indivíduos em tarefas de processamento auditivo e visual da linguagem está associado com padrões incomuns no giro cingulado e diferenças de atividade entre os hemisférios cerebrais direito e esquerdo (Haznedar *et al.*, 2000; Muller *et al.*, 1999; e revisão por Boddaert e Zilbovicius, 2002). Análises de tarefas de processamento da linguagem auditiva mostravam um padrão predominante de atividade no lobo temporal direito, em oposição a predomínio do lado esquerdo para a linguagem em indivíduos não autistas (Muller *et al.*, 1999). Estes estudos demonstram inversão do domínio hemisférico durante o processamento de estímulos auditivos, com o processamento da linguagem auditiva ocorrendo em uma área conectada, com maior frequência, a relacionamentos lógicos e espaciais (Boddaert e Zilbovicius, 2002; Muller *et al.*, 1999). Indivíduos autistas e não autistas também apresentam um padrão diferente de atividade cerebral durante tarefas da teoria da mente. Em geral, aqueles com Transtorno do Espectro do Autismo têm menos atividade no lobo frontal e na amígdala, e maior atividade nos giros temporais superiores (Baron-Cohen *et al.*, 1999; Critchley *et al.*, 2000; Schultz *et al.*, 2000). Assim, em geral, estes estudos indicam que indivíduos com autismo apresentam padrões incomuns de ativação cerebral, em comparação com os não autistas em uma variedade de diferentes tarefas.

Teorias imunológicas do autismo

Mesmo em circunstâncias normais, o sistema imunológico tem um impacto acentuado sobre o comportamento. Substâncias químicas secretadas pelo sistema imunológico, chamadas de citocinas, se ligam a pontos no cérebro e causam alterações em áreas como o sono, atenção e humor. Recentemente, tem havido especulações de que problemas no sistema imunológico podem desencadear o desenvolvimento de sintomas autistas. Esse sistema tem chamado a atenção em virtude de:

1. padrões incomuns de produção dos sinais químicos imunes e anticorpos observados em indivíduos com autismo;
2. um aumento recente relatado nas taxas de autismo;
3. uma sugestão de que o autismo pode estar relacionado com os procedimentos de inoculação e/ou doença inflamatória do intestino;
4. uso de terapias nutricionais para reduzir possíveis alergias em crianças autistas.

Pesquisas nesta área, ainda não produziram grandes revelações. Contudo, existem evidências de redução na função imune, bem como funcionamento hiperativo do sistema imune em crianças com autismo (para uma revisão detalhada, consulte Krause *et al.*, 2002). Por exemplo, ao analisarem o sangue de crianças autistas, Croonenberghs *et al.* (2002) descobriram uma produção significativamente maior de duas substâncias químicas de sinalização para a resposta anti-inflamatória - sinais de um sistema imunológico hiperativo. É possível que alguns sintomas do autismo, tais como problemas com o sono, humor e atenção, sejam reduzidos após o tratamento de uma infecção ou remoção dos alérgenos da dieta da criança, porque a atividade do sistema imune é reduzida.

Doença autoimune

Quando o sistema imunológico ataca os tecidos no interior do corpo ao invés de agentes externos estranhos ocorrem problemas graves; tal resposta pode levar a uma doença autoimune. O termo "auto", antes de "imune", refere-se a uma resposta contra si mesmo. Na miastenia gravis, por exemplo, o tecido atacado está no sistema nervoso. Estudos indicam um aumento da taxa de doenças autoimunes em famílias de crianças com autismo, a mais comum sendo diabetes tipo 1, artrite reumatoide (forma adulta), lúpus sistêmico e hipotiroidismo? (Comi *et al.*, 1999).

Embora doenças autoimunes possam, em teoria, alterar a trajetória do desenvolvimento do sistema nervoso, não existem evidências diretas de que isso ocorra em crianças com autismo. Há especulações, no entanto, de que elas podem ter uma resposta anormal do sistema imunológico a proteínas comuns. Anticorpos para sarampo e herpesvírus humano 6 reagem de forma cruzada às proteínas do sistema nervoso, tais como a proteína básica de mielina e proteína do filamento neuronal (e do axônio), em alguns indivíduos com autismo (Cook *et al.*, 1993; Singh *et al.*, 1988; Singh *et al.*, 1993; Singh *et al.*, 1998). Tal reação pode levar a uma doença autoimune. Mais estudos são necessários para fazer-se qualquer afirmação definitiva sobre o papel da doença autoimune no autismo.

"Síndrome do intestino solto"

Os estudiosos também têm demonstrado interesse na relação entre o autismo e os anticorpos associados a alergias específicas a alimentos, como aqueles que contêm caseína, glutenina e lactoalbumina (Lucarelli *et al.*, 1995). Existem especulações de que estes anticorpos podem, em conjunto com doença inflamatória do intestino, levar à "síndrome do intestino solto" ("permeabilidade intestinal") e que este transtorno, por sua vez, pode levar à emergência de sintomas autistas. Na síndrome do intestino solto, uma inflamação do revestimento permite maior passagem de proteínas digeridas de forma incompleta, e outros antígenos, por todo o revestimento do intestino para a circulação sanguínea e linfática, provocando, assim, uma resposta imune a esses produtos químicos que pode ser grave, dependendo do nível de exposição aos antígenos. Atualmente, não existem pesquisas definitivas apoiando um nexo de causalidade entre a "síndrome do intestino solto" e o autismo; no entanto, alguns dos estudos realizados apontam para os sintomas inflamatórios gastrintestinais em pelo menos um subconjunto significativo de crianças autistas (D'Eufemia *et al.*, 1996; Horvath e Perman, 2002). Uma vez que a doença inflamatória dos intestinos é bastante comum, ocorrendo em 10% a 18% da população geral, as pesquisas precisam explicar por que o autismo ocorreria em apenas um pequeno subconjunto das pessoas com esta doença (Barbezat *et al.*, 2002; Soderholm *et al.*, 2002 – veja a discussão sobre tratamentos do autismo baseados nas teorias intestinais, no capítulo 5).

Vacinas

Um antígeno que tem recebido atenção considerável nos últimos anos é a vacina contra sarampo, caxumba e rubéola (tríplice), que pode produzir anticorpos que reagem de forma cruzada com proteínas do sistema nervoso. Por conta de relatos informais de aparecimento de sintomas autistas após a vacinação, tem havido um aumento nas pesquisas que investigam uma relação potencial entre a vacina e o autismo. Em resposta ao interesse público e científico por vacinas e autismo, e ao impacto de saúde pública que ocorreria se as pessoas evitassem a vacinação, a Organização Mundial da Saúde solicitou a condução de estudos com maior número de amostras. Embora análises anteriores sugerissem uma possível ligação entre a vacina tríplice e o autismo, estudos posteriores, com melhor controle e amostras maiores, não conseguiram encontrar evidências de um relacionamento (Peltola *et al.*, 1998; Taylor *et al.*, 2002). Em um desses estudos, Madsen *et al.* (2002) examinaram os registros médicos de crianças nascidas na Dinamarca de 1991 a 1998, que consistia em 537.303 bebês, 82% das quais eram vacinadas. Nesta coorte, 316 crianças foram diagnosticadas com Transtorno Autista e 422 com Transtorno do Espectro Autista. Com base nas suas análises, estes investigadores não encontraram evidência de aumento do risco de autismo relacionado ao uso ou ao momento da vacinação. Há, no entanto, um risco significativo de morte e doença quando não ocorre a vacinação.

Conclusões

Em resumo, o papel que o sistema imunológico desempenha no desenvolvimento do autismo está sob investigação. Neste momento, não parece haver ligação entre vacinas, protocolos de inoculação e autismo. Em geral, há dificuldade para a condução de estudos nesta área por várias razões, incluindo: o número relativamente pequeno de indivíduos disponíveis para estudo; a diversidade dos sintomas associados com o espectro do autismo (e possíveis subtipos de autismo); problemas de medição; as despesas totais associadas com o uso de técnicas sofisticadas; modelos animais insuficientes para doenças do sistema imune; e, finalmente, os problemas para avaliar-se as relações de causa-efeito, devido a atrasos que ocorrem entre a exposição a um insulto potencial, tal como proteínas na dieta ou inoculação, e o desenvolvimento dos sintomas.

Perspectivas gerais

Há um consenso crescente de que a resposta para o que causa o autismo, em termos biológicos, não é simples. As evidências indicam que existem vários sítios neurológicos envolvidos no transtorno, sugerindo que o processo etiológico conducente ao autismo é complexo, e que este processo tem base genética, envolvendo talvez 15 a 20 genes diferentes. A opinião geral é que o autismo provavelmente não é causado por lesão pós-natal ou receptores sensoriais defectivos. O ambiente, contudo, pode exercer um papel no desenvolvimento de sintomas autistas, provavelmente durante o crescimento fetal precoce. Esta complexidade em relação à etiologia é refletida nas diferentes teorias em constante transformação sobre o autismo.

Huebner e Lane (2001) revisaram três das principais perspectivas teóricas sobre o autismo: imaturidade neurológica, etiologia heterogênea e outra etiologia. A primeira perspectiva, de imaturidade neurológica, propõe que o autismo resulta de uma falha no desenvolvimento cerebral. Ela se baseia em evidências de que várias estruturas do cérebro (p. ex., o cerebelo, amígdala, sistema límbico e hipocampo) mostram um número reduzido de neurônios, aumento na densidade celular, redução no crescimento dendrítico e aumento no tamanho do cérebro. Em combinação, estes tipos de problemas sugerem interrupção precoce na formação do cérebro durante o desenvolvimento fetal. Tal perturbação poderia ser produzida geneticamente ou em combinação com algum agente ambiental. Nesta perspectiva teórica, estruturas de desenvolvimento mais tardio, tais como o córtex, são afetadas de forma secundária, mas importante, enquanto ocorre uma cascata de efeitos de estruturas inferiores e superiores do cérebro.

Uma segunda perspectiva analisada por Huebner e Lane (2001) sugere que o autismo, como um transtorno de espectro, está associado com padrões de sintomas diferentes, que resultam de diversas etiologias. Ou seja, diferentes subcategorias ou subtipos de autismo têm causas biológicas distintas. Uma variante desta teoria, não mencionada por Huebner e Lane, é que cada sintoma específico associado com autismo é influenciado por caminhos causais separados, ou seja, sintomas diferentes têm causas diferentes. Outra variante sugere que pode haver uma via comum final, através da qual todos os caminhos convergem.

A perspectiva final mencionada por Huebner e Lane (2001) não tem a coerência ou a simplicidade das duas primeiras. Ela sugere uma ampla variedade de explicações para o autismo, que envolve diversos fatores genéticos e ambientais. Por exemplo, há especulações de que o transtorno ocorre em conjunto com outras doenças genéticas, tais como Síndrome do Cromossomo X frágil e esclerose tuberosa, embora apenas 10% a 30% dos indivíduos com estes transtornos desenvolvam autismo; e que os genes responsáveis por estes distúrbios estão envolvidos na produção de sintomas de alguns tipos de autismo ou sintomas autistas. Achados de que diversos fatores ambientais (p. ex., sangramento no segundo semestre nas mães) parecem estar associados com o autismo levaram outros investigadores a sugerir que diversos fatores ambientais podem causar autismo ou acionar uma predisposição genética subjacente. Também foi dada atenção ao papel que convulsões subclínicas podem desempenhar no autismo, particularmente sua função na inibição do funcionamento de estruturas, como amígdala e hipocampo e na produção de convulsões clínicas mais tarde. Este processo, se esclarecido, poderia explicar por que algumas crianças autistas apresentam os sintomas após um período de desenvolvimento aparentemente normal. Para mais informações sobre as causas neurobiológicas do autismo o leitor deve consultar Akshoomoff (2000), Courchesne e Pierce (2000), Huebner e Lane (2001), Simpson e Zionts (2000) e Tager-Flusberg *et al.* (2001).

No capítulo a seguir, apresentaremos uma teoria do desenvolvimento do autismo que tenta incorporar a teoria psicológica e biológica atual, e as pesquisas em um quadro conceitual mais amplo.

CAPÍTULO 4

Rumo a uma teoria do desenvolvimento do autismo

No último capítulo, revisamos diversas teorias sobre o autismo. O que deve surpreender qualquer estudante do assunto é que existe uma diferença considerável de opiniões acerca das origens deste transtorno. As teorias existentes variam consideravelmente em termos dos fatores biológicos e psicológicos específicos nos quais se concentram para explicar sua emergência. Tal diversidade teórica é reflexo do estado das pesquisas empíricas. Embora já existam insights intrigantes revelados por estudos sobre o desenvolvimento do autismo, ainda não descobrimos uma causa ou conjunto de causas definitivo. As hipóteses e as pesquisas concentram-se, tipicamente, em apenas um ou dois pedaços do quebra-cabeça do autismo, como determinado processo cognitivo, sensorial, motor, afetivo, social ou biológico. Neste capítulo, fazemos uma tentativa para juntar, em termos teóricos, as diferentes peças do quebra-cabeça do autismo, no intuito de desenvolvermos uma perspectiva mais ampla e dinâmica envolvendo sua origem. Apresentamos uma teoria do autismo que, embora não seja nova nos conceitos explanatórios, tenta integrar tais conceitos em uma estrutura única, abrangente e desenvolvimental. Antes de descrevermos a teoria, discutiremos diversas premissas que orientaram seu desenvolvimento.

Suposições sobre uma teoria do desenvolvimento do autismo

Teorias do autismo são conceitos, ou seja, são os melhores palpites sobre o que é e como evolui. O processo científico de formação da teoria não é realmente tão diferente do empreendimento especulativo, no qual qualquer um se envolve ao tentar entender os acontecimentos estranhos e misteriosos do mundo ao seu redor. Na área de autismo, pais, médicos e pesquisadores desenvolvem suas próprias teorias sobre as origens deste transtorno.

E elas são formadas a partir de uma ou mais das seguintes fontes:

1. fatos estabelecidos por pesquisas empíricas e/ou observação clínica;
2. suposições básicas sobre a natureza do fenômeno estudado;
3. pela lógica, com inferências feitas a partir do que se conhece e presumo até pelo do que ainda não se conhece;
4. outras teorias.

A teoria do autismo a ser apresentada neste capítulo foi influenciada, em parte, pelas informações factuais apresentadas no capítulo 2 e teorias descritas no capítulo 3. Ela também foi influenciada por um conjunto de pressupostos gerais sobre o transtorno, como uma teoria do autismo deve ser estruturada e o que esta teoria deveria tentar alcançar. Essas premissas são descritas nesta seção. Devido à natureza acadêmica desta discussão, alguns leitores, após analisarem o tópico Visão Geral, talvez desejem saltar para a próxima seção, que descreve uma teoria do desenvolvimento do autismo.

Visão geral

A primeira premissa que orientou o desenvolvimento da teoria é que um estudo abrangente do autismo deve reconhecer que o transtorno é uma desordem no desenvolvimento, que surge durante os dois primeiros anos de vida; uma doença que não é facilmente identificável em seus estágios iniciais e que se altera significativamente em termos de suas características ao longo do tempo. Uma teoria abrangente do autismo deve tentar descrever os processos subjacentes ao seu surgimento inicial e desenvolvimento mais tardio.

Em segundo lugar, uma hipótese ampla deve reconhecer que o autismo é um transtorno que envolve uma variedade de sintomas, deficiências e comportamentos atípicos que se enquadram nos domínios (estimulação/afetivo, sensorial, motor, cognitivo, linguagem, social e autorregulação) descritos no capítulo 2. A tarefa de uma teoria abrangente é descrever como esses vários sintomas e os processos subjacentes se relacionam mutuamente.

Em terceiro lugar, uma teoria abrangente deve levar em conta as diferenças individuais consideráveis nas características e o desenvolvimento das pessoas rotuladas como autistas. Ela deve, por exemplo, tentar explicar por que algumas crianças com autismo têm problemas motores e/ou sensoriais e outras não, e quais são as implicações para o desenvolvimento dessas diferenças. Idealmente, deve fornecer insights não só sobre as razões para as diferenças em indivíduos diagnosticados com Transtorno Autista, mas também diferenças entre os indivíduos com este diagnóstico e outros indivíduos no espectro do autismo com outros diagnósticos, particularmente aqueles com Síndrome de Asperger e TID-SOE. Tal teoria deve permitir a possibilidade de que diversos trajetos causais serão necessários para explicarem as diferenças individuais nos desfechos.

Finalmente, uma teoria abrangente do autismo deve fazer sentido, em nível biológico e psicocomportamental. Na teoria do autismo descrita neste capítulo, presumimos que, em um nível, o autismo é um transtorno com base biológica, pelo menos parcialmente genético, que afeta o desenvolvimento do cérebro e o funcionamento em um nível anatômico e neurofisiológico. Em outro nível, o autismo é um composto dinâmico dos processos psicológicos e comportamentais, que são afetados por fatores biológicos e ambientais. Uma teoria abrangente deve descrever a interface desses processos (biológicos, psicológicos e comportamentais); isto é, explicar a sintomatologia diversificada associada com o transtorno e integrar o que sabemos em termos biológicos e psicológicos sobre os sintomas em um quadro conceitual coerente.

O desenvolvimento de uma teoria que incorpore essas premissas/características é uma tarefa difícil. Aquela apresentada neste capítulo representa uma primeira tentativa de melhor interpretar aquilo que temos. No restante desta seção, as premissas/características de uma teoria desenvolvimental do autismo serão discutidas em maiores detalhes.

Características desenvolvimentais

A teoria do autismo mostrada neste capítulo é influenciada por conceitos do desenvolvimento humano ao longo de toda a vida (*lifespan perspective*), que tem sido fortemente influenciada pelo trabalho de Paul Baltes e seus colegas (Baltes, 1987; Baltes *et al.*, 1980). Dentro de uma moldura conceitual ao longo de toda a vida, o desenvolvimento é visto como um processo *vitalício,* que segue da concepção à morte e envolve tanto mudanças quanto continuidade. O desenvolvimento ocorre em *vários domínios,* chamados, um tanto arbitrariamente, como: *físico*, que inclui os processos sensoriais e motores; *cognitivo*, que inclui a linguagem, aprendizado, processos de percepção e pensamento; *emocional,* que inclui processos de ativação-estimulação, bem como estados emocionais primários e secundários, tais como ansiedade, medo, prazer, alegria e culpa; e *social,* que inclui uma variedade de competências comportamentais e processos que são necessários para a interação social eficaz. O desenvolvimento em todos esses domínios é influenciado por fatores biológicos, operando em conjunto com os processos de aprendizado social.

A perspectiva do desenvolvimento ao longo de toda a vida salienta não apenas que o desenvolvimento é vitalício, mas também que é *multidirecional*, com alguns processos apresentando crescimento e outros mostrando declínio ou ausência de alterações. A esse respeito, é interessante notar que o autismo representa um padrão fascinante de desenvolvimento desigual, que pode apresentar pontos fortes ou limitações: ele possui *plasticidade*, ou seja, pode ser alterado significativamente nos sentidos positivo ou negativo, dependendo das experiências do indivíduo. Embora os genes definam limites e as deficiências genéticas possam restringir esses limites em que esse desenvolvimento ocorre; o ambiente, incluindo programas de prevenção e intervenções, também tem uma forte influência sobre ele, que também muda significativamente pelo seu *contexto histórico e cultural*. Mudanças significativas aconteceram nos últimos 50 anos em nosso conhecimento sobre esta doença e sobre os tipos de abordagens de intervenção que estão disponíveis, incluindo nossa percepção sobre a importância de um início precoce para as intervenções e de elas terem natureza multidimensional. Como consequência dessas mudanças, as formas como o transtorno se manifesta têm-se modificado, às vezes, de forma bastante significativa.

O desenvolvimento também é visto como sendo *influenciado por diversos fatores*, não só no nível geral pelos biológicos, maturacionais e ambientais, mas também, em um nível mais específico, por interações entre os diferentes processos do desenvolvimento (p. ex., sensorial, motor e cognitivo). Esta perspectiva multivariada e interativa é uma característica importante da teoria do autismo discutida posteriormente, neste capítulo.

Uma característica final da abordagem do desenvolvimento ao longo de toda a vida é que utiliza as perspectivas e conhecimentos de *diferentes disciplinas*. Na área do autismo uma perspectiva multidisciplinar tem sido inestimável. As pesquisas e o tratamento para o transtorno têm vindo de áreas como a neurobiologia, neurofisiologia, imunologia, biologia do desenvolvimento, ciência nutricional, psicofarmacologia, fisioterapia, terapia ocupacional, fonoaudiologia, oftalmologia, fala e comunicação, educação, psicologia do desenvolvimento, psicologia clínica e políticas públicas. Para uma discussão mais completa sobre as ideias de Baltes e outros conceitos acerca da natureza do desenvolvimento, o leitor deve consultar Sigelman e Shaffer (1995).

Diferenças individuais

Como uma subdisciplina da psicologia, a psicologia do desenvolvimento tem salientado a importância do estudo das diferenças individuais. Historicamente, duas abordagens gerais têm sido utilizadas pelos investigadores que estudam o comportamento humano. Uma abordagem tenta entender as diferenças entre as características de dois ou mais grupos de indivíduos, observando o comportamento médio ou típico; por exemplo, indivíduos autistas, e como esses se diferenciam de outros grupos sem atrasos de desenvolvimento ou com atrasos não relacionados ao autismo. A outra abordagem salienta a observação das diferenças entre os indivíduos dentro de um mesmo grupo e do que produz essa variação; por exemplo, as diferenças dentro de um grupo de indivíduos diagnosticados com Transtorno Autista ou diferenças entre os indivíduos que se encontram no espectro do autismo mais amplo. As duas abordagens têm méritos.

Os psicólogos do desenvolvimento argumentam que, para entendermos a dinâmica do desenvolvimento, é, no mínimo, tão importante focar sobre as razões pelas quais a variação ocorre dentro de um grupo específico de indivíduos, quanto entre diferentes grupos de pessoas. Os psicólogos do desenvolvimento observam que as diferenças dentro de um grupo específico, tal como aquele de pessoas de determinado sexo, raça, ou incapacidade física, são muitas vezes tão grandes, se não maiores, que as diferenças entre os grupos. Este foco sobre os indivíduos tem um mérito particular quando as diferenças existentes em um grupo são acentuadas, como é o caso com pessoas com autismo. A faixa de Q.I. de pessoas autistas, por exemplo, é maior que a de pessoas que exibem um desenvolvimento típico. Esta variabilidade deve levar a um questionamento acerca de fatores biológicos e psicológicos que influenciam o desenvolvimento de indivíduos autistas, no extremo baixo do *continuum* de Q.I., serem os mesmos que influenciam o desenvolvimento de indivíduos autistas no extremo alto do *continuum* de Q.I. Similarmente, outras questões que exigem respostas incluem se indivíduos autistas com problemas sensoriais e/ou motores se desenvolvem de modo diferente dos indivíduos autistas sem esses problemas.

A teoria apresentada neste capítulo tem por objetivo um entendimento das diferenças dentro de grupos de pessoas com espectro do autismo, assim como as divergências entre grupos de pessoas com e sem o transtorno; assim, a teoria tem amplas implicações para entendermos não apenas o autismo, mas também outros tipos de transtornos do desenvolvimento e, também, o desenvolvimento normal. O exame da variação dentro de grupos autistas, e entre grupos autistas e não autistas, deve auxiliar os pesquisadores, em sua busca pelas etiologias específicas do autismo, e os médicos, em suas tomadas de decisões, apresentando a melhor forma de estruturar programas de prevenção e intervenção.

Biologia, comportamento e ambiente

Embora historicamente exista uma tendência para as teorias do autismo salientarem (e, ás vezes, separarem) conceitos explanatórios, de natureza biológica, ambiental ou psicológica, aqui nós sustentamos que uma teoria abrangente deve atentar para todos esses processos. As figuras 4.1 e 4.2 (*p. 146 e 148*) apresentam um modo de pensar sobre os relacionamentos entre estes processos.

A figura 4.1 descreve a emergência do fenótipo, e a influência do genótipo e do ambiente sobre o fenótipo, assim como outros relacionamentos entre esses conceitos. O genótipo é formado por aqueles genes que um indivíduo herda dos seus pais. Alguns, mas nem todos os genes que herdamos, influenciam o desenvolvimento do fenótipo. À medida que os genes se expressam, o fenótipo é formado. Ele consiste nas expressões biológicas e comportamentais do gene, incluindo a anatomia cerebral, neuroquímica cerebral e processos psicocomportamentais (p. ex., motores, sensoriais, emocionais, cognitivos e linguagem). A formação do fenótipo é influenciada pela operação do genótipo em estreita colaboração com o ambiente. O genótipo também influencia o ambiente, no sentido de que coloca restrições sobre as formas como o meio pode influenciar o fenótipo. Por exemplo, a luz no ambiente não seria capaz de influenciar o desenvolvimento das retinas, se os genes não influenciassem primeiro a produção das células da retina. Entretanto, o ambiente é fundamental para o desenvolvimento da visão. Sem estímulo apropriado da luz externa às células da retina, a visão – assim como as estruturas de apoio no cérebro – não se desenvolveria de maneira apropriada.

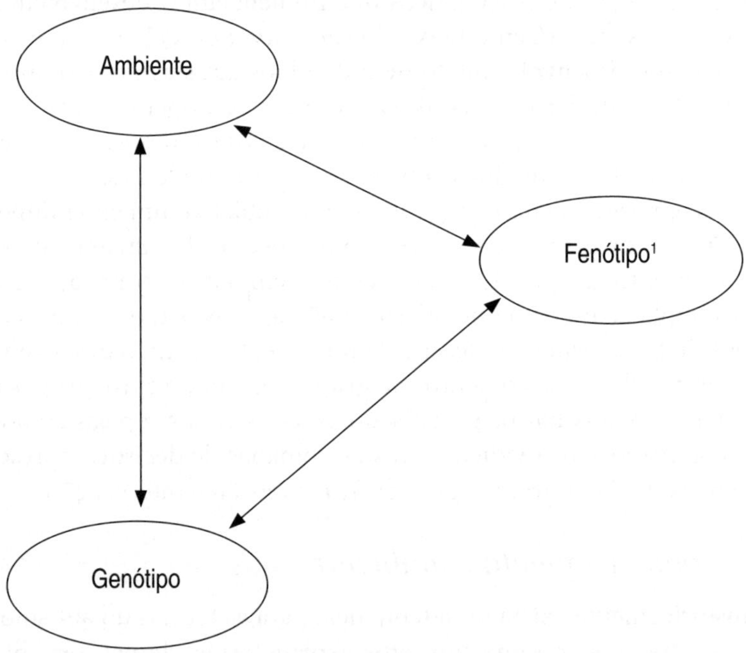

Figura 4.1 Um modelo bioambiental do desenvolvimento

O ambiente consiste em agentes biológicos produzidos genética e não geneticamente dentro do indivíduo, tais como proteínas e toxinas, e também em fatores físicos e sociais externos, fora do indivíduo, como fábricas que produzem toxinas e programas de intervenção doméstica. Embora habitualmente o ambiente não seja visto como capaz de influenciar o genótipo, isto pode ocorrer, por exemplo, por radiação que leve à mutação genética ou por sua influência sobre padrões de procriação (quem procria com quem). Alguns estudiosos têm especulado que o padrão de procriação no Vale do Silício (entre parceiros com altas capacidades "tecnológicas"), na Califórnia, resultou em um aumento no autismo naquela área geográfica. O ambiente bioquímico interno ao indivíduo também influencia os genes afetados dentro do genótipo, além da forma como as estruturas com base genética evoluem. O ambiente em operação desde a concepção influencia o desenvolvimento do fenótipo durante toda a vida humana. Alguns pesquisadores sugerem que fatores ambientais, em funcionamento durante o primeiro trimestre da gestação, desencadeiam o autismo em indivíduos que já estão predispostos geneticamente para este transtorno (ver capítulo 3). O fenótipo não apenas é influenciado pelo ambiente, mas também influencia os aspectos tanto sociais quanto não sociais do ambiente, através das características biológicas, comportamentais e ações do indivíduo. O fenótipo também influencia o genótipo, no sentido de que afeta os genes que se expressam, assim como o processo de acasalamento seletivo. Em resumo, o modelo apresentado na figura 4.1 (*p. 146*) descreve o desenvolvimento como um processo muito dinâmico, um produto de interações recíprocas contínuas entre o genótipo, o ambiente e o fenótipo.

A figura 4.2 (*p. 148*) exibe, ainda, o processo através do qual o ambiente influencia o desenvolvimento do fenótipo. O ambiente físico e social interferem diretamente no desenvolvimento de estruturas biológicas, tais como o cérebro, bem como as funções bioquímicas associadas com estas estruturas, e, indiretamente, influenciam o desenvolvimento de uma variedade de processos psicocomportamentais. Os processos biológicos fazem a mediação das relações entre o ambiente e o desenvolvimento psicocomportamental. Enquanto o desenvolvimento avança, as características comportamentais de um indivíduo, por sua vez, influenciam o seu ambiente.

O ambiente, por exemplo, pode facilitar o desenvolvimento ao proporcionar formas e quantidades adequadas de estímulos sensoriais (som, luz, toque, etc.) e nutricionais, assim como inibir, suspender ou distorcer o desenvolvimento através de privações sensoriais e agentes bioquímicos nocivos (bacterianos, virais e tóxicos). O ambiente influencia o desenvolvimento tanto típico quanto atípico, afetando a forma como o cérebro se conecta, como os processos neuroquímicos e hormonais ocorrem, o tamanho de diferentes estruturas neuro-

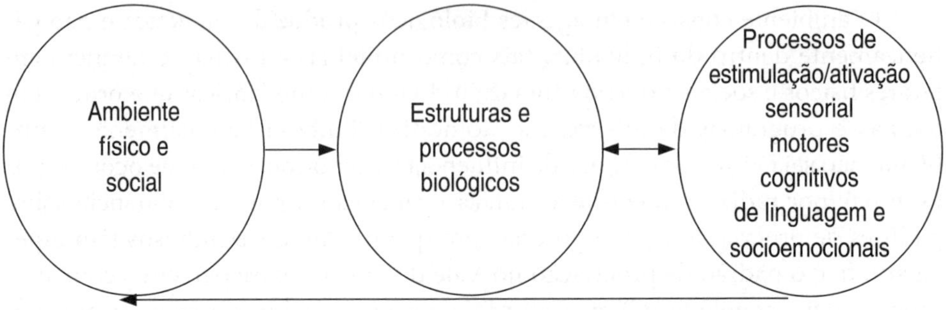

Figura 4.2 Influências ambientais e biológicas sobre o desenvolvimento

lógicas e, mais geralmente, por seu impacto sobre o amadurecimento cerebral. Por meio da sua influência sobre as estruturas biológicas, tais como o cérebro, o ambiente (físico e social) afeta indiretamente o desenvolvimento dos processos de estimulação/ativação, sensoriais, motores, cognitivos, de linguagem e socioemocionais. Por sua vez, esses processos, enquanto amadurecem, exercem uma influência recíproca no desenvolvimento, em nível biológico, bem como sobre o ambiente.

Uma pergunta com a qual nos deparamos com frequência é: se o autismo tem origem biológica, por que as pesquisas deveriam se envolver com o exame do contexto ambiental em que ele emerge? Uma razão, sugerida anteriormente, é que o ambiente pode fornecer gatilhos essenciais, que se combinam com os mecanismos genéticos, para a produção do transtorno. Uma segunda razão é que o ambiente também influencia a forma específica como o autismo se manifesta em um nível sintomatológico, incluindo a sua gravidade. Assim, embora os genes forneçam um amplo "roteiro" para o desenvolvimento do transtorno, o ambiente desempenha um papel vital na determinação de como esse roteiro é encenado. As pesquisas sugerem que, através de programas de prevenção e intervenção precoce, a trajetória deste transtorno pode ser significativamente alterada, sob uma perspectiva comportamental, assim como em um nível neurobiológico. O leitor deverá consultar os capítulos 3 e 5 para uma discussão mais detalhada sobre o papel do ambiente no desenvolvimento biológico e psicocomportamental.

Desenvolvimento sistêmico e análise

Nas ciências sociais e biológicas, a importância de se manter uma perspectiva sistêmica tem sido defendida com frequência (Smith e Thelen, 1993). Esta perspectiva salienta que, ao estudar-se um fenômeno como o desenvolvimento humano, muitas vezes, é enganador concentrar-se em um domínio apenas à exclusão dos outros, isto é, sem uma consideração pelos inter-relacionamentos entre diferentes domínios do desenvolvimento. Com a adoção desta perspectiva, um fenômeno como o autismo não pode ser adequadamente estudado, analisando-se apenas uma de suas características; assim, as várias peculiaridades deste transtorno devem ser examinadas em termos de seus relacionamentos umas com as outras. Em termos metafóricos, a adoção dessa perspectiva significa que o quebra-cabeças do autismo não pode ser resolvido olhando-se apenas as suas peças individuais, como ocorre com frequência em estudos de pesquisas, mas sim pela análise de como as peças se encaixam umas nas outras.

Historicamente, à medida que os pesquisadores descobriam a ampla gama de fatores que influenciam o desenvolvimento, novas teorias se revelaram. Yarrow (1981) aponta que os processos motor, cognitivo, emocional e social subjacentes estão todos "delicadamente" entrelaçados. Ele descreve, por exemplo, como as habilidades motoras emergentes permitem que os bebês explorem o mundo de novas maneiras, aprendam sobre as propriedades cognitivas e perceptivas de objetos (como suas características de permanência e localização do espaço), lidem com o seu ambiente físico e desenvolvam um senso de independência. Por meio de diversos comportamentos motores (p. ex., sugar, engatinhar e andar) e das protocomunicações iniciais (choro, gestos e sons), as crianças também aprendem a regular as emoções, provocam interações sociais e satisfazem as suas necessidades. Yarrow aponta ainda que as emoções do bebê, quando controladas, melhoram a atenção e o funcionamento cognitivo, mas, se não controladas, interferem na atenção, aprendizagem e coordenação motora. Além disso, à medida que os bebês aprendem a fazer distinções mais precisas, as características faciais dos adultos tornam-se familiares e evocam prazer, ou, se lhes são estranhas, causam medo. Os estados emocionais dos bebês passam a ser associados com as pessoas e levam a comportamentos de aproximação ou evitação social. Os bebês e seus pais envolvem-se em uma dança complexa, que evolui com o desenvolvimento. Assim, na tentativa de entender-se o desenvolvimento infantil, tanto típico quanto atípico, tem havido um crescente reconhecimento de que as relações entre os processos dentro da criança, bem como as relações entre esses processos e o ambiente social/físico, devem ser examinadas.

Do ponto de vista da teoria dos sistemas, diferentes níveis de desenvolvimento, incluindo os biológico, psicológico e comportamental, estão interligados dinamicamente (Thelen, 1995). No lugar de modelos simples que salientam relações unidirecionais entre uma função psicológica, ou evento ambiental específico, e um resultado do desenvolvimento, o desenvolvimento é visto como emergindo por meio da interação de processos individuais e ambientais, com alteração no padrão de relacionamentos entre estes processos ao longo do tempo. O comportamento e o contexto em que ele ocorre dão sentido um ao outro; a criança não pode ser entendida sem uma análise do contexto atual e histórico no qual seu desenvolvimento ocorre, e o ambiente, incluindo as práticas de socialização e de criação, não pode ser entendido sem uma análise das características da criança. Sob uma perspectiva de adequação de ajuste, o desenvolvimento infantil é visto em termos do nível de adequação da interface do ambiente social com as características da criança (Thomas e Chess, 1977).

Com o advento de conceitualizações cada vez mais complexas sobre o desenvolvimento dos bebês, os estudiosos enfrentam o desafio de formular estratégias de pesquisas novas e mais apropriadas. Devido a uma lacuna entre os modelos conceituais complexos e as metodologias empíricas existentes, as teorias muitas vezes servem mais como um guia geral para a investigação, em vez de como modelos específicos a serem testados. No entanto, à medida que novos desenhos de pesquisas, esquemas de medições criativas e métodos estatísticos multivariados (p. ex., modelagem estrutural) evoluíam para a análise das diferentes e diversas características das crianças e dos seus ambientes, tais teorias multidimensionais puderam ser avaliadas. Esta mudança no paradigma e na metodologia revolucionou o modo como o desenvolvimento é estudado.

Contudo, os estudos sobre o autismo ainda se concentram em peças específicas do quebra-cabeça do desenvolvimento infantil, tipicamente de forma transversal. Atualmente, novas conceituações teóricas dinâmicas são necessárias para a análise deste transtorno e de como ele se desenvolve ao longo do tempo. Aqui, argumentamos que, para entendermos o autismo, precisamos analisar a atividade coletiva de todos os seus processos componentes, juntamente com as alterações resultantes da sua interação dinâmica. Como Smith e Thelen (1993) apontaram, comportamentos emergentes mostram padrões ao longo do tempo que não estão contidos em qualquer dos seus componentes, quando avaliados de forma transversal. Na próxima seção, apresentamos uma teoria para o estudo do autismo que incorpora as características sistêmicas e de desenvolvimento mencionadas anteriormente. Esta teoria é apresentada na figura 4.3 (*p. 153*).

Uma teoria desenvolvimental do autismo

Antes de uma discussão detalhada desta teoria, comentaremos várias das suas características gerais.

1. Esta é uma teoria multivariada que postula a necessidade de consideração de diferentes fatores para entendermos o desenvolvimento do autis-

mo em suas diferentes manifestações. Três conceitos se relacionam com sintomas/processos mencionados na definição de autismo do DSM-IV (interação social, comunicação/linguagem e respostas estereotipadas) e quatro outros conceitos consistem em sintomas/processos (estimulação/ativação/emoção, sensorial, motor e cognitivo) que não são uma parte formal desta definição.

2. O conceito de autorregulação, figura 4.3 (*p. 153*) refere-se a processos de enfrentamento, tanto ajustados quanto desajustados, de natureza motora, cognitiva, linguística ou social. Padrões estereotipados de interesses, atividades e comportamentos são vistos como mecanismos de enfrentamento desajustados, que servem para reduzir a ansiedade no curto prazo, mas criam problemas no longo prazo para o indivíduo.
3. Todos os conceitos teóricos podem ser considerados, direta ou indiretamente, como "causas" que exercem influência sobre os outros conceitos, constituindo-se, assim, em uma cadeia complexa de "causalidade" que resulta no aparecimento dos sintomas do autismo.
4. A teoria postula que as características mencionadas nos sete conceitos mudam ao longo do tempo, isto é, com o desenvolvimento; assim, o sistema como um todo está em um estado constante de reorganização.
5. Todos os conceitos podem ser vistos como estando em um nível psicocomportamental ou neurobiológico; portanto, a teoria pode ser considerada de natureza psicobiológica.
6. Embora todos os processos exerçam influência, direta ou indiretamente, sobre os demais processos, os três processos no lado esquerdo da figura 4.3 (*p. 153* – estimulação/ativação/emoção, sensorial e motor) emergem, em termos do desenvolvimento, antes dos outros processos (cognição, linguagem/comunicação e características da interação social) e, por esta razão, podem desempenhar um papel fundamental no surgimento do autismo.
7. Entretanto, a teoria permite a possibilidade de que um processo específico pode desempenhar um papel principal, secundário ou mínimo no desenvolvimento de diferentes padrões de sintomas no espectro do autismo. Por exemplo, pessoas com problemas motores, supostamente, têm uma trajetória diferente de desenvolvimento se comparadas as sem problemas motores. Assim, a teoria tem por objetivo explicar as diferenças individuais em pessoas com autismo.

8. Os seis processos à esquerda do conceito de autorregulação na figura 4.3 (*p. 153* – estimulação/emoção, sensorial, motor, cognição, comunicação e interação social) influenciam o desenvolvimento do sistema de autorregulação, que, por sua vez, influencia reciprocamente esses seis processos[2].

Em resumo, a teoria do desenvolvimento descrita na figura 4.3 (*p. 153*) enfatiza o importante papel que os processos emergentes iniciais, especificamente os processos sensorial, motor e de estimulação/ativação/emoção, desempenham no desenvolvimento dos processos cognitivo, de linguagem/comunicação e interação social. Todos esses processos, por sua vez, desempenham um papel crítico no desenvolvimento do sistema de autorregulação. Este sistema, com componentes motores, cognitivos, linguísticos e de resposta social, influencia a maneira pela qual os indivíduos controlam as suas emoções, cognições e comportamentos. Portanto, ele desempenha um papel essencial na realização de tarefas de interação física, acadêmica e social. As habilidades de autorregulação ajudam as pessoas, não só na aprendizagem, mas também na manutenção e transferência do que aprenderam para novas situações sem assistência externa. Embora os indivíduos com autismo difiram em seu padrão específico de sintomas, eles têm em comum uma incapacidade de se autorregular.

No restante desta seção, descreveremos cada um dos conceitos apresentados na figura 4.3 (*p. 153*), na teoria, juntamente com a sua inter-relação com os outros conceitos.

Processos de estimulação/ativação e emoção

Como discutido nos capítulos 2 e 3, as pesquisas e observações clínicas de indivíduos com autismo sugerem que existe uma variabilidade considerável, dentro e entre essas pessoas, em termos do seu nível de estimulação/ativação e tipos de emoções que exibem. Crianças autistas parecem operar nos extremos. Elas podem reagir ao ambiente, por exemplo, com alta intensidade emocional, mostrar pouca resposta emocional e/ou flutuar emocionalmente entre esses extremos, às vezes, exibindo grande ansiedade, medo ou pânico e, em outros momentos, mostrando pouca ou nenhuma resposta manifesta, parecendo apresentar afeto indiferente. Indivíduos específicos não apenas apresentam variabilidade em seu comportamento emocional ao longo do tempo, mas também diferem uns dos outros, com frequência, em termos de seu estilo específico de resposta ou temperamento. Eles podem, por exemplo, ser altamente arrítmicos em seus hábitos de alimentação, sono e eliminação, ou apresentar alta rotina nesses comportamentos. Essas pessoas podem tornar-se extremamente perturbadas quando

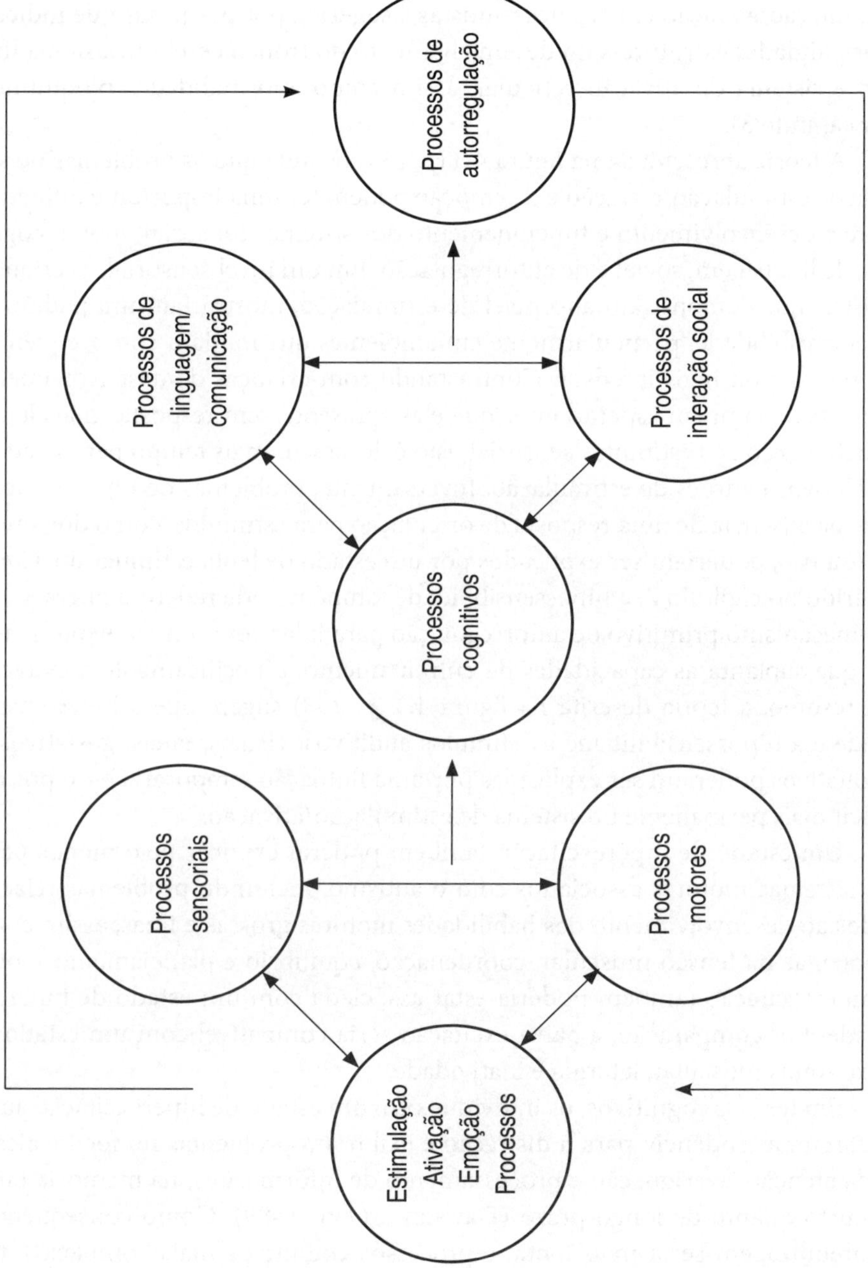

Figura 4.3 Uma teoria desenvolvimental do autismo

confrontadas com situações novas ou estranhas, ou podem demonstrar indiferença em tais situações. Em termos biológicos, a existência de um problema de estimulação/ativação em crianças autistas é sugerida por pesquisas que indicam anormalidades estruturais no desenvolvimento do tronco cerebral, sistema límbico e sistema de ativação reticular, assim como anormalidades bioquímicas (ver capítulo 3).

A teoria apresentada na figura 4.3 (*p. 153*) postula que os problemas no sistema de estimulação/ativação e de emoção podem ter uma importante influência sobre o desenvolvimento e funcionamento dos sistemas sensorial, motor, cognitivo, de linguagem, social e de autorregulação. Em um nível sensorial, as crianças autistas, que demonstram alto nível de estimulação, mostrariam um padrão de hipersensibilidade, particularmente em ambientes que mudam com frequência, são novos e/ou mais intensos. Contrastando com crianças de desenvolvimento mais típico, também esperaríamos que elas apresentassem respostas mais lentas de habituação aos estímulos sensorial; isto é, levassem mais tempo para se adaptar a novos padrões de estimulação. Inversamente, problemas de hipossensibilidade na ausência de uma resposta de orientação para estímulos, como dor, quente e/ou frio, poderiam ser explicados por um estado de lenta estimulação. Como sugerido no capítulo 2, a hipossensibilidade também pode refletir a operação de um mecanismo primitivo de autorregulação para lidar com um ambiente sensorial que suplanta as capacidades de enfrentamento, especificamente a evitação. Em resumo, a teoria descrita na figura 4.3 (*p. 153*) sugere que a hipersensibilidade e a hipossensibilidade a estímulos auditivos, visuais, táteis, gustativos e/ou olfativos poderiam ser explicadas por uma flutuação temporária e/ou por um déficit mais permanente no sistema de estimulação/ativação.

Um estado de hiperexcitação também poderia explicar pelo menos parte dos sistemas motores associados com o autismo, incluindo problemas relacionados ao desenvolvimento das habilidades motoras grossas e finas, assim como problemas na tensão muscular, coordenação, equilíbrio e planejamento motor. A hiperexcitação também poderia estar associada com um estado de hiperatividade. Em comparação, a baixa excitação seria compatível com um estado de baixo tônus muscular, letargia e inatividade.

Em termos cognitivos, os indivíduos em um estado de hiperexcitação apresentariam a tendência para a distração e exibiriam problemas no foco e alcance da atenção, averiguação e processamento de informações, na memória tanto de curto quanto de longo prazo (Dawson e Levy, 1989). Como consequência, a aprendizagem seria mais lenta, e processos cognitivos mais complexos, tais como o pensamento abstrato, solução de problemas, compreensão social e autoentendimento, exibiriam efeitos particularmente adversos. Embora o processo pudesse ser um pouco diferente, a baixa estimulação provavelmente levaria a um padrão semelhante de problemas, devido à desatenção, em vez de distração[3].

Na teoria do autismo apresentada na figura 4.3 (*p. 153*), os processos de estimulação/ativação e de emoção também exercem, supostamente, um papel fundamental no desenvolvimento do sistema de linguagem/comunicação. A aquisição da linguagem é afetada não apenas diretamente, mas também indiretamente, por meio do impacto que a hiperestimulação e a hipoestimulação tem sobre os outros processos, como aqueles inerentes aos sistemas cognitivo (p. ex., atenção e monitoramento) e motor (fala). Bloom (1993), por exemplo, vincula a expressão afetiva, uma resposta motora, ao desenvolvimento da linguagem. Ela aponta que a expressão emocional compete com o aprendizado da linguagem pela atenção do bebê, e sugere que a expressão neutra da emoção permite que os bebês utilizem seus recursos cognitivos limitados para o aprendizado inicial da linguagem. Suas pesquisas indicam que crianças de um ano, que passam mais tempo em estados emocionais neutros, atingem marcos de aquisição da linguagem, como as primeiras palavras e a fala envolvendo diversas palavras, mais cedo que bebês com maior expressão emocional (Bloom e Capatides, 1987).

O desenvolvimento social também é diretamente afetado por estados de hiperestimulação e hipoestimulação, em parte pela forma como os indivíduos nesses estados são percebidos por outros. Por exemplo, pessoas com problemas de estimulação/ativação parecem mais ansiosas e agitadas, quando hiperestimulados; ou socialmente indiferentes, retraídas e emocionalmente neutras, se hipoestimulados. Além disso, o funcionamento social tende a ser afetado de forma indireta pelos efeitos que o sistema de estimulação/ativação apresenta sobre o funcionamento cognitivo, sensorial e motor. Por exemplo, crianças extremamente ansiosas estão menos propensas a uma consciência total sobre seu ambiente social, são menos estratégicas em sua tomada de decisões e são menos capazes de executar um plano de ação. Como consequência, elas serão menos capazes de usar as habilidades sociais que possuem e de adquirir novas habilidades sociais em situações de interação social.

Finalmente, a mesma teoria sugere que as emoções das crianças com autismo influenciam indiretamente o desenvolvimento de autorregulação, por seu impacto sobre os processos sensoriais, sociais, cognitivos e de linguagem/comunicação. Esses últimos processos afetam diretamente o desenvolvimento do comportamento autorregulador, através das ferramentas que proporcionam para a autorregulação e para recrutar o apoio de outros, quando esta não é possível. A teoria, por sua vez, aponta que os processos de autorregulação dão aos indivíduos a capacidade de controlar suas emoções.

O insight sobre o papel crítico que as emoções exercem durante o desenvolvimento inicial, incluindo o desenvolvimento de autorregulação, é oferecido por Als (1982). As emoções progridem a partir de um sistema de resposta biológica, intrinsecamente determinado, envolvendo o sistema nervoso autônomo, e tornam-se um sistema mais complexo, caracterizado por aumento nos estímulos cognitivo. Em termos mais específicos, Als vê o desenvolvimento como um processo que envolve vários sistemas que emergem de forma dinâmica. Por ordem de seu progresso, estes sistemas incluem: o sistema autônomo, motor, organização do estado, de atenção/interação e autorregulação. Cada um daqueles que emergem depois é influenciado pelos sistemas que se desenvolveram antes. Se um dos sistemas de emergência anterior é imaturo ou sofre dano, o fortalecimento dos sistemas posteriores sofre atraso ou é inibido. Mesmo após o desenvolvimento de vários sistemas, a desorganização pode ocorrer como consequência de estresse emocional. O estresse precoce, antes de técnicas de enfrentamento adequadas para lidar com ele serem desenvolvidas, é particularmente desorganizador e pode ter efeitos potencialmente devastadores no longo prazo.

De acordo com Als (1982), durante o desenvolvimento normal, quando uma criança se torna desorganizada ou superestimulada em termos autônomos, os sistemas motor, de regulação do estado, atenção e de interação social também se desorganizam. Quando ocorre a desorganização, as crianças eventualmente se reorganizam, a menos que o estresse ocorra repetidamente. Este processo de reorganização pode ser imensamente auxiliado por um ambiente social sensível, que forneça apoios emocionais. Com o desenvolvimento, a capacidade da criança para lidar com ambientes estressantes aumenta gradualmente, a menos que os estressores sejam excessivamente grandes e prolongados, que os apoios sociais apropriados não sejam fornecidos e/ou existam defeitos biológicos. O apoio social oferecido pelos pais e cuidadores serve não apenas para reduzir o estresse e acalmar a criança, mas também para ensinar-lhe como lidar com suas emoções e regulá-las por conta própria.

O ponto crítico a ser salientado aqui é que tanto as respostas motoras e cognitivas "mais simples", como aconchego e atenção, quanto as inicitivas motoras, cognitivas e sociais mais complexas, podem tornar-se operacionais apenas quando a criança está emocionalmente organizada. Gardner e Karmel (1983) sugerem que durante a primeira infância, padrões adaptativos de estimulação, tais como hiperestimulação, podem alterar a organização do sistema nervoso central (SNC) de forma permanente. Citando pesquisas que mostram que bebês altamente estimulados preferem estímulos menos complexos e informativos, eles apontam que, sob condições de estresse prolongado, essas preferências podem ser permanentemente estabelecidas como conexões funcionais e estruturais no cérebro, tendo assim um efeito prejudicial sobre o desenvolvimento cognitivo. A preferência pela ausência de complexidade, exibida por bebês aflitos, assemelha-se, estreitamente, às fixações de atendimento e às rotinas estereotipadas nas quais as crianças com autismo se envolvem, quando estão sob estresse. Para uma revisão das pesquisas sobre o papel da emoção no desenvolvimento cognitivo, o leitor deve consultar Whitman, O'Callaghan e Sommer (1997).

Crianças autistas podem ser especialmente vulneráveis ao estresse, se os seus sistemas de estimulação e regulação do estado são disfuncionais, e caso os estressores no ambiente sejam demasiado intensos e prolongados, e/ou seu sistema de autorregulação não se desenvolveu de forma eficiente. Se o estresse precoce não é trabalhado, pode ocorrer o risco de atraso no aprimoramento dos seus sistemas motor, cognitivo, de linguagem e de interação social. Além disso, se o sistema de sinalização social das crianças com autismo é comprometido, elas podem não receber dos cuidadores o suporte emocional necessário para controlar seus níveis de estimulação. Como discutiremos mais tarde, os suportes sociais podem desempenhar um papel crítico no desenvolvimento da autorregulação em crianças autistas.

Vários estudos indicam que quando a emotividade e a autorregulação são consideradas em conjunto, elas podem servir como fatores de risco ou de proteção, no ajuste social das crianças. Em uma análise realizado por Lengua (2002), a definição de autorregulação incluiu processos que modulam respostas emocionais, tais como o deslocamento da atenção e o foco. Lengua (2002) constatou que a emocionalidade negativa predizia problemas de adaptação, e que a emocionalidade positiva predizia adaptação positiva em crianças da terceira à quinta série, enquanto que a autorregulação expressava os dois tipos de adaptação. Embora não relatados diretamente, os dados deste estudo parecem indicar que as crianças com melhores habilidades de autorregulação eram não apenas menos negativas em suas emoções, mas também que sua capacidade para controlá-las levava a uma melhor adaptação social.

Em linha com este padrão de resultados, Belsky *et al.* (2001) descobriram que crianças sem deficiências, mas que reagiam negativa e intensamente ao seu ambiente eram mais limitadas em suas habilidades sociais. Esse relacionamento, porém, ocorria apenas quando as crianças também tinham fraco controle da autorregulação, isto é, quando eram incapazes de controlar suas emoções através da manipulação de seu foco de atenção (Belsky *et al.*, 2001). Resultados semelhantes foram obtidos por Eisenberg *et al.* (2001) com uma amostra de crianças da terceira série e de outra cultura, da indonésia. Crianças que exibiam maior emocionalidade negativa, e menor capacidade de autorregulação, eram vistas como menos apropriadas em seu comportamento social, mais predispostas a exibir um comportamento problemático e mais propensas a serem rejeitadas por seus pares. Finalmente, os resultados de um estudo realizado por Denham *et al.* (2003) também indicam a importante contribuição da regulação emocional, bem como da expressão emocional e do conhecimento das emoções, para a competência social. Em combinação, os resultados desses estudos são consistentes, em termos gerais, com as ligações entre emocionalidade, adaptação social e autorregulação propostas na figura 4.3 (*p. 153*).

Processos sensoriais

Como já descrevemos, crianças com autismo frequentemente exibem problemas de hipersensibilidade e/ou hipossensibilidade. As informações disponíveis parecem sugerir que seus problemas sensoriais seriam secundários a problemas em outras áreas, como o sistema de estimulação/ativação, em vez de se deverem a imperfeições básicas no sistema sensorial. Em particular, não existem evidências realmente fortes de que as dificuldades sensoriais dessas crianças se relacionem a problemas nas estruturas sensoriais periféricas, embora existam alguns relatos na literatura de que crianças autistas têm diferentes tipos de dificuldades visuais e auditivas (Carmody *et al.*, 2001; Klin, 1993; Rosenhall *et al.*, 1999). Qualquer que seja o caso, está claro que as crianças com autismo frequentemente têm problemas com o processamento de certos tipos de estimulação, assim como com a integração de estímulos sensoriais de diversas modalidades. Sob uma perspectiva sensorial, pessoas com este transtorno, particularmente as crianças, parecem experimentar o mundo, com frequência, como caótico, desagradável e, ocasionalmente, doloroso (ver capítulo 2). Seus problemas sensoriais, por sua vez, afetam o funcionamento em outras áreas.

Limitações no sistema sensorial, sejam primárias ou secundárias, tendem a influenciar o nível de estimulação, com a hipersensibilidade aumentando ainda mais a estimulação e a hipossensibilidade reforçando um estado existente de baixa estimulação ou servindo para reduzir um estado de hiperestimulação. Como mencionado, a hipossensibilidade, ou desatenção sensorial ao ambiente, pode ser funcional se permitir, que uma pessoa se desligue de uma situação confusa e/ou dolorosa. Os problemas sensoriais também podem impedir o desenvolvimento do sistema motor; por exemplo, a coordenação dos sistemas sensorial e motor é fundamental para o desenvolvimento das habilidades motoras grossas e finas. Estudos realizados por Gepner e Mestre (2002) sugerem que as crianças com autismo são menos reativas, em termos de postura, ao movimento ambiental visualmente percebido do que um grupo de comparação de crianças com desenvolvimento normal, e que a hiporreatividade a tais estímulos visuais está associada com prejuízos motores. Tal dissociação entre o sistema motor e os estímulos visuais pode explicar os atrasos que as crianças autistas experimentam na conquista dos marcos motores, assim como os problemas motores observados nesta população, como marcha rígida e posturas desajeitadas. Finalmente, os problemas sensoriais tendem a afetar adversamente, embora de modo indireto, o desenvolvimento social e da linguagem, por meio de seu impacto sobre a atenção e os processos de apresentação cognitiva (Huebner, 2001).

Processos motores

Problemas motores são comuns em crianças com um Transtorno Global do Desenvolvimento. Eles são mencionados, explicitamente, como parte dos critérios de diagnóstico do Transtorno de Rett e do Transtorno Desintegrativo da Infância. Embora eles não sejam formalmente parte do diagnóstico de outras deficiências globais do desenvolvimento, a literatura faz menção frequente a tais problemas entre crianças com Síndrome de Asperger e crianças com Transtorno Autista, particularmente aquelas com funcionamento inferior (ver capítulo 2).

Só agora começamos a entender a importância do sistema motor para o desenvolvimento geral de uma criança. Sabemos, entretanto, que este sistema exerce um papel particularmente importante na regulação da estimulação emocional. Por exemplo, durante a primeira infância, a sucção ajuda a acalmar a criança, assim como levar os membros na direção do tronco (Als, 1982). Em termos terapêuticos, rotinas que envolvem exercícios e massagem muscular profunda, geralmente, são parte de programas para o manejo do estresse em crianças e adultos, incluindo indivíduos com autismo (Escalona *et al.*, 2001). A hiperatividade motora também é sintomática de distúrbios como o Transtorno de Hiperatividade e Déficit de Atenção (THDA), que afeta a apresentação e o funcionamento social. Na literatura da terapia ocupacional, problemas de sequenciamento motor, como caminhar sem engatinhar primeiro, supostamente têm efeitos adversos sobre o desenvolvimento geral. Muitos dos regimes de terapia ocupacional para crianças com deficiências de desenvolvimento, incluindo autismo, integram rotinas motoras e de exercícios no programa terapêutico geral (Huebner, 2001). Sob uma perspectiva sensorial, crianças com maior competência motora experienciam seu ambiente de modo diferente daquelas com menor competência motora. Um bebê com habilidades motoras mais avançadas não apenas entra em maior contato com o ambiente, mas também é capaz de explorar de modo mais completo e competente tal ambiente, através da manipulação ativa.

Já foi proposto que o desenvolvimento motor também exerce um papel inicial fundamental na evolução do sistema cognitivo, como constatamos em teorias como aquelas de Jean Piaget (1970). A percepção infantil do mundo se altera drasticamente, à medida que a locomoção aumenta. Além disso, o relacionamento entre o funcionamento sensório-motor e a aquisição da fala, e das habilidades de comunicação, tem interessado aos pesquisadores, embora a importância desses relacionamentos recém comece a ser apreciada na área do autismo (Abrahamsen e Mitchell, 1990). O sistema motor também exerce uma função crítica no desenvolvimento social, por sua influência sobre a aquisição da fala e de habilidades de comunicação baseadas no sistema motor e em comportamentos sociais. Atrasos na área motora não apenas perturbam a interação social, mas também marcam as crianças como diferentes, às vezes levando à estigmatização.

Processos cognitivos, de linguagem/comunicação e sociais

As características cognitivas, de linguagem/comunicação e sociais das crianças autistas já foram discutidas em detalhes nos capítulos 2 e 3. A presença de deficiências nos dois últimos domínios é central para o diagnóstico de autismo. Os sintomas nessas três áreas podem abranger desde problemas acentuados na atenção conjunta, linguagem expressiva e imitação, a deficiências no pensamento abstrato, brincadeiras interativas e compreensão social. Como mostrado na teoria descrita na figura 4.3 (*p. 153*), esses tipos de deficiências, embora apresentados de forma proeminente em qualquer discussão sobre o autismo, entram mais tarde, em termos de desenvolvimento, na cadeia causal; isto é, hipoteticamente, os sintomas cognitivos, sociais e de linguagem estão se desenvolvendo, pelo menos em parte, como defeitos nos sistemas de estimulação/ativação, sensorial e motor. A teoria deixa aberta a dúvida acerca de as deficiências nas áreas cognitiva, social e de linguagem serem defeitos primários, exacerbados por problemas preexistentes nos sistemas de estimulação/ativação, sensorial e/ou motor; ou secundários, como consequência de imperfeições mais fundamentais nesses sistemas de emergência mais precoce.

Entretanto, o que está claro é que os sistemas cognitivo, social e da linguagem têm influências recíprocas uns sobre os outros e, em termos mais gerais, têm um efeito profundo sobre o desenvolvimento das crianças com autismo (ver capítulos 2 e 3). Por exemplo, deficiências na atenção conjunta têm sido ligadas a problemas posteriores com a linguagem e a dificuldades no entendimento do estado mental de outras pessoas (Phillips *et al.*, 1992; Uvlund e Smith, 1996). Além disso, deficiências cognitivas, incluindo dificuldades na interpretação de perspectivas, emoções e comportamentos de outros, influenciam os indivíduos autistas, enquanto estes tentam iniciar, responder ou manter interações sociais. Assim como o sistema cognitivo influencia o desenvolvimento da linguagem e social, as interações sociais fornecem o contexto para o desenvolvimento cognitivo e da linguagem. Finalmente, o sistema de linguagem/comunicação apresenta profunda influência sobre a capacidade de uma criança de interagir socialmente, além de fornecer as ferramentas fundamentais que afetam o entendimento cognitivo que ela tem sobre o mundo.

Além de apresentar o papel crítico que os sistemas cognitivo, de linguagem e social exercem sobre o desenvolvimento uns dos outros, a teoria apresentada na figura 4.3 (*p. 153*) também aponta o impacto que esses três processos têm sobre o desenvolvimento do sistema de autorregulação. Por exemplo, a teoria sugere que os problemas de autorregulação associados com o autismo desenvolvem-se, em parte, em razão de suas deficiências cognitivas, incluindo as dificuldades para atentar ao ambiente, processar informações e utilizar tais informações de modos estratégicos. Essas deficiências dificultam o envolvimento dessas pessoas em ação independente, intencional e dirigida. Em um estudo realizado por Ruble (2001), crianças autistas se envolviam com menor frequência em comportamentos dirigidos em situações sociais, que também eram menos completos e autoiniciados com menor regularidade. O autor sugere que os pais precisam de treinamento para incentivar e manter a independência dos seus filhos, levando em consideração as limitações cognitivas das crianças; isto é, os adultos precisam aprender como fornecer apoios sociais para seus filhos, até que esses aprendam como se autorregular. Na próxima seção, a emergência do sistema de autorregulação será descrita, juntamente com seu impacto sobre o desenvolvimento do autismo.

Autorregulação

Como discutido anteriormente, a figura 4.3 (*p. 153*) aponta que a autorregulação é influenciada por fatores emocionais, sensoriais, motores, cognitivos, de linguagem e sociais. A autorregulação eficiente requer um nível ideal de estimulação, com a hiperestimulação e a hipoestimulação estando associadas com uma redução no funcionamento. O sistema sensorial é essencial para a autorregulação, porque fornece as informações sobre o ambiente e sobre o seu próprio comportamento aos indivíduos. O sistema motor permite que as pessoas se envolvam em atos rudimentares de autorregulação, como aconchegarem-se quando aflitas, assim como formas linguísticas e sociais mais complexas de autorregulação, como autoinstrução e solicitação de apoios sociais. Os sistemas cognitivo, de linguagem e de interação social fornecem as ferramentas que as pessoas precisam para orientar o comportamento de forma estratégica. Além disso, o ambiente social adjacente à criança oferece apoios, instrumentais e emocionais, que lhes permitem assumir gradualmente o controle de seus pensamentos, emoções e comportamento. A importância do ambiente social será discutida em maiores detalhes na seção final deste capítulo.

A natureza da autorregulação

Em virtude do papel crítico que a autorregulação exerce na teoria do autismo proposta neste capítulo, este processo será descrito em detalhes. A autorregulação cria benefícios, tanto de curto quanto de longo prazo para o indivíduo, especialmente em sociedades que salientam a importância do funcionamento independente e autônomo. Embora perspectivas teóricas sobre a autorregulação variem, existe um consenso de que ela envolve uma ação, por parte de um indivíduo, que resulta no autocontrole de seu comportamento, emoções e/ou cognições. A autorregulação foi descrita por Kopp (1982) como:

> a capacidade para acatar uma solicitação, iniciar e cessar atividades de acordo com as demandas do ambiente, para modular a intensidade, frequência e duração dos atos verbais e motores em contextos sociais e educacionais, para adiar a ação sobre um objeto ou meta desejada e para gerar o comportamento socialmente aprovado na ausência de monitores externos (p. 149).

Sob uma perspectiva desenvolvimental, embora a autorregulação se baseie, inicialmente, nas primitivas respostas motoras (p. ex., sucção e aconchego) e de atenção (p. ex., fechar os olhos e evitar olhares), de natureza reflexiva em seus primórdios, este sistema passa por mudanças evolutivas e torna-se cada vez mais intencional e vinculado ao desenvolvimento cognitivo (Kopp, 1989). Esta forma mais madura de autorregulação é semelhante ao conceito de controle voluntário, descrito por Kochanska *et al.* (2000). À medida que o processo de autorregulação emerge ao longo do tempo, a meta da autorregulação muda de um foco sobre o controle das emoções para o controle também de comportamentos e pensamentos manifestos. Como consequência, as crianças conseguem adiar a gratificação, resolver conflitos e se adaptar a novas situações.

Dentro de uma estrutura de aprendizagem social, formas mais complexas de autorregulação incluem respostas de automonitoramento, autoavaliação e autorreforço. Para exercerem o autorreforço, as pessoas devem, primeiro, observar seu ambiente social e físico, assim como o seu próprio comportamento. Por meio das observações obtidas com a auto-observação, as pessoas criam e selecionam estratégias cognitivas para guiarem os comportamentos que as ajudem a obter um objetivo desejado. Os padrões de desempenho são estabelecidos para permitirem que uma pessoa avalie se conquistou um objetivo desejado. Através do processo de avaliação, o indivíduo experimenta satisfação ou insatisfação. Se insatisfeito, ele reexamina a situação, formula uma nova estratégia e exercita uma nova resposta (Bandura, 1986; Kanfer e Gaelick, 1986; Karoly, 1982; Whitman, 1990).

Contrastando com uma conceitualização de aprendizagem social da autorregulação, outras perspectivas cognitivas não apenas discutem a importância de estratégias cognitivas básicas para a regulagem do comportamento, mas também salientam o inter-relacionamento entre processos metacognitivos e de controle superiores, e processos cognitivos de ordem inferior (Flavell, 1979). Por exemplo, a fim de exercer a autorregulação, a pessoa precisa examinar o que conhece sobre uma situação difícil com a qual se confronta, os recursos que possui para enfrentar o desafio e como esses recursos podem ser mais bem utilizados. Esse ato requer uma compreensão do que está em sua própria mente e, às vezes, palpites sobre o que se passa na cabeça de outras pessoas – processos nos quais os indivíduos com autismo supostamente são deficientes (ver o capítulo 3).

Portanto, a autorregulação envolve a capacidade para alterar o comportamento, com base na experiência passada, inibindo respostas que não são úteis, selecionando práticas com utilidade comprovada, prevendo os efeitos das respostas selecionadas e, em termos mais gerais, iniciando e mantendo o comportamento de forma organizada e planejada. Essas capacidades geralmente são consideradas como funções associadas com o córtex pré-frontal, uma área na qual anormalidades estruturais têm sido relatadas em indivíduos autistas (ver o capítulo 3). Estudos em animais descobriram que esta capacidade para planejar e utilizar recordações de experiências passadas para orientar o novo comportamento, e descartar padrões de resposta ineficazes, é perturbada por lesões na parte frontal do córtex e substituída por comportamentos conservadores e ineficazes (Diamond e Goldman-Rakic, 1989). Esse estudo dá apoio à perspectiva de que comportamentos ritualísticos, compulsivos e estereotipados, encontrados na população autista, são sintomas de um sistema de autorregulação mal desenvolvido e defectivo.

AUTORREGULAÇÃO EM CRIANÇAS COM AUTISMO

Definições e descrições do autismo geralmente fazem referência às deficiências sociais, de linguagem e cognitivas desta população, além de salientarem os aspectos obsessivos e compulsivos de seus interesses, atividades e comportamentos. Sob uma perspectiva educacional, existem evidências consideráveis de que indivíduos autistas podem, com instrução apropriada, melhorar o seu funcionamento social, de linguagem e cognitivo. Contudo, os programas de instrução raramente são vistos como sucessos totais. Embora as crianças com autismo possam aprender roteiros comportamentais e cognitivos, e até mesmo manter o que aprenderam ao longo do tempo, elas frequentemente falham, sem estruturas externas de apoio, em generalizar o que aprenderam para novos contextos. Isto é, suas respostas estão atadas ao ambiente em que a instrução ocorre e não são utilizadas espontaneamente em outras situações.

Devido a esse problema de generalização, o autismo poderia ser descrito como um transtorno da autorregulação. Em virtude de sua incapacidade para autorregular seu comportamento, os indivíduos autistas dependem dos outros para orientação, ou utilizam uma variedade de comportamentos autorreguladores desajustados, sintomáticos de seu transtorno. Os padrões repetitivos, restritos e estereotipados de interesses, atividades e comportamentos de crianças e adultos com autismo, podem ser interpretados como suas tentativas de lidar com ambientes e situações demasiadamente complexos e estressantes. Suas abordagens únicas ao enfrentamento de tais desafios incluem: fuga para seu mundo particular, retirada física de uma situação, limitação de suas interações com o ambiente, envolvimento em comportamentos motores estereotipados, estreitamento do foco da atenção para pequenas partes de uma tarefa, perseveração dos seus padrões de resposta e desenvolvimento de rotinas rígidas e comportamentos ritualísticos.

Se o autismo é visto como um transtorno da autorregulação, precisamos verificar se as crianças autistas têm um estilo de autorregulação com controle abaixo ou acima do normal. Podemos argumentar que o controle é abaixo do normal, porque elas não desenvolvem formas mais completas de autorregulação, como os processos de controle executivo (p. ex., planejamento e monitoramento), ou, ocasionalmente, até mesmo as formas mais simples (p. ex., solicitar apoio social). Além disso, as crianças com o transtorno compartilham outras características com as crianças com controle abaixo do normal. Elas, frequentemente, parecem impulsivas e distraídas, buscam gratificação imediata e são facilmente influenciadas por mudanças nas contingências do ambiente (Kremen e Block, 1998). Inversamente, elas parecem hipercontroladas, no sentido de usarem técnicas primitivas de autorregulação que possuem para ordenar compulsivamente seu ambiente. As crianças com controle excessivo compartilham muitas características com as autistas. Crianças hipercontroladas já foram descritas como: obsessivas, conservadoras, desconfortáveis com ambiguidades, dotadas de uma preferência particular por estruturar seu ambiente, reativas a situações novas, cautelosas em seu temperamento, difíceis de acalmar e retraídas socialmente (Kremen e Block 1998; Rubin *et al.,* 1995). A resposta para a questão recém-apresentada parece ser que as crianças com autismo apresentam controle tanto insuficiente quanto excessivo, com o controle excessivo talvez se desenvolvendo devido ao estresse que ocorre quando não conseguem obter o domínio de maneiras mais convencionais e aceitáveis.

Em resumo, podemos argumentar que as pessoas autistas aprendem a autorregular suas emoções e comportamentos através de suas obsessões e rotinas compulsivas. Essas técnicas de enfrentamento, entretanto, são problemáticas, no sentido de que a autorregulação é obtida a um imenso custo social; elas são incapazes de se envolver plenamente em interações com outros. Seus mecanismos primitivos de autorregulação, embora não sejam úteis, podem ser reforçados inadvertidamente por seu meio social e, às vezes, permitidos deliberadamente, porque não se possibilitou o desenvolvimento de técnicas de autorregulação mais maduras. Até o momento, tentativas de ajudar crianças com autismo a generalizar o que aprenderam e autorregular seu comportamento não têm tido sucesso. Entretanto, temos razões para otimismo, pois elas podem aprender a se autorregular. O processo pelo qual a autorregulação desenvolve-se está sendo ativamente estudado (p. ex., Kochanska *et al.*, 2000). Já aprendemos muito sobre este processo[4]. Além disso, é interessante notar que programas de treinamento da autorregulação existem e são empregados com sucesso em crianças com outros problemas do desenvolvimento, incluindo retardo mental (Whitman, 1987; 1990). Nos capítulos 5 e 7, argumentaremos quanto à necessidade de maior atenção ao desenvolvimento de habilidades de autorregulação em crianças autistas.

O ambiente social e do desenvolvimento do autismo

Como indicado no capítulo 3, há evidências consideráveis de que o autismo é um transtorno com base genética. Embora os problemas específicos que desencadeiam o transtorno ainda não tenham sido identificados, pesquisas realizadas na última década têm proporcionado insights iniciais sobre sua base neurobiológica geral. Por outro lado, pouco se sabe sobre como o ambiente social e físico influencia o aparecimento do autismo e seu substrato biológico subjacente (ver figura 4.2, *p. 148*). É provável que as pesquisas que examinam o impacto do ambiente social, e dos pais, sobre o autismo tenham sido inibidas, em razão da rejeição enérgica por parte da comunidade profissional das primeiras teorias, que sugeriam que o transtorno era causado por estilos parentais distantes e afetivamente desligados, bem como pela crescente percepção de que o autismo é um transtorno de base genética. No entanto, como discutido anteriormente, mesmo que o autismo tenha origens genéticas, talvez com alguns gatilhos biológicos precoces, isto não quer dizer que o ambiente social não influencia a trajetória deste transtorno. As pesquisas sugerem o contrário.

Por exemplo, Stiller e Sigman (2002) descobriram que os pais de crianças com autismo variam em termos do grau em que conseguem sincronizar seus comportamentos com seus filhos, e que o seu nível de sincronização está relacionado com habilidades de atenção conjunta e competências linguísticas das crianças. Os pais que sincronizam bem são capazes de responder às necessidades dos seus filhos, de uma forma sensível e contingente, promovendo assim o desenvolvimento social das crianças. No geral, os resultados desse tipo de pesquisa, bem como estudos sobre intervenções precoces, sugerem que os pais e os cuidadores primários de crianças autistas, assim como os pais de crianças com desenvolvimento típico, podem ter um impacto substancial sobre o comportamento infantil. Entretanto, esta observação não deve ser interpretada no sentido de que os pais são responsáveis pelo autismo de seus filhos.

A figura 4.4 (*p. 167*) descreve algumas das influências recíprocas que provavelmente ocorrem à medida que o autismo se manifesta em um contexto social. Quando o transtorno emerge, os pais se deparam com crianças cujas características são peculiares e confusas. Pelo menos inicialmente, não há qualquer ideia sobre o motivo para os filhos agirem como agem e sobre o que os responsáveis devem fazer para ajudar os seus pequenos. Por exemplo, eles podem sentir-se perplexos pela hipersensibilidade, desafios motores, temores, evitação social, atrasos linguísticos e cognitivos, tendência ao envolvimento em comportamentos estereotipados e ritualísticos dos seus filhos. Consequentemente, sentem estresse e, não raro, a sensação de impotência. Eventualmente, procuram a ajuda de outras pessoas.

Os tipos de serviços que eles recebem variam consideravelmente, dependendo do local em que vivem e dos seus próprios recursos. Alguns pais recorrem mais a intervenções e em programas de terapia baseados na comunidade. Outros pais implementam intervenções domiciliares intensivas. No momento, ainda sabemos relativamente pouco sobre os efeitos de muitas dessas intervenções. O que parece claro, no entanto, por relatos tanto informais quanto de pesquisas formais, é que os programas de intervenção podem ter efeitos posi-

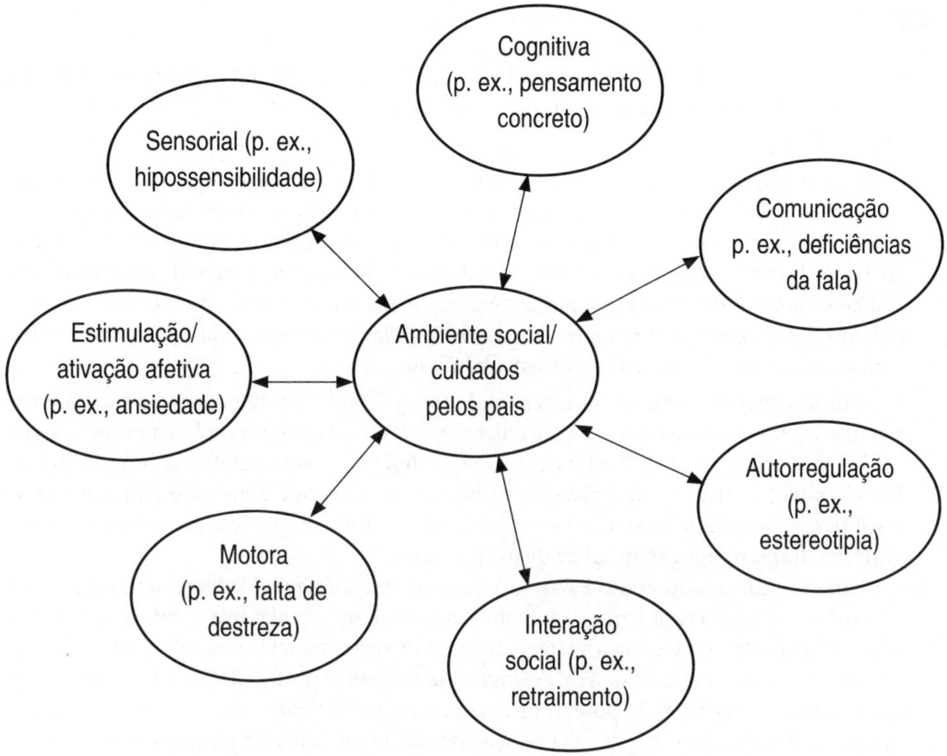

Figura 4.4 As influências recíprocas entre o ambiente social/cuidados parentais e as características de crianças com autismo

tivos sobre o desenvolvimento infantil, se eles são intensivos, começam cedo e têm natureza multidimensional. Ocasionalmente, muitos dos atrasos e das características associadas ao autismo clássico são drasticamente alterados. O estereótipo histórico do transtorno, como uma doença em que as crianças não demonstram envolvimento ou afeto e são incapazes de aprender, está mudando gradualmente, à medida que o entendimento sobre este transtorno melhora e os recursos de intervenção apropriados são aplicados.

Nos dois capítulos a seguir, descreveremos tratamentos e programas de intervenção, juntamente com o modo como as famílias lidam com as crianças autistas. Embora ainda não tenhamos uma cura médica para este transtorno, o que o leitor deve manter em mente, com capítulos subsequentes, é que os arranjos ambientais e sociais podem alterar de forma positiva o desenvolvimento das crianças autistas e as características descritas na figura 4.4.

Notas

1 Inclui sistemas tanto biológicos quanto comportamentais (p. ex., anatomia cerebral e processos neuroquímicos, além de processos motores, sensoriais, cognitivos, afetivos e linguísticos).

2 Uma parte importante, sob uma perspectiva sistêmica, é o seu reconhecimento de que o padrão de influências sobre o desenvolvimento do autismo pode ser complexo. Em vez de influências ou causas isoladas, o transtorno é visto como sofrendo diversas influências. Sob uma perspectiva teórica, os estudiosos do autismo precisam considerar não apenas o número de fatores que podem explicá-lo e a seu desenvolvimento, mas também refletir sobre as diferentes maneiras como essas variáveis podem atuar em conjunto umas com as outras para influenciar o desenvolvimento.

Um dos modos como as variáveis na figura 4.3 podem influenciar o autismo é por sua interação recíproca umas com as outras, isto é, elas atuam uma sobre a outra: a variável A influencia a variável B, que por sua vez influencia a variável A, e assim por diante. Por exemplo, o nível de estimulação de bebês autistas pode afetar seu funcionamento cognitivo, produzindo desatenção ou mudança do foco da atenção, o que por sua vez pode resultar em redução no nível de estimulação.

Um segundo modo como essas variáveis podem influenciar uma à outra é por um tipo diferente de interação, que os matemáticos chamam de interação estatística. O modo como a variável A influencia a variável B depende das características ou do nível de uma terceira variável, a variável C. Por exemplo, alguns pais e profissionais têm argumentado que vacinações (variável A) podem produzir sintomas autísticos (variável B), mas apenas quando o sistema imunológico da criança está extremamente comprometido (variável C).

Uma terceira forma como o desenvolvimento do autismo poderia ocorrer é por um relacionamento de mediação entre as variáveis. A variável A influencia a variável B, que por sua vez influencia a variável C. O efeito da variável A sobre a variável C opera indiretamente através da variável B. Portanto, B ajuda a explicar de modo mais preciso como A influencia C. Por exemplo, como resultado de um problema sensorial, tal como hipersensibilidade a certas frequências sonoras (variável A), uma criança se torna estressada (variável B), que por sua vez resulta no envolvimento dela em uma resposta estereotipada (variável C), como balançar o corpo. Portanto, o efeito da hipersensibilidade sobre o comportamento de autoestimulação é explicado em termos do estresse que produz na criança.

Um modo final de influência poderia ocorrer pela soma aritmética dos efeitos de duas ou mais variáveis sobre uma terceira variável: a variável A mais a variável B influenciam a variável C. Por exemplo, duas fontes de estresse, como a presença de uma pessoa estranha em um cômodo e uma tarefa desconhecida, cada uma delas produzindo ansiedade separadamente em uma criança, se somam para produzir maior ansiedade do que qualquer delas isoladamente.

3 Nas duas últimas décadas, modelos do desenvolvimento têm salientado, cada vez mais, a influência das emoções sobre o funcionamento cognitivo; historicamente, contudo, não foi este o caso. Na literatura madura, quando as respostas emocionais eram examinadas, as atividades cognitivas eram vistas, tipicamente, como uma condição suficiente e necessária para a atividade emocional (Lazarus, 1982); isto é, a cognição e emoção estavam de

tal modo fundidas que uma avaliação cognitiva era considerada crucial para a resposta emocional. Portanto, estados emocionais e cognitivos não eram vistos como domínios diferentes do desenvolvimento, mas como aspectos unificados do desenvolvimento (Lewis e Michalson, 1983). Cada vez mais, contudo, os estudiosos têm reconhecido a existência de um inter-relacionamento dinâmico entre processos afetivos e cognitivos durante a primeira infância (Cicchetti e Schneider-Rosen, 1984). Embora uma nova *Zeitgeist* esteja evoluindo, Barrett e Campos (1987) salientaram que as teorias do desenvolvimento emocional são prisioneiras de paradigmas antigos. Eles afirmaram que a maior parte das teorias deixava de abordar adequadamente a forma como as emoções evoluem e não explicava por que emoções rudimentares, como o medo, são menos impelidas por um sistema cognitivo emergente do que se pensava anteriormente.

4 Durante a primeira infância, quando uma criança se aflige e seu comportamento se desorganiza, ela é tipicamente auxiliada para reorganizar-se e readquirir o controle de si mesma por seus cuidadores, que fornecem apoios emocionais e ajudam a criança a se envolver novamente com o seu ambiente social. A quantidade e tipos de apoio fornecidos variam, dependendo da criança e da maturidade do seu desenvolvimento, assim como da sofisticação dos cuidadores. Por meio de cuidados sensíveis, a criança adquire gradualmente a capacidade de se autorregular em circunstâncias estressantes, readquirindo assim um senso de autoeficácia. À medida que as crianças se desenvolvem, os sinais de sua desorganização emocional se alteram, assim como a complexidade de suas estratégias de autorregulação para controlar as emoções, mas os objetivos da autorregulação eficaz permanecem os mesmos: reduzir emoções desagradáveis e obter o controle cognitivo e comportamental em uma situação. Com o desenvolvimento, a linguagem se torna uma ferramenta fundamental para direcionar o comportamento e influenciar o pensamento.

A partir de uma perspectiva social cognitiva, a autoverbalização é parte de um processo de desenvolvimento em que o pensamento se torna internalizado, e a natureza interpessoal dele, como refletido na conversação social, é transferida para um processo intrapessoal, ou seja, dentro da pessoa. Em termos de comportamento, o que ocorre durante este processo é que as ações de uma criança tornam-se, progressivamente, menos controlada por diretivas verbais externas de outros. Como a autorregulação evolui, o comportamento da criança é controlado inicialmente pelas próprias verbalizações, mas, eventualmente, passa por seus/suas respostas verbais e de pensamento encobertas. Assim, as crianças aprendem a responder, na ausência de sinais sociais externos de adultos "cognitivamente" direto do seu próprio comportamento. A linguagem fornece um veículo para tornar-se consciente de suas ações e permite ao individua extrapolar seus pensamentos acerca de tais ações para compreender os pensamentos/mentes e ações de outras pessoas (Whitman, 1990).

Os pais, cuidadores e professores ajudam bebês e crianças a regular seu comportamento por meio de um processo por vezes referido a noção de andaimaria (*scaffolding*) (Day *et al.*, 1989; Vygotsky, 1978). Apesar da andaimaria (*scaffolding*) ser frequentemente discutido no contexto do ensino cognitivo da autorregulação, essa abordagem também pode ser usada para ensinar às crianças mais novas uma autorregulação emocional. Tarefas cognitivas simples e/ou complexas, tal como um bebê atender ao pai ou uma criança realizar um problema de matemática, não pode ser concluída, a menos que ela esteja estruturada emocionalmente. A andaimaria (*scaffolding*) é constituído por agentes de socialização, que fornecem estrutura e assistência às crianças, quando elas se envolvem em uma tarefa ou um ambiente desafiador. Por meio de procedimentos como orientação física, solicitação verbal e modelagem, os agentes de socialização transferem conhecimento, estratégias cognitivas e comportamentais para as crianças. Os pais/professores as ajudam a reduzir sua carga de trabalho cognitivo, assumindo a responsabilidade por partes da tarefa enquanto a criança se concentra em outras partes.

O objetivo final do processo de andaimaria (*scaffonding*) é introduzir, se necessário, o apoio social para dar suporte à criança e remover, de forma gradual, estes apoios quando ela adquire a competência cognitiva e a autorregulação comportamental (Whitman *et al.*, 1997). A fim de facilitar o desenvolvimento, os pais/professores normalmente se tornam "especialistas" em desenvolver andaimes emocionais e cognitivas adequados. Quando uma criança é incapaz de autorregulação por qualquer motivo, tais como problemas graves de estresse ambiental, problemas biológicas e/ou deficiências de linguagem, o fornecimento de suportes apropriados torna-se ainda mais crítico para promover seu funcionamento ideal e desenvolver as competências de autorregulação. Em tais situações, as crianças podem ser explicitamente ensinadas a controlar verbalmente seu comportamento por meio de uma variedade de procedimentos, incluindo a autoinstrução e treino de correspondência (Whitman, 1987; Whitman *et al.*, 1997).

CAPÍTULO 5

Intervenções educacionais e biomédicas[1]

com Kathleen J. Kolberg

Nenhum tópico tem gerado mais controvérsia na área do autismo que aquele envolvendo como o transtorno deve ser tratado. Embora essa controvérsia tenha se tornado mais pública, devido à atenção da mídia de massa, ela surgiu basicamente apor conta da ausência de consenso envolvendo as causas e a natureza exata do autismo. No momento, a única coisa que podemos dizer com alguma certeza é que se trata de um transtorno com base genética. Sabemos consideravelmente menos sobre as bases genéticas, bioquímicas e anatômicas específicas do autismo e sobre o papel que o ambiente, em especial o pré-natal e pós-natal precoce, desempenha em sua emergência. Por esta razão, e devido à complexidade da sintomatologia associada a ele (além das diferenças individuais na forma como este transtorno se manifesta), tem sido difícil estabelecer qual deve ser o foco do tratamento. Também existem controvérsias porque muitos dos tratamentos para o autismo são desenvolvidos fora de uma moldura científica. Eles foram projetados por médicos e educadores que não sabiam como avaliar sua eficácia por pesquisas científicas controladas, ou não consideraram necessário fazê-lo.

Devido à falta de consenso sobre os tratamentos adequados para o autismo, os pais sentem-se confusos sobre a melhor forma de ajudar seus filhos. Muitas vezes, eles são forçados a optar por não fazer nada ou a adotar abordagens de tratamento não testadas. Em busca de assistência, os pais, frequentemente, selecionam tratamentos com base em depoimentos de outros pais e profissionais bem intencionados. Sob uma perspectiva científica, tais testemunhos não se constituem em uma fonte convincente de evidências a respeito da eficácia de um tratamento. No entanto, os pais têm feito o melhor que podem para ajudar seus filhos, uma vez que a maioria das terapias populares ainda não teve sua eficácia demonstrada cientificamente.

Neste capítulo, descreveremos os programas educativos e biomédicos que têm sido empregados com crianças com autismo. Esses programas são bastante diversificados e incluem as seguintes intervenções: análise do comportamento aplicada, TEACCH, sensório-motora, da fala e comunicação, comunicação alternativa, lúdica, humanística/espiritual, redução do comportamento e biomédica. Os tratamentos biomédicos analisados incluem: farmacológico, hormonal, antifúngico, homeopático, imunológico, vitamínico e nutricional e manipulação craniossacral. Daremos especial atenção aos programas mais visíveis e amplamente empregados. Como discutiremos mais tarde, os educadores têm dado atenção surpreendentemente pequena ao desenvolvimento de intervenções que abordem as necessidades cognitivas e emocionais das crianças autistas, características postuladas nos capítulos 3 e 4 como críticas no desenvolvimento do autismo. Finalmente, faremos uma breve menção a alguns dos tratamentos mais controvertidos. Para cada intervenção, resumiremos o raciocínio para o seu emprego, sua estrutura e procedimentos básicos e evidências disponíveis sobre sua eficácia, quando possível.

Programas de análise do comportamento aplicada

Em comparação com outros programas de intervenção descritos neste capítulo, os programas educacionais têm sido o foco de consideráveis estudos. De fato, pesquisas gerais sobre esses programas são tão extensas que numerosos periódicos foram criados especificamente para a publicação de trabalhos nesta área, como o *Journal of Applied Behavior Analysis, Behavior Therapy* e *Behavior Modification.* As intervenções de análise do comportamento aplicada desenvolveram-se a partir de pesquisas básicas conduzidas ao longo dos últimos 80 anos com seres humanos e animais. Em conjunção com essas pesquisas básicas, surgiram teorias importantes para descrever como crianças e adultos aprendem. Princípios derivados do condicionamento clássico, condicionamento operante e das teorias cognitivo-comportamentais de aprendizagem forneceram a base para o desenvolvimento de um conjunto de técnicas terapêuticas e educacionais. Essas técnicas têm sido usadas há mais de 30 anos em contextos domésticos, nas escolas e nas comunidades para ensinar a crianças e adultos uma grande variedade de comportamentos, incluindo diferentes habilidades motoras, de linguagem, sociais, acadêmicas e vocacionais, bem como para o tratamento de numerosos problemas clínicos e comportamentais, incluindo transtornos de ansiedade, depressão, problemas de déficit de atenção/hiperatividade, retardo mental e autismo (Bandura, 1969; Kazdin, 2001; Plaud e Eifert, 1998; Sulzer-Azaroff e Mayer, 1991).

Embora cada uma das teorias da aprendizagem mencionadas, e as intervenções associadas com elas, tenham relevância geral para o entendimento do autismo e para a criação de programas educacionais para esta população, apenas uma dessas teorias, a do condicionamento operante, teve impacto significativo na área, até agora. Pesquisas básicas no campo de aprendizagem operante levaram à emergência de programas de intervenção, descritos de forma variada como modificação do comportamento, análise comportamental aplicada e aprendizado por tentativas discretas. Estas intervenções são bastante semelhantes umas às outras e podem ser chamadas, também, "educação comportamental".

A modificação comportamental, baseada em princípios de aprendizagem bem estabelecidos, emprega procedimentos como reforço positivo e negativo, extinção, controle de estímulos, lembretes, modelagem e encadeamento, para aumentar o comportamento apropriado e diminuir comportamentos inapropriados. O campo da análise comportamental aplicada enfatiza que, essas e outras técnicas utilizadas em programas de educação comportamental, devem ser avaliadas por meio de procedimentos confiáveis de medição e por desenhos de pesquisas para indivíduos únicos. Intervenções de aprendizado por tentativas discretas, que têm sido amplamente empregadas na área do autismo, como resultado dos programas de pesquisas e programas de treinamento de Ivar Lovaas, utilizam as técnicas de modificação de comportamento mencionadas anteriormente, assim como muitas das metodologias de avaliação desenvolvidas na área da análise comportamental aplicada.

Durante o aprimoramento inicial da educação comportamental, um dos principais alvos desta intervenção era os indivíduos vistos como incapazes de aprender, particularmente as crianças com retardo mental "grave e profundo" (Whitman *et al.*, 1983). Após demonstrar a utilidade dessa abordagem para o ensino de crianças com deficiências comportamentais marcantes, os procedimentos foram rapidamente ampliados para ajudar crianças e adultos com uma variedade de problemas de difícil tratamento, bem como para ensinar crianças, com desenvolvimento típico, em salas de aula do ensino regular e em situações domiciliares (Bandura, 1969).

Criaram-se diversos mitos em torno da área da educação comportamental, frequentemente perpetuados por indivíduos que não estavam muito familiarizados com a teoria de aprendizagem e com as pesquisas aplicadas nesta área. Por exemplo, muitas pessoas veem a educação comportamental como uma intervenção ou conjunto de intervenções voltado, basicamente, à redução de um comportamento inadequado ou mal adaptado. Embora tal ênfase estivesse presente em alguns programas mais antigos de educação comportamental, o alvo básico de intervenções comportamentais tem sido o ensino de novos comportamentos, como habilidades de autoajuda, de linguagem, sociais e acadêmicas. De modo semelhante, muitas pessoas percebem que a abordagem da educação comportamental baseia-se ativamente no uso de técnicas de punição. A verdade, contudo, é que a maioria dos programas comportamentais atuais salienta o uso de técnicas de reforço positivo e raramente, ou nunca, utilizam procedimentos de punição. Mais adiante, neste capítulo, discutiremos técnicas para a redução de comportamentos inadequados, as recomendadas não envolvem o uso de punições.

Características básicas dos programas de educação comportamental

Embora uma discussão detalhada da abordagem de educação comportamental e seus derivados específicos, como o aprendizado por tentativas discretas, esteja além do escopo deste capítulo, discutiremos algumas das premissas e características básicas dessa abordagem. Uma premissa importante é a de que a maioria dos comportamentos é aprendida, tanto aqueles que a sociedade considera desajustados quanto aqueles mais apropriados. Uma segunda premissa é a de que o ambiente (social e não social) exerce um papel crítico no processo de aprendizado. O comportamento é controlado por eventos antecedentes ou estímulos que o antecedem (p. ex., comandos verbais, estímulos visuais e características gerais do ambiente físico) e também, e mais importante, por eventos de estimulação que acompanham uma resposta, incluindo aqueles que envolvem a administração e retirada dos estímulos. Esses últimos eventos de estimulação, quando resultam em um aumento no comportamento, são chamados, respectivamente, de "reforços positivos" e "reforços negativos".

As características fundamentais dos programas de treinamento comportamental incluem:

1. selecionar e definir com cuidado o(s) comportamento(s) que devem ser alterados/desenvolvidos;
2. decidir sobre a técnica de treinamento, que tipicamente inclui algum tipo de procedimento de lembrete e reforço;
3. programar o comportamento alvo para que ocorra com frequência suficiente para poder ser reforçado;
4. implementar a intervenção para garantir que os comportamentos alvo sejam mantidos ao longo do tempo e generalizados para arranjos sociais apropriados.

O processo de selecionar comportamentos alvo a serem ensinados em um programa de intervenção é orientado por diversas considerações, incluindo sua adequação em termos de desenvolvimento, utilidade e se atendem a critérios gerais de aceitação social. Assim, a ênfase é colocada não apenas na seleção de comportamentos alvo que sejam práticos, no intuito de ajudarem o indivíduo a lidar com as demandas da vida diária, mas também em objetivos que tenham sentido em termos do desenvolvimento, e sejam incluídos de modo sistemático nos padrões de habilidades e práticas existentes na criança. Antes do início de um programa de educação comportamental, é preciso definir com clareza os comportamentos alvo, para que o programa de intervenção possa ser aplicado de modo consistente e as alterações nos comportamentos alvo possam ser avaliadas de forma confiável. Definições precisas especificam as características observáveis das condutas a serem ensinadas e fornecem exemplos concretos dos comportamentos que atendem aos requisitos da definição. Na educação comportamental para crianças com autismo, diversos comportamentos alvo são ensinados como parte de programas para o desenvolvimento de habilidades de autoajuda, sociais, de comunicação e acadêmicas. Eles são parte do que é tipicamente chamado de "programa individualizado de educação".

A identificação de reforços é uma etapa básica de qualquer programa de educação comportamental. Um reforço é todo estímulo ou atividade que ocorre após uma resposta e serve para aumentar a ocorrência de tal resposta. O processo de seleção dos estímulos que servirão como reforço é orientado pela teoria, observação do estudante, informações de pessoas relevantes na sua vida e autorrelato deste. Para garantir que os comportamentos alvo ocorram e possam ser reforçados, empregam-se diversas técnicas de resposta e indução, incluindo modelagem, orientação física, moldagem e instrução verbal. Na etapa final, a manutenção e generalização do comportamento alvo são programadas por meio de uma variedade de procedimentos, incluindo: treinamento da discriminação, esquemas de reforço variável intermitente, uso de reforços naturais, retirada gradual dos apoios sociais e ensino de habilidades de autorregulação. Sempre que possível, os programas educacionais ocorrem no ambiente da vida quotidiana da criança, e reforços "naturais", como elogios e afeto, são empregados.

Contrastando com muitas intervenções administradas por profissionais, os programas de educação comportamental são projetados para que possam ser transferidos para os pais, professores e outras pessoas importantes na vida da criança. Programas de educação comportamental devem começar o mais cedo possível na vida do indivíduo e serem aplicados de modo consistente em situações estruturadas e não estruturadas. Profissionais credenciados e/ou consultores paraprofissionais são necessários para o estabelecimento de um programa de educação comportamental formal e para o treinamento dos profissionais fundamentais na esfera do ensino. Uma vez que ele precisa ser aplicado durante 20 a 40 horas por semana, os pais de crianças com autismo tipicamente buscam ajuda externa de voluntários e professores particulares, para poderem implementar o programa em casa.

Como mencionado anteriormente, já foram realizadas extensas pesquisas que avaliaram a validade dos programas de educação comportamental para crianças autistas e outros problemas de comportamento. Essas pesquisas foram publicadas em muitos periódicos nas áreas do autismo e da educação comportamental. Além dos estudos aplicados, um componente de avaliação clínica é incorporado em todos os programas de intervenção comportamental. Pesquisas indicam que crianças com o transtorno beneficiam-se mais quando um programa de educação comportamental é aplicado durante pelo menos 20 a 40 horas por semana. Embora esta abordagem seja considerada particularmente eficaz em crianças autistas com funcionamento superior, ela também tem sido empregada com êxito em crianças autistas de funcionamento mais baixo e naquelas com retardo mental. Para uma análise do enfoque comportamental, o leitor deverá consultar Lovaas (2004), Scheuermann e Webber (2002) e Whitman *et al.* (1983).

Em resumo, a abordagem de educação comportamental tem sido avaliada de forma mais extensa que outras intervenções descritas neste capítulo. O uso de técnicas comportamentais continua expandindo-se, à medida que são incorporadas em abordagens usadas por outras disciplinas, como educação, terapia da fala e terapia ocupacional. A abordagem de educação comportamental tem salientado aquilo que é um dos objetivos mais importantes dos programas de educação regulares e de educação especial, isto é, garantir que os comportamentos ensinados sejam mantidos e generalizados para novas situações (Stokes e Baer, 1977). Diferente de muitos enfoques de tratamento, as abordagens de educação comportamental colocam quase tanta ênfase sobre a manutenção e a generalização de habilidades comportamentais quanto na aquisição da resposta. Estudiosos comportamentais ou cognitivo-comportamentais têm se envolvido ativamente na avaliação de novas abordagens, como o treinamento da autorregulação para uso em populações com deficiências do desenvolvimento, para a promoção de alterações duradouras e dinâmicas (Whitman, 1990).

A abordagem TEACCH

Em comparação com outras técnicas descritas neste capítulo, a abordagem TEACCH é mais ampla, em termos do foco educacional, e eclética, no sentido de integrar uma ampla variedade de diferentes métodos, incluindo práticas de educação comportamental. TEACCH é o acrônimo para "Treatment and Education of Autistic and related Communication Handicapped Children" (como já dito, "tratamento e educação de crianças autistas e com desvantagens na comunicação). Ela foi desenvolvida sob a direção de Eric Schopler, da Universidade da Carolina, e agora é utilizada em todo o estado da Carolina do Norte, nos Estados Unidos. A abordagem TEACCH vê o autismo como uma condição permanente. Ela foi projetada para ajudar pessoas com o transtorno (e suas famílias) por toda a vida. Desde a sua criação, o programa TEACCH tem sido amplamente disseminado e é, agora, parte de programas de educação para o transtorno em muitos lugares nos Estados Unidos, bem como em outros países.

Diversos princípios orientaram o desenvolvimento do programa TEACCH. Por exemplo, a avaliação é um componente crítico que permite que ele seja adaptado às necessidades de cada indivíduo. O programa começa com uma avaliação detalhada das necessidades psicológicas, físicas e de desenvolvimento do participante. A avaliação também é empregada para mensurar o sucesso do programa e a evolução das necessidades do indivíduo. O foco geral do tratamento é melhorar a adaptação, aumentando os pontos fortes de uma pessoa e abordando suas limitações pela utilização desses pontos fortes. Na implementação do programa, um ambiente de ensino estruturado é empregado para ajudar os estudantes a preverem o que irão fazer e minimizar a sua frustração e ansiedade. Esse componente de ensino estruturado estipula onde o ensino ocorre, o que é ensinado e os procedimentos e materiais a serem usados. Os aspectos físicos do ambiente de aprendizagem são organizados sistematicamente para fornecer estabilidade e reduzir a distração dos estudantes. A estrutura também é controlada, garantindo-se a inspeção uniforme de programas específicos por diferentes terapeutas. À medida que o currículo muda, novas atividades são integradas gradualmente para reduzir a desorganização e a distração.

Os pais são uma parte crítica da equipe de tratamento TEACCH. Eles são considerados como os primeiros e mais importantes professores da criança. E são respeitados devido ao conhecimento que possuem sobre seus filhos, pelo tempo que passam com eles e pela considerável influência que exercem sobre as crianças. Os pais atuam como professores e também auxiliam na tomada de decisões do programa. Através do envolvimento dos pais os programas são estendidos da escola e do local de trabalho para a casa do indivíduo autista. Como consequência do seu envolvimento ativo, supõe-se que eles se tornam mais motivados a participar no ensino dos filhos e que adquirem um maior senso de responsabilidade pelo programa.

O TEACCH adere a um modelo de formação generalista. Ele salienta não apenas que os profissionais e paraprofissionais devem implementar seus programas, mas também que precisam conhecer e adquirir experiência na implementação de todos os programas para a criança. Argumenta-se que essa amplitude ajuda a garantir a consistência da implementação do programa e aumenta a probabilidade de sucesso, pela generalização do seu emprego para outros arranjos. Além disso, supõe-se que, ao envolver todo o pessoal de ensino no programa geral, essas pessoas tomarão decisões didáticas mais eficazes, em virtude da consciência sobre a natureza global do programa para a criança.

O modelo TEACCH é implementado nos arranjos doméstico, pré-escolar, de escolas elementares e secundárias, e em ambientes de trabalho. Embora essa abordagem saliente o uso de técnicas validadas e avaliação do progresso do aluno, pesquisas sistemáticas sobre o programa geral são difíceis de encontrar. A tarefa de conduzir tais pesquisas é dificultada porque a abordagem TEACCH é evolutiva, com mudanças ocorrendo à medida que novos tratamentos surgem e também à medida que a criança se desenvolve. Incentivamos os leitores interessados em aprender mais sobre esta abordagem a explorar a extensa literatura do programa sobre o TEACCH (p. ex., Schopler *et al.*, 1995), bem como a acessarem o site do TEACCH na Web (www.teacch.com).

Terapias sensório-motoras

Como apontado no capítulo 2, deficiências sensoriais e motoras são comuns entre os indivíduos com autismo. Como uma população, as crianças autistas têm dificuldades para registrar informações sensoriais – aparentemente ignorando os estímulos recebidos –, bem como para modularem as informações sensoriais, com a consequência de parecerem hipersensíveis e ansiosos, em certas situações. Elas também têm problemas em integrar dados sensoriais do seu ambiente. Além disso, elas geralmente têm bloqueios para orientar respostas, filtrar estímulos recebidos, com a habituação à estimulação, processamento e interpretação de informações sensoriais (particularmente informações complexas, que exigem integração de diferentes modalidades) e no uso de informações sensoriais para a orientação da ação motora. Déficits motores observados em crianças autistas incluem: baixo tônus muscular, problema de acompanhamento visual e fixação do olhar, dispraxia e dificuladades na imitação. Elas também mostram hiporreatividade e hiper-reatividade. Muitas crianças com transtornos do espectro do autismo, particularmente aquelas com Síndrome de Asperger, têm problemas no planejamento e iniciação motora, bem como na regulação do movimento.

Diferentes abordagens gerais de treinamento sensório-motor foram identificadas por Schneck (2001). Uma dessas envolve o arranjo sistemático de estímulos sensoriais para a obtenção de respostas motoras apropriadas. O tratamento pode incluir procedimentos mais passivos, que englobem a orientação dos movimentos do indivíduo pelo terapeuta, ou mais ativos, que integram a criança em atividades que fornecem informações sensoriais específicas e exigem certos movimentos. Em contraste, uma segunda abordagem introduz gradualmente informações sensoriais desafiadoras, com a finalidade de ajudar as pessoas a adaptarem-se ou habituarem-se a essas informações. Ao contrário da primeira abordagem, esta não é normalmente aplicada no contexto da atividade dirigida ao objetivo. Finalmente, uma terceira abordagem enfoca a organização das informações sensoriais para o indivíduo, quando déficits no processamento sensorial levam a problemas na resposta adaptada, com o objetivo de melhorar a forma como o sistema sensorial integra e utiliza as informações sensoriais. Ela contrasta com as outras abordagens, no sentido de ser mais individualizada, envolver frequentemente a participação ativa da criança e utilizar, tipicamente, diferentes equipamentos.

Abordagens sensório-motoras são empregadas com maior frequência por terapeutas ocupacionais e fisioterapeutas. A terapia ocupacional enfoca o desenvolvimento da coordenação motora fina e grossa e a redução dos problemas de processamento sensorial. Terapeutas ocupacionais são encontrados em uma variedade de arranjos, incluindo hospitais, escolas e clínicas privadas. A terapia ocupacional tem muita semelhança com a fisioterapia, mas difere em sua ênfase no desenvolvimento de habilidades específicas. Em contraste, a fisioterapia frequentemente é dirigida ao desenvolvimento ou treinamento da mobilidade geral e seu foco, em geral, está sobre problemas motores grossos, baixo tônus muscular, problemas na marcha e déficits de força. Para informações mais específicas sobre os programas sensório-motores e terapia ocupacional, consulte Schneck (2001) e Rydeen (2001).

Além das terapias mencionadas, existem muitos programas, desenvolvidos para crianças autistas, que enfatizam a atividade física, os exercícios físicos, o movimento e as atividades esportivas, como a Terapia de Vida Diária (Kitahara, 1983/1984). Alguns programas também usam atividades físicas para ajudar na modulação da estimulação e aumentar a atenção em crianças com autismo. No restante desta seção, descreveremos o sistema sensorial e diversas terapias específicas de integração sensorial.

Terapias de integração sensorial

Os sentidos fornecem aos seres humanos informações sobre o mundo que os rodeia. Durante a integração sensorial, os estímulos são recebidos, organizados, interpretados e usados para orientar o comportamento. Sob uma perspectiva teórica, a integração sensorial é vista como uma resposta não apenas neurológica, mas que também influencia a estrutura neurológica em desenvolvimento no cérebro. Os sentidos ajudam na conscientização sobre o ambiente e na preparação para a ação. Para que as informações sejam recebidas, o cérebro deve ser levado a um estado de alerta e o corpo deve ser preparado para a ação. Embora os sentidos sejam, frequentemente discutidos, em isolamento uns dos outros, as informações provenientes de cada um deles precisam ser integradas, para que ocorra uma resposta adaptada. À medida que estímulos novos se impingem sobre os sentidos, o corpo se mobiliza para a ação. À medida que estímulos específicos são encontrados repetidamente, o cérebro habitua-se ou se acomoda a eles, liberando seus processos de atenção para novos estímulos.

Os problemas ocorrem quando o sistema sensorial não é capaz de registrar informações do ambiente e mobilizar a ação ou, inversamente, registra as informações de forma a produzir estimulação excessiva; ou seja, o indivíduo apresenta hipersensibilidade a estímulos. Crianças que não registram a estimulação recebida podem não reagir e/ou participar em ações destinadas a aumentar a intensidade do estímulo. Aquelas excessivamente sensíveis a certos tipos de estímulos podem tornar-se desorganizadas e apresentar perturbações em seu comportamento, às vezes, iniciando respostas que visam reduzir diretamente o estímulo ou evitar o contexto em que ele ocorre.

Terapias de integração sensorial foram desenvolvidas para auxiliar pessoas com problemas de registro deficiente e/ou hipersensibilidade – problemas que, por sua vez, podem levar a outros, relacionados ao processamento, análise e organização de informações sensoriais, assim como à retenção (memória de curto e de longo prazo) das informações. Embora tenham com frequência um foco sobre uma modalidade específica (auditiva, visual, tátil, gustativa, olfativa, vestibular ou propriocepção), as terapias de integração sensorial envolvem necessariamente outras modalidades; portanto, elas são holísticas e englobam todo o corpo, incluindo todos os sentidos e o sistema motor. Para pessoas com fraco registro de estímulos, os procedimentos terapêuticos envolvem, tipicamente, a introdução de estímulos que variam em nível de intensidade, frequência da apresentação, duração, contraste, pontos de contato e/ou previsibilidade para a melhoria do funcionamento. O objetivo final é desenvolver no indivíduo um nível crescente de alerta e ativação, à medida que se depara com informações de estímulo específicas. Para pessoas excessivamente sensíveis às informações de estímulo, a terapia geralmente enfoca a introdução gradual desses estímulos, de um modo que facilite a habituação.

Embora a terapia de integração sensorial seja normalmente vista como uma subespecialidade da terapia ocupacional, que se concentra em ajudar indivíduos a realizar atividades propositais, na realidade ela, muitas vezes, envolve uma variedade de disciplinas, incluindo a fisioterapia, bem como especialidades que se concentram na audição e visão. Para mais informações sobre a abordagem de integração sensorial, o leitor deverá consultar Cook e Dunn (1998) e Schneck (2001). No restante desta seção, discutiremos exemplos de terapias que têm sido classificadas sob a rubrica de integração sensorial.

Integração sensorial através de exercícios baseados em equipamentos

Embora qualquer um dos sentidos possa apresentar distúrbios, os programas de integração sensorial frequentemente enfatizam exercícios que promovem o desenvolvimento motor, afetando três sistemas: tátil (um sistema baseado na superfície da pele e nos nervos que a atendem), o proprioceptivo (um sistema baseado em juntas musculares e ligamentos, que fornece informações sobre o posicionamento do corpo no espaço) e vestibular (um sistema baseado principalmente no ouvido interno, que influencia o movimento do corpo e o equilíbrio). Ayres (1979), ao escrever aquela que se tornou uma obra clássica, *Sensory integration and the child*, descreve uma variedade de atividades terapêuticas projetadas para promover a integração sensorial em geral. Um exercício dessa espécie envolve o uso do patinete, que consiste em uma placa montada em quatro rodas que permite movimentos em qualquer direção. Normalmente, a criança deita-se de bruços no patinete. Uma variedade de atividades destinadas a fornecer um conjunto complexo de informações sensoriais é utilizada, como giros e descer rampas.

Um segundo equipamento empregado frequentemente na terapia de integração sensorial é um balanço reforçado. O balanço é composto por um núcleo, com estofamento e uma tampa, com cerca de dois metros de comprimento e um metro de circunferência. As cordas são presas ao balanço por um gancho suspenso. A criança senta-se ou deita no centro e se balança para frente e para trás. Diversas atividades, como pegar objetos do chão enquanto o balanço se move, fornecem à criança uma variedade de estímulos vestibulares, proprioceptivos e táteis, dentre outros. Ayres (1979) aponta que uma das finalidades principais desses exercícios é desenvolver um senso interno de direção e *locus* de controle durante as interações com o ambiente físico e social, o que, por sua vez, leva a uma sensação geral de autoconfiança e domínio.

Diversas outras técnicas também têm sido utilizadas pelos terapeutas da integração sensorial. Por exemplo, para abordar os problemas de hipersensibilidade tátil, são empregadas atividades que envolvem a manipulação de diferentes materiais texturizados, pressão profunda (p. ex., abraços e massagem), e habituação (introdução gradual de materiais que produzem sensações desagradáveis). Para problemas proprioceptivos, usam-se saltos de um trampolim e compressão conjunta. Para problemas vestibulares, têm sido empregadas técnicas como andar em uma trave, equilibrar-se sobre uma grande bola em movimento e envolver-se em exercícios que cruzam a linha média do corpo (p. ex., mão direita na parte esquerda do torso e subir escadas).

Integração auditiva

A audição é essencial para a percepção, linguagem e aprendizagem. Em crianças com desenvolvimento normal, as informações auditivas influenciam níveis de estimulação e respostas de atenção. Perturbações no processamento auditivo podem levar a uma variedade de problemas de natureza cognitiva, linguística e socioemocional. Crianças com autismo têm dificuldades consideráveis com o processamento dos sons e da fala. Elas envolvem-se, ocasionalmente, em comportamentos sociais aparentemente incomuns, no intuito de evitarem ou produzirem certos estímulos sonoros, e alguns médicos já postularam que tais comportamentos originam-se de uma deficiência da integração auditiva. Várias abordagens foram criadas para facilitar a integração auditiva e auxiliar as crianças com esses problemas.

Uma dessas abordagens é o Método Berard, desenvolvido por Guy Berard, um otorrinolaringologista francês (Berard, 1993). Este método presume que o nível de sensibilidade a sons varia entre as pessoas e que, para alguns indivíduos hipersensíveis, a audição pode resultar em dor e, consequentemente, em problemas de atenção e de aprendizado. Como parte do Método Berard, obtém-se um audiograma para avaliar anomalias auditivas, com objetivo de estabelecer os limiares em que a pessoa escuta um som em diferentes níveis de frequência, e para estabelecer uma linha-base contra a qual se avalia a eficácia do tratamento, que é voltado para a redução dos problemas de hipersensibilidade e, em termos mais gerais, à uniformização do audiograma.

Berard acredita que o sistema auditivo pode ser retreinado, assim como podemos treinar os músculos novamente, com exercícios físicos. Para o retreinamento do sistema auditivo, uma ampla gama de estímulos de frequências sonoras, altas e baixas, é apresentada aleatoriamente, por fones de ouvido, ao ouvinte. Frequências nas quais a audição é dolorosa são atenuadas por um sistema de filtragem. O tratamento geralmente consiste em 20 sessões de meia hora durante um período de 10 a 20 dias. Embora Berard não postule que os problemas auditivos de crianças com autismo causem o transtorno, ele acredita que os tratamentos voltados à melhoria do funcionamento auditivo podem reduzir os problemas autistas associados com dificuldades auditivas, como problemas de atenção.

Teoricamente, não está claro como o método Berard produz seus efeitos. Uma vez que as frequências sonoras associadas com a hipersensibilidade são atenuadas, uma simples explicação de habituação não parece viável. Para que ocorra a habituação a uma frequência sonora, ela precisa, por definição, ser apresentada de modo repetido. Outra explicação relacionada é possível, baseada na teoria do contra-condicionamento. Se o processo de audição pode tornar-se não apenas menos doloroso através da filtragem de sons, mas até mesmo prazeroso, devido aos muitos ganhos secundários associados à audição, então a experiência positiva associada com ouvir pode servir para inibir os efeitos adversos relacionados a estímulos auditivos específicos.

A eficácia deste método não tem aceitação plena. Relatos informais sugerem melhorias na linguagem e no funcionamento tátil e social, bem como uma redução na hipersensibilidade a sons. Embora esses relatos de sucesso sejam abundantes, incluindo aqueles descritos em Stehli (1990; 1995), estudos empíricos revelam, no máximo, uma imagem mista sobre a eficácia do método (Goldstein, 2000; Mudford *et al.*, 2000). Atualmente, fazem-se necessárias mais pesquisas que avaliem a utilidade geral desta abordagem e os tipos de indivíduos que mais se beneficiam com o procedimento, para que tenhamos mais certeza sobre a eficácia do método.

Um segundo método de treinamento de integração auditiva, utilizado com menor frequência, foi desenvolvido por Tomatis em meados do século passado (Thompson e Andrews, 2000). Tomatis salientou que os sons conduzidos através dos ossos seguem direto para a orelha média, ignorando a orelha interna, e que esses sons tendem a ser altos e causar distração. Seu método tinha um foco na redução da hipersensibilidade ao som pelo direcionamento do ruído primeiro para um vibrador e, depois, para a orelha média. Uma variedade de padrões sonoros, incluindo música, a fala da própria criança e a fala da mãe é usada neste programa. A voz da mãe é filtrada durante a terapia, em uma tentativa de recriar o modo como a sua voz teria sido ouvida durante o desenvolvimento fetal, ao nascer e durante a infância. A justificativa para esse procedimento é reproduzir a forma como a audição ocorreu, durante o desenvolvimento. Ou seja, o método tenta reconstruir a audição sob condições "normais" de desenvolvimento, no intuito de alterar a resposta da criança ao som e à linguagem. Crianças autistas recebem de 150 a 200 horas de terapia durante um período de 6 a 12 meses. Tal como acontece com o método Berard, as pesquisas em apoio à eficácia desta metodologia são insuficientes para chegar-se a uma conclusão.

O protocolo de Wilbarger

Desenvolvido por Wilbarger e Wilbarger (1991), o protocolo de Wilbarger é usado como um tratamento para a atitude defensiva sensorial. O método envolve escovação, usando uma escova não abrasiva, em conjunto com informações proprioceptivas para todas as articulações. O tratamento é repetido várias vezes (8 a 12 vezes) durante todo o dia, por muitas semanas. Teoricamente, a técnica parece exercer seus efeitos pela habituação, enquanto o sistema tátil é desafiado por meio da escovação repetida. Não foram encontrados dados empíricos apoiando a eficácia desta abordagem.

Lentes de Irlen

Atualmente, há razões para se acreditar que pelo menos algumas pessoas com autismo experimentam o mundo visual de maneira incomum. Tais anomalias visuais foram descritas por Williams (1992; 1996). Um transtorno específico que tem atraído a atenção é chamado, variadamente, como Síndrome de Irlen, desconforto perceptivo visual e/ou dislexia visual. Waterhouse (2000) ressalta que pessoas com este transtorno têm um histórico familiar de dislexia e hiperatividade, e uma variedade de sintomas mais específicos, tais como sensibilidade a luzes brilhantes, problemas com foco, fraca percepção de profundidade e uma incapacidade para ver letras impressas sem distorções. Se 15% da população sofre deste transtorno visual, como Waterhouse (2000) sugere, é provável que uma porcentagem similar de crianças autistas também o apresente. Na medida em que essas crianças realmente apresentam dificuldades visuais, isto poderia explicar diversos dos seus outros problemas, tais como: desatenção, hiperatividade, falta de coordenação, distúrbios de processamento de informações e ansiedade em situações específicas. O trabalho no Instituto Irlen sugere que lentes matizadas podem aliviar muitos desses sintomas (ver Waterhouse, 2000, para uma análise mais completa deste problema e a solução do Irlen Institute).

Dieta sensorial

A dieta sensorial, como descrita aqui, não é tanto um tratamento, mas sim uma estratégia para o desenvolvimento de um tratamento específico. Como discutido originalmente por Wilbarger e Wilbarger (1991), ela refere-se ao tipo e quantidade de informações sensoriais recebidas por um indivíduo. Para avaliar a dieta sensorial de uma pessoa, faz-se necessária uma observação cuidadosa para analisar os padrões e tipos de estímulos sensoriais para os quais um indivíduo migra e quais evita. A observação concentra-se não apenas no comportamento, mas também na resposta emocional dessa pessoa às informações sensoriais.

Uma dieta sensorial ideal é aquela que ajuda a manter um nível de alerta, e que é acompanhada por tranquilidade emocional e desempenho eficaz de um indivíduo. Usando a dieta sensorial ideal, intervenções sensoriais são desenvolvidas, integrando atividades e informações sensoriais preferenciais, e evitando tarefas e informações que produzem hiperestimulação. Visando ampliar a dieta sensorial de uma pessoa e manter, ao mesmo tempo, um funcionamento eficaz, tarefas desafiadoras são entrelaçadas com as atividades satisfatórias, de modo a permitirem à criança manter um nível ideal de excitação. Assim, o sequenciamento de atividades é importante. Tarefas que precedem os eventos desafiadores, bem como aquelas que ocorrem durante tais eventos, são fundamentais para o desenho de um programa de intervenção sensorial eficaz.

Além desses suportes externos, as crianças podem ser ensinadas, quando desafiadas, a monitorar e autorregular seu nível de estimulação (Williams e Shellenberger, 1996). Um exemplo deste tipo de autorregulação é o uso da máquina do abraço, empregada por Temple Grandin (1995) para diminuir seu nível de ansiedade. O uso de pressão profunda e do Protocolo de Wilbarger (Wilbarger e Wilbarger, 1991) podem ser introduzidos pelo indivíduo antes, durante ou depois das atividades de desafio. Alguns programas comportamentais utilizam estereotipias individuais como uma atividade permitida, após o envolvimento em tarefas desafiadoras. Esse tipo de acesso às estereotipias pode servir não apenas como uma recompensa para o bom comportamento, mas também como uma resposta que reduz a tensão e a ansiedade.

Treinamento da fala e da comunicação

Deficiências da linguagem e da comunicação são características centrais usadas para o diagnóstico do autismo. Indivíduos autistas variam consideravelmente em termos de proficiência na linguagem. Enquanto alguns têm expressão e recepção mínima ou ausente, outros têm a linguagem bem desenvolvida, mas apresentam dificuldades no seu uso em situações de interação social. Provavelmente, a intervenção mais empregada com crianças pequenas com autismo é a terapia da fala.

Os objetivos da terapia da fala variam consideravelmente, dependendo do nível de desenvolvimento e capacidade da criança. Por exemplo, alguns programas concentram-se na articulação da fala e nos aspectos paralinguísticos ou prosódicos desta, como timbre, volume, *timing* e ênfase. Outros programas salientam a morfologia, sintaxe e conteúdo da fala, ou seus componentes pragmáticos, isto é, como a fala é utilizada na manutenção de uma conversa, no revezamento, na resposta relevante, na manutenção do tópico, na clareza e no reconhecimento da intenção do falante. Outros programas, ainda, trabalham no desenvolvimento das competências básicas e na compreensão da linguagem. Nem todos os métodos concentram-se na fala e no uso da linguagem; alguns salientam a comunicação pré-verbal ou não verbal, isto é, comunicações que transmitem mensagens sem palavras. Programas de comunicação não verbal, por exemplo, podem concentrar-se no desenvolvimento de contato visual apropriado, uso de gestos, expressões faciais adequados, atenção conjunta e sistemas alternativos de comunicação, como sinalização.

Programas específicos para a conquista desses objetivos variam consideravelmente, por exemplo, em termos de onde ocorrem (na clínica, na escola e/ou em casa) e no grau no qual se concentram nas necessidades práticas e/ou desenvolvimentais da criança. Programas de fala residenciais e clínicos estão mais propensos a serem usados com crianças menores, enquanto aqueles conduzidos em escolas são empregados, com mais frequência, em crianças mais velhas. Idealmente, os pais e outros cuidadores relevantes devem se envolver, para garantir que o programa seja tão intensivo quanto possível, e arranjado de modo a estender as conquistas na fala para diferentes ambientes e pessoas. Embora, em termos históricos, programas para a fala, voltados ao comportamento, frequentemente visem ao atendimento às necessidades funcionais imediatas da criança e da família, atualmente eles são mais utilizados como parte de um programa mais amplo para a linguagem, orientado para o desenvolvimento. Os métodos desenvolvimentais têm por objetivo a construção sistemática da linguagem, de suas formas mais simples às mais complexas. Esse tipo de programa é particularmente apropriado para crianças cuja linguagem está se desenvolvendo com maior rapidez. Em contraste, aquelas cuja linguagem está significativamente atrasada estão mais propensas a receber um programa voltado para a satisfação de suas necessidades funcionais imediatas, isto é, com objetivos mais limitados e com foco na comunicação não verbal e na linguagem receptiva.

Wetherby e Prizant (1992) descrevem diversas diretrizes, identificadas por eles na literatura comportamental e desenvolvimental, apropriadas para auxílio no desenvolvimento de programas em apoio à linguagem. Uma dessas diretrizes salienta que os objetivos da intervenção devem basear-se nos critérios de desenvolvimento e funcionais. Embora reconhecendo a importância dos programas de desenvolvimento, os autores apontam que precisa ser dada prioridade em ajudar os participantes a se comunicarem verbal e/ou não verbalmente, para que possam ser mais eficazes em suas interações sociais. Eles sugerem, por exemplo, que os objetivos iniciais do programa devem se concentrar em ajudar as crianças a fazerem solicitações e em desenvolver a atenção conjunta, de modo que elas se tornem menos inclinadas a usar comportamentos imaturos e inadequados para regularem o seu ambiente social. De modo semelhante, os autores salientam que deve ser dada atenção particular ao entendimento das funções de comunicação dos comportamentos-problema, de modo que as crianças possam aprender modos alternativos de expressar frustração, controlar suas emoções e obter o atendimento às suas necessidades. Wetherby e Prizant (1992) também recomendam que o ambiente natural seja usado para o ensino de respostas importantes de linguagem, e que seja dada ênfase na ajuda para que a família, colegas e outras pessoas relevantes interajam de modo mais eficaz com pessoas com autismo. Essa diretriz foi desenvolvida ao reconhecer-se que a comunicação é um evento transacional que envolve duas ou mais pessoas, cada uma das quais com capacidade para entender e responder às palavras/gestos e intenção da comunicação do(s) outro(s).

Está além do escopo deste capítulo analisar especificamente a ampla variedade de programas de treinamento da fala e da linguagem empregados em crianças com autismo. Entretanto, alguns deles merecem consideração aqui. Ogletree (1998) separa as abordagens de tratamento em quatro categorias gerais: consultoria, treinamento por tentativas discretas, paradigmas de treinamento natural e não tradicional.

Tradicionalmente, os terapeutas da fala concentravam-se na pessoa autista e ofereciam apenas apoio geral aos pais e pessoas relevantes. Contudo, à medida que os cuidadores se envolviam de modo mais ativo nos programas educacionais infantis, os terapeutas expandiram o seu papel. Uma abordagem de consultoria envolve o estabelecimento de uma parceria entre um terapeuta profissional e indivíduos que estão em estreito contato com crianças com autismo, incluindo os pais, os professores e os colegas. Essa parceria visa estabelecer os objetivos de fala e comunicação e as melhores práticas de tratamento. A forma como a parceria avança varia consideravelmente, dependendo do terapeuta e daqueles que buscam a consultoria. A abordagem de consultoria, tipicamente, é empregada em conjunto com um programa administrado em um arranjo clínico por um terapeuta da fala.

Uma segunda abordagem à terapia da fala é o treinamento por tentativas discretas. Como mencionado anteriormente neste capítulo, o treinamento por tentativas discretas é uma metodologia altamente estruturada, que emprega diversas técnicas comportamentais, incluindo o uso ativo de lembretes (verbais, de imitação e físicos) e reforço. Nessa abordagem, a estrutura do programa para a fala é estabelecida pelo terapeuta; contudo, os pais são treinados pelo profissional para implementarem o programa. Esta abordagem difere do modelo de consultoria em termos da natureza do envolvimento do terapeuta, da especificidade do treinamento dos pais e da natureza altamente intensiva da terapia com a criança. Às vezes, quem treina os pais não é um terapeuta com graduação formal, mas uma pessoa competente no uso da abordagem de treinamento por tentativas discretas.

Contrastando com o treinamento por tentativas discretas, a abordagem natural de treinamento é implementada em um arranjo de vida diária. Esta abordagem é frequentemente utilizada em conjunto com o treinamento por tentativas discretas. Em uma variação do treinamento natural da linguagem, a estrutura do programa é ditada pela resposta e interesses da criança. Nas outras variações, os profissionais arranjam o ambiente para que este aumente a probabilidade de respostas específicas de linguagem dadas pela criança. Por exemplo, estímulos utilizados como parte do treinamento por tentativas discretas são introduzidos no ambiente natural e os comportamentos de fala são modelados ativamente pelo profissional. Esta abordagem, como o treinamento por tentativas discretas, emprega lembretes e reforços.

Além dessas três abordagens ao desenvolvimento da fala, Ogletree (1998) menciona diversas outras não tradicionais, incluindo treinamento de integração auditiva (TIA, discutido anteriormente neste capítulo) e comunicação intermediada. O TIA geralmente é utilizado com indivíduos que demonstram hipersensibilidade ao som, para promover habilidades de escuta e de fala. A abordagem de comunicação intermediada é empregada em indivíduos que apresentam pouca ou nenhuma capacidade verbal. O facilitador oferece apoio ao paciente, utilizando um dispositivo de melhoria da comunicação, como uma placa de comunicação. Os críticos desta abordagem afirmam que o facilitador é quem dita a resposta de comunicação, não o paciente; isto é, o paciente não aprende realmente a se comunicar de modo independente. Análises de estudos que examinaram esta terapia oferecem pouca comprovação de sua eficácia (Mostert, 2001). Entretanto, a comunicação intermediada é semelhante a uma ampla gama de procedimentos mais aceitos, dirigidos à melhoria por dispositivos ou a fornecer ao cliente uma forma alternativa de comunicação.

Treinamento alternativo e de melhoria da comunicação

Programas típicos de melhoria da comunicação, ou de comunicação alternativa, utilizam algum tipo de dispositivo ou auxílio quando as crianças são incapazes ou têm dificuldade na aquisição da fala. Uma ampla gama de materiais e tecnologias específicas pode auxiliar as pessoas com autismo, incluindo cartões com imagens e palavras e dispositivos de linguagem com mensagens pré-gravadas, que podem ser ativadas através de diferentes respostas. Considerações que influenciam a escolha de um sistema específico de comunicação incluem: as capacidades sensoriais e motoras do indivíduo, o potencial de expansão do sistema para formas de linguagem mais complexas, a motivação do cliente para utilizar o sistema, a portabilidade e a capacidade dos pacientes para entenderem a comunicação.

A tecnologia para o auxílio à comunicação tornou-se mais sofisticada com a evolução de programas de computador e interfaces de sintetização de som/fala. Por exemplo, os computadores podem ser utilizados para converter imagens, palavras impressas e outros símbolos em formato de fala. Abordagens de comunicação alternativa, que não utilizam tanta tecnologia, incluem o PECS (Picture Exchange Communication System) e a linguagem de sinais. Essas ferramentas, amplamente empregadas, são opções populares por razões históricas, pragmáticas e econômicas, além de sua utilidade já estabelecida. Aqui, descrevemos brevemente o PECS e a linguagem de sinais.

Picture Exchange Communication System (PECS)

Sistemas visuais utilizam imagens, palavras impressas, objetos, ou combinações desses, para fins de comunicação. Eles envolvem, com frequência, algum tipo de auxílio físico, como uma placa de comunicação, um livreto ou outros dispositivos para o transporte e/ou exibição dos materiais visuais. A portabilidade e a conveniência de uso são especialmente importantes na seleção de determinado sistema. O programa PECS, desenvolvido por Bondy e Frost (1993), é o mais conhecido desses sistemas visuais.

Durante o treinamento com o PECS, selecionam-se objetos ou atividades que servem como reforços para o paciente. Os estágios iniciais do treinamento envolvem lembrar ao paciente de colocar uma imagem de um objeto/atividade desejada (p. ex., um biscoito) na mão do profissional, que por sua vez verbaliza o que a criança deseja ("Você quer um biscoito!"), e então dá à criança o objeto (o biscoito real). À medida que o treinamento avança, os lembretes são gradualmente retirados, para incentivar as crianças a iniciarem espontaneamente a solicitação para aquilo que desejam pelo uso do cartão de imagem apropriado. O treinamento subsequente concentra-se em ensinar o paciente a solicitar outros objetos ou atividades desejadas, permitindo assim que ele escolha, dentre diversos objetos/atividades, aquele que deseja em determinado momento e expresse tal escolha, dando a imagem que a reflete ao treinador. Esta etapa exige que a criança aprenda a discriminar entre objetos/atividades. Os estágios posteriores do treinamento concentram-se em ensina-lá a responder perguntas usando uma ou várias imagens resposta. A abordagem básica ao treinamento recai sob a rubrica de análise do comportamento aplicada, descrita anteriormente. Para informações mais completas sobre o PECS, o leitor deverá consultar Bondy e Frost (1994).

Linguagem de sinais

Quando crianças com autismo têm dificuldade com a fala oral, a linguagem de sinais pode tornar-se o melhor tratamento, dependendo de suas capacidades sensoriais, motoras e cognitivas. Algumas crianças têm mais facilidade para aprender respostas na linguagem de sinais que na fala oral. Uma vez que não há a necessidade por dispositivos físicos, os sinais são facilmente exportáveis para qualquer situação de comunicação. Além disso, os sistemas de linguagem de sinais podem ser empregados para expressar ou receber mensagens de natureza altamente complexas, podem também serem ensinados usando uma gama de procedimentos de lembretes e reforço, com o uso de formatos semelhantes aos do treinamento por tentativas discretas, discutidos anteriormente.

A principal desvantagem de uma abordagem de sinais é que os gestos, muitas vezes, não são entendidos por aqueles com quem a criança interage. Portanto, para que seja útil, esse programa de treinamento precisa ensinar os sinais não apenas à criança, mas também às pessoas relevantes em sua vida. Linguagens de sinais, embora normalmente empregados quando os programas tradicionais de treinamento de comunicação falham, podem ajudar na aquisição da fala oral. A menos que existam extensas deficiências auditivas e/ou motoras, os procedimentos de sinais para crianças com autismo podem ser conjugados com a fala, como parte de um pacote de comunicação total. Um programa de sinais empregado com frequência em crianças com atraso da fala é [no Brasil] o da Língua Brasileira de Sinais. Para uma revisão concisa dos sistemas alternativos e de sinais para a comunicação, o leitor deverá consultar Scheuermann e Webber (2002).

Terapia lúdica

As brincadeiras geralmente são vistas como atividades fundamentais para o desenvolvimento de crianças pequenas. É através das brincadeiras, às vezes chamadas de "trabalho das crianças", que os pequenos praticam e desenvolvem desde cedo suas habilidades sensório-motoras, pela repetição de respostas motoras simples e, mais tarde, pela coordenação complexa de diferentes comportamentos motores e verbais. Os comportamentos lúdicos são inicialmente reflexivos e simples, mas se tornam gradativamente mais intencionais, isto é, sob o controle voluntário da criança. Enquanto avança, este processo influencia a ligação sensorial, motora e de outras partes do cérebro.

Pela brincadeira, as crianças exploram e aprendem sobre o seu ambiente e como este opera, incluindo a forma como ele se parece, como soa, qual é a sensação que transmite, que gosto tem e como responde. Ao brincar, a criança aprende sobre a permanência e a mudança na estrutura do ambiente, sobre relacionamentos de causa e efeito e como os objetos podem ser usados. A partir dessas experiências, as crianças formam representações internas de objetos do ambiente e os processos de pensamento evoluem, permitindo que elas organizem, planejem e até mesmo transformem a realidade através de ações simbólicas e imaginárias na brincadeira.

Crianças com autismo, muitas vezes, consideram seu ambiente mais desorganizado, confuso e assustador que outras crianças, provavelmente em consequência de suas deficiências motoras, hipersensibilidades, problemas de atenção, limitações cognitivas e dificuldades de comunicação. Como consequência, suas interações com o ambiente muitas vezes são limitadas. Essas crianças lidam com um meio desafiador, organizando-o de modo ritualístico, ou podem retirar-se, em termos cognitivos ou comportamentais, daquilo que as cerca. Quando isto ocorre, a brincadeira, com frequência, se torna estereotipada e menos complexa. Sua natureza também passa a ser insociável, especificamente porque as pessoas são uma grande parte do ambiente confuso com o qual as crianças precisam lidar. Enquanto a brincadeira comum é revigorante e agradável para as crianças típicas, a atividade lúdica é geralmente uma fonte de frustração e ansiedade para aquelas com autismo.

Historicamente, a terapia lúdica, influenciada pela teoria psicanalítica, tem sido vista como um veículo para que a criança expresse seus temores e reproduza conflitos sociais. Ao observarem a atividade lúdica, os terapeutas tentavam obter insights sobre os problemas infantis. Ela fornece uma estrutura para facilitar a catarse emocional. Mais recentemente, através das contribuições de áreas como a psicologia e terapia ocupacional, a brincadeira tornou-se um importante veículo para o entendimento e avaliação do desenvolvimento sensório-motor, cognitivo, linguístico, social e emocional das crianças.

Embora a brincadeira possa ser particularmente desafiadora e frustrante para crianças com autismo, ela também é uma ferramenta de imenso valor para auxiliar no seu desenvolvimento. Através da avaliação das crianças em situações lúdicas, é possível desenvolver um perfil de seus pontos fortes e limitações, para orientar a estrutura da terapia lúdica. Com programas divertidos, as crianças autistas podem aprender habilidades para brincadeiras com objetos, jogos imaginativos e jogos sociais. Sob uma perspectiva básica do processo, elas podem assimiliar respostas de atenção, imitação, planejamento motor e linguagem. Além disso, as brincadeiras podem ser empregadas para ajudá-las a tolerar e processar os estímulos sensoriais, bem como para regular as emoções. Elas também são usadas como um veículo para a generalização das habilidades ensinadas em situações mais estruturadas.

Diversas estratégias e estruturas terapêuticas/didáticas têm sido empregadas no estabelecimento de um programa lúdico. Em uma ponta do *continuum*, a estrutura é bastante flexível e baseada na criança, no sentido de que as ações da própria criança tornam-se componentes críticos para o desenvolvimento da terapia. Em contraste, outros programas são mais estruturados, e após uma avaliação de seus pontos fortes e limitações, as crianças aprendem habilidades específicas. Alguns métodos têm componentes não estruturados e estruturados. Abordagens menos estruturadas à terapia lúdica tendem a envolver um componente mais artístico e, por esta razão, sua transferência para os pais e voluntários é mais difícil. Em contraste, as abordagens estruturadas podem ser facilmente ensinadas. Ambos os tipos de programas se concentram na criação de um ambiente motivacional positivo para as crianças. Os não estruturados tentam manter as crianças motivadas, permitindo que se envolvam em atividades de sua escolha. Já os estruturados também oferecem escolhas, mas dirigem as crianças para atividades voltadas ao desenvolvimento de habilidades específicas. As crianças são motivadas de modo adicional pelo uso ativo de reforços e inventivos.

A maioria dos programas lúdicos utiliza uma variedade de lembretes para promover o desenvolvimento. Contudo, os estruturados frequentemente são mais específicos em sua designação dos lembretes a serem empregados, na forma como estes são organizados e como são descontinuados. Os lembretes incluem assistência física, modelagem e instrução verbal. Programas mais estruturados tentam fornecer apoio suficiente para a manutenção da motivação e do desempenho da criança. Eles também dão atenção especial ao espaço e materiais lúdicos, com a organização de tais espaços e materiais na ordem específica para a conquista dos objetivos do programa. Muitos métodos estruturados criam espaços lúdicos menores, com menos distrações e maior organização. Por exemplo, o modelo TEACCH, discutido anteriormente neste capítulo, salienta espaços bem definidos e com menos objetos para atividades lúdicas, juntamente com rotinas para o avanço pelos espaços, no intuito de promover a sensação de segurança e aprendizado.

Em programas voltados à promoção de jogos sociais, a escolha dos parceiros é fundamental. Com frequência, os adultos são empregados como parceiros, no início, especificamente por sua capacidade para responder, iniciar e apoiar as brincadeiras de modo mais sensível. Depois, coleguinhas são introduzidos de modo gradual, após receberem treinamento sobre a melhor forma de interagir com crianças autistas. Idealmente, todos os programas lúdicos deveriam ser desenhados para permitir o aumento na complexidade das habilidades e para promover a generalização das rotinas lúdicas para ambientes naturais. Para informações adicionais sobre esses programas, o leitor deverá consultar Greenspan (1992), Schuler e Wolfberg (2000), Baranek *et al.* (2001) e, em especial, Scheuermann e Webber (2002).

Terapia do abraço

Esta terapia controvertida baseia-se na suposição de que o retraimento social em crianças, incluindo aquelas com autismo, desenvolve-se como consequência de relacionamentos conflituosos com pessoas à sua volta, particularmente a mãe. Como resultado desse conflito, a ansiedade é produzida e transferida para outras situações sociais, o que, então, leva a criança a afastar-se de situações sociais. Esta visão do retraimento autista foi adotada por Bettleheim (1967), Tinbergen e Tinbergen (1983) e parece ter sido sugerida também por Kanner e Eisenberg (1956). Sob uma perspectiva do desenvolvimento, esses autores aparentemente sugerem que crianças com autismo formam vínculos evitativos com suas mães e outros cuidadores primários, que por sua vez são generalizados para outros relacionamentos sociais. O apoio para essa visão é mínimo; pesquisas sugerem que a taxa de apego seguro entre crianças autistas é semelhante à de crianças com outros transtornos do desenvolvimento (Rogers *et al.*, 1993).

Desenvolvida por Welch (1988), a terapia do abraço tenta corrigir o vínculo falho entre mãe e filho, fazendo com que o pai ou a mãe segure o filho ou filha de frente para si e à força, se necessário, enquanto faz contato visual. A criança é segurada até parar de lutar, quando, então, é solta. Quando vista sob a perspectiva da teoria do aprendizado, parece que a proximidade social, na ausência de luta, é negativamente reforçada através do término de uma contenção aversiva pelo abraço. Portanto, parece que o que a criança aprende é a não lutar, uma resposta passiva; isto é, não lutar leva à retirada do abraço ou contenção forçada. Sob uma perspectiva do aprendizado pelo condicionamento clássico, podemos argumentar que a pessoa que segura a criança tende a vir a ser associada com a experiência de ser contido à força e, portanto, isto geraria a ansiedade social, em vez de reduzi-la. Sob a perspectiva tanto de desenvolvimento quanto de aprendizado, a lógica subjacente à terapia do abraço não parece fazer sentido, em termos teóricos ou educacionais. Não encontramos qualquer estudo avaliando a eficácia desta abordagem. Por essas razões, não recomendamos esta terapia.

Ainda assim, a ideia de uma terapia centrada em ajudar os pais a formarem um vínculo emocional seguro com seus filhos tem mérito. Uma vez que a experiência de criar uma criança com autismo pode gerar considerável ansiedade e estresse para os pais e para a criança, é possível que o relacionamento entre ambos seja afetado de modo adverso. Por essa razão, é importante que os pais aprendam a lidar com os desafios associados com uma criança autista, para que possam sentir prazer em sua companhia e apoiar o seu desenvolvimento. Eles precisam aprender formas de se relacionarem com seus filhos, que têm problemas sensoriais, motores, cognitivos e de comunicação e, muitas vezes, veem o mundo como um lugar pleno de ameaças. Com apoio profissional, os adultos podem entender as características das crianças, os tipos de situações físicas e sociais que evocam medo e como se relacionar com essas crianças de um modo sensível. Como consequência, o vínculo positivo entre pais e filhos provavelmente será fortalecido. Esse foco no desenvolvimento de um vínculo positivo entre pais e filho é salientado pelo The Option Institute.

O método Option

Este método foi desenvolvido pelos pais de uma criança com autismo (Kaufman e Kaufman, 1976). Com base em suas experiências com seu filho, os Kaufmans criaram o The Option Institute para ajudar outros pais com crianças semelhantes ao seu filho. Em termos mais específicos, o programa foi elaborado para ajudar os pais a entenderem e aceitarem seus filhos, com o objetivo adicional de reduzir a culpa, levando-os à percepção de estarem fazendo o melhor possível para ajudar os seus pequenos. Os pais conhecem um novo modo de se relacionarem com seus filhos. Este tratamento salienta a importância de se criar um ambiente de terapia livre de distrações. Os pais aprendem a entrar no mundo da criança, não fazendo exigências, mas apreciando seus filhos e criando uma experiência social agradável para eles. Além disso, os adultos aprendem o valor de começar onde suas crianças estão e a estenderem gradualmente o comportamento deles para facilitar o seu crescimento.

A abordagem Option tem muitos aspectos positivos, com seu foco na redução da ansiedade dos pais, amparo às atitudes destes sobre eles próprios e seus filhos e criação de uma terapia que não representa ameaça para a criança.

A abordagem geral assemelha-se às terapias com enfoque holístico e às filosofias de criação infantil de meados do século XX. Especificamente, crianças e adultos eram vistos como tendo uma capacidade interna para o desenvolvimento e crescimento, que podia ser realizada por suas experiências com um ambiente permissivo e tolerante. Embora o programa Option seja estruturado em um sentido geral, ele não parece basear-se em quaisquer princípios didáticos ou currículo estabelecido, e aparenta ignorar ou retirar a ênfase do uso de técnicas estruturadas, desenvolvidas para o auxílio a crianças com atrasos no aprendizado. Atualmente, não há apoio empírico para a utilidade deste método.

Terapia musical, de dança e artística

Embora a eficácia de terapias envolvendo música, dança e artes não tenha sido analisada empiricamente, existem evidências informais sugerindo sua utilidade potencial. Há muitas razões para considerar-se tais terapias. Elas podem ser desenhadas para aproveitar as capacidades e interesses especiais de indivíduos com autismo, além de ajudá-los a se desenvolverem nas áreas em que são deficientes. Por exemplo, a terapia artística pode auxiliar crianças com boas habilidades visuais/espaciais a se tornarem mais competentes no desenho e a se expressarem por sua arte. A terapia com dança e música oferece a estimulação proprioceptiva, vestibular e auditiva que tantas crianças autistas procuram. Em um nível emocional, a música, a dança e a arte possibilitam a redução da tensão e evocam prazer. Trevarthen *et al.* (1996) apontam que os tons e ritmos que acompanham as atividades, como os passos, respiração e batimentos cardíacos são capturados na música. Em um nível comportamental, essas terapias podem servir como veículo para a promoção de habilidades, como um meio de autorregular as emoções e como um escape para a energia acumulada. Sob uma perspectiva social, a música, a dança e a arte podem fornecer um fórum não ameaçador e agradável para o envolvimento social. Finalmente, sob uma perspectiva profissional, o desenvolvimento dessas várias atividades como terapia para crianças com autismo oferece uma oportunidade interdisciplinar e criativa ímpar para que as pessoas nas ciências humanas e sociais trabalhem juntas. Entretanto, é importante que tais terapias sejam avaliadas, durante o seu desenvolvimento, para a determinação de sua eficácia.

Comunidades L'Arche

Descrevemos as comunidades L'Arche aqui não porque seja um tratamento formal para o autismo em si, mas porque representam um tipo de abordagem que pode afetar profundamente as vidas de pessoas autistas e com outros problemas de desenvolvimento, bem como daqueles que as cuidam. A L'Arche é uma comunidade de pessoas, com e sem deficiências, que vivem e crescem juntas através do relacionamento umas com as outras. A L'Arche foi fundada em 1964 pelo teólogo Jean Vanier, na França. Vanier e seu amigo, Thomas Philippe, abriram a primeira casa L'Arche, onde residiam com dois homens com problemas mentais. Embora orientada por princípios cristãos, a L'Arche é ecumênica. Atualmente, existem dezenas de residenciais L'Arche no mundo inteiro, atendendo a pessoas de todas as etnias, crenças e capacidades. A International Federation of L'Arche foi criada em 1972 para orientar a rede de comunidades L'Arche, embora não tenha autoridade sobre elas. As comunidades reúnem "pessoas talentosas e fortes com pessoas pobres e marginalizadas" (Vanier, 1995, p. 55). Há sempre o incentivo para que as comunidades cresçam à sua própria maneira.

A missão da L'Arche consiste em três objetivos: oferecer amor, segurança e trabalho satisfatório a pessoas com deficiências do desenvolvimento, para que possam ter uma vida plena, tanto no arranjo do residencial quanto na sociedade; apoiar relacionamentos "tipo família", onde os dons de cada pessoa possam ser celebrados no contexto da vida comunitária; e revelar ao mundo o valor e o talento das pessoas que, de outra forma, seriam, muitas vezes, rejeitadas ou ignoradas. A L'Arche baseia-se na crença de que cada pessoa, com ou sem uma deficiência, tem valor único e especial.

As comunidades L'Arche vivem como famílias. O objetivo é criar um lar onde os relacionamentos possam crescer entre pessoas com problemas e aqueles que as auxiliam e vivem na mesma comunidade ao seu lado. Os membros da L'Arche apresentam uma ampla gama de incapacitações e talentos. Os assistentes têm as mais variadas bagagens: alguns são jovens e interrompem seus estudos por um ano, outros já se estabeleceram profissionalmente, mas desejam uma nova forma de vida. Os membros vivem no mesmo nível, em relacionamentos complementares. As distinções entre aqueles que são ajudados e os que os ajudam são minimizadas. Não existem planos predeterminados para o desenvolvimento dos membros, nem um prazo estabelecido para deixarem a comunidade. A L'Arche difere de muitos outros tipos de arranjos de vida em grupo em termos da sua ênfase na qualidade de vida, desenvolvimento espiritual, permanência na casa, associação com outras casas, uma política de residência em tempo integral para os assistentes e preocupação tanto por quem oferece quanto por quem recebe os cuidados. Os residenciais L'Arche apresentam semelhanças com outros arranjos de grupo nos quais pessoas com deficiências vivem e trabalham em comunidades agrárias. Para informações adicionais sobre a L'Arche, o leitor deverá consultar Coppersmith (1984), Downey (1986), Harris (1987), Nouwen (1988), Shearer (1997) e Vanier (1997).

Outros rumos para a intervenção

O exame das intervenções discutidas até aqui, neste capítulo, revela que a maioria tenta abordar as necessidades dos indivíduos com autismo nas áreas sensorial, motora, de linguagem/comunicação e social. Alguns programas, como o de análise do comportamento aplicada e o TEACCH, também se concentram na promoção do comportamento adaptado em áreas de autoajuda acadêmica e vocacional. Em comparação, há uma ênfase bem menor no desenvolvimento de intervenções que abordem, explicitamente, as necessidades emocionais e cognitivas de pessoas autistas. Como sugerido nos capítulos 2, 3 e 4, os sistemas cognitivo e emocional podem exercem um importante papel no desenvolvimento do autismo.

Contudo, diversos programas têm-se concentrado, direta ou indiretamente, na redução da ansiedade. Alguns projetos de treinamento da integração sensorial, descritos anteriormente, por exemplo, visam reduzir a ansiedade vivida por indivíduos ao encontrarem estímulos auditivos, táteis e outros estímulos sensoriais com os quais têm dificuldade. Além disso, o TEACCH utiliza a estruturação do programa para ajudar estudantes que se sentem aflitos com mudanças. A literatura do autismo, também, menciona outras tentativas de redução da ansiedade e controle das emoções, incluindo o uso de exercícios e massagem muscular profunda. Por exemplo, Ecalona *et al.* (2001) apontam como a massoterapia tem sido empregada para melhorar a atividade parassimpática e reduzir problemas em áreas como o sono. Atualmente, porém, uma atenção mais sistemática deve ser dada às necessidades emocionais de indivíduos autistas, por exemplo, pelo uso de procedimentos que têm sido empregados com êxito em pessoas com transtornos de ansiedade, como dessensibilização sistemática e inibição recíproca.

Similarmente, observa-se pouca ênfase na abordagem às necessidades e deficiências cognitivas de indivíduos autistas. Dadas as características cognitivas singulares exibidas por essas pessoas (ver capítulo 2), a importância dos processos cognitivos nas teorias do autismo (ver capítulo 3) e as consideráveis pesquisas conduzidas nessa área, surpreende-nos que os profissionais não deem maior atenção à utilização de terapias cognitivas, particularmente a terapia cognitiva comportamental (TCC) com esta população. A TCC surgiu na década de 1960 como um avanço das pesquisas aplicadas e básicas nas áreas de aprendizado e cognição (Bandura, 1969). Esta abordagem difere dos programas de análise do comportamento aplicada e de educação comportamental no sentido de que os antecedentes cognitivos do comportamento recebem atenção durante a intervenção, em vez de o comportamento em si mesmo. Cognições, como as atitudes, crenças, atribuições e estratégias têm reconhecida influência causal sobre o comportamento e as emoções, além de serem influenciadas pelo comportamento, emoções e ambiente adjacente. Embora as cognições sejam respostas veladas, elas são vistas como sujeitas às mesmas influências ambientais que os comportamentos manifestos.

Sob uma perspectiva educacional e de tratamento, a TCC concentra-se em desenvolver ou modificar as respostas cognitivas de uma pessoa. Diferentes intervenções podem ser classificadas sob a rubrica de TCC, incluindo Terapia Racional Emotiva, a terapia cognitiva, o treinamento metacognitivo e a autoinstrução. Essas abordagens têm sido empregadas para a modificação do pensamento distorcido e para a correção de deficiências cognitivas. Em termos mais específicos, elas têm sido utilizadas para a redução da ansiedade, depressão, agressividade, raiva, impulsividade e dor, bem como para o desenvolvimento do entendimento social, compreensão da leitura, desempenho matemático e solução de problemas (Kendall, 1991). A terapia cognitiva comportamental ensina novas formas de processar, recordar e utilizar as informações. Embora a TCC tenha sido aplicada de modo eficaz em diferentes populações clínicas e em diversos arranjos acadêmicos, seu desenvolvimento como um tratamento para transtornos do desenvolvimento, tais como retardo mental e autismo, apenas começa a emergir.

Whitman (1987; 1990) sugeriu que procedimentos de TCC, como o treinamento de autoinstrução, são úteis para crianças com transtornos do desenvolvimento que aperfeiçoaram alguma proficiência na linguagem, e particularmente benéficos para aquelas com dificuldade de processar informações que recebem de agentes de socialização e/ou usar tais informações para regular seus comportamentos e emoções. Algumas crianças em situações acadêmicas, por exemplo, não conseguem articular as etapas para a resolução de um problema simples de matemática ou o que fariam, em uma situação social, quando um colega se aproximasse e as cumprimentasse. Outras crianças podem declarar o que fariam em tais situações, mas não conseguem utilizar este conhecimento para orientar suas ações. A autoinstrução e um procedimento associado, com o treinamento para a correspondência, têm sido usados para aumentar a atenção, promover a resolução de problemas de matemática, melhorar o comportamento em sala de aula e desenvolver habilidades vocacionais naquelas com retardo mental e autismo. A autoinstrução ensina a processar informações, fazendo com que as crianças verbalizem o que devem fazer em determinadas situações de desempenho e, depois, utilizem essas verbalizações para orientarem seu comportamento; portanto, ela promove a aquisição e a utilização do conhecimento. Atualmente, programas com orientação cognitiva, que incorporam procedimentos como autoinstrução, começam a evoluir para abordar necessidades sociais e acadêmicas de pessoas com Síndrome de Asperger e autismo com funcionamento elevado (Myles e Simpson, 1998). No capítulo 7, o uso da autoinstrução é discutido de modo mais detalhado, como uma importante abordagem para ajudar pessoas autistas a autorregularem seu comportamento e agirem de forma independente.

Estratégias para lidar com comportamentos-problema

A cooperação das pessoas com autismo é fundamental para o sucesso no estabelecimento e implementação de qualquer programa educacional ou terapêutico voltado às suas necessidades. Comportamentos como desobediência, hiperatividade, desatenção, evitação, estereotipia e autoagressão podem interferir com o êxito na implementação de um programa. Se não são abordados com eficácia, esses comportamentos-problema tendem a se tornar habituais, muitas vezes, aumentando em frequência e intensidade. Além disso, à medida que as crianças com problemas de comportamento crescem, elas podem vir a ser cada vez mais definidas por esses problemas, em vez de por suas características positivas e necessidades educacionais; como consequência, elas talvez sejam frequentemente excluídas de programas educacionais/terapêuticos.

Educadores comportamentais salientam que todos os comportamentos, sejam adaptados ou desajustados, servem a uma função para a pessoa. Antes da implementação de um programa de redução comportamental para indivíduos com autismo, é importante determinar a que função o comportamento inapropriado atende. Será que dá acesso a objetos, atividades, resultados sociais ou situações que servem de reforço positivo? Será que permite a fuga de uma situação desagradável? O indivíduo está tentando comunicar suas necessidades através do comportamento? As respostas a estas questões podem ser bastante úteis, durante o planejamento do programa.

Ao desenvolverem um programa de redução comportamental, os educadores comportamentais tentam, como princípio geral, utilizar procedimentos de natureza positiva, em vez de punitiva, e, sempre que possível, procuram aumentar a escolha individual, em vez de limitá-la. Um dos enganos comuns sobre os programas de redução comportamental é o de que a punição é o procedimento preferencial quando ocorre o comportamento inadequado. Na verdade, este é o procedimento de última escolha. Nesta seção, apresentamos os procedimentos de desaceleração do comportamento, geralmente na ordem daqueles mais positivos àqueles de natureza mais restritiva. Esses procedimentos incluem: extinção, reforço diferencial, afastamento, custo da resposta e estimulação aversiva. Embora o reforço diferencial seja a opção mais desejável para lidar com comportamentos-problema, a extinção será discutida primeiro, porque é um componente da técnica de reforço diferencial. Todas essas ferramentas têm sido amplamente empregadas e já foram extensamente avaliadas.

Extinção

Para apreciarmos a lógica por trás do uso de procedimentos de extinção, precisamos entender o processo pelo qual o comportamento é aprendido. A teoria do aprendizado salienta que os comportamentos mais inapropriados (assim como aqueles apropriados) desenvolvem-se e mantêm-se através do reforço positivo e/ou negativo. O reforço positivo envolve a aplicação de um estímulo/evento ou "recompensa" valorizados após a ocorrência de uma resposta, o que leva, por sua vez, a um aumento subsequente nessa resposta. Por exemplo, muitos comportamentos inapropriados ocorrem porque um indivíduo deseja e recebe atenção de pessoas relevantes. O reforço negativo envolve a retirada de um estímulo "aversivo" após a ocorrência do comportamento, resultando em um aumento subsequente deste comportamento. Um exemplo de reforço negativo é o de um professor que permite que a criança saia da situação educacional que considera desagradável após ela demonstrar um comportamento indesejável (p. ex., autoestimulador, agressividade, desatenção ou fuga). Permitir que a criança se retire da situação desagradável, após o "mau comportamento", com frequência serve para reforçar negativamente ou aumentar o comportamento.

Durante a extinção, o processo desenvolvimental que leva ao mau comportamento é revertido, pela descontinuação do processo de reforço positivo ou negativo que ocorreu. Por exemplo, as crianças não receberiam atenção "positiva" ou não poderiam escapar de uma situação indesejável para outra, mais desejável, quando não obedecessem. Embora seja fácil de entender em termos de conceito, a extinção pode ser difícil de aplicar. Para que um programa de extinção tenha sucesso, ele deve ser aplicado de modo consistente. Se isto não ocorrer e o mau comportamento for reforçado ocasionalmente, isto é, reforçado de modo intermitente, o comportamento tende a aumentar em frequência e tornar-se ainda mais difícil de corrigir. O uso da extinção geralmente resulta em um aumento temporário do mau comportamento (um pico na extinção), antes de sua redução; tal aumento provavelmente se deve à frustração da criança, porque o mau comportamento não é mais reforçado. Embora este aumento temporário ocorra rotineiramente durante o processo de extinção, ele, às vezes, é interpretado como fracasso do procedimento e este é descontinuado ou aplicado de forma inconsistente. Tais ações, com frequência, resultam em maior entrincheiramento do comportamento indesejável.

Diversos fatores devem ser considerados, na decisão acerca de usar ou não a extinção para reduzir o comportamento-problema. Esses fatores incluem o nível no qual o comportamento já está estabelecido e a natureza específica do mau comportamento. Comportamentos que se tornaram fortes hábitos, isto é, que têm uma longa história de ocorrência e são reforçados de modo intermitente, são difíceis de modificar pelo uso de um procedimento de extinção. Em contraste, comportamentos inapropriados que se desenvolveram mais recentemente são mais fáceis de extinguir. Uma segunda consideração na determinação sobre o uso da extinção relaciona-se à natureza do comportamento a ser reduzido. Se ele produz consequências adversas, que não podem ser socialmente toleradas, sequer temporariamente, como autoferimentos ou lesões em outras pessoas, a extinção não é o procedimento de escolha. Quando o mau comportamento tem sérias consequências, ou um longo histórico de ocorrência, outros procedimentos devem ser considerados, como o reforço diferencial, custo da resposta ou afastamento.

Reforço diferencial

O reforço diferencial refere-se a uma técnica na qual um ou mais comportamentos desejáveis são reforçados, enquanto outros comportamentos "indesejáveis" são colocados em extinção. Portanto, o reforço diferencial consiste em dois procedimentos, reforço e extinção. Por exemplo, em uma situação de aprendizado, as respostas de desatenção de uma criança são ignoradas, isto é, colocadas em extinção, e as respostas de atenção são reforçadas positivamente. Outro exemplo de um programa de reforço diferencial é ignorar o comportamento estereotipado, como ondular as mãos, e reforçar movimentos de mão mais desejáveis socialmente, como brincar com um brinquedo. O principal objetivo de um programa de reforço diferencial pode ser o aumento dos comportamentos desejáveis ou a redução dos comportamentos indesejáveis ou, como geralmente ocorre, a conquista desses dois objetivos. O reforço diferencial também pode ser empregado para ensinar a uma criança quando, ou em que situação, determinada resposta é desejável e quando não o é. Por exemplo, em um programa de treinamento para a linguagem expressiva, ela é reforçada para dizer "círculo", ao ver um círculo, enquanto a mesma resposta (dizer "círculo") é colocada em extinção, quando um quadrado é apresentado.

Custo da resposta e afastamento

Além dos procedimentos de reforço, diversas técnicas, que se ajustam à rubrica geral de punição, podem ser empregadas. A punição pode envolver a retirada ou a apresentação de um evento de estímulo após uma resposta; em qualquer dos casos, por definição, o procedimento resulta em uma redução na frequência da resposta. A punição por técnicas de retirada geralmente é preferida à punição por técnicas de apresentação, por razões que apresentaremos na próxima seção.

Dois procedimentos empregados com frequência, que apresentam alguma semelhança com as técnicas de extinção, são classificados sob punição pela retirada. Eles são o custo da resposta e o afastamento. O custo da resposta envolve a perda de um reforço em posse do indivíduo. O reforço tomado tem qualidade tangível (p. ex., alimento, dinheiro ou algum outro objetivo desejável) ou envolve uma atividade, como assistir televisão. Às vezes, os procedimentos de custo da resposta são utilizados em conjunção com economias de fichas; o mau comportamento resulta na perda de fichas, que poderiam ter sido trocadas por objetos desejáveis ou por atividades importantes para o indivíduo.

Em comparação com o custo da resposta, que envolve a remoção de reforços, o afastamento envolve a remoção do indivíduo de uma situação em que os reforços positivos estão disponíveis. Por exemplo, se uma criança gosta de brincar em uma sala cheia de brinquedos, um mau comportamento, como bater em outra criança, resulta na remoção da agressora ou em sua colocação em uma cadeira do afastamento, longe dos brinquedos, por um curto período de tempo.

Aplicação de estímulos aversivos

Contrastando com o custo da resposta e o afastamento, alguns procedimentos de punição envolvem a administração de estímulos aversivos. Exemplos deste tipo de punição são: desaprovação social (como um "não!"), feedback negativo ("isto é errado") ou a aplicação de um estímulo físico, como contenção ou palmada.

A punição, especialmente a punição física, não é recomendada. Se empregada, deve ser administrada sob circunstâncias muito controladas, e apenas quando os procedimentos discutidos anteriormente não funcionam. Além disso, a punição física sequer deve ser considerada para o mau comportamento, a menos que este coloque em risco o indivíduo que se comportou mal ou outras pessoas. O problema com a punição, particularmente quando o sistema punitivo é muito aversivo, é que gera emoções negativas (ansiedade e medo), que podem vir a ser associadas com situações e atividades específicas, bem como com o agente da punição (p. ex., professor ou um dos pais). Após ser punida, uma criança tende a sentir-se angustiada, uma emoção que pode interferir com o aprendizado e levar a tentativas físicas e psicológicas de escapar ou evitar a situação que acarreta à punição, assim como o agente que a administra. Além disso, se utilizada com frequência, a punição pode ter impacto sobre a criança no longo prazo, resultando em inibição, falta de iniciativa, desistência fácil e dependência. Uma vez que crianças com autismo tendem a evitar situações sociais e a demonstrar inibição, o uso da punição nesta população é ainda mais problemático.

Outro problema com a punição é que ela, com frequência, força o indivíduo (professor, pais) a utilizá-la sempre, exatamente porque geralmente funciona, fazendo o comportamento inaceitável diminuir, pelo menos no curto prazo. Se a punição é empregada com sucesso, há a tentação de utilizá-la vezes sem conta; às vezes, seu uso aumenta ao ponto de se tornar a técnica "educacional" favorita. Finalmente, se a punição envolvendo estímulo de aversão física é utilizada quando o "professor/pai" está frustrado, ela pode intensificar-se inadvertidamente e transformar-se em abuso. Com relação a este aspecto, uma vez que a punição, frequentemente, perde a sua eficácia quando empregada repetidamente, ela geralmente precisa ser intensificada para ter o efeito desejado. Por essas razões, e muitas mais, a punição, particularmente procedimentos usando estímulos aversivos físicos, não é recomendada para uso, exceto em situações extraordinárias, altamente controladas e bem monitoradas. Educadores criativos encontram maneiras de lidar com o mau comportamento que não envolvem o uso de procedimentos de punição. Para uma análise de procedimentos de desaceleração, o leitor deverá consultar Scheuermann e Webber (2002).

Outros procedimentos de desaceleração

Existem outras numerosas estratégias que podem ser utilizadas para a redução do comportamento indesejável. Algumas delas serão mencionadas aqui, incluindo o controle ambiental, a autorregulação e a redução da ansiedade. Quando o controle ambiental é empregado, as situações ambientais nas quais o comportamento indesejado ocorre são analisadas, para determinar os aspectos do ambiente que precipitam ou estão associados com a ocasião do comportamento indesejado. Depois, os aspectos críticos do ambiente são alterados ou removidos. Por exemplo, durante o planejamento de um programa para a promoção da atenção prolongada em uma situação de tarefa acadêmica, podemos estabelecer que certos estímulos ambientais, como ruído ou uma janela aberta, levam à desatenção. Para reduzi-la e aumentar a atenção, aquilo que causa a distração é removido, pelo menos enquanto a atenção prolongada não se desenvolve.

Um segundo procedimento de desaceleração envolve ensinar respostas que ajudam as crianças a autorregularem seu comportamento indesejável. À medida que as crianças se desenvolvem, a linguagem torna-se uma ferramenta cada vez mais importante para o controle do seu comportamento. Existem muitas respostas autorreguladoras, envolvendo a linguagem, que as crianças podem aprender a empregar. Elas podem aprender, por exemplo, a comunicar suas necessidades, em vez de agirem com agressividade para obterem o que desejam. Outro procedimento autorregulador, passível de ser usado em crianças com boas habilidades verbais e cognitivas, é o de solução de problemas. Ele envolve ensinar as crianças a analisarem situações associadas com o mau comportamento e a gerarem, avaliarem e selecionarem estratégias apropriadas para a redução do comportamento inapropriado.

Uma estratégia final de desaceleração relaciona-se a avaliar o nível de ansiedade de um indivíduo e examinar o relacionamento entre o seu estado emocional e o mau comportamento. Na medida em que a ansiedade está associada com o comportamento inapropriado, é possível desenvolver estratégias para reduzir tal ansiedade. Por exemplo, se a ansiedade e a distração estão associadas, procedimentos de redução deste sentimento, como exercícios físicos vigorosos, massagens, música ou envolver-se em uma atividade relaxante agradável, podem ser introduzidos antes, durante ou após uma tarefa difícil.

Comentários gerais sobre programas de redução comportamental

Sempre que possível, as intervenções devem concentrar-se na promoção de comportamentos bem ajustados. Os comportamentos desajustados, com frequência, desaparecerem quando as crianças aprendem novas habilidades e modos de obter o que lhes é importante. Quando programas de desaceleração comportamental são empregados, é preciso usá-los em conjunto com programas de reforço positivo. Se o único foco é sobre a redução do mau comportamento, o método provavelmente está destinado ao fracasso. Quando empregados, os programas de desaceleração devem envolver os procedimentos menos restritivos possíveis. O reforço diferencial e extinção são recomendados. Já o custo da resposta, afastamento e punição social devem ser utilizados apenas quando as técnicas menos restritivas não funcionam. Se as crianças têm habilidades de linguagem, deve ser dada ênfase sobre ensinar a verbalmente autorregularem o seu comportamento. Finalmente, é fundamental que todos os procedimentos sejam aplicados de modo correto e consistente. Intervenções educacionais voltadas ao comportamento falham frequentemente, não porque sejam ineficazes, mas porque são empregadas inadequadamente ou de modo inconsistente.

Resumo

A eficácia de intervenções educacionais e terapêuticas para crianças com autismo é afirmada de variadas maneiras. Tais afirmações, com frequência, baseiam-se em evidências informais e em testemunhos pessoais. A maior parte das intervenções analisadas até aqui, no capítulo, não foi sujeitada a um exame empírico rigoroso. A única intervenção extensamente avaliada é a análise do comportamento aplicada. O apoio para a eficácia desta abordagem vem de um amplo corpo de pesquisas básicas com humanos e animais, assim como de estudos aplicados com uma ampla variedade de populações não clínicas e clínicas, incluindo indivíduos que exibem atrasos do desenvolvimento e comportamentos autistas. É importante notar que muitas outras terapias, como a da fala, a ocupacional e a lúdica, frequentemente utilizam técnicas de análise do comportamento aplicada como sua principal ferramenta de ensino. Embora alguns proponentes da abordagem ABA tenham afirmado que as crianças tratadas recuperavam-se do autismo, não existem evidências reais apoiando essa conclusão. Alguns críticos da abordagem da análise do comportamento aplicada sugerem que não há evidências de que a abordagem ABA é mais eficaz que outras, ou, quando existem, tais evidências são limitadas (Prizant e Rubin, 1999). Entretanto, faz pouco sentido conduzir tais pesquisas comparativas, até termos indicações sólidas de que os tratamentos a serem comparados com a ABA são eficazes, em primeiro lugar.

Exceto pela abordagem de análise do comportamento aplicada, a TEACCH provavelmente é a intervenção mais reconhecida para indivíduos com autismo. Como a ABA, a TEACCH incorpora um componente de avaliação clínica como parte de sua intervenção. Avaliações clínicas, embora úteis, fornecem apenas informações acerca de ganhos positivos por seu receptor durante a intervenção. Elas não examinam sistematicamente, utilizando controles experimentais apropriados, se os ganhos realmente são uma função da intervenção ou de algum outro fator não controlado. A TEACCH é difícil de avaliar integralmente, pois: possui muitos componentes educacionais diferentes, novos componentes são introduzidos periodicamente e este programa é aplicado ao longo de toda a vida. Embora existam apenas evidências mínimas de pesquisas indicando a eficácia da TEACCH, esta abordagem geralmente é elogiada por sua tentativa de incluir componentes validados empiricamente, tal qual a ABA, como parte do seu programa completo.

Para análises de intervenções educacionais empregadas com indivíduos autistas, o leitor deverá consultar um relatório clínico preparado pela Autism Society of America, Mudford *et al.* (2000), Mostert (2001) e pelo New York State Department of Health Early Intervention Program (1999). A diretriz para a prática clínica preparada pelo New York State Department of Health é uma revisão particularmente abrangente das abordagens comportamentais e educacionais. Esse relatório foi escrito por um painel multidisciplinar independente, reunido pelo New York State Department of Health. Esse painel analisou de modo sistemático as pesquisas científicas avaliando uma ampla variedade de intervenções e utilizando essas evidências, combinadas com julgamento clínico de especialistas, para o desenvolvimento das diretrizes. Apenas uma abordagem foi recomendada com entusiasmo por ele. Especificamente, ele recomendou que "princípios da análise comportamental aplicada (ABA) e de estratégias de intervenção comportamental sejam incluídos como elementos importantes em qualquer programa de intervenção para crianças pequenas com autismo" (p. 15). Diversas abordagens não foram recomendadas, em virtude da falta de evidências de pesquisa indicando sua eficácia, incluindo o modelo de relacionamento desenvolvimental (chamado, informalmente, de "tempo no chão"), terapia de integração sensorial, musicoterapia, terapia do toque, treinamento de integração auditiva e comunicação facilitada.

Tratamentos biomédicos

O relatório técnico mencionado anteriormente, publicado pelo *New York State Department of Health Early Intervention Program* (1999), que apresentou diretrizes de prática clínica para crianças com autismo, avaliou diferentes terapias com dieta e medicação. Muitas dessas terapias, assim como vários outros tratamentos, serão descritas e avaliadas brevemente aqui, inclusive farmacológicas, hormonais, antilevedura, homeopática, imunológica, vitamínica e nutricional e manipulação craniossacral.

Tratamento farmacológico para crianças com autismo

Nesta seção, examinaremos os principais tratamentos farmacológicos que têm sido utilizados com crianças autistas. Embora nenhum farmacêutico tenha encontrado uma "cura" para o autismo, muitos medicamentos são utilizados para o controle de sintomas específicos, autistas e comórbidos, bem como para gerenciar os comportamentos problemáticos. As medicações psicotrópicas exercem seus efeitos nos sintomas mentais e comportamentais, influenciando a química do sistema nervoso central. Estudos avaliando esses medicamentos normalmente observam seu impacto sobre os sintomas alvo, bem como efeitos adversos indesejados. No relatório técnico de Nova York (1999), 99 artigos foram revisados, examinando a eficácia de diversas medicações psicotrópicas, incluindo haloperidol (um medicamento antipsicótico ou neuroléptico), naltrexona (um antagonista de opiáceo), clonidina (um agonista alfa-adrenérgico) e fenfluramina (um medicamento estimulante). O relatório concluiu que, embora "alguns medicamentos tenham demonstrado eficácia na redução de comportamentos mal adaptados em crianças com autismo", a maioria tem sido associada "com taxas relativamente altas de efeitos colaterais", como discinesia (uma condição envolvendo movimentos musculares involuntários), agitação, aumento na estereotipia e impacto tóxico sobre os órgãos (p. IV-86). O documento aponta que medicações psicotrópicas raramente são administradas a crianças menores de três anos de idade, devido ao potencial para efeitos colaterais adversos e porque problemas comportamentais, e outros neste grupo, são frequentemente gerenciáveis através de outros tipos de intervenção. A Academia Americana de Pediatria observa que terapias medicamentosas devem ser usadas em conjunto, não como substituto, para terapias educacionais, comportamentais e de reabilitação (AAP, 2000).

As pesquisas sobre medicamentos propostos para o tratamento do transtorno têm aumentado. Por exemplo, uma organização, a Rede RUPP para o Autismo (*Research Units on Pediatric Pharmacology*, ou Unidades de Pesquisa sobre Farmacologia Pediátrica), organizou estudos multicêntricos na Escola de Medicina da Universidade de Indiana, na Universidade do Estado de Ohio, no Instituto Kennedy Krieger da Universidade Johns Hopkins, na UCLA e na Universidade de Yale. Com a ênfase acelerada no teste de fármacos, deveremos ter melhores informações sobre tratamentos com maior rapidez que no passado. Nesta seção, discutiremos as seguintes classes de fármacos: neurolépticos, inibidores da recaptação de serotonina, antagonistas opioides, estimulantes, agonistas adrenérgicos, anticonvulsivantes e possíveis tratamentos futuros com fármacos, como ocitocina e ampaquinas.

Diversas metodologias têm sido utilizadas na avaliação da segurança e eficácia dos tratamentos farmacológicos. Dois parâmetros de estudo são particularmente importantes estes são: os grupos com ocultação e de controle. Parâmetros de ocultação podem incluir, os assim chamados, estudos cegos, duplo-cegos e de rótulos abertos. "Ocultação" refere-se a não saber se um tratamento administrado é experimental ou de controle; em estudos com cego único, o participante não conhece a condição à qual foi designado; e, estudos duplo-cegos, nem o participante, nem o terapeuta sabem a condição. Estudos de rótulos abertos não são cegos, e todos os participantes conhecem o tratamento utilizado. Estudos duplo-cegos são mais eficazes para evitar-se problemas de erro sistemático na pesquisa. Tratamentos experimentais geralmente são comparados com algum tipo de condição de controle; com frequência, um grupo de controle com placebo é empregado. O comando pode ser gerenciado pelo desenho clássico de grupo de controle, no qual os participantes são designados aleatoriamente a uma condição experimental ou de controle, ou de *crossover*, no qual os participantes passam pelas condições tanto de controle quanto experimental. Os estudos de mais alta qualidade utilizam procedimentos tanto de ocultação quanto de controle, são realizados em diversos locais e têm um grande número de participantes. Eles têm recursos intensivos e geralmente ocorrem depois que estudos menores, e com menos controle, sugerem que determinado tratamento é eficaz.

Neurolépticos

Os neurolépticos são classes de drogas que se ligam a receptores inativos no cérebro, tais como aqueles para dopamina, histamina e serotonina. Os neurolépticos são usados comumente como tratamentos antipsicóticos para delírios, hostilidade e alucinações em pacientes esquizofrênicos. Estes fármacos foram considerados bons candidatos iniciais para o tratamento do autismo, especificamente porque crianças mais velhas e adultos autistas apresentam altos níveis de serotonina no sangue e líquido cefalorraquidiano. Estudos preliminares utilizando neurolépticos mais antigos, como haloperidol e tioridazina, revelaram redução nos comportamentos mal adaptados, mas também efeitos colaterais muito perturbadores. Os efeitos colaterais incluíam: sedação, irritabilidade, ganho de peso e movimentos motores anormais (rigidez, tremores, inquietação), também conhecidos como "discinesia extrapiraminal". Conforme relatos, alguns desses sintomas continuavam muito tempo após a retirada do fármaco (ver a revisão de Tsai, 1999).

A risperidona é um neuroléptico mais recente, que parece produzir efeitos colaterais menos graves. Ela se liga aos receptores de dopamina e de serotonina bloqueando sua ação. Vários estudos duplo-cegos e de rótulos abertos, que avaliaram este fármaco, revelaram que crianças diagnosticadas com autismo mostravam melhoria no relacionamento social e reduções na hostilidade, agressividade, irritabilidade, agitação e hiperatividade (Malone, Maislin, Choudhury, Gifford e Delaney, 2002; McDougle, Holmes, Carlson, Pelton, Cohen e Price, 1998; Turgay, Binder, Snyder e Fisman, 2002). Ainda que menos, foram relatados vários efeitos colaterais do tratamento com risperidona, incluindo: sedação, ganho de peso, aumento do apetite e alguns movimentos anormais; embora estes problemas de movimento fossem mais leves, e mais curtos em duração, que aqueles vistos com haloperidol e tioridazina.

A Rede RUPP para o Autismo está conduzindo um estudo multicêntrico, duplo-cego e trifásico da risperidona. Essas fases envolvem: um estudo duplo-cego de oito semanas (Fase 1); um estudo de rótulo aberto de quatro meses, para aqueles que mostraram melhora na Fase 1 (Fase 2); e uma descontinuação do tratamento randomizada e duplo-cega com placebo (para examinar os efeitos da descontinuação, algumas crianças receberão um placebo, enquanto outras receberão risperidona) (Fase 3) (McCracken *et al.*, 2002; McDougle *et al.*, 2000). A Fase 1 já foi concluída; as Fases 2 e 3 ainda estão em andamento. Os resultados da Fase 1 incluíram dados de 82 meninos e 19 meninas com autismo, em cinco locais. Diferentes escalas de avaliação clínica e listas de verificação foram utilizadas para analisar os efeitos comportamentais. As crianças que receberam risperidona mostraram diminuição significativa no número de comportamentos alvo (incluindo acessos de raiva, agressão e autoagressão) em comparação com crianças que receberam placebo (69% *versus* 12%). As pontuações para irritabilidade também diminuíram, de 56,9% no grupo de tratamento *versus* 14% no grupo de placebo. Esses efeitos positivos, exibidos por dois terços das crianças no fim do estudo de oito semanas, mantiveram-se por até seis meses. Os efeitos colaterais incluíram ganho de peso, aumento do apetite, sonolência, tonturas, salivação, tremor leve e discinesia leve (McCracken *et al.*, 2002).

Inibidores da recaptação de serotonina

Descobriu-se que a fluoxetina (nome comercial Prozac) é útil no tratamento de alguns sintomas de autismo em crianças e adultos, principalmente em pacientes com comorbidades de depressão e ansiedade. Melhorias na linguagem, cognição e relacionamento social, assim como redução nos comportamentos ritualísticos e obsessivos, também foram documentadas em vários estudos. Respostas positivas foram observadas com mais frequência nos participantes cujas famílias tinham um histórico de transtornos afetivos. Efeitos colaterais observados com a fluoxetina incluem: insônia, inquietação, diminuição do apetite, hiperatividade e agitação (Cook, Rowlett, Jaselskis e Leventhal, 1992; Ghaziuddin, Tsai e Ghaziuddin, 1991; Koshes, 1997). Um estudo mais recente da fluoxetina, cruzado e controlado com placebo, conduzido por Buchsbaum *et al.* (2001) também mostrou redução nas obsessões e na ansiedade dos participantes. Informações de PET revelaram que a fluoxetina aumentava a atividade metabólica no lobo frontal direito, particularmente no giro cingulado anterior e córtex orbitofrontal. O giro cingulado é uma estrutura profunda do lobo frontal que desempenha um papel importante em processos de atenção. Essa área do cérebro comunica-se com o sistema límbico (emoções primitivas) e com o córtex pré-frontal (avaliação de ameaças, prazer e atividade orientada para objetivos). A baixa atividade nestas áreas tem sido associada com sintomas autistas.

Outros fármacos que inibem a recaptação da serotonina, como a fluvoxamina e clomipramina, foram examinados, descobrindo-se que aliviam alguns sintomas de autismo. A fluvoxamina foi testada em adultos autistas em um estudo duplo-cego e controlado com placebo, com duração de 12 semanas, e demonstrou reduzir comportamentos e pensamentos repetitivos, agressividade e outros comportamentos desajustados, além de melhorar o relacionamento social e o uso da linguagem (McDougle *et al.*, 1996). A eficácia pediátrica ainda precisa ser determinada (Tsai, 1999). Finalmente, a clomipramina, um inibidor de recaptação de serotonina, foi comparada à desipramina, um dos seus metabólitos e um fraco inibidor da recaptação de noradrenalina. A clomipramina foi mais eficaz que o placebo ou que a desipramina na redução de comportamentos estereotipados, raiva e comportamentos compulsivos. Os dois fármacos eram mais eficazes que placebo na redução da hiperatividade (Gordon *et al.*, 1993).

Antagonistas de opioides

Altos níveis de opioides têm sido encontrados no líquido cefalorraquidiano de algumas crianças autistas. Os opioides reduzem a percepção da dor e podem induzir sentimentos de euforia. Antagonistas de opioides ligam-se aos receptores de opioides no cérebro e bloqueiam a ação de opioides de ocorrência natural. Crianças que apresentam comportamentos autoprejudiciais, com frequência, têm níveis elevados de opioides endógenos. Parece que eles inibem a sensação de dor associada a comportamentos autoprejudiciais. A liberação de opioides através de ferimentos autoprovocados pode servir como uma recompensa para os comportamentos. Kolmen *et al.* (1995; 1997) descobriram, em dois estudos bem desenhados, que a naltrexona, um antagonista de opioide, reduz a hiperatividade e a inquietação em cerca de metade dos participantes.

Estimulantes e agonistas adrenérgicos

Estimulantes como a ritalina (metilfenidato) têm sido prescritos para a redução da hiperatividade e dos problemas de atenção de crianças autistas. Pesquisas avaliando a eficácia desses fármacos indicaram melhora mais significativa para crianças com funcionamento superior; mas, os resultados têm sido inconsistentes. Os efeitos colaterais observados incluem aumento nos comportamentos agressivos e estereotipados. Em geral, os estimulantes não são amplamente prescritos para o autismo em si, mas, sim, para o controle dos comportamentos-problema (Quintana *et al.*, 1995. Ver também a revisão de Tsai, 1999).

Os agonistas alfa-adrenérgicos, tais como a clonidina, vinculam-se aos receptores, no sistema nervoso central e periférico, para a norepinefrina e outras catecolaminas, e se comportam como essas substâncias químicas. Jaselskis *et al.* (1992) conduziram um estudo duplo-cego e controlado com placebo, da clonidina em crianças hiperativas com autismo. As crianças que receberam clonidina mostraram uma redução modesta na irritabilidade e hiperatividade, em classificações feitas por pais e professores. Sedação e pressão arterial baixa foram efeitos colaterais, além do desenvolvimento de tolerância ao medicamento.

Anticonvulsivantes

Diversos medicamentos anticonvulsivantes são utilizados no controle das convulsões que ocorrem em quase um terço das pessoas com transtornos do espectro do autismo. Estes medicamentos incluem o ácido valproico, o divalproato sódico, a lamotrigina, o topiramato, a carbamazepina e a vigabatrina. Estudos sugerem que os fármacos anticonvulsivantes são eficazes no controle de convulsões, e podem ser úteis para a melhoria da estabilidade emocional e redução da agressividade, mesmo em pacientes sem histórico de epilepsia (Di Martino e Tuchman, 2001; Hollander *et al.*, 2001; McDougle *et al.*, 2003).

Possíveis tratamentos futuros

A ocitocina é um pequeno hormônio peptídeo (nove aminoácidos) normalmente secretado durante a amamentação e o parto. Em estudos com animais, a ocitocina estava associada com comportamentos pró-sociais, especialmente aqueles envolvidos com o carinho. Ela, às vezes, é chamada de "hormônio do amor". Animais nos quais a ocitocina é injetada aumentam seus comportamentos sociais. Animais injetados com bloqueadores de ocitocina reduzem seus comportamentos sociais e evitam a interação social (Insel e Winslow, 1991). Em um estudo realizado por Winslow e Insel (2002), uma linhagem de camundongos sem ocitocina endógena (ratos nocaute para ocitocina) apresentou menos comportamentos sociais que os ratos de controle. Por exemplo, eles não reconheceram camundongos familiares; posteriormente, injeções de ocitocina levaram ao aumento da sociabilidade, incluindo o reconhecimento de ratos familiares.

Dados de estudos com humanos sugerem um possível papel da ocitocina no tratamento de sintomas autistas. Uma pesquisa recente examinou os níveis de ocitocina, na hora do almoço, em 29 crianças com autismo e em 30 crianças não autistas, de mesma idade. As autistas tinham níveis inferiores de ocitocina. Crianças sem o transtorno apresentavam níveis superiores de ocitocina com a idade, o que não ocorria com crianças não autistas (Modahl *et al.*, 1998). Hollander *et al.* (2003) realizaram um estudo duplo-cego e controlado com placebo de infusões de ocitocina, para os adultos diagnosticados como portadores de autismo ou Síndrome de Asperger. Eles observaram redução do número de comportamentos repetitivos (p. ex., necessidade de saber, repetição, ordenação, precisar dizer, autoferimentos e toques) em 13 dos 15 participantes, após a perfusão de ocitocina; em contraste, apenas 6 dos 15 participantes do grupo com placebo apresentaram uma diminuição de comportamentos repetitivos, enquanto 6 mostraram um aumento. Não houve diferença nos efeitos colaterais entre os grupos com placebo e com ocitocina (Hollander *et al.*, 2003). Embora não medidos especificamente naquele estudo piloto, os autores sugeriram que os comportamentos sociais também podem melhorar com o tratamento utilizando ocitocina.

O R-BH4 é outro fármaco que tem sido investigado como tratamento para o autismo. Ele é uma substância química necessária para a síntese de neurotransmissores, como a serotonina e outras catecolaminas. Em um estudo piloto aberto, seis crianças pré-escolares autistas foram tratadas com R-BH4. Os pais relataram melhora no contato com os olhos, desejo de interagir e no número de palavras e sons. Uma pequena melhora na Escala Griffith do Desenvolvimento também foi notada. Imagens de PET mostraram um aumento de 10% na ligação do receptor de dopamina D2 no caudado e putâmen, aproximando-se de nível normal (Fernell *et al.*, 1997). O caudado e o putâmen (componentes do sistema de gânglios basais) são áreas no interior do cérebro que recebem uma grande variedade de informações do córtex cerebral, processam tais informações e as enviam de volta para o córtex motor. O caudado influencia processos motivacionais e o putâmen está associado com a coordenação subconsciente de comportamentos sensório-motores simples. Como apenas um estudo foi conduzido com este fármaco, mais pesquisas são obviamente necessárias para avaliar sua segurança e eficácia.

As ampaquinas são uma classe relativamente nova de fármacos que aumentam a atividade do receptor de AMPA. Estes receptores auxiliam na transmissão de sinais de glutamato no cérebro. Estudos mostram que as áreas do cérebro normalmente ricas em receptores de glutamato são menos ativas em pacientes autistas e têm baixas densidades de receptores de AMPA. Descobriu-se que estes medicamentos melhoram a memória em pacientes com doença de Alzheimer. A CX516, uma ampaquina, está sendo avaliada atualmente, em estudos clínicos de Fase II, por seus efeitos sobre os sintomas cognitivos e comportamentais em indivíduos com Sídrome do Cromossomo X Frágil e autismo (ClinicalTrials.gov, 2003; Danysz, 2002).

Medicina alternativa

Antes da utilização clínica de um tratamento, é preciso avaliar sua eficácia e segurança. Alguns tratamentos médicos empregados em crianças com autismo se enquadram nas categorias da medicina experimental e alternativa, que são aqueles que estão sendo estudados por pesquisadores, e normalmente, evidências preliminares de sua eficácia já foram relatadas. Às vezes, além de examinarem a eficácia do tratamento, os pesquisadores também investigam os mecanismos ou processos biológicos através dos quais ele produz seus efeitos. Tal conhecimento pode ser usado para identificar bons candidatos para um tratamento, para evitar interações com outros tratamentos e para reconhecer novos tratamentos possíveis. Uma vez que os tratamentos inicialmente classificados como experimentais, tenham sido extensamente avaliados e existam provas adequadas de sua eficácia e segurança, eles se tornam parte da medicina convencional. Medicina alternativa é um termo dado a práticas médicas não convencionais. Em contraste com os tratamentos experimentais, os tratamentos alternativos não foram avaliados empiricamente ou estudos conduzidos não encontraram evidências de sua eficácia. Atualmente, apesar da falta de evidências empíricas, procedimentos médicos alternativos são empregados, frequentemente, como para o autismo ou para condições médicas associadas ao autismo. Entre as alternativas mais comercializadas estão a terapia hormonal, terapia antilevedura, terapia imunológica, homeopatia, terapia vitamínica, terapia nutricional e manipulação craniossacral.

Terapias hormonais

Os hormônios, secretados pelas glândulas endócrinas, ajudam a regular diversas funções fisiológicas, incluindo o crescimento, o metabolismo, a digestão, a temperatura e a função imunitária. No relatório técnico de Nova York (1999), a adrenocorticotropina (ACTH), o hormônio que regula o crescimento e os processos metabólicos, e a secretina, um hormônio que desempenha um papel na digestão, foram examinadas como possíveis tratamentos para o autismo. Nenhuma revelou-se uma terapia eficaz. Além disso, manifestou-se a preocupação sobre os efeitos adversos à saúde, associados com o uso de hormônios, para o tratamento de crianças que não têm uma deficiência hormonal documentada. Devido à publicidade em torno da secretina, e aos seus possíveis efeitos "milagrosos" sobre o autismo, examinaremos esta terapia de modo mais detalhado.

A secretina é um polipeptídeo de 27 aminoácidos, segregada pelo intestino delgado, em resposta ao ácido clorídrico do estômago. Por sua vez, ela é absorvida pelo sangue e faz com que o pâncreas segregue grandes quantidades de bicarbonato, o qual, neutraliza o ácido no estômago; portanto, a secretina serve a um processo vital de proteção. Ela também reduz a circulação para os intestinos e inibe levemente a mobilidade intestinal, tornando mais lenta a passagem do conteúdo intestinal. Em virtude dos seus efeitos protetores e calmantes nestes orgãos, a secretina é utilizada como parte de testes diagnósticos conduzidos para avaliar as causas de transtornos gastrintestinais, como diarreia crônica e síndrome do intestino irritável.

As crianças autistas, assim como outras crianças que têm problemas gastrointestinais, podem receber secretina durante testes de diagnóstico. Um paciente autista, Peter Beck, a recebeu aos quatro anos, durante os testes de laboratório que estavam sendo realizados para avaliar as causas de sua diarreia crônica. Durante um período de três semanas após a infusão de secretina, seu comportamento alterou-se de forma acentuada. Peter aprendeu mais de cem palavras, disse frases curtas, respondeu a perguntas e fez maior contato visual. Sua diarreia também melhorou. Conforme relatos, esses efeitos duraram seis meses. Outros estudos de caso também relataram melhoras semelhantes, o que provocou o interesse na secretina como uma possível terapia para o autismo (Beck, Beck e Rimland, 1998). Beck *et al.* (1998) sugeriram que a secretina pode ter melhorado o transtorno das crianças ao restaurar a mucosa intestinal normal, reduzindo, assim, a absorção de proteínas grandes ou toxinas pelo intestino para a corrente sanguínea, evitando desta forma a síndrome do intestino permeável (ver capítulo 3).

Quando empregada "terapeuticamente" (em oposição ao uso para diagnóstico), a secretina é administrada por via intravenosa. Doses mais baixas geralmente são usadas em intervalos de seis semanas, enquanto dosagens maiores são empregadas para tratamentos de dose única. Apesar de uma série de estudos de casos iniciais terem sugerido que a secretina pode ter sido responsável por uma redução nos sintomas autistas (Kaminska *et al.*, 2002), estudos multicêntricos recentes não sustentam essa hipótese (Coniglio *et al.*, 2001; Corbett *et al.*, 2001; Dunn-Geier *et al.*, 2000; Lightdale *et al.*, 2001; Owley *et al.*, 2001; Roberts *et al.*, 2001). A maioria destes estudos incluiu crianças com e sem queixas gastrintestinais. Informações sobre efeitos colaterais do tratamento com secretina são mistas, com alguns casos relatando ausência de efeitos colateriais e outros relatando erupção cutânea, rubor generalizado da cabeça, pescoço e tórax (imediatamente após a infusão), febre, taquicardia, vômitos e irritabilidade prolongada e choro durante duas semanas após o tratamento. Assim, com base nesses e em outros estudos multicêntricos controlados, a secretina não parece mostrar promessas como um tratamento para o autismo.

Terapias antifúngicas

Leveduras, como a *candida albicans*, são um tipo de fungo encontrado em seres humanos. A abundância de leveduras traz problemas, como, às vezes, ocorre quando antibióticos ou esteroides são usados por um período prolongado. Os defensores de terapias antifúngicas sugerem o uso de medicamentos antifúngicos orais, ou dietas especiais que supostamente têm características antifúngicas, como um tratamento para o autismo. A lógica subjacente ao uso de terapias antifúngicas parece basear-se na premissa questionável de que a sintomatologia autista deve-se a um supercrescimento de leveduras no trato intestinal. O relatório técnico de Nova York (1999) não recomenda o uso desses tipos de terapias e expressa preocupação com uma série de potenciais efeitos colaterais adversos associados com eles.

Homeopatia

Uma busca na internet para tratamento do autismo apresentará mais de 10.000 sites sobre homeopatia e autismo. Podemos ver numerosos depoimentos sobre a eficácia desta abordagem e páginas da Web afirmam que quase todas as crianças autistas podem ser curadas ou apresentar melhora através do tratamento homeopático.

A homeopatia também é mencionada em alguns livros sobre o autismo (Waltz, 1999). Ela utiliza como remédios no tratamento de problemas médicos agentes que produzem os mesmos problemas ou outros, semelhantes, em indivíduos saudáveis, por exemplo, tratar a fadiga com uma substância que provoca fadiga em uma pessoa saudável (Stehlin, 1996). Substâncias recomendadas para o tratamento homeopático do autismo incluem arsênico, mercúrio e diferentes toxinas de anfíbios. Estes compostos são diluídos em concentrações homeopáticas[2].

O uso de diluição extrema diferencia a homeopatia do campo da imunologia, que utiliza vacinas como tratamentos. As vacinas contêm uma quantidade pequena, mas mensurável, de uma substância fundamental (normalmente sob a forma de proteínas ou vírus mortos). O corpo responde a esta substância formando células que produzem grandes quantidades de anticorpos. Essas células podem ser ativadas posteriormente, quando o indivíduo for novamente exposto. A resposta do sistema imunológico à substância contida nas vacinas pode ser facilmente medida. Contrastando com isso, medicamentos homeopáticos não contêm qualquer ingrediente ativo mensurável, devido ao processo de diluição extrema; além disso, as evidências disponíveis indicam que tais remédios não exercem qualquer influência sobre o sistema imunológico.

Grandes estudos meta-analíticos foram conduzidos para examinar os efeitos globais da homeopatia como tratamento para uma variedade de doenças. A meta-análise tipicamente examina grupos de estudos com métodos muito semelhantes. Uma meta-análise conduzida por Cucherat *et al.* (2000) verificaram inicialmente 150 estudos de tratamento homeopático; apenas cinco desses estudos foram considerados como apresentando elevada qualidade científica. Mas quando esses cinco casos foram examinados, não foi encontrada diferença significativa entre o tratamento com placebo e o tratamento homeopático. Cucherat *et al.* (2000) relataram que "a força das evidências é insuficiente para concluirmos que a homeopatia é clinicamente eficaz" (*p. 32*). Pesquisas meta-analíticas, conduzidas tanto por Cucherat *et al.* (2000) quanto por Linde *et al.* (1999) também mostraram que, à medida que a qualidade dos estudos incluídos na análise aumenta, as diferenças entre os remédios homeopáticos e os tratamentos placebo diminuem.

Terapias imunológicas

Devido a achados sugerindo que um subconjunto de pacientes autistas têm atividade incomum do sistema imunológico e a especulações de que tal atividade pode causar, de algum modo, os sintomas autistas, terapias imunológicas têm sido propostas e empregadas como tratamento para o transtorno. Essas terapias implicam a utilização do fator de transferência, pentoxifilina ou imunoglobulina intravenosa. O fator de transferência é uma pequena molécula produzida pelos leucócitos (células imunes). Um estudo piloto aberto, conduzido por Fudenberg (1996), relatou uma melhora na sensibilidade a alimentos e nos comportamentos autistas após o tratamento com o fator de transferência. Embora essa "descoberta" seja provocante, a eficácia do tratamento precisa ser estudada através de um procedimento duplo-cego e de um desenho cruzado controlado por placebo.

A pentoxifilina é um fármaco que inibe a enzima fosfodiesterase e tem vários efeitos sobre o sistema imunológico. Ela inibe o fator de necrose tumoral (sigla em inglês, TNF) por macrófagos, linfócitos (células imunes), astrócitos, microglia e células do cérebro; aumenta o fluxo sanguíneo; reduz o número de plaquetas; e inibe a recaptação de serotonina, noradrenalina e dopamina. Embora quatro estudos piloto abertos sobre a pentoxifilina tenham demonstrado redução nos sintomas autísticos em crianças (Gupta *et al.*, 1996), estudos cruzados, duplo-cegos e controlados com placebo também são necessários, para avaliar-se adequadamente a eficácia deste fármaco.

O tratamento com imunoglobulina intravenosa (IGIV), a principal terapia imunológica descrita na literatura de pesquisa sobre o autismo, utiliza anticorpos solúveis de diferentes doadores (200 a 10.000 doadores por lote) como agente terapêutico. Esta terapia tem sido utilizada para tratar estados de deficiência imune, transtornos autoimunes e doenças inflamatórias, bem como o autismo. Gupta *et al.* (1996) realizaram um estudo piloto aberto de IGIV com dez crianças autistas, com idades entre três e 12 anos, e descobriram melhora significativa no contato visual, tranquilidade e redução da ecolalia após o tratamento. Outras pesquisas não demonstraram melhora significativa (DelGiudice-Asch *et al.*, 1999; Plioplys, 1998).

Em sua revisão de tratamentos médicos, o relatório técnico do Departamento de Saúde do Estado de Nova York (1999) avaliou o uso de IGIV, indicando que sua eficácia não foi cientificamente demonstrada como tratamento para o transtorno, e que ela não deve ser utilizada. Ele também aponta que a terapia de IGIV está associada a uma série de riscos, incluindo infecções causadas pela imunoglobulina preparada com sangue contendo patógenos como HIV e hepatite.

Terapia vitamínica

Os defensores da psiquiatria ortomolecular propõem que grandes doses de vitaminas podem aliviar sintomas ou curar uma variedade de transtornos psiquiátricos, como esquizofrenia, retardo mental e autismo. Dolske *et al.* (1993) examinaram a eficácia de diferentes tratamentos vitamínicos para o transtorno, incluindo aqueles com vitamina C e vitamina B6. O uso de ácido ascórbico suplementar (vitamina C) foi examinado em um pequeno estudo cruzado, duplo-cego e controlado com placebo, que demonstrou redução dos sintomas em crianças autistas em idade escolar. Os autores sugerem que este resultado se deve aos efeitos dopaminérgicos propostos da vitamina C. No entanto, as descobertas deste estudo não foram replicadas (Dolske *et al.*, 1993).

Vitamina B6 e magnésio, utilizados em combinação, é o tratamento vitamínico mais comum para o autismo. Este tratamento, que é normalmente empregado para indivíduos com deficiências documentadas de vitamina B6 ou magnésio, também tem sido proposto como tratamento para as crianças com o transtorno que não têm estas deficiências. Rimland *et al.* (1978) em um estudo cruzado e duplo-cego, descobriram melhora no comportamento de 16 crianças autistas durante o tratamento com vitamina B6 e magnésio, além de regressão durante a retirada da vitamina. Outros estudos, no entanto, não apoiam a eficácia deste tratamento. Por exemplo, Findling *et al.* (1997) conduziram um estudo duplo-cego e controlado por placebo, por dez semanas com dez crianças, utilizando vitamina B6 e magnésio, não encontrando qualquer efeito sobre os comportamentos autistas. A Revisão Cochrane, que utiliza um painel independente de cientistas para a análise de relatórios médicos publicados, não recomendou o tratamento com vitamina B6 e magnésio, devido à qualidade metodológica questionável dos estudos que relataram benefícios (Nye e Brice, 2003). O relatório técnico de Nova York (1999) também examinou o uso de vitamina B6 (piridoxina) combinada com magnésio, como tratamento para o autismo. Com base em sua revisão da literatura de pesquisa, o relatório também não recomendou o uso desta terapia e manifestou preocupação com efeitos colaterais desconhecidos, bem como com o custo do tratamento.

Terapias nutricionais

Diversas terapias nutricionais, envolvendo a eliminação de produtos como leite ou trigo, têm sido sugeridas como tratamento para o autismo. A teoria por trás deste tipo de terapia sugere que as alergias alimentares contribuem para o transtorno, por exemplo, que as crianças que são alérgicas a determinados alimentos podem desenvolver substâncias químicas excessivas semelhantes à morfina, que, por sua vez, produzem o comportamento autista ou o aumentam. O relatório técnico de Nova York (1999) analisou uma série de estudos que utilizavam diferentes intervenções nutricionais, a maioria das quais envolvendo a eliminação tanto de laticínios, que contêm caseína, quanto produtos de trigo, que contêm glúten. Com base nessa revisão, concluiu-se que não há vantagens conhecidas associadas ao uso de dietas especiais de eliminação para crianças autistas. Embora tais dietas não tenham demonstrado efeitos adversos, o relatório salientou a importância de uma nutrição adequada. Também foi apontada a preocupação com os possíveis custos da terapia, assim como sobre os métodos utilizados nos testes de alergias alimentares. O documento sugere a utilização de métodos geralmente aceitos, como teste intradérmico e subcutâneo. Outros métodos de avaliação, tais como exames de sangue para detecção de anticorpos para alimentos específicos ou eliminação/retorno de determinados alimentos, foram considerados controversos e de validade questionável.

Dois outros aditivos alimentares/suplementos dietéticos, dimetilglicina e prata coloidal, têm sido mencionados como tratamentos para o autismo. A dimetilglicina não é tecnicamente uma vitamina, já que nenhuma síndrome de deficiência foi identificada. Ela é classificada, então, como um aditivo alimentar. A literatura sobre medicina alternativa e terapias vitamínicas afirma, desde 1965, que a dimetilglicina reduz os sintomas autistas. Recentemente Kern *et al.* (2001) analisaram 37 crianças com o transtorno, em um estudo duplo-cego, e não encontraram diferença significativa na sintomatologia autista entre os grupos de tratamento com dimetilglicina e placebo. Da mesma forma, Bolman e Richmond

(1999), estudando oito crianças autistas do sexo masculino, em um estudo cruzado e duplo-cego, não encontraram diferenças relevantes no comportamento e nas escalas de sintomas entre os grupos de tratamento com dimetilglicina e com placebo. Assim, no momento, não há nenhuma evidência convincente na literatura médica para a eficácia deste tratamento.

A prata coloidal, uma suspensão em líquido (às vezes água) de partículas muito finas de prata, foi anunciada em sites de alimentos saudáveis na internet como útil no tratamento de sintomas autistas e diarreia em crianças autistas. Existe um risco associado com o consumo de prata coloidal. Ela pode causar agiria, uma coloração acinzentada permanente da pele e outros órgãos, por depósitos deste metal nos tecidos. A FDA declarou em 1999 que nenhum medicamento sem prescrição, contendo sais de prata ou prata coloidal, pode ser comercializado legalmente para o tratamento ou prevenção de doenças. A FDA não recomenda o uso de prata coloidal (FDA, 1999).

MANIPULAÇÃO CRANIOSSACRAL

A manipulação craniossacral foi proposta, principalmente através da internet, como uma alternativa de tratamento para o autismo. Ela consiste na manipulação manual dos ossos do crânio e da coluna vertebral. Os profissionais veem esse procedimento como diagnóstico, já que podem, aparentemente, julgar o "aperto de membranas cranianas", e também como terapêutico, já que a manipulação supostamente alivia o aperto do tecido conjuntivo em torno do cérebro. O procedimento, às vezes, é utilizado por quiropráticos e por alguns osteopatas. O site do Instituto Upledger relatou que as crianças autistas apresentaram aumentos em suas habilidades interativas e da linguagem após o ajuste craniossacral e que a melhoria durou cerca de três a seis meses. Não há relatos disponíveis no Pub Med quanto à eficácia desse procedimento para crianças com autismo. Greenman e McPartland descobriram que cerca de 5% dos pacientes adultos que recebiam terapia craniossacral sofriam lesões causadas pelo tratamento (Greenman e McPartland, 1995). Pela ausência de estudos, esta terapia não é recomendada para crianças com autismo.

Resumo

Com base em pesquisas realizadas até agora, apenas algumas intervenções médicas mostram-se como promessas de tratamentos para a sintomatologia autista. Estas intervenções envolvem o uso de medicamentos psicotrópicos para sintomas como estereotipia, isolamento social e ansiedade. Alguns sintomas que acompanham o autismo, como hiperatividade e desatenção, têm sido tratados com o uso de medicamentos como clonidina, imipramina e naltrexona. A medicação psicotrópica que atualmente se mostra mais promissora para, agressividade e autoferimentos é a risperidona para crianças. Vários fármacos novos, como a ocitocina ou ampaquinas, parecem promissores, mas precisam ser melhor avaliados. Em geral, as intervenções psicotrópicas são recomendadas para crianças somente quando as intervenções educacionais e comportamentais não têm sucesso, ou quando os pacientes apresentam graves problemas comportamentais. Quando empregados, os medicamentos psicotrópicos precisam ser usados em conjunto com intervenções educativas e devem ser interrompidos assim que possível. Muitas vezes, quando as crianças avançam no desenvolvimento de suas funções sociais, de linguagem e em suas habilidades cognitivas a necessidade do uso de medicamentos para controlar os sintomas diminui. Antes do uso de medicamentos psicotrópicos é preciso examinar potenciais efeitos colaterais e pesá-los no processo de tomada de decisão. Atualmente, não há medicamento capaz de curar o autismo; o que ocorre é o controle, pelo menos no curto prazo, de sintomas como ansiedade, transtornos do humor, hiperatividade, problemas de atenção e distúrbios do sono. Como resultado do controle desses tipos de sintomas, as crianças podem se tornar mais receptivas a programas educacionais que se concentram em melhorar o comportamento adaptativo.

Embora haja algum apoio empírico para o uso de vários medicamentos psicotrópicos, este não é o caso para diversas outras intervenções médicas que têm sido empregadas com crianças autistas, incluindo a maioria dos tratamentos hormonais, terapia com secretina, tratamentos imunológicos, terapias antilevedura, terapias vitamínicas e nutricionais. Estes tratamentos não são recomendados atualmente, porque evidências de sua eficácia são poucas ou não existem, os efeitos colateriais associados ao uso de alguns deles são potencialmente graves e/ou o custo do tratamento é alto.

Com exceção de alguns remédios específicos para os sintomas, a maioria dos tratamentos médicos para o autismo provavelmente poderia ser melhor caracterizada como experimental ou alternativa. Muitos dos tratamentos médicos apresentados nesta seção são experimentais (p. ex., risperidona, ocitocina ampaquina), porque existem evidências preliminares sugerindo que podem ser úteis na melhora de alguns sintomas autistas. Muitos dos outros procedimentos, como a homeopatia, terapia imunológica, terapia nutricional e terapia vitamínica, são melhor caracterizados sob a rubrica de medicina alternativa. Eles estão sendo empregados, e às vezes pesadamente promovidos, como tratamentos para o autismo, sem qualquer fundamentação teórica bem desenvolvida para a sua utilização e sem pesquisas com boa metodologia indicando sua eficácia. O desenvolvimento dessas intervenções ocorreu, basicamente, fora do âmbito da ciência.

Tratamentos alternativos para o autismo são adotados com frequência pelos consumidores, porque conquistaram notoriedade com base em evidências informais de usuários satisfeitos, e/ou com base em apresentações carismáticas daqueles que desenvolveram os tratamentos e lucram financeiramente com o seu emprego. Muitos dos consumidores de tais terapias buscam uma solução mágica para o autismo dos seus filhos e adotam procedimentos alternativos por esperança e, às vezes, desespero, nem sempre considerando os custos e efeitos colaterais potencialmente graves. Talvez o maior problema associado com o uso de terapias alternativas ocorra quando são utilizadas em lugar dos processos com eficácia empiricamente estabelecida.

Tomar decisões de tratamento prudentes para os indivíduos com autismo é um difícil empreendimento, na melhor das hipóteses. As seguintes perguntas e diretrizes podem ser úteis para orientar o processo de escolha de pais e terapeutas. Será que o tratamento foi desenvolvido no âmbito de uma disciplina formal, como educação, psicologia, terapia ocupacional, fisioterapia, ou medicina? O tratamento demonstrou empiricamente sua utilidade para pessoas autistas e/ou deficiência semelhante? Existe um protocolo de tratamento padronizado? O processo pelo qual o tratamento exerce seus efeitos pode ser entendido e faz sentido, em termos teóricos? Existe alguma evidência de efeitos colaterais indesejáveis associados com a administração do tratamento? Em geral, os pais e terapeutas devem sentir maior confiança sobre a escolha de um tratamento quando este faz sentido teórico e está de acordo com o bom-senso; quando foi desenvolvido no âmbito de uma disciplina formal; é padronizado; sua eficácia foi avaliada empiricamente quando utilizado em indivíduos com autismo; e demonstrou não ter efeitos colateriais ou esses existem, mas podem ser manejados. Infelizmente, apenas algumas das terapias ou programas educacionais discutidos neste capítulo atendem a estes critérios.

Considerações finais

Embora tenhamos recomendado apenas um pequeno número de intervenções médicas e educacionais para o autismo neste capítulo, é fundamental que as pesquisas continuem avaliando os procedimentos que se mostram promissores, mas ainda não comprovaram a sua eficácia. À medida que esses tratamentos são padronizados e examinados, talvez sejam descobertas evidências empíricas da eficácia de alguns deles. Devido ao grande interesse demonstrado pelos terapeutas e pesquisadores no desenvolvimento de novas intervenções, parece provável a emergência de tratamentos novos e bem-sucedidos. Estudos clínicos maiores, que avaliem intervenções promissoras, poderão descobrir que algumas intervenções, embora não sejam geralmente eficazes, são úteis para uma determinada subpopulação de indivíduos autistas ou para certos tipos de sintomas. É fundamental que, à medida que surgem variações novas, e talvez melhores, das intervenções atuais, elas sejam avaliadas e comparadas com aquelas já validadas. No futuro, espera-se que aqueles que defendem diferentes abordagens para o tratamento do autismo tentem alcançar, sempre que possível, um denominador comum. Talvez eles descubram que um híbrido de seus diferentes tratamentos é superior a qualquer tratamento individual.

Notas

1 Temos visto uma ênfase crescente, por educadores e terapeutas envolvidos com o autismo, acerca do desenvolvimento de abordagens de intervenção que tratem das características primárias das crianças com transtornos no espectro do autismo, isto é, aquelas características que parecem desempenhar um papel central no desenvolvimento precoce do transtorno. Após a leitura dos capítulos 2, 3 e 4 deste livro, e uma consulta geral à literatura, deve estar claro que existe pouco consenso sobre quais são essas características primárias. Candidatos mais comuns incluem ansiedade/excitação, problemas sensoriais e de imitação, bem como deficiências nas áreas de atenção conjunta, funcionamento executivo e teoria dos processos mentais. Conclusões firmes sobre as características primárias do autismo tendem a surgir apenas quando tivermos mais pesquisas baseadas na teoria que examinem os mecanismos subjacentes ao seu desenvolvimento.

2 As diluições necessárias para medicamentos homeopáticos são geralmente chamadas de 24X, 30X ou 200C. Na série X, isto significa que a "tintura mãe" original é diluída em série, com 1 ml em 9 ml de água ou álcool, com a repetição deste procedimento no número de vezes declarado. Por exemplo, uma diluição de 30X é uma diluição de uma parte em 10^{30}, ou 1 com 30 zeros. Um paciente teria de beber mais de 1.850 litros para obter uma molécula da substância original. Em contraste com a série X, a série C inicia-se com uma diluição básica de 1 ml de tintura mãe em 99 ml de água ou álcool, e é repetida pelo número de vezes indicado. Os homeopatas acreditam que a matriz de água é criada pela diluição e agitação; a tintura mãe original muda a forma ou a configuração das moléculas de água à sua volta. Postula-se que esta matriz de água é transmitida à água no interior do corpo, alterando o organismo para produzir o seu efeito. Presume-se que a matriz pode ser transmitida para sólidos, na forma de comprimido. Contudo, pesquisadores independentes não conseguiram confirmar quaisquer diferenças entre a água deionizada e remédios homeopáticos de alta diluição, o que sugere fortemente que os medicamentos homeopáticos são inertes (Aabel *et al.*, 2001; Hirst *et al.*, 1993).

CAPÍTULO 6

Estresse e enfrentamento pelas famílias

com Julie Lounds

Famílias, nas quais há uma criança com autismo, se deparam com um desafio bastante diferente daquele que a maioria das famílias enfrenta. Ele ocorre cedo, dura a vida inteira e está associado com diversos outros problemas (pessoais, profissionais, conjugais, financeiros etc.). Estas dificuldades são encontradas em um contexto social mais amplo, que apresenta o seu próprio padrão de estressores únicos. Alguns cientistas sociais argumentam que as famílias modernas sofrem maior estresse que suas predecessoras, em parte porque o protótipo histórico da família, como um sistema social nuclear que consiste de um casal, no qual um dos membros trabalha e o outro permanece em casa cuidando dos filhos, mudou. Ainda hoje, esse protótipo de uma família nuclear é visto, muitas vezes, como um ideal pelo qual todas as outras formas familiares são avaliadas e, com frequência, consideradas deficientes.

É difícil caracterar a família moderna típica de hoje, porque ela assume muitas formas diferentes. Além da família nuclear, existem famílias com pais solteiros, pais adolescentes, divorciados, casados novamente, do mesmo sexo, mistas, adotivas, com dois pais que trabalham e aquelas que vivem de benefícios sociais. Embora a maioria desses tipos de família, se não todos, existisse no passado, eles aumentaram em prevalência e, hoje, são reconhecidos com maior facilidade. Assim como a estrutura social da família mudou, o mesmo ocorreu com sua função, que anteriormente promovia a interdependência, a união, um foco nos filhos e a domesticidade (Elkind, 1995). Hoje, funções adicionais, e muitas vezes contraditórias, foram adicionadas, incentivando o individualismo, a autonomia dos membros, o envolvimento da comunidade na criação dos filhos e o crescimento pessoal. As famílias atuais vivem em ambientes sociais que mudam rapidamente, são mais tecnológicos, invasivos e, com frequência, menos seguros. Independente da forma que assumam e das funções salientadas, a natureza dinâmica e mutável das famílias modernas, e dos ambientes em que vivem, criaram diversos estressores.

À medida que a estrutura e funções dos núcleos familiares se alteram, políticos, médicos, educadores e pesquisadores levantam questões sobre a melhor maneira de apoiar as famílias atuais. Tem sido dada atenção especial àquelas que estão sob maior estresse e precisam de apoio, incluindo aquelas com crianças com diagnóstico de deficiência de desenvolvimento tal como o autismo. Os pesquisadores têm concentrado seus esforços, no entendimento da natureza dos estressores que as famílias enfrentam, nos efeitos do estresse sobre seus membros, nos tipos de recursos de enfrentamento disponíveis e utilizados por essas famílias e, em termos mais gerais, na descoberta da razão pela qual algumas famílias têm mais sucesso que outras para enfrentar os desafios comuns. Embora o tipo de estressor que as famílias enfrentam possa variar consideravelmente, elas também compartilham muitas semelhanças nos tipos de problemas confrontados e nos métodos que utilizam para o enfrentamento.

Neste capíulo, examinaremos o estresse e o enfrentamento em famílias com crianças autistas. Esta literatura está estreitamente relacionada e é informada por uma literatura mais ampla sobre deficiências na infância e adaptação familiar. Estimativas sobre o número de crianças norte-americanas nessa categoria mais ampla, embora variem consideravelmente, excedem facilmente os dois milhões, e podem ser muito maiores, dependendo dos tipos de deficiências consideradas (Thompson e Gustafson, 1996). Há, com frequência, uma discussão considerável na literatura acerca do que se pode considerar como estresse e como estressor. Embora existam muitos significados para estresse, este capítulo utilizará a definição a seguir: o estresse é uma "tensão mental ou emocional caracterizada por sensações de ansiedade, temor etc." (Webster's New World College Dictionay, 1999). Em si e por si mesmo, o estresse não é bom ou ruim. Por um lado, o estresse e seus efeitos fisiológicos concomitantes podem ajudar a mobilizar o corpo para a ação. Por outro lado, ele, às vezes, incapacita uma pessoa, deixando-a desorientada e impotente.

Para os fins da presente discussão, um estressor será definido como algo que produz estresse. O termo "desafio" será utilizado de modo intercambiável com "estressor", referindo-se a eventos que são tipicamente estressantes para a maioria das pessoas, assim como a eventos que são potencialmente estressantes, isto é, causam estresse em algumas pessoas, mas não em outras. O impacto de um estressor sobre uma pessoa ou unidade familiar depende de outros fatores, como a forma que a pessoa percebe o estressor e como lida com ele. Estressores, embora definidos por seus efeitos, tipicamente, referem-se a eventos ou estímulos que ocorrem no ambiente, como o nascimento de um filho que depois é diagnosticado com autismo, ou no organismo de alguém, como uma doença. O que é um estressor para uma pessoa não é necessariamente o mesmo para outra.

Uma vez que os efeitos de um estressor ou desafio variam consideravelmente entre as pessoas, as razões para essas diferenças individuais serão discutidas de modo mais detalhado.

Este capítulo descreverá a ampla variedade de estressores com os quais famílias com crianças autistas se deparam e, então, examinará o impacto, tanto positivo quanto negativo, que esses estressores têm sobre diferentes membros do núcleo famíliar e sobre sua estrutura. A seguir, analisaremos as características de famílias que enfrentam com mais sucesso os desafios associados com a criação de uma criança com autismo. Em uma seção final, discutiremos as estratégias para a promoção do enfrentamento e resiliência familiar. Esta análise será suplementada pela discussão de teorias e das pesquisas conduzidas até o momento. Para obtermos um entendimento mais dinâmico sobre os desafios enfrentados por famílias com crianças autistas, e sobre como encaram o problema, esta discussão começará com a história de uma família com uma criança autista, contada por sua mãe. Para preservar a sua privacidade, o nome da mãe foi omitido.

A história de uma mãe

Eu mal pude acreditar no quanto o meu trabalho de parto e o nascimento do meu filho foram fáceis. Não foi nada como as histórias de terror que eu havia escutado durante a gravidez. Após rápidas cinco horas e meia, Spencer nasceu, e ele era perfeito. Dez dedos nas mãos, dez nos pés, tudo OK. Quarenta e oito horas depois, meu marido Greg e eu já estávamos saindo do hospital a caminho de casa, para começarmos a nossa nova vida como pais.

Como pais de primeira viagem, tudo era novo para Greg e para mim; assim, não sabíamos muito bem o que esperar do nosso pequeno. Porém, quando Spencer estava com sete ou oito meses, começamos a perceber que ele parecia fazer tudo um pouco mais devagar do que o "normal". Ainda assim, não nos preocupamos. Os bebês se desenvolvem em ritmos diferentes, certo? Então, quando ele estava com dez meses, nós começamos a nos preocupar um pouco. Finalmente havíamos lhe ensinado a sentar direitinho, mas ele ficava completamente imóvel, sem qualquer tentativa de engatinhar. Todos nos disseram que não devíamos nos preocupar e nos deram diversos tipos de opiniões sobre o motivo para ele não engatinhar, e muitos conselhos de como levá-lo a fazer isso. O problema era que ele não estava atrasado apenas para engatinhar. Este era o ponto mais óbvio e, portanto, o que mais chamava a nossa atenção. Porém, havia outras coisas, como brincadeiras limitadas com brinquedos e ausência de desenvolvimento da linguagem, de modo que o levamos ao neurologista pediátrico quando ele estava com onze meses. Neste ponto, não temíamos nada grave. Na verdade, eu achei que o neurologista apenas confirmaria que as crianças se desenvolvem em ritmos diferentes e que Spencer estava um pouco atrás, mas se recuperaria. Portanto, eu fiquei chocada quando ele nos disse: "Estou preocupado com o grande atraso no desenvolvimento de Spencer." Ele pediu exames e nos encaminhou para outros médicos e terapeutas, e minha vida tomou um rumo, naquele dia, que eu jamais havia imaginado.

Os próximos dois anos foram um turbilhão de consultas médicas, exames, programas de intervenção precoce e orações. Passamos esse tempo descartando uma coisa atrás da outra e fazendo tudo o que podíamos para ajudar no progresso de Spencer. Ele teve alguma melhora, em termos físicos. Ficamos felizes quando, aos 14 meses, nosso filho aprendeu a engatinhar e aos 20 meses começou a andar. Adorávamos vê-lo em seu "engatinhamento a jato", como o chamávamos. Ele sempre engatinhava com as mãos cerradas em punho e com muita rapidez, muitas vezes o mais rápido que podia, em círculos. Ao dar seus primeiros passos, ele caminhava nas pontas dos pés. Apesar do desenvolvimento físico, em outros setores ele não progredia. Ele não estava compensando o atraso, como esperávamos.

A palavra "autismo" surgiu pela primeira vez pela boca da fonoaudióloga de Spencer, quando ele estava com 26 meses. Ela havia percebido alguns "sinais de alerta", após trabalhar com ele por 13 meses. Ela recomendou uma pediatra comportamental, especializada em distúrbios invasivos do desenvolvimento, e sugeriu que valeria a pena vê-la. Embora eu mal soubesse o que era autismo, achei que esse era o caminho certo. Já havíamos descartado muitas outras coisas. Apesar de enfrentarmos alguma oposição dos nossos parentes e amigos, decidimos investigar essa possibilidade.

Fomos à médica e voltamos para um acompanhamento três meses depois. Após essas duas consultas, ela praticamente o diagnosticou como autista. Embora ele tenha recebido o diagnóstico "oficial" de autismo apenas cinco meses depois, por outro médico, o diagnóstico inicial já fez todo o sentido para nós. Aos dois anos e meio, Spencer não estava fazendo qualquer tentativa de comunicação e também não parecia entender coisa alguma. Suas habilidades motoras finas eram muito limitadas. Ele não se alimentava sozinho e era muito seletivo em termos de texturas dos alimentos. Ele também não mastigava. Spencer não brincava realmente com brinquedos e, se os pegava, não os manipulava de um modo normal; em vez disso, os girava para lá e para cá sem parar ou batia neles incessantemente. Ele adorava tirar as almofadas do sofá e empurrá-las pela sala, e gostava de subir e descer as escadas o tempo inteiro. Sua mão também o fascinava, segurava a mão esquerda na frente do rosto, abrindo-a e fechando-a repetidamente. Nosso filho não mostrava interesse por outras crianças; na verdade, sequer parecia notá-las. Além disso, seu relacionamento e interações conosco, a sua família, estava longe de ser típico. Duas coisas, porém, pareciam atrair o seu interesse. A primeira eram luzes e a segunda era música. Embora ele não verbalizasse, cantarolava com a boca fechada desde os 15 meses de idade. Logo após os dois anos, começou a cantarolar músicas reais, que escutava. A primeira, “I Love you”, do programa de TV “Barney”, e a segunda, “Brilha, Brilha, Estrelinha”. Ele inclusive cantarola ambas com muita afinação, e a música é uma grande parte da sua vida.

O diagnóstico de Spencer nos trouxe emoções confusas, e produziu vários sentimentos diferentes em diferentes pessoas envolvidas em sua vida. Para alguns, trouxe tristeza e negação, para outros causou solidariedade e tristeza e, em outras, amor e compreensão. Algumas pessoas entenderam e aceitaram totalmente o diagnóstico, e quiseram saber mais sobre o transtorno, enquanto outras se fecharam e não sabiam como lidar com a situação. Para mim, o diagnóstico trouxe alívio. Após um ano e meio em busca de resposta, eu finalmente a encontrei. Isto também trouxe muita tensão para Greg e para mim. Embora tivéssemos uma resposta, agora tínhamos também muitas novas perguntas. Autismo? O que é que isso significa?

O autismo trazia a nós toda uma nova vida com a qual nunca havíamos sonhado. Nunca pensei em ter um filho com deficiência. Esse era o tipo de coisa que eu via na TV e acontecia com outros, não comigo. Todos os aspectos da nossa vida mudaram. Nossa vida social diminuiu imensamente, e era muito difícil levar Spencer a qualquer lugar ou deixá-lo com uma babá. Sempre que levávamos nosso filho a locais públicos, tudo era difícil. Nós lidamos com muitos comentários dolorosos de pessoas que não faziam ideia do que estávamos enfrentando. Além disso, muitas vezes, era difícil demais explicar aos outros. Tivemos de mudar a nossa casa para lidar com os comportamentos destrutivos, mas inocentes, de Spencer, e com a sua incapacidade para entender o perigo. Nossa vida se tornou muito mais rígida e rotineira. Desistimos da nossa privacidade, em grande parte, ao abrirmos a nossa casa a terapeutas, dia sim, dia não. Minha agenda estava cheia de sessões de terapia, consultas médicas e autismo, autismo, autismo. Às vezes eu seguia em frente em velocidade máxima e, em outros momentos, me sentia totalmente esgotada e não queria mais uma pessoa me falando sobre outra “cura milagrosa” para o autismo. Mesmo assim, eu ansiava por sugestões para ajudar Spencer, porque via muitas ideias em muitos lugares. Era muito frustrante tentar descobrir qual método, medicamento ou teoria era melhor para ele. As pessoas discordavam e tinham opiniões muito fortes. E, uma vez que o autismo é um transtorno de espectro, e há tanta variação, o que funciona para uma pessoa não funciona necessariamente para outra. Havia, ainda, o problema financeiro. Cada “solução” nos custava muito, causando uma grande pressão monetária. Isso ocorria principalmente porque tentávamos algo, como terapia vitamínima e, quando não funcionava, tentávamos outra coisa.

Depois do diagnóstico inicial de autismo, nós também descobrimos que ele sofria de um transtorno convulsivo, que é bastante comum com o transtorno. Ele tinha convulsões "silenciosas" 24 horas por dia, quase sem parar. Logo depois de descobrirmos isto, ele também começou a ter convulsões de *grand mal*. Isto nos trouxe todo um novo conjunto de desafios, já que precisávamos não apenas lidar com as convulsões, mas tentar dar um fim a elas. Era uma luta constante fazer com que Spencer tomasse o seu medicamento. Além disso, os efeitos colaterais do medicamento afetavam cada parte da sua vida.

Parece quase impossível expressar plenamente o impacto dessas experiências na nossa vida. Tem sido cansativo – física, mental e emocionalmente. Para Greg, isto trouxe muito estresse a uma época já tensa da sua vida, em que ele cursava medicina e fazia a sua residência.

Quando Spencer tinha três anos, nosso segundo filho, Nicholas, nasceu. Que impacto Spencer teve nele. Sendo o segundo filho, Nick teve de competir por nossa atenção com outra criança, especialmente porque o seu irmão mais velho exige muita atenção. Ainda assim, é como se ele fosse o nosso primeiro filho, porque a nossa experiência com Spencer foi muito diferente. Como qualquer caçula, ele se preocupa com seu irmão mais velho e muitas vezes imita o que ele fazia. Infelizmente, esses comportamentos nem sempre são apropriados. Às vezes ele se sente confuso e anguistiado, já que imagina por que não disciplinamos Spencer como fazemos com ele. E ainda assim, aos três anos de idade agora, ele há muito assumiu o papel de irmão mais velho. Ele é muito protetor com Spencer. Também é muito independente e prestativo. Embora ele não entenda totalmente as singularidades de Spencer, Nick o trata diferente do jeito como trata outras crianças. Ele não tenta brincar com ele; em vez disso, leva-lhe os brinquedos favoritos, ajuda a alimentá-lo e a lavar seus cabelos no banho. Ainda assim, Nick fica bravo com ele, como qualquer outro irmão, quando Spencer faz coisas que ele não gosta. Tem sido uma experiência interessante criar um filho "típico" e uma criança com necessidades especiais. Tem sido um desafio tentar satisfazer as necessidades de ambos e ter uma vida familiar tão "normal" quanto possível. Até agora, Nick tem lidado muito bem com os desafios de ter um irmão com autismo, e sei que isso será uma grande experiência em sua vida.

Este tem sido, de longe, o maior desafio na vida de Greg ou na minha vida. Nossos dias são de luta e sacrifício. Esse é o maior teste no nosso casamento. Ainda assim, isto nos aproximou mais do que poderíamos imaginar, porque nós dois somos as únicas duas pessoas no mundo que realmente sabem o que passamos. Por causa disso, apoiamos um ao outro muitas vezes, quando de outro modo teríamos nos sentido totalmente sozinhos. Nós choramos juntos, nos preocupamos juntos, lamentamos juntos e sentimos pena de nós mesmos juntos. Viramos muitas noites cuidando de Spencer juntos, tomamos muitas decisões juntos e cogitamos, juntos, se poderíamos enfrentar mais um dia. Nós oramos juntos e oramos juntos e oramos juntos... E nós rimos juntos, sorrimos juntos e nos alegramos juntos. E isso é o mais importante, porque além de ser o maior desafio das nossas vidas, também tem sido a nossa maior bênção.

Temos aprendido e crescido muito. Nós aprendemos a apreciar mais, a tomar menos coisas como certas, a julgar menos e a amar mais. Aprendemos a ter paciência, a sermos compreensivos e a ter compaixão. Aprendemos a confiar na ajuda de Deus e dos outros, porque não podemos fazer isso sozinhos. Aprendemos, também, que Deus, muitas vezes, sabe melhor que nós que tipo de experiência precisamos ter nas nossas vidas. Nós aprendemos a definir prioridades e descobrimos o que realmente importa. Conhecemos pessoas maravilhosas, que jamais teríamos conhecido, e temos experiências incríveis, que jamais teríamos tido. Quando descobrimos algo que funciona com Spencer, isto compensa as dez coisas que tentamos e não deram certo. Nos animamos a cada pequeno sucesso. Aprendemos a encontrar prazer nas coisas simples e, ao fazê-lo, encontramos muita alegria, porque há um grande prazer em criar uma criança com necessidades especiais. Conseguimos encontrar muitas razões para sorrisos e risadas. Há muito mais, no Spencer, do que as suas necessidades especiais. Ele é um menino querido, divertido e com personalidade única, que adora a praia, música, andar de carro e ficar na fila no supermercado. Ele ri histericamente quando o funcionário passa o leitor de código de barras nas mercadorias. Ele adora o som do bip. Assim, nós rimos dele rindo, e todos nos olham, sem saber do que rimos. Não damos a mínima para isso.

Portanto, nesses seis anos e meio da jornada, não podemos imaginar a vida sem Spencer e seu grande sorriso.

Um modelo de ajuste familiar

Do ponto de vista do desenvolvimento, os desafios que famílias com crianças autistas enfrentam, como aqueles descritos em "A história de uma mãe", são bastante variados e mudam, à medida que as crianças amadurecem. Além disso, a forma como esses desafios afetam as famílias difere consideravelmente. Guralnick (2000) propôs um modelo, na tentativa de representar essa diversidade. Em seu modelo, os estressores enfrentados pelas famílias estão relacionados com:

- buscar e entender o imenso volume de informações;
- receber um diagnóstico;

- recursos de tempo e dinheiro;
- manutenção de um senso de controle.

Os estressores são descritos em termos do seu impacto sobre as famílias, incluindo a interação pais-filho; como os pais monitoram e organizam os ambientes físico e social dos seus filhos; e como cuidam da saúde e segurança da criança. Esses padrões familiares de interações não apenas são influenciados pelos estressores mencionados anteriormente, mas influenciam, por sua vez, o desenvolvimento subsequente da criança com a deficiência.

Um modelo de ajuste familiar semelhante, mas mais articulado, pode ser visto na tabela 6.1 (*p. 232*); ele relaciona desafios comuns com os quais famílias com crianças autistas se deparam, os tipos de efeitos que a presença da criança com o transtorno pode ter sobre a família e, mais importante, descreve fatores de proteção que podem servir para aumentar a resiliência familiar e reduzir os potenciais efeitos adversos dos desafios sobre a família, que são:

- buscar por um diagnóstico;
- confrontar o diagnóstico;
- aprender sobre o autismo;
- procurar serviços;
- encargos financeiros;
- estigmatização social;
- alterações nos papéis dentro da família;
- demandas por defensoria;
- desafios específicos à criança.

Os efeitos dessas dificuldades sobre a família são numerosos. Eles influenciam o ajuste de cada cônjuge, de ambos como um casal e como pais, além de influenciarem o entendimento entre irmãos. Os fatores de proteção, que podem, potencialmente, moderar ou reduzir o impacto destes desafios no ajuste familiar, incluem:

- fatores históricos;
- características de enfrentamento da família;

- apoio social interfamiliar e dos demais parentes;
- apoio da comunidade e de profissionais.

Finalmente, o modelo indica que o desenvolvimento da criança com autismo é influenciado pela forma como a família se ajusta aos desafios. Como mostraremos, o modelo reconhece que fatores familiares fornecem apenas uma fonte de influência sobre o crescimento da criança; outros fatores críticos incluem as características genéticas ou biológicas do indivíduo e fontes de apoio encontradas na comunidade.

Desafios enfrentados por famílias de crianças com autismo

Esta seção descreverá os desafios listados na tabela 6.1 (*p. 232*), examinando primeiro aqueles que são gerais à maioria, se não a todas as famílias, e explorando, depois, aqueles que variam mais, por exemplo: as características específicas das crianças autistas.

Problemas do desenvolvimento precoce: a busca pelo diagnóstico

Os pais de uma criança com autismo são geralmente os primeiros a perceber que algo está errado com seu filho. Com pais de primeira viagem, a percepção pode vir mais tarde do que ocorre com aqueles experientes, mas, com frequência, antes de profissionais, geralmente médicos a quem consultam inicialmente, chegarem à conclusão de que algo diferente está ocorrendo. Avaliações do desenvolvimento precoce empregadas por médicos costumam ser bastante superficiais e baseiam-se fortemente naquilo que os pais informam. Em geral, o médico não expressa preocupação com algo na criança, a menos que haja grande atraso desta na aquisição dos marcos importantes do desenvolvimento, por exemplo, para sentar-se, engatinhar e caminhar. As características sociais, de comunidação e outras características comportamentais únicas associadas com o autismo, dificilmente são detectadas e interpretadas por profissionais inexperientes antes de a criança chegar aos três anos de idade. Devido à considerável variabilidade existente na trajetória de crescimento de bebês típicos, a tarefa de avaliar o desenvolvimento atípico precoce é extremamente difícil e requer a realização de uma extensa avaliação por um profissional familiarizado com o autismo e outros transtornos do desenvolvimento.

Tabela 6.1 Um modelo de ajuste familiar

Desafios à família	Fatores de proteção à família	Ajuste familiar	Efeitos sobre a criança
Buscar por um diagnóstico Confrontar o diagnóstico Aprender sobre o autismo Buscar serviços Ônus financeiro Resposta da comunidade e estigmatização Alterações nos papéis familiares Demandas por defensoria Desafios específicos à criança	Fatores históricos Recursos de enfrentamento pela família: • prontidão dos pais • competência emocional • habilidades de solução de problemas • otimismo • capacidade de organização • religiosidade e espiritualidade Apoios sociais para a família (inclui apoio de parentes próximos, outros familiares, amigos e comunidade)	Ajuste pelos pais Ajuste conjugal Comportamento ligado à criação da criança Ajuste dos irmãos	Desenvolvimento da criança autista

Obs.: o impacto que os desafios representam para o ajuste familiar depende de fatores de proteção à família. Esses servem para atenuar ou moderar as influências, potencialmente adversas, que esses desafios podem ter sobre o ajuste familiar. Por sua vez, o ajuste familiar influencia o desenvolvimento infantil.

Durante o precoce período de incertezas, anterior ao diagnóstico, os pais oscilam entre sentimentos de alívio que acompanham garantias do médico de família, e ansiedade, à medida que se tornam cada vez mais convencidos de que algo não está bem. À medida que suas preocupações aumentam, os pais, com frequência, envolvem-se em padrões de descoberta dos fatos, buscando informações com parentes, outros pais, livros, internet e, finalmente, com uma gama de outros profissionais médicos e nas comunidades de serviços educacionais. Como observado em "A história de uma mãe", o estresse associado a este período de dúvidas às vezes se torna tão grande que um diagnóstico de autismo é acompanhado por uma sensação de alívio, especificamente porque o problema da criança agora tem um nome.

Confrontando o diagnóstico de autismo

Uma vez que a literatura sobre o autismo está repleta de discussões acerca dos vários estágios pelos quais os pais passam após receberem um diagnóstico, faremos apenas uma breve menção a eles aqui. Os estágios apresentam componentes emocionais e cognitivos, com estes últimos relacionados às percepções sobre o diagnóstico e suas implicações para a família. Embora os estágios específicos descritos na literatura variem, eles, com frequência, incluem menção à negação, culpa, impotência, luto, aceitação e esperança (veja, por exemplo, Tommasone e Tommasone, 2000; Ziolko, 1993). Entretanto, os pais tendem a diferir em termos dos estágios por que passam, assim como em termos da ordem em que tais estágios ocorrem. Algumas pessoas vão e voltam de um para outro estágio. Todas as etapas representam uma forma de reagir e/ou lidar com a dor associada ao recebimento do diagnóstico. Contudo, essas estratégias não são exclusivas aos pais de crianças com autismo (Kübler-Ross, 1969). Os mecanismos de enfrentamento empregados durante este processo, às vezes, são primitivos, mas compreensíveis, e, com frequência, servem a uma função de proteção, pelo menos do curto prazo.

NEGAÇÃO

Uma vez que muitos pais sabem que algo está errado com o seu filho, um diagnóstico que confirma a expectativa pode não ser uma surpresa. Apesar desta consciência por parte dos pais, um diagnóstico específico de autismo nunca é totalmente previsto e, muitas vezes, os deixa confusos e em busca de informações. Uma vez que a seriedade do transtorno é compreendida, um senso de irrealidade pode aparecer, acompanhado pela sensação de que isto não pode estar lhes acontecendo. A negação pode manifestar-se de muitas maneiras, incluindo não falar sobre o diagnóstico com qualquer pessoa, continuar como se nada tivesse acontecido, desconfiar do parecer médico e buscar outro diagnóstico. Embora buscar uma segunda ou terceira opinião não seja um problema, e até mesmo seja aconselhável, em algum ponto a realidade do diagnóstico, e suas implicações, precisará ser confrontada. A negação também se reflete, às vezes, na atitude excessivamente otimista dos pais sobre as capacidades, habilidades e futuras possibilidades dos seus filhos. A negação no curto prazo também serve, contudo, para isolar os pais de toda a intensidade da dor, até poderem lidar de modo mais direto com o que é uma realidade desagradável. Embora alguns pais permaneçam em negação por períodos mais longos, eles começam gradualmente o processo de confrontação, porque precisam ajudar seus filhos. Apoios sociais, informais e formais, podem auxiliar imensamente os pais a passar por este e pelos outros estágios.

Raiva

A raiva é um modo comum de lidar com a dor. A raiva afasta temporariamente o foco da dor dos pais e também representa uma tentativa inicial de entender o que aconteceu. A ira pode voltar-se para Deus, para os profissionais, o cônjuge ou para si mesmo. Até quando é apropriada de algum modo, a raiva raramente serve para melhorar a forma como o pai ou mãe se sentem; talvez melhore no curto prazo, mas não no longo prazo. Ela é uma resposta instintiva primitiva que, apesar de geralmente improdutiva, é completamente compreensível e, às vezes, catártica.

Culpa

A culpa envolve a sensação de que se é de algum modo responsável pelo que aconteceu. Os pais podem se sentir culpados porque acham que são responsáveis pelo autismo dos seus filhos; eles creem poderiam ter feito, antes, mais para ajudá-lo e/ou deveriam estar fazendo mais, atualmente. A culpa surge, pelo menos em parte, de um sentimento de desamparo e de não saber o que fazer. Teóricos psicodinâmicos, muitas vezes, falam sobre a culpa como a raiva que se volta para o nosso interior. Embora os sentimentos de culpa possam motivar os pais a buscarem informações e utilizarem os recursos à sua disposição, essa emoção é muitas vezes improdutiva e, se crônica, acaba por levar à depressão e à inação.

Luto e aceitação

A experiência de dor e de luto dá início ao processo de reconhecimento do que ocorreu e de aceitação do que se perdeu. O luto é uma resposta emocional precipitada pela percepção de que a criança que os pais têm não é aquela que achavam que tinham, esperavam ou desejavam ter. Suas expectativas foram violadas. Adicionalmente, o luto também acompanha a crescente conscientização pelos adultos de que a vida que pensavam que teriam tende a se alterar de modo significativo, e que a tarefa e experiência de serem pais será mais difícil do que imaginavam. Eles começam a perceber, por exemplo, que suas próprias expectativas para um certo tipo de carreira, e avanço nesta, podem precisar ser modificadas de forma significativa; que o seu relacionamento conjugal será alterado de diversas maneiras; que o seu estilo de vida, atividades recreativas e suas visões de um futuro distante, incluindo netos e aposentadoria, podem precisar ser ajustados; e que o seu orgulho das realizações do seu filho se baseará em padrões diferentes. Um pai comparou, de modo eloquente, ter um filho com uma deficiência a uma jornada inesperada, no qual você pensava em ir à Itália, mas acabou na Holanda. Não há problema algum na Holanda, mas é diferente da Itália (fonte desconhecida).

Como um processo, o luto parental ocorre, em grande parte, no início da vida de uma criança. No entanto, à medida que a criança se desenvolve e os pais tornam-se mais plenamente consciente do que é o autismo e suas implicações para a família, o luto muitas vezes continua, mas de forma mais moderada. Embora o trabalho do luto possa prolongar-se por um longo período, a intensidade emocional é normalmente moderada, à medida que os pais vêm a aceitar, amar e sentir alegria pelo filho que têm. A aceitação completa envolve uma compreensão do seu pequeno e da natureza do autismo, uma diminuição da ansiedade e tristeza e o desenvolvimento de expectativas realistas por parte dos pais em relação ao que o futuro reserva para a sua família e o seu filho.

Aprendendo sobre o autismo

Após receberem o diagnóstico, e começarem a confrontar seus sentimentos de perda, os pais estão em uma posição melhor para ajudar seu filho. O processo de cura é facilitado através da obtenção de conhecimento. Esse processo educativo, para alguns pais, vem principalmente através do que os profissionais lhes dizem. Outros pais, no entanto, procuram informações ativamente, por meio de leituras, pela internet, conversando com diferentes pais e indo a conferências e workshops. Não é incomum vermos pais que parecem saber tanto ou mais que os profissionais a quem se dirigem para pedir assistência. Para esses pais, os profissionais exercem um papel menos de especialistas do que de alguém que eles usam para testar e buscar validação para as suas ideias sobre o autismo e seu tratamento. Eles começam como estudantes e acabam como professores, mas como todos os bons professores, eles continuam estudando e aprendendo.

Esse tipo de inversão de papéis requer uma mudança de atitude e comportamento por parte dos pais e dos profissionais. Os pais aprendem a assumir maior responsabilidade pelo bem-estar dos seus filhos, aumentando o seu conhecimento sobre o autismo e sabendo abordar os profissionais com menos temor e deferência, e com percepções mais realistas do que eles sabem e podem fazer por suas famílias. Eles aprendem que até mesmo o conhecimento do "especialista" é limitado e, em alguns casos, bastante restrito, e que não é prudente aceitar, sem qualquer análise, o que escutam. Por outro lado, os profissionais que trabalham com os pais precisam se comunicar com eles com alguma humildade, reconhecendo os limites de seu próprio conhecimento e apreciando a sabedoria que muitos deles acumulam através da experiência e autoeducação ativa.

A busca por serviços

A busca por serviços pode ser muito demorada e frustrante, porque as crianças, muitas vezes, exigem vários tipos diferentes de intervenções, tais como aquelas oferecidas por fonoaudiólogos, terapeutas ocupacionais, do desenvolvimento, fisioterapeutas, nutricionistas, neurologisas e educadores. Infelizmente, alguns dos serviços que as crianças autistas precisam podem não estar facilmente disponíveis na comunidade local. Para os pais que não têm recursos financeiros para ir além da comunidade, em busca dos serviços necessários, o dilema é outro. Devido à multiplicidade de serviços disponíveis em nível nacional, eles se perguntam o que seria mais adequado para seu filho.

Enquanto consultam diversos prestadores de serviços, os pais, muitas vezes, passam por um processo bastante elaborado de busca e oferta de informações. Uma vez que alguns profissionais têm conhecimentos limitados na área do autismo, os pais podem ter de educar os profissionais sobre o transtorno e sobre as necessidades dos seus filhos, e até mesmo estar preparados para fazer sugestões sobre como terapias e serviços educacionais podem ser melhor estruturados para atender à criança. Para evitarem redundância, criar continuidade na oferta do programa e integrar esfoços de diferentes programas os pais às vezes se lançam ao papel de coordenadores. Como coordenadores do programa, eles devem compartilhar com os profissionais informações sobre os métodos que já colocaram em prática. Embora algumas agências de serviços ajudem a coordenar os programas para uma criança, um sistema dinâmico e unificado de prestação de serviços, muitas vezes, ocorre apenas como uma consequência dos esforços dos pais.

Problemas financeiros

Um grande dificultador encontrado por quase todas as famílias, até mesmo por aquelas com maior renda, é obter recursos para pagar pelos serviços que a criança precisa. Os custos dos serviços muitas vezes são consideráveis. Guralnick (2000) aponta que as mudanças na estrutura familiar podem colocar mais encargos financeiros sobre ela, após o diagnóstico de autismo, especificamente porque um dos pais precisa ou se sente obrigado a ficar em casa para ajudar o filho autista. À medida que as famílias começam a utilizar programas para o atendimento às necessidades das crianças, o futuro, dos filhos e das famílias, são continuamente reavaliados. As famílias, com frequência, necessitam tomar decisões em termos do que mais precisam, do que podem abrir mão e de como priorizar os seus gastos. Pode ser preciso fazer sacrifícios consideráveis sobre necessidades de habitação, educação, transporte e recreação, além dos tipos de serviços pelos quais podem pagar para a criança autista. Embora os pais possam obter apoio financeiro de fontes governamentais e da comunidade, tal apoio não está sempre imediatamente disponível quando intervenções precoces precisam ser postas em prática.

Resposta comunitária e estigmatização

Praticamente todos os pais discutem os desafios e problemas associados com o envolvimento da sua rede social e da comunidade mais ampla. Eles descrevem os olhares, comentários maldosos e evitação ativa que, às vezes, ocorrem. Tais problemas são mais visíveis quando as crianças têm dificuldades para se adaptarem a novos arranjos, como um supermercado. Os adultos mencionam que a resposta adversa da comunidade é exacerbada pelo fato de essas crianças "parecerem normais". Às vezes os pais usam esses encontros sociais, embaraçosos e difíceis, como uma oportunidade para educar o público sobre o autismo; em outras ocasiões, eles decidem poupar sua energia para outras "batalhas".

Como indicado em "A história de uma mãe", os pais, com frequência, comentam acerca das mudanças em seus relacionamentos sociais após terem um filho com autismo. Donenberg e Baker (1993) ressaltam que, à medida que as demandas sobre o tempo da família aumentam, a socialização com amigos, e até mesmo com a família, torna-se cada vez mais restrita. Ocasionalmente, os amigos têm dificuldade em se adaptar e lidar com o autismo, e evitam a família, o que por sua vez leva à sensação crescente de isolamento por parte dos pais. Wolf *et al.* (1989), examinando a relação entre o apoio social e o bem-estar de mães de crianças autistas, descobriram, não surpreendentemente, uma correlação positiva entre o estresse e a depressão. Os resultados indicaram, no entanto, que as mães que tinham mais apoio estavam menos propensas à depressão, independentemente do nível de estresse vivenciado na criação do filho com autismo.

Os outros filhos também podem ter dificuldades em apresentar o irmão ou irmã autista aos amigos. Roeyers e Mycke (1995) examinaram os relacionamentos entre irmãos de 60 crianças com idades entre 8 e 15 anos: 20 deles tinham um irmão com autismo, 20 tinham um irmão com deficiência mental e 20 tinham um irmão sem necessidades especiais. Eles descobriram que os irmãos de crianças autistas relatavam maior constrangimento sobre o seu relacionamento fraterno do que as crianças dos outros dois grupos. O relacionamento com os parentes também podem alterar-se de forma negativa. Com maior frequência, muitas famílias comentam que o autismo dos filhos ajudou-os a apreciar a generosidade e o amor dos parentes e amigos, além de torná-las mais conscientes sobre uma maravilhosa nova comunidade de pessoas prestativas e carinhosas.

Alterações nos papéis dentro da família

Um dos desafios mais difíceis que as famílias enfrentam são as mudanças de papéis imprevistas que, inevitavelmente, ocorrem quando a criança é diagnosticada com autismo. Em muitos lares, os pais decidem que um deles, muitas vezes a mãe, deve permanecer em casa para cuidar do filho. Embora este pai ou mãe talvez tivesse optado por ficar em casa com o filho em circunstâncias mais típicas, ele ou ela, frequentemente, se sente compelido(a) a adiar ou a abandonar seus objetivos pessoais, educacionais e profissionais. O membro do casal que fica em casa, com frequência, assume as funções de coordenador de serviços, professor e defensor dos direitos da criança. Similarmente, os pais que trabalham podem mudar o modo como ingressam e como pretendem continuar em suas carreiras; por exemplo, eles podem limitar o tempo que dedicam ao seu trabalho remunerado. O ajuste da família é influenciado pelo nível de adequação com que os pais negociam essas alterações de papel.

Bristol *et al.* (1988) avaliaram os papéis e a adaptação familiar em dois grupos de famílias: um grupo com meninos sem necessidades especiais e um grupo com meninos com problemas de desenvolvimento, dos quais cerca de metade era autista. Eles descobriram que uma discrepância, entre as percepções reais e as percebidas pelos parceiros sobre o apoio adequado que recebiam do outro cônjuge, estava associada com adaptação negativa dos pais de crianças com necessidades especiais. Por exemplo, mães, que pensavam que os maridos não ajudavam em tarefas domésticas tanto quanto deveriam, estavam mais propensas à depressão, independentemente do tempo real que os pais passavam realizando tarefas domésticas. Eles também constataram que os pais que tinham uma criança com deficiência do desenvolvimento pareciam envolver-se menos nos cuidados da criança que pais que não tinham uma criança com necessidades especiais. Curiosamente, este relacionamento se mantinha mesmo quando o estudo analisava mães e pais que trabalhavam fora.

Milgram e Atzil (1988) realizaram um estudo semelhante, no qual examinaram o estresse e a divisão do trabalho entre os pais de crianças autistas. Problemas com a criação dos filhos relacionavam-se com o número das tarefas executadas por cada um dos parceiros, com a divisão da responsabilidade geral pela criação dos filhos e com a satisfação dos pais com tal divisão de responsabilidade. Para os pais, maiores responsabilidades pelos filhos se relacionavam com menor satisfação com a vida. Em comparação, o que mais afetava o bem-estar das mães não era a carga absoluta de cuidados assumidos com seus filhos, mas o nível de igualdade que percebiam na divisão de tarefas com seus cônjuges. Os dois estudos mencionados sugerem a importância da comunicação e negociação entre os pais, com relação à distribuição das responsabilidades relacionadas aos cuidados da criança com autismo. Especificamente, é importante que os pais discutam as funções que cada um considera apropriadas para si e para o seu cônjuge, e quanto da carga de cuidados cada um acha que executa atualmente e que deveria executar.

Além das alterações nos papéis dos pais, os irmãos podem se ver lançados em papéis inesperados. Ocasionalmente, por exemplo, eles recebem responsabilidades pelos cuidados e supervisão do irmão ou irmã com autismo. Além disso, eles podem testemunhar uma redução no seu tempo pessoal com os pais. Em famílias com crianças com desenvolvimento típico, os filhos mais velhos, muitas vezes, assumem algumas responsabilidades com os cuidados dos seus irmãos mais novos. Entretanto, a negociação dessa função de cuidar do irmão pode ser mais difícil, se o irmão ou irmã é autista, particularmente se também é mais velho ou mais velha. Roeyers e Mycke (1995) avaliaram as relações entre a ordem de nascimento e o relacionamento fraterno, quando um deles tinha uma deficiência do desenvolvimento. Eles descobriram que o relacionamento entre irmãos com deficiência do desenvolvimento, e os sem tal deficiência, era mais problemático quando o irmão com limitações era de zero a três anos mais velho que a criança sem problemas de desenvolvimento.

Em uma revisão das pesquisas, Stoneman (2001), examinando as funções de cuidados com os irmãos, quando há uma criança com autismo na família, concluiu que a adoção de um papel de cuidador é acompanhado, muitas vezes, por conflito e ansiedade naquele que cuida, particularmente enquanto este relacionamento está sendo negociado e formado. Roeyers e Mycke (1995), contudo, descobriram que crianças com irmãos autistas (mais velhos e mais jovens), que estavam bem informadas sobre o assunto, mantinham relacionamentos mais positivos com os irmãos do que as crianças com conhecimento reduzido sobre o tema. Independentemente do quanto esses relacionamentos entre irmãos possam ser difíceis, Stoneman (2001) concluiu, em sua revisão, que não existem evidências de que cuidar de um irmão mais velho seja prejudicial para os irmãos ou para o seu relacionamento, no longo prazo. Em "A história de uma mãe", a autora sugere que uma criança mais nova pode beneficiar-se de fato ao crescer com um irmão com autismo.

Defensoria dos direitos da criança

Uma das mudanças de função assumida por muitas famílias envolve tornarem-se defensoras dos direitos da criança em relação ao autismo. Historicamente, na área dos serviços de saúde mental e física, o desenvolvimento de novos serviços, com frequência, ocorre pela luta dos pais para que isto aconteça. A defensoria é um modo de lidar com as demandas associadas com criar uma criança autista; ela é ao mesmo tempo um fator de proteção contra o estresse e um processo que pode induzi-lo. A defensoria é um processo complexo, que envolve um indivíduo, ou grupo de indivíduos, que tem por objetivo criar a conscientização na comunidade mais ampla sobre o que é o autismo, sobre sua prevalência e sobre a necessidade por serviços novos e especializados. A defensoria, com frequência, começa com discussões com profissionais encarregados dos sistemas de oferta de serviços na comunidade. Ela envolve, muitas vezes, a criação de apoios comunitários, pelo recrutamento de pessoas com o mesmo desejo e da mídia. A defensoria também pode envolver conversas, educação e questionamento a políticos e legisladores. Ocasionalmente, quando é difícil iniciar a mudança recorrendo a esses diálogos, ela pode levar ao uso do sistema legal, para estabelecer os direitos das crianças com problemas de desenvolvimento, como o direito à igualdade de tratamento e proteção contra riscos.

Desafios específicos à criança

Os desafios enfrentados pelas famílias podem variar consideravelmente, dependendo das características dos filhos autistas. Uma vez que o autismo é um transtorno de espectro, essas características variam imensamente. Crianças com o transtorno podem apresentar retardo mental grave, ser intelectualmente normais ou ter capacidade mental superior; podem ser não verbais ou muito competentes, em termos linguísticos; podem ter deficiências motoras, problemas sensoriais e médicos, ou não exibir qualquer desses problemas; pode ou não haver manifestação de sinais de hiperatividade, prejuízos auditivos, convulsões epilépticas, deficiências do sistema imunológico e diferentes problemas comportamentais, como autoagressão e agressividade voltada a outros. O número e a extensão desses problemas influenciam os tipos e o número de ajustes que as famílias precisam fazer. As famílias cujos filhos necessitam de serviços profissionais mais extensos enfrentam um desafio maior.

Aprender como relacionar-se com uma criança com autismo, e como criá-la, é uma tarefa difícil. É preciso descobrir novas formas de criar esse filho. Os pais com crianças que demonstram desenvolvimento lento, em uma ou mais áreas, com frequência, precisam adquirir um novo modo de pensar sobre o desenvolvimento e sobre as conquistas dessa criança. Para atenderem às necessidades dos filhos, os pais frequentemente buscam atendimento profissional. Eles podem precisar aprender novas habilidades para ajudar crianças que exibem:

- atraso da linguagem e do desenvolvimento social;
- deficiências cognitivas;
- padrões restritivos de alimentação;
- hipossensibilidades e hipersensibilidades;
- regulação deficiente das emoções;
- problemas com o treinamento para uso do vaso sanitário;
- deficiências motoras grossas e finas;
- comportamentos estereotipados;
- obsessões e desobediência;
- outros problemas descritos anteriormente.

Diversos estudiosos descobriram que o nível de estresse que os pais vivenciam está diretamente relacionado com a gravidade dos sintomas presentes nos seus filhos. Tobing e Glenwick (2002) examinaram o relacionamento entre a gravidade do prejuízo funcional e o estresse no papel de mãe, para mães de crianças com autismo e outras com filhos com Transtorno Global do Desenvolvimento – Sem Outra Especificação (TGD-SOE). Compreensivelmente, os estudiosos descobriram que crianças autistas tinham sintomas mais graves que crianças com TGD-SOE. As mães de crianças com autismo também relatavam maior estresse em seu papel que as mães de crianças com TGD-SOE. Em termos gerais, os autores descobriram que, independentemente de as crianças serem classificadas com autismo ou TGD-SOE, prejuízos mais graves relacionavam-se com níveis superiores de estresse nas mães.

Konstantareas e Homatidis (1989) exploraram o relacionamento entre prejuízos nas crianças e estresse, examinando os sintomas mais estressantes para mães e pais. Eles entrevistaram mães e pais separadamente, perguntando-lhes sobre as características dos filhos autistas com as quais tinham mais dificuldade de lidar. Interessantemente, mães e pais responderam de modo um pouco diferente às perguntas. Os homens sentiam-se mais estressados pela falta de comunicação verbal e reações de ansiedade dos filhos. As mulheres, por outro lado, sentiam-se mais estressadas pelos comportamentos estereotipados, preocupações visuais e respostas emocionais inapropriadas dos seus filhos às situações. Entretanto, mães e pais concordavam sobre a característica que mais produzia estresse, enquanto criavam um filho autista: o comportamento autoagressivo.

Resumo

O impacto dos desafios descritos, nesta seção, sobre o funcionamento da família varia consideravelmente, dependendo da naturza dos desafios específicos. Por exemplo, as famílias com menos recursos financeiros provavelmente experimentam maior estresse que aquelas com renda mais alta. Entretanto, o grau de estresse realmente vivido por uma família relaciona-se não apenas ao nível de determinado desafio, mas também ao número de dificuldades enfrentadas. Em lares com pouco dinheiro, uma criança com diversos problemas além do autismo (p. ex., epilepsia, surdez, dificuldades motoras graves e retardo mental), e dificuldade para encontrar serviços comunitários apropriados, serão salientados em maior grau que em famílias que não precisam lidar com tantos problemas. O impacto máximo dos desafios descritos nesta seção depende de fatores que servem para proteger a família. Esses fatores serão discutidos mais tarde. Na próxima seção, examinaremos os tipos de efeitos que esses desafios podem ter sobre uma família.

O autismo e seu impacto sobre as famílias

À medida que se deparam com os desafios mencionados na seção anterior, as famílias precisam fazer uma série de adaptações. O impacto desses desafios sobre o funcionamento familiar é individualizado e bastante diversificado. Quando o ajuste das famílias com crianças autistas é estudado, os negativos, com frequência, recebem mais destaque, enquanto os positivos, como aqueles apontados em "A história de uma mãe" são ignorados. Mais tarde, examinaremos a resiliência familiar, incluindo possíveis razões para algumas famílias serem protegidas contra os efeitos mais adversos do estresse e terem efeitos positivos imprevistos, à medida que crescem e se tornam mais capacitadas para lidar com o transtorno. Nesta seção, analisaremos os potenciais efeitos negativos e positivos sobre as famílias com crianças autistas. Sob uma perspectiva de prevenção e intervenção, é importante entender quais são os efeitos negativos, para podermos agir contra eles. A adaptação familiar será examinada em quatro áreas: ajuste social e emocional dos pais, ajuste conjugal, comportamento dos pais e ajuste dos irmãos.

Ajuste social e emocional dos pais

Em razão dos extensos desafios com que os pais de crianças com autismo se deparam, não nos surpreende que alguns apresentem distúrbios ligados ao estresse. Olsson e Hwang (2001), por exemplo, conduziram um estudo em grande escala, no qual examinaram a depressão em três grupos de mães: mães de crianças autistas, mães de crianças com um transtorno intelectual e mães de crianças com desenvolvimento normal. Eles descobriram que as mães de crianças com autismo apresentavam mais depressão que mães de crianças com deficiências intelectuais que não eram autistas; este último grupo, por sua vez, era mais deprimido que as mães de crianças com desenvolvimento típico. Mais especificamente: 50% das mães que tinham um filho autista, 45% daquelas com um filho com deficiência intelectual e 15% a 21% das mães de crianças controles tinham escores elevados para depressão. Os resultados sugerem que mães de crianças com qualquer tipo de deficiência estão em maior risco para depressão. Thompson e Gustafson (1996) indicam, em uma análise das pesquisas, que mães e pais de crianças com doenças crônicas também estão mais propensos para diversos problemas socioemocionais, incluindo ansiedade, depressão e infelicidade.

Uma análise das pesquisas realizada por Moes (1995) indica um padrão geral de estresse em mães que são as principais cuidadoras de crianças com autismo. Koegel *et al.* (1992) exploraram este padrão, examinando os perfis de estresse de mães que viviam em diferentes ambientes geográficos e culturais, e tinham filhos autistas de diferentes idades e níveis de funcionamento. As mães eram da área urbana da Califórnia, da região rural da Virgínia Ocidental e da Alemanha. Eles descobriram, que independentemente do ambiente, da idade das crianças e do seu nível de funcionamento as mães de crianças com autismo tinham perfis de estresse muito semelhantes, e que esses perfis eram acentuadamente diferentes daqueles de uma amostra de mães que não tinham filhos autistas. As mães de crianças com autismo preocupavam-se sobre o nível de prejuízo cognitivo dos filhos, com a capacidade destes para funcionar independentemente, com a aceitação na comunidade e, em termos mais gerais, com o futuro dos seus filhos.

Não está claro até que ponto o provedor principal dessas famílias, tipicamente o pai, experimenta estresse semelhante. Moes *et al.* (1992) examinaram os padrões de estresse de mães e pais com filhos autistas e descobriram que as mães relatavam níveis superiores de estresse parental que os pais. Em contraste, Konstantareas e Homatidis (1989), que avaliaram o nível de estresse relacionado aos sintomas para mães e pais de crianças com autismo, descobriram que ambos relatavam níveis semelhantes de estresse. Moes (1995) sugere que as fontes de estresse dos pais podem ser diferentes daquelas das mães, e mais relacionadas a preocupações financeiras. Portanto, é possível que os estudos que revelam níveis inferiores de estresse nos pais, comparados com as mães de crianças autistas, podem não estar avaliando os tipos de estresse mais relevantes para os pais.

Embora não esteja claro se os pais geralmente experimentam menos estresse absoluto em comparação com as mães, um estudo conduzido por Noh *et al.* (1989) indica que os pais de crianças com autismo estão em risco significativo para problemas dessa natureza. A amostra do estudo incluía pais de crianças autistas, de crianças com Down, transtorno de Conduta e de crianças com desenvolvimento típico. Embora esses estudiosos não comparassem diretamente o estresse parental de mães e pais com crianças com autismo, eles descobriram que os pais destas crianças estavam 12 vezes mais propensos a ter níveis clínicos de estresse que os pais de crianças com desenvolvimento típico. Em comparação, mães de crianças autistas estavam seis vezes mais propensas a experimentar níveis clínicos de estresse que as mães de crianças com desenvolvimento típico. Em resumo, as pesquisas indicam que mães e pais de crianças com autismo estão em risco para o desenvolvimento de problemas relacionados ao estresse.

Embora os pais de crianças autistas, e com outras deficiências do desenvolvimento, pareçam estar em maior risco para a experiência de transtornos relacionados ao estresse, eles também relatam diversos resultados positivos, incluindo: maior felicidade, crescimento pessoal, fortalecimento dos vínculos familiares, maior tolerância pela diversidade e apreciação pelo que a vida tem de bom (Summers *et al.*, 1989). Em "A história de uma mãe", apresentada no começo deste capítulo, observamos que, como consequência de criar um filho com autismo, a família aprendeu a ter "paciência, compreensão e compaixão". Embora relatos informais como esses sejam comuns, está claro que precisamos de mais pesquisas que examinem os tipos específicos de resultados positivos em famílias com crianças autistas e por que algumas delas parecem experimentá-los mais que outras. Em geral, a maioria dos estudos sugere que existem grandes diferenças individuais no ajuste pessoal dos pais de crianças com autismo e com outras deficiências, com alguns se saindo muito bem e outros enfrentando sérios problemas.

Ajuste conjugal

Os extensos desafios enfrentados pelas famílias de crianças com autismo não apenas colocam seus membros individuais em risco para desajustes, mas também ameaçam relacionamentos pessoais entre os familiares, incluindo o relacionamento conjugal. Embora Siegel (1996) sugira que a taxa de separação e de divórcios entre pais de crianças autistas e com transtorno invasivo do desenvolvimento seja mais alta que na população geral, dados definitivos sobre esta questão não estão imediatamente disponíveis. Os dados existentes sugerem que os problemas conjugais e divórcios entre os pais de crianças autistas não são incomuns. Devemos lembrar, contudo, que a taxa de divórcio na população geral é alta; nos Estados Unidos, por exemplo, está em torno de 50%. Em um dos poucos estudos que examinaram o relacionamento conjugal, Bristol *et al.* (1988) descobriram que os pais de meninos com deficiências do desenvolvimento (55% dos quais tinham o diagnóstico de autismo) relatavam mais problemas de ajuste conjugal do que uma amostra combinada de pais com filhos com desenvolvimento típico. Uma revisão da literatura conduzida por Norton e Drew (1994), discutindo possíveis razões para dificuldades conjugais, sugere que o diagnóstico de autismo produz emoções poderosas e pode representar, para alguns pais, um símbolo de fracasso compartilhado. Eles também apontam que a reformulação das funções familiares, que tipicamente ocorre após um diagnóstico, pode ser um processo bastante tenso.

Um dos maiores previsores de divórcio, entre pessoas casadas que têm filhos, é a força e a estabilidade do relacionamento conjugal antes do nascimento das crianças. Casamentos mais estáveis antes do início de um grande estressor estão mais propensos a perdurar quando a família enfrenta um desafio importante. Relatos informais de casais, assim como uma revisão da literatura conduzida por Norton e Drew (1994), sugerem que muitos pais de crianças com autismo sentem que o seu relacionamento foi fortalecido após o nascimento do filho. Konstantareas e Homatidis (1989) relataram que, embora mais da metade de um grupo de mães de crianças autistas expressasse a necessidade por apoio adicional dos seus cônjuges, os dois, nessas famílias, forneceram a máxima pontuação possível para a intimidade entre ambos em 92% dos casos, um achado que, se confiável, é impressionante. Claramente, precisamos de mais pesquisas que examinem a natureza e razões do conflito conjugal, e como o relacionamento matrimonial muda com o tempo, em famílias que têm crianças com autismo.

Comportamento dos pais

Na adaptação aos seus novos papéis, os pais de crianças autistas devem aprender sobre o que é o autismo e sobre as especificidades das diferenças entre os seus filhos e as outras crianças. Eles precisam desenvolver novas estratégias para abordar as hipersensibilidades, os atrasos motores, dificuldades de atenção, problemas de linguagem e de comunicação, deficiências conceptuais, ansiedades e temores, obsessões, rigidez e outros problemas comportamentais dos filhos. Eles necessitam entender o que seus filhos veem como desafiador e como estruturar o ambiente da criança, para que possam oferecer o melhor apoio para o seu desenvolvimento e aprendizado. Em um estudo conduzido por Kasari *et al.* (1988), as interações dos pais com seus filhos pequenos autistas foram filmadas durante uma sessão lúdica e comparadas com aquelas de cuidadores de crianças com retardo mental e com desenvolvimento típico. Eles descobriram que os pais de crianças com autismo e com retardo mental utilizam estratégias específicas para controlar as sessões lúdicas. Por exemplo, os pais de crianças com retardo mental estavam mais propensos a apontar objetos durante as brincadeiras, enquanto os pais de crianças autistas passavam mais tempo mantendo seus filhos na tarefa, utilizando comportamentos como manter as crianças no colo. Além disso, aqueles do último grupo utilizam mais feedback positivo com seus filhos do que os do primeiro grupo. Este estudo sugere que os pais de crianças com necessidades especiais adaptam seus comportamentos, e estilos de interação, especificamente para compensar as limitações cognitivas e comportamentais das crianças.

Muitos pais fazem um trabalho excepcional, neste aspecto. Eles se tornam especialistas em autismo. Aprendem a praticar fisioterapia, terapia ocupacional, da fala e de integração sensorial. Esses pais aprendem sobre terapia lúdica, TEACCH e análise comportamental aplicada. Algumas mães, como Catherine Maurice, chegam a escrever livros sobre como ensinar crianças autistas (Maurice, 1993). Embora Maurice seja excepcional, no sentido de ter escrito um livro, ela é apenas uma em um exército de mães e pais que adquiriram um imenso conhecimento. Infelizmente, existem outros pais com dificuldade para assumir novos papéis como cuidadores e professores dos seus filhos.

Ser pai ou mãe de uma criança com autismo não é uma tarefa fácil e pode resultar em problemas no relacionamento. Uma dificuldade particular que os pais, às vezes, enfrentam é para a formação do apego com o filho autista. Um estudo realizado por Hoppes e Harris (1990) explorou este problema com questionários e entrevistas com mães de crianças autistas e mães de crianças com Down; especificamente, eles examinaram as percepções das mães sobre o apego dos filhos a elas e a satisfação que sentem no seu relacionamento com seus pequenos. Eles descobriram que mães de crianças com autismo relatavam a sensação de que os seus filhos eram menos apegados a elas que as mães de crianças com Down; elas também pareciam obter menos gratificação e prazer no seu relacionamento com os filhos. Os autores conduziram entrevistas detalhadas com um subgrupo de mães de crianças autistas, para explorarem de modo mais completo as sensações dessas mulheres sobre seus relacionamentos com os filhos. Noventa por cento das mães disseram que gostariam de ter mais atenção dos seus filhos e 70% indicaram que às vezes sentiam que os filhos as tratavam mais como um objeto físico do que como uma pessoa importante para eles. Algumas mães chegaram a dizer que parecia que a única razão para o filho autista as tratar com alguma preferência era por dependerem delas para o atendimento às suas necessidades. Pesquisas futuras devem abordar a prevalência dessas percepções nesta população de mães, além de examinar como essas percepções influenciam o comportamento dessas mulheres e o processo de formação do apego com os filhos.

Os desafios com os quais os pais de crianças com autismo se deparam, às vezes, parecem insuperáveis. Quando isso ocorre, as habilidades de criação dos filhos sofrem. É difícil para os pais aprender sobre o autismo e lidar com o transtorno quando suas próprias vidas e emoções não estão sob controle. Não é fácil ser sensível às necessidades da criança quando se está sob estresse intenso. Em circunstâncias extremas, as crianças podem ser alvo de negligência ou abuso. Como uma população, as crianças autistas tendem a enfrentar maior risco de abuso e negligência que a população geral (Siegel, 1996). Em um esforço para determinar o âmbito real dos maus tratos entre crianças com deficiências, um estudo realizado pelo National Center on Child Abuse and Neglect (1993) indicou que a incidência de maus tratos era 1,7 vezes mais alta para crianças com deficiência do que para crianças sem esses problemas. As causas de abuso e negligência de crianças com autismo e outros problemas do desenvolvimento parecem ser as mesmas que para as outras crianças. Pais que negligenciam ou abusam dos filhos geralmente estão sob maior estresse, não possuem recursos de enfrentamento, têm recursos financeiros limitados e, muitas vezes, não tiveram bons cuidados dos próprios pais. Além disso, aqueles que não têm apoio adequado de familiares, amigos ou comunidade estão em risco particular para o desenvolvimento de problemas para a criação dessas crianças.

Ajuste dos irmãos

Irmãos de crianças com autismo muitas vezes têm experiências diferentes sobre a infância em relação aos irmãos de crianças com desenvolvimento típico. Ocasionalmente, eles precisam assumir uma responsabilidade considerável pelos cuidados e supervisão do irmão autista. Em virtude das demandas gerais necessárias para os cuidados de uma criança com o transtorno, os pais frequentemente se preocupam por passarem muito tempo com os filhos com autismo e pouco tempo com os outros filhos. No entanto, essa impressão não é corroborada pelos estudos existentes. Uma revisão da literatura sobre os irmãos e as relações familiares, quando um irmão tem uma deficiência do desenvolvimento, revelou que os irmãos mais velhos de crianças com deficiência obtêm a mesma quantidade de atenção dos pais que os irmãos mais velhos de crianças com desenvolvimento típico (Stoneman, 2001). Além de cogitarem se estão dando aos filhos sem deficiência muito pouca atenção e atribuindo muitas responsabilidades pelos cuidados dos irmãos com problemas, os pais se preocupam, em um sentido mais geral, se o seu próprio nível de estresse pode afetar adversamente seus filhos.

A literatura existente é inconclusiva em relação à experiência de maior estresse ou problemas de ajuste por irmãos de crianças com autismo. Um estudo realizado por Kaminsky e Dewey (2002) explorou um mecanismo que pode ajudar a explicar por que diferentes análises chegaram a conclusões diferentes. Eles examinaram as relações entre o apoio social, solidão e ajuste em irmãos de crianças autistas. Embora o estudo incluísse irmãos mais velhos e mais jovens em sua amostra, a maioria (80%) dos irmãos era mais velha que o irmão ou irmã com autismo. Aqueles que relataram ter maior apoio social de amigos, e colegas de classe, estavam menos propensos a ter problemas de solidão e desempenho acadêmico. Embora problemas de ajustamento em alguns irmãos de crianças autistas possam estar relacionados à maneira como os pais os criam, o estudo enfatiza a importância da rede de colegas e seus efeitos sobre o ajuste do irmão. O desenvolvimento de redes de apoio por colegas pode depender, em parte, da forma como o autismo é apresentado a esses colegas pelos irmãos e pais da criança com o transtorno.

Siegel (1996) sugere que há diferentes maneiras prototípicas pelas quais os irmãos aprendem a lidar com um irmão ou irmã com autismo. Estes mecanismos de enfrentamento incluem adquirir habilidades parentais, superar-se em conquistas acadêmicas ou esportivas, ou retrair-se. A criança que adquire habilidades parentais recebe responsabilidades cada vez maiores pelos cuidados do irmão com deficiência e pela manutenção da casa. Seu senso de valor e de ser valorizado está vinculado a essas atividades. Embora pareça razoável que os irmãos adquiram um papel de assistência até certo ponto, os problemas começam quando este se torna seu modo predominante de atuação, particularmente se impede o desenvolvimento da criança em outras áreas. Uma vez que elas podem ser muito úteis, os pais precisam ter o cuidado de limitar as responsabilidades atribuídas a elas.

Um segundo mecanismo de enfrentamento, mencionado por Siegel (1996), é que as crianças tentam alcançar níveis acadêmicos altíssimos; especificamente, elas tentam compensar as deficiências do irmão com autismo dedicando-se a obter a atenção dos pais por conquistas excepcionais em áreas como estudos e/

ou atletismo. Novamente, este método de enfrentamento apenas se torna problemático quando a identidade e autoestima da criança se tornam tão vinculadas a esses esforços que qualquer falha é devastadora, e resulta na sensação de que a criança decepcionou os pais. Siegel (1996) sugere que os irmãos que não conseguem ter sucesso de modo socialmente aceitável, às vezes, tentam conquistar a atenção dos pais de outras formas, por exemplo, "bancando o palhaço" ou com comportamento agressivo e opositivo.

Uma terceira forma de enfrentamento, citada por Siegel (1996), é pelo retraimento, essencialmente uma desistência da tentativa de conquistar a atenção dos pais. Como consequência, a capacidade dos pais para ajudar e influenciar seus filhos sem deficiência é reduzida. Em última análise, essas crianças tendem a se tornar suscetíveis a influências externas à casa, que podem ser desfavoráveis. Além disso, elas provavelmente estão em risco para a depressão, especificamente porque o retraimento, como um mecanismo de enfrentamento é, em essência, uma forma de expressar o desamparo e desistir.

Para evitar o desenvolvimento desses tipos de problemas, é importante que os pais permaneçam alertas e sensíveis às necessidades dos filhos sem deficiência. Os adultos devem tentar ser sensíveis às tentativas de aproximação dos filhos e criar um tempo exclusivo para eles — isto é, um tempo que não é utilizado para a solução de problemas, mas para atividades agradáveis. À medida que as crianças amadurecem, os pais podem ajudá-las a entender, de forma apropriada para a idade, o que é o autismo, como ele influencia o desenvolvimento do irmão e como isso afeta a família. Os pais podem explorar pensamentos e sentimentos sobre ter um irmão ou uma irmã autista. Eles podem ajudá-los a interpretar e gerenciar suas reações a colegas e adultos de fora da família, especialmente em situações embaraçosas e estressantes. Os adultos devem auxiliar os filhos a entender porque algumas pessoas formam estereótipos sobre outras e agem de modo prejudicial. Finalmente, os pais podem ajudar seus filhos a ter em conta a grande diversidade que existe ao seu redor e como essa diversidade pode ser enriquecedora. A literatura de pesquisa sugere que os pais muitas vezes fazem um bom trabalho neste sentido, porque as crianças com irmãos com necessidades especiais frequentemente se tornam adultos empáticos e carinhosos.

Resumo

O impacto máximo que os desafios listados na tabela 6.1 (*p. 232*) têm sobre a família, provavelmente, depende do número de seus membros afetados de forma adversa. O estresse aumenta exponencialmente à medida que mais membros da família têm dificuldade para enfrentar o problema. No entanto, mesmo se apenas um membro é afetado negativamente, isto pode trazer problemas. Uma vez que a família é um sistema dinâmico de membros interdependentes, sempre que um deles é afetado adversamente, a probabilidade de os efeitos se disseminarem para outros aumenta, particularmente se o membro da família tem problemas de natureza mais grave e crônica.

Resiliência nas famílias: o papel dos fatores de proteção

Na seção anterior, a intenção era mostrar que as famílias de crianças com autismo podem ter diversos problemas de ajuste, mas que tais problemas não são absolutamente inevitáveis. Na verdade, muitas famílias lidam muito bem com o transtorno. Alguns pais sentem um aumento no amor proprio, enquanto outros sentem depressão; alguns casamentos são fortalecidos, enquanto outros se desfazem; alguns pais tornam-se mais capacitados em seus papéis de professores e defensores dos seus filhos, enquanto outros se sentem impotentes enquanto tentam atender às necessidades deles; e alguns irmãos tornam-se seres humanos carinhos e produtivos, enquanto outros tornam-se desajustados. Assim, algumas famílias demonstram considerável resiliência sob tensão, o que não ocorre com outras.

Para ser resiliente, um indivíduo, família, grupo de pessoas, nação ou cultura precisa enfrentar um desafio significativo. Famílias com crianças autistas certamente experimentam um desafio significativo. A resiliência pode ser demonstrada de diferentes maneiras. Uma delas é, após um indivíduo ou família demonstrar sinais de sofrimento inicial, recuperar-se e funcionar bem. Alguns pais que, ao receberem o diagnóstico de autismo nos filhos, caem em depressão, recuperam-se e conseguem lidar de modo eficaz com os seus problemas. Essas pessoas e famílias aprendem a lidar com seus problemas. As dificuldades são vistos como desafios que podem ser superadas e como oportunidades de aprendizagem.

Uma segunda maneira de demonstrar resiliência é uma pessoa ou família enfrentar um desafio sem jamais desenvolver quaisquer problemas significativos, como o pugilista que é atingido duramente, mas não vacila. Alguns teóricos se referem a esse fenômeno como uma exibição de invulnerabilidade. Existe uma discussão em curso na literatura sobre as pessoas invulneráveis, que embora sofram traumas intensos, continuam funcionando bem. A verdadeira invulnerabilidade pode ser a exceção, não a regra. Quando grandes traumas ocorrem, podem ocorrer "ferimentos", mesmo que não sejam aparentes. Tais "ferimentos" talvez permaneçam ocultos, inicialmente, vindo à superfície em algum momento do futuro. Também é possível que a invulnerabilidade se desenvolva, em algumas pessoas, como consequência de um histórico de enfrentar desafios e de aprender, ao longo do tempo, a enfrentar com êxito tais desafios.

Um terceiro modo de ser resiliente é, as famílias ou indivíduos, exibirem, temporariamente, sintomas de angústia e, em seguida, não só se recuperarem, mas se tornarem ainda mais fortes do que antes, como consequência de enfrentarem e superarem os desafios. Exemplos deste tipo de resistência são inúmeros. Lance Armstrong, um ciclista de categoria mundial, desenvolveu câncer testicular. Apesar de um prognóstico ruim ele superou a doença, voltou a correr e venceu o Tour de France várias vezes. Christopher Reeve, o "Super-Homem" do cinema, sofreu uma extensa lesão na medula espinhal. Embora não tenha se recuperado plenamente da lesão física, ele se tornou um super-homem na vida real, um articulado e apaixonado defensor para aqueles que sofrem o mesmo tipo de lesão. Na literatura sobre o autismo, os exemplos são abundantes. Eles incluem Catherine Maurice, mãe de uma criança autista que superou suas dificuldades emocionais e tornou-se uma mãe e escritora de sucesso, além de um modelo poderoso para muitos pais (Maurice, 1993), e Temple Grandin e Donna Williams, que através da sua escrita e exemplos nos ajudaram a entender o que significa ser autista e a celebrar a riqueza que a diversidade pode trazer. Alguns teóricos descrevem pessoas como Lance Armstrong, Christopher Reeve, Catherine Maurice, Temple Grandin e Donna Williams como vencedores em face ao desafio.

Para entender esses diferentes tipos de resiliência, e como muitas famílias de crianças com autismo venceram os desafios, apresentamos aqui os conceitos de fatores de risco e de proteção. Os fatores de risco, como ser pai ou mãe solteiro(a), pobreza ou ter uma criança com deficiência grave do desenvolvimento, aumentam a probabilidade de resultados indesejáveis e desajustes nas famílias. Em contraste, fatores de proteção, como um bom casamento e apoios sociais na comunidade, aumentam a probabilidade de resultados desejáveis quando as famílias enfrentam desafios. Os fatores de proteção podem amortecer ou neutralizar os efeitos dos fatores de risco. Para obter insights sobre por que algumas famílias de crianças autistas são resistentes em face de um desafio e outras não, é preciso avaliar seu perfil de fatores de risco e de proteção. Quando examinamos atentamente a vida dessas famílias, torna-se claro que a resiliência não é um fenômeno que ocorre apenas uma vez ou um processo simples. Essas famílias enfrentam desafios repetidos, à medida que os filhos crescem e as circunstâncias mudam. Elas podem mostrar resiliência uniforme ao longo do tempo, ao enfrentarem todos os desafios; no entanto, também é possível que mostrem maior resiliência em face a alguns desafios que a outros.

Nesta seção, discutimos em mais detalhes o modelo de ajuste familiar introduzido anteriormente, a fim de fornecer insights sobre como os fatores de proteção influenciam a resiliência familiar (ver tabela 6.1, *p. 232*). Os fatores de proteção descritos neste modelo se assemelham àqueles apresentados em várias conceituações parentais na literatura do desenvolvimento, tais como os apontados por Belsky (1984) e Whitman *et al.* (2001). Mais especificamente, o modelo de ajuste familiar propõe que três grupos de fatores exercem influências importantes no funcionamento familiar: fatores históricos, recursos de enfrentamento da família e apoios sociais da família. Apesar de não exibidos, o modelo da tabela 6.1 (*p. 232*) presume que fatores históricos influenciam o desenvolvimento de recursos de enfrentamento da família e, por sua vez, que os recursos de enfrentamento e apoios sociais familiares influenciam uns aos outros de forma recíproca. Famílias que têm mais recursos de enfrentamento estão mais propensas a desenvolver redes de apoio social mais extensas. Por sua vez, o apoio social pode ajudar a fortalecer os recursos da família. Combinados, esses três conjuntos de fatores de proteção podem servir para amortecer, ou moderar, as influências adversas de estresse enfrentadas por famílias que têm crianças autistas, aumentando, assim, o ajuste da família. Cada um desses fatores de proteção e seus respectivos papéis serão examinados nesta seção.

Fatores históricos

Os recursos de enfrentamento, as competências parentais e as atitudes que as mães e os pais manifestam no ambiente familiar são influenciados pelos ambientes sociais em que foram criados. O modo como os pais interagem entre si e com os seus filhos é afetado por seus relacionamentos familiares e extra-familiares anteriores (Belsky, 1984). Sabe-se, por exemplo, que crianças abusadas e negligenciadas correm maior risco de, na idade adulta, abusar e negligenciar os seus próprios filhos (Kaufman e Zigler, 1987). Por outro lado, crianças que foram criadas de forma sensível e carinhosa tendem a se tornarem pais empáticos e atenciosos. Além disso, muitos outros traços pessoais e características socioemocionais, tais como otimismo e depressão, têm, pelo menos em parte, origens sociais.

O conceito de fatores históricos não foi incluído no modelo de ajuste familiar para sugerir que a forma de criar os filhos, e as relações familiares, são pré-determinados pelo passado, mas sim para indicar que fatores históricos desempenham um papel no desenvolvimento de hábitos e atitudes sociais e, mais especificamente, influenciam a forma como os membros da família lidam com os desafios. O ajuste das famílias é um processo dinâmico que continua evoluindo ao longo do tempo. Os familiares podem aprender com a experiência e através da análise reflexiva de suas histórias pessoais. Os pais que analisam e tentam entender a sua própria história estão em condições muito melhores para se adaptarem a novos ambientes de vida e desafios, e aprenderem com as suas próprias experiências e as de outros, bem como com programas de intervenção formais. Assim, embora a história pessoal influencie a ação pessoal, as pessoas passam por um processo contínuo de reconstrução, à medida que se deparam com novos desafios. Na última seção deste capítulo e no capítulo 7, discutiremos intervenções que podem ajudar nesse processo de reconstrução.

Recursos de enfrentamento pelas famílias

Os recursos e as características dos pais podem influenciar suas relações um com o outro e suas interações com seus filhos, bem como seu bem-estar pessoal. Nesta seção, examinaremos alguns dos recursos mais importantes, dos pais e seus filhos, que influenciam o ajuste familiar e a resiliência. Esses recursos incluem o conhecimento e habilidades dos pais, a inteligência emocional, a capacidade de resolver problemas, o otimismo, a capacidade de organização e a religiosidade/espiritualidade.

Conhecimento e competências parentais

Whitman *et al.* (2001) apresentam e analisam as pesquisas relacionadas a um modelo de parentalidade, que enfatiza a influência crítica da preparação cognitiva para ser pai/mãe sobre a eficácia da criação e desenvolvimento bem-sucedido dos filhos. Pais que estão cognitivamente preparados para a sua tarefa sabem mais sobre como as crianças se desenvolvem, possuem atitudes positivas sobre o seu papel parental e conhecem as práticas paternais adequadas. Esses pais são mais sensíveis às necessidades dos seus filhos e são melhores professores. Como consequência, eles também são mais capazes de facilitar o desenvolvimento dos seus filhos.

Devido à natureza do autismo, a tarefa com a qual os pais das crianças com este transtorno se deparam é muito difícil. Pais que sabem mais sobre o autismo e seu tratamento, e sobre como criar uma criança com o transtorno, estão mais equipados para atender às necessidades dos seus filhos. Esses pais precisam saber não apenas como crianças típicas se desenvolvem, mas também como as crianças com autismo se desviam da trajetória do desenvolvimento normal. Esses pais precisam aprender, por exemplo, por que seus filhos autistas se agitam quando encontram novos ambientes e porque têm dificuldades para adquirirem novas habilidades. Estes pais precisam ajustar suas expectativas sobre a rapidez com que os seus filhos vão aprender. Eles têm de adquirir uma variedade de novas competências para ensinar de forma mais eficaz os seus filhos. O conhecimento que os adultos possuem, juntamente com suas percepções sobre o seu papel parental e suas competências na criação das crianças, afeta a qualidade de sua interação pai-filho e os seus próprios sentimentos de bem-estar e de competência, bem como o seu nível de estresse (Whitman *et al.*, 2001).

Os resultados de um estudo realizado por Tunali e Power (2002) sugerem que as mães de crianças com autismo realinham as suas prioridades e dão mais ênfase à importância do seu papel parental. Entrevistando mães de crianças autistas e mães de crianças com desenvolvimento típico, eles perguntaram sobre suas atitudes em relação à casa, carreira e relacionamento conjugal. As mães de crianças com autismo colocavam menor ênfase em uma carreira de sucesso e estavam mais propensas a acreditar que as mães com crianças pequenas não deveriam trabalhar fora de casa. Estas mulheres relatavam gastar mais do seu tempo de lazer em atividades centradas na casa. Essas atitudes e comportamentos provavelmente evoluíram, pelo menos em parte, de uma convicção de que os seus talentos e energia deveriam voltar-se para ajudar o filho com autismo.

Competência e ajuste emocional

Goleman (1994) e Sarni (1999) salientam a importância da competência emocional nas vidas de adultos e crianças. Competência emocional refere-se a um conjunto de habilidades que facilitam o ajuste pessoal e a qualidade das relações interpessoais. Pessoas com competência emocional, por exemplo, conseguem identificar, rotular e discutir a ampla gama de emoções que estão experimentando. Elas são capazes de captar os estados emocionais de outras pessoas. Elas entendem que pode haver uma incongruência entre o que as pessoas dizem sobre os seus sentimentos e os sentimentos reais. Estão cientes de que as emoções podem influenciar as ações de uma pessoa. Essas pessoas entendem que outros podem manter sentimentos contraditórios simultaneamente, como tristeza e alegria, e amor e ódio. Mais importante, elas são capazes de controlar e gerenciar de forma eficaz fortes emoções negativas, como hostilidade e medo. Como adultos e pais, essas pessoas conseguem ensinar outros, incluindo seus filhos a desenvolver essas competências.

Indivíduos com competência emocional estão mais propensos a conseguir lidar com sucesso, com os desafios e decepções da vida e estão menos propensos a desenvolver problemas emocionais graves, como depressão. Eles são mais capazes de manter relacionamentos satisfatórios com outros e de ter sucesso profissional. Goleman (1994) afirma que a competência emocional, ou o que ele chama de "inteligência emocional", é um previsor mais preciso do sucesso pessoal e profissional do que a inteligência cognitiva. A competência emocional é considerada uma habilidade sua tão importante que muitos profissionais, incluindo psicólogos e educadores, sugerem que esta competência deveria ser parte do currículo escolar normal. Apesar de sua importância, os indivíduos variam bastante em termos das habilidades que compõem a inteligência emocional. Goleman sugere que, como uma população, os norte-americanos não são muito educados, em termos emocionais. Similarmente, John Gottman, em seu livro *The heart of parenting*, enfatiza a necessidade de os pais se tornarem melhores instrutores de emoção para os seus filhos (Gottman, 1997).

O desenvolvimento da competência emocional assume uma importância maior quando examinamos famílias com crianças autistas. Pais que desenvolveram habilidades de gestão emocional são mais capazes de gerir as suas próprias emoções, lidar com as necessidades emocionais de seus parceiros e resolver os conflitos que surgem na família. Essas habilidades também ajudam os pais a entenderem os estados emocionais de seus filhos sem autismo, e ajudá-los a esclarecer e gerir os seus sentimentos sobre os irmãos com o transtorno. Finalmente, essas habilidades são úteis para ajudar os pais a desenvolverem competências emocionais nos filhos com autismo. Como discutimos nos capítulos 2 e 3, uma das principais deficiências das crianças autistas de alto funcionamento e com Síndrome de Asperger é a sua incapacidade de compreender seus próprios estados emocionais, bem como os de outras pessoas. Além disso, todas as crianças no espectro do autismo têm grande dificuldade de regular emoções fortes, especialmente os seus sentimentos de ansiedade e medo, em situações sociais (Attwood, 1998). A cada dia, torna-se mais claro que os pais podem ajudar seus filhos autistas a entender suas próprias emoções e as de outras pessoas. Para exemplos de tais programas de gestão emocional, recomendamos a leitura de McAfee (2002), Moyes (2001) e Myles e Adreon (2001).

Habilidades de resolução de problemas

Devido à multiplicidade de desafios que os pais de crianças com autismo precisam enfrentar, as habilidades de resolução de problemas são auxílios inestimáveis para ajudá-los a lidar com grandes crises e dificuldades diárias. Em um sentido mais geral, a capacidade para resolver problemas, de forma imediata e eficiente, é importante para o ajuste pessoal. Um paradigma típico usado no ensino da resolução de problemas é razoavelmente simples. O primeiro passo consiste em definir claramente a natureza do problema que precisa ser resolvido. Em seguida, incentiva-se o debate, para gerar diversas soluções possíveis. Depois, cada uma das soluções é avaliada e aquela com maior probabilidade de resolver o problema é selecionada e posta em prática. Após a execução da estratégia, os resultados da sua aplicação são monitorados para verificar se a questão foi resolvida. Se não, toda a sequência é repassada.

Entretanto, é preciso muita prática para que alguém se torne bom na resolução de problemas. A supervisão por pessoas competentes na resolução de problemas é útil, especialmente se isto apoia o desenvolvimento dessa habilidade, ao invés de simplesmente fornecer as soluções para a pessoa com o problema. Os psicólogos clínicos e terapeutas, muitas vezes, ensinam essa habilidade aos seus clientes. A abordagem familiar à resolução de problemas também pode ser muito útil para lidar com dificuldades de relacionamento familiar e para abrir os canais de comunicação. Uma vez que há um grupo envolvido, informações mais amplas são geradas para auxiliar na definição e solução dos problemas. Além disso, o envolvimento de toda a família neste processo ajuda a capacitar cada um dos seus membros, criando assim um vínculo mais estreito entre eles.

Otimismo

Devido ao extenso ajuste que as famílias de crianças com autismo precisam fazer, não nos causa surpresa que elas passem por um período de tumulto emocional. No curto prazo, a maior parte destas famílias sente ansiedade aguda e até mesmo pânico. Após determinado tempo, a maioria dos membros da família é capaz de superar essa fase, acalmando gradualmente suas emoções e vendo a situação de modo mais racional. Se isto não ocorre, a ajuda externa pode ser necessária. O estresse crônico muitas vezes leva à depressão. A depressão nesse tipo de situação geralmente ocorre porque os membros da família não sabem como lidar com as muitas incertezas que se seguem a um diagnóstico de autismo e acabam temendo o pior. Eles se sentem impotentes. Eles veem não apenas o presente, mas também o futuro como sombrio. Eles se concentram, principalmente, nos aspectos negativos de uma situação, imaginam catástrofes improváveis e ampliam a importância até mesmo de pequenos problemas. Este tipo de reação é perfeitamente compreensível e, no curto prazo, é até mesmo previsível. As famílias e os pais não têm certeza sobre o que o futuro trará, sobre o que precisam fazer como família para ajudar seu filho e se serão capazes de fazer o que é necessário. Eles se perguntam se serão habilitados a lidar com as demandas colocadas sobre eles, em termos financeiros, emocionais e cognitivos.

Famílias que são capazes de resistir à tempestade, que vem com a descoberta de que seu filho é autista, aprendem a olhar o mundo de forma diferente. Elas veem um futuro no qual os filhos aprenderão e crescerão, e se envolverão de forma mais ativa com o mundo. Elas conseguem apreciar os filhos que têm, incluindo as características que os tornam únicos. Essas pessoas descobrem uma comunidade de pessoas preocupadas e generosas, que as ajudam em uma jornada que não esperavam iniciar. Elas descobrem que alguns dos valores que tinham anteriormente, sobre o que é importante, mudaram e que os seus filhos as ajudam a encontrar significados novos e importantes na vida. Essas pessoas se fortalecem, descobrindo novas fontes de forças e habilidades que não sabiam que possuíam. No processo, elas desenvolvem atitudes inéditas e mais otimistas sobre a sua vida e sobre os seus filhos com autismo.

Como Seligman (1998) aponta, atitudes são aprendidas, incluindo as atitudes que levam à depressão, bem como aquelas que conduzem à felicidade. Enquanto posturas pessimistas levam à inatividade, desamparo e tristeza, atitudes positivas e mais otimistas levam a esperança, compromisso e a uma variedade de emoções positivas, incluindo orgulho e alegria. Famílias resilientes aprendem a ser otimistas e que o otimismo compensa. Sob esta perspectiva, os desafios reais que uma família enfrenta são menos importantes que as atitudes que os familiares têm em relação a esses desafios. Dunn *et al.* (2001) analisaram os mecanismos de enfrentamento em famílias que incluíam uma criança autista. Eles descobriram que os pais que viam sua vida como fora do seu controle e lidavam com os problemas fugindo deles ou se distanciando, estavam mais propensos a se isolarem socialmente. Além disso, esta tendência para lidar com os obstáculos pela fuga estava associada com mais problemas no relacionamento conjugal. Em contraste, Hastings e Johnson (2001) descobriram que os pais de crianças com autismo que conseguiam ver eventos difíceis sob uma luz mais otimista estavam menos propensos a relatar depressão.

Capacidade de organização e gestão do tempo

Famílias que atentam para as necessidades de todos os seus membros estão mais propensas a funcionar bem e a experimentar menos conflitos e estresse. Uma vez que uma criança com autismo exige muito da família, às vezes elas sentem que precisam se concentrar quase que exclusivamente na satisfação das necessidades daquele filho, ignorando o resto dos membros. Sanders e Morgan (1997) descobriram que mães e pais de crianças autistas relatavam menos participação da família em atividades recreativas, e envolvimento familiar inferior em atividades políticas, sociais, intelectuais e culturais, do que os pais de crianças com desenvolvimento típico. Embora a redução da participação em tais atividades muitas vezes seja necessária para ajudar as famílias a lidar com a situação, esta estratégia, se levada ao extremo, é uma receita para o desastre. Os pais precisam cuidar de si mesmos, um do outro e dos seus outros filhos. Eles precisam de tempo para dormir, para o lazer e o trabalho. Eles devem cuidar da sua saúde e ter tempo para se recuperar, quando adoecem. Ignorar completamente esses tipos de necessidades leva a um aumento gradual no estresse familiar, ao esgotamento de recursos, e, finalmente, a uma incapacidade de ajudar o filho autista.

Uma vez que a vida da família moderna é bastante ocupada e, por vezes, caótica, as famílias enfrentam o problema desenvolvendo estruturas e rotinas que as ajudam a lidar com as demandas do dia. Famílias com crianças autistas não são únicas, nesse aspecto; no entanto, as demadas que elas enfrentam, com frequência, são maiores. Uma vez que muitas delas, com crianças com autismo, precisam encaixar extensas terapias e programas educacionais em seus horários, as habilidades de organização e de gestão de tempo são inestimáveis. Para que seja possível atender às necessidades de todos os seus membros, o estabelecimento de prioridades e rotinas é fundamental para a sobrevivência da família. Muitas delas, por exemplo, recebem voluntários que as ajudam diariamente com as terapias. É preciso organizar uma agenda e estabelecer objetivos para orientar as atividades dos voluntários. Estes precisam ser treinados, coordenados e supervisionados. Apesar de muitas famílias não terem habilidades de organização bem desenvolvidas, elas podem adquiri-las, com treinamento e prática.

Embora os estudos não tenham examinado os efeitos dos programas de gestão de tempo em famílias que têm uma criança com autismo, Lang (1992) descobriu menor ansiedade entre alunos universitários que aprendiam a utilizar técnicas simples de gestão de tempo, como agendamento e elaboração de listas escritas de coisas a fazer. Da mesma forma, Macan (1996), examinando os efeitos do treinamento de gestão de tempo em funcionários de uma agência de serviço social, descobriu que os participantes relatavam sentir maior controle sobre o seu tempo, não só após o treinamento, mas quatro a cinco meses após a conclusão da intervenção. Usando uma amostra mais ampla de funcionários, Macan (1994) também descobriu que o estabelecimento de metas e prioridades e, em termos mais gerais, apreciar a importância de ser organizado, era fundamental para o estabelecimento do controle da própria vida. Para obter informações sobre os programas de gestão de tempo, o leitor deve consultar Covey *et al.* (1996), Loehr e Schwartz (2003) e Morgenstern (2000).

Religiosidade e espiritualidade

Para muitas famílias, a religião e a espiritualidade proporcionam conforto, apoio e encorajamento. Alguns estudos recentes examinaram o papel que a religião desempenha na vida dos pais com filhos autistas. Tarakeshwar e Pargament (2001) descobriram que a função da religião varia consideravelmente. Por exemplo, algumas pessoas contam exclusivamente consigo mesmas para enfrentar situações difíceis, outras pessoas recorrem exclusivamente a Deus para obter ajuda em momentos de necessidade, e ainda outros indivíduos veem-se em uma parceria ativa com Deus, enquanto lidam com os desafios da vida. Em seu estudo, os autores examinaram o papel do que chamaram de enfrentamento religioso positivo e negativo em famílias com crianças autistas. Exemplos de enfrentamento religioso positivo incluíam: busca de apoio espiritual, perceber a doença como uma oportunidade de crescimento espiritual e a utilização de enfrentamento religioso colaborativo, como a participação em uma oração em grupo. Em contraste, o enfrentamento religioso negativo incluía expressões de descontentamento religioso com uma congregação e com Deus. Eles descobriram que o uso de técnicas positivas de enfrentamento religioso estava relacionado a sentimentos mais fortes de bem-estar, ao passo que a utilização de práticas negativas de enfrentamento religiosas se correlacionava com níveis mais altos de depressão. Os pesquisadores também descobriram que compartilhar crenças religiosas entre os parceiros era uma fonte de apoio para o casal. Os autores sugeriram que a fé compartilhada diminuía os problemas conjugais e melhorava o apoio que os pais ofereciam um ao outro. Em termos mais gerais, eles sugeriram que a religião poderia servir como uma fonte de forças, mas também era, ocasionalmente, uma fonte de angústia ao lidar com os desafios relacionados com a criação de uma criança com autismo.

Ao analisar a influência da religião e da religiosidade no enfrentamento, às vezes vemos uma distinção entre a religião organizada e crenças religiosas pessoais. Um estudo realizado por Coulthard e Fitzgerald (1999) explorou o papel da religião organizada e das crenças pessoais como fontes de apoio para pais de crianças com autismo, e depois investigou a relação entre o apoio recebido da religião organizada, as crenças pessoais e o estado de saúde dos pais. Os participantes eram principalmente mães convidadas a preencher questionários relacionados com a sintomatologia e saúde geral dos filhos, com o apoio recebido de organizações religiosas e por suas crenças pessoais. Crenças pessoais, conforme definidas nesse estudo, podiam ter um componente religioso, mas não necessariamente deveriam contê-los; entretanto, essas crenças ajudavam os pais a dar significado às suas vidas e colocavam em perspectiva a deficiência do filho. Orações eram vistas como parte do sistema de crença pessoal. Em geral, os pais relatavam ter recebido mais apoio de suas crenças pessoais do que da religião organizada, e aqueles pais que relatavam mais apoio de suas crenças pessoais tinham melhor saúde do que aqueles que afirmavam pouco ou nenhum apoio de tais crenças. Os pais que buscavam conforto na oração apresentavam menos problemas de saúde. Em contraste, a maioria sentia que as igrejas e religiões organizadas não lhe ofereciam tanto apoio quanto outras agências da comunidade. É importante notar que esses resultados poderiam ser uma função dos grupos específicos de mães que preencheram os questionários, e não representar todas as mães com filhos autistas.

Apoios sociais para as famílias

O último fator de proteção a ser discutido é o apoio social com o qual a família pode contar. Apoios sociais podem servir a muitas funções, incluindo a provisão de recursos financeiros, emocionais e práticos. A maioria das características familiares que resumimos antes influencia o número e a qualidade dos apoios sociais disponíveis para a família. Por exemplo, pais com maior informação, ou otimistas e organizados, estão mais propensos a procurar, encontrar e manter apoios sociais úteis para a família.

Em muitas famílias com crianças autistas, um dos pais, geralmente a mãe, assume o papel de cuidador principal da criança, enquanto o outro progenitor trabalha. Embora a diferenciação de papéis seja necessária para a sobrevivência da família, o compartilhamento das funções também é importante. A mãe ou cuidador primário precisa da assistência ativa do marido e, se apropriado para a idade, também dos outros filhos. Mães que acham que os seus parceiros dividem as funções de cuidados com o filho, e as ajudam nas responsabilidades domésticas, relatam menos depressão e maior sensação de bem-estar (Milgram e Atzil, 1988). Esta assistência não apenas alivia a mãe de parte de suas responsabilidades, mas também pode ser muito útil na medida em que proporciona à criança com autismo uma ampla gama de experiências e relacionamentos. O desafio é desenvolver esta divisão de funções na família de um modo que não sobrecarregue a nenhum dos seus membros, e lhes dê alguma autonomia para buscar seus interesses pessoais.

Embora a primeira e mais importante fonte de apoio social venha da família imediata, avós, tias, tios e primos podem, no entanto, fornecer ajuda financeira, emocional ou instrumental de valor inestimável. Por exemplo, se residem na mesma área geográfica, os avós podem atuar como babás, acompanhantes e até mesmo como professores, estendendo as terapias da criança. Katz e Kessel (2002) exploraram o papel dos avós de crianças com uma deficiência do desenvolvimento e descobriram que o nível de envolvimento dos avós era determinado diretamente pelos pais. Em geral, as avós se envolviam mais que os avôs. Entretanto, muitos avós disseram que gostariam de se incluir mais com os netos com necessidades especiais do que ocorria naquele momento. Sob uma perspectiva de resiliência, as famílias que têm mais desses apoios informais de outros parentes, bem como de amigos, são menos estressadas e mais capazes de lidar com desafios. O acesso a esse apoio para o atendimento às necessidades das crianças estava associado com níveis mais baixos de ansiedade, depressão e estresse nos pais, bem como com maior confiança dos pais ao lidar com os desafios associados à criação de uma criança com autismo (Sharpley e Bitsika, 1997).

A natureza do autismo também exige uma ampla variedade de suportes comunitários e profissionais para a família e a criança. Esses apoios variam muito, dependendo das necessidades da criança, mas muitas vezes incluem terapia ocupacional, fisioterapia e terapia da fala, programas desenvolvimentais e educacionais e serviços médicos e nutricionais. O impacto desses serviços sobre a família também varia, de acordo com sua acessibilidade e qualidade. Às vezes, embora haja a disponibilidade de serviços, o acesso a eles pode ser limitado, em virtude da demanda excessiva da comunicação e/ou pela falta de recursos financeiros. A qualidade dos serviços tem relação com a experiência terapêutica da equipe e com seu trabalho com crianças autistas, com o momento na vida dessa criança, bem como com a frequência com que são oferecidos. Programas que ocorrem ocasionalmente e disponíveis somente para crianças mais velhas podem ter um impacto limitado. A qualidade dos serviços também está relacionada com a forma de contato com a família, por exemplo, se os serviços contêm um componente de treinamento para os pais, que permita a extensão de um programa educacional ou terapêutico para o contexto doméstico.

Para muitos pais, serviços que lhes proporcionem períodos de descanso e creches são importantes, quando lidam com os desafios associados com a criação de uma criança com autismo. Embora os serviços possam estar disponíveis, o acesso a eles nem sempre é fácil. O "descanso" mais comum para os pais é fornecido por membros da família imediata ou estendida. Em geral, tais cuidados têm sido associados com menor estresse e melhor qualidade de vida, especialmente para as mães (Chan e Sigafoos, 2001). A qualidade dos cuidados oferecidos como descanso para essas mães é uma preocupação importante para as famílias que criam um filho com autismo. Sharpley e Bitsika (1997) perguntaram aos progenitores de crianças autistas sobre suas percepções acerca de arranjos de cuidados de descanso para os pais, assim como sobre os seus níveis de estresse. Eles descobriram que o nível de estresse vivenciado pelos que cuidam de seus filhos com o transtorno estava diretamente relacionado com a qualidade dos cuidados de seu descanso: eles relatavam menos estresse quando os cuidadores tinham maior compreensão das dificuldades e necessidades da criança autista. Chan e Sigafoos (2001) chegaram a uma conclusão semelhante ao rever estudos sobre os efeitos dos serviços de cuidados para descanso dos pais de famílias de crianças com deficiência do desenvolvimento. Na próxima seção, descreveremos brevemente alguns dos principais tipos de serviços necessários para as famílias que têm crianças com autismo. Tais serviços desempenham um papel importante no aumento da resiliência da família.

Apoios comunitários específicos

No capítulo 5, nós resumimos as intervenções focadas no tratamento e educação da criança com autismo. Na medida em que essas intervenções são bem sucedidas, o estresse familiar deveria diminuir e a resiliência familiar aumentar. No entanto, nem todas as necessidades da família, descritas anteriormente neste capítulo, são abordadas por esses programas centrados na criança. Nesta seção, descreveremos uma série de intervenções e serviços baseados na família. Estes serviços incluem:

- auxílio diagnóstico e planejamento do desenvolvimento;
- gestão de caso;
- intervenções parentais;
- programas de aconselhamento e médicos;
- apoio financeiro;
- assistência voluntária;
- grupos de apoio para pais/irmãos.

Na medida em que esses serviços estão disponíveis e têm boa qualidade, o estresse familiar deve diminuir e a resiliência da família crescer.

Consulta de diagnóstico e planejamento do desenvolvimento

Como mencionado no capítulo 1, a avaliação diagnóstica pode ser obtida em uma variedade de arranjos. Embora a maioria dos médicos não seja treinada para dar tais diagnósticos, eles realizam encaminhamentos, quando julgam haver um problema de desenvolvimento e/ou a família solicita uma avaliação mais detalhada. Na maioria das cidades médias e grandes, a avaliação diagnóstica pode ser obtida através dos sistemas escolares, psicólogos clínicos infantis, pediatras do desenvolvimento e clínicas de avaliação do desenvolvimento. Se os recursos financeiros permitem, as famílias podem procurar uma clínica especializada em autismo, que normalmente existe em grandes municípios, geralmente em um contexto universitário. Essas clínicas para o autismo podem ser localizadas através de uma pesquisa na internet.

A maioria das clínicas de diagnóstico também realiza avaliações do desenvolvimento e ajudam as famílias na formulação de um plano de desenvolvimento, para orientar a intervenção a curto e longo prazo. Avaliações de desenvolvimento analisam pontos fortes e limitações das crianças em várias áreas, incluindo habilidades motoras grossas e finas, habilidades de cuidados autônomos, de linguagem receptiva e expressiva, sociais e pré-acadêmicas. Uma avaliação do funcionamento sensorial, especialmente da visão e audição, também é aconselhável. Se estes últimos exames não estão disponíveis em uma clínica de avaliação, é possível realizá-los na maioria das comunidades, com fonoaudiólogas ou oftalmologistas especializados em avaliação de crianças. O processo de avaliação inclui, por vezes, uma avaliação das habilidades intelectuais da criança. No entanto, este tipo de verificação, em especial durante a primeira infância, pode ser impreciso e tem utilidade mínima para o estabelecimento de um plano de intervenção desenvolvimental.

Uma boa avaliação do desenvolvimento não apenas diz aos pais se a criança está funcionando bem, mas também fornece um plano detalhado sobre os tipos de intervenção necessários e sobre os objetivos específicos da mesma. Após essa avaliação, os pais devem não apenas conhecer o diagnóstico, mas também aprender como avançar, sob uma perspectiva de intervenção.

Gestão de caso

Uma vez que crianças com autismo normalmente precisam receber uma ampla gama de serviços de diferentes profissionais, os pais podem ver-se sobrecarregados enquanto tentam localizar serviços específicos, fornecem informações sobre o histórico do caso para os vários terapeutas/educadores e coordenam a comunicação entre os profissionais sobre avaliações realizadas e sobre o status das intervenções em curso. Idealmente, uma pessoa dentro de uma agência, por exemplo o assistente social, auxilia os pais nessas tarefas, um serviço que é uma ajuda inestimável tanto para os pais quanto para os profissionais que necessitam dessas informações. Se um gestor de caso não está disponível, os pais precisam manter arquivos, sobre a avaliação e a terapia, atualizados e enviar ou levar periodicamente esses arquivos para cada um dos respectivos terapeutas que trabalham com seu filho. Relatórios atualizados sobre terapias e serviços educacionais ajudam a reduzir a redundância desnecessária, garantem a consistência dos serviços onde a sobreposição é necessária e alerta aos profissionais sobre as metas do programa atual e os problemas emergentes que precisam ser abordados.

Intervenções parentais

Ser pai ou mãe é uma das atividades mais importantes que os adultos realizam durante suas vidas. Apesar de sua importância, a maioria dos pais recebe pouco ou nenhum treinamento formal para isto. Com base nas extensas preocupações que os pais relatam sobre os seus filhos e no crescente número de casos de crianças com problemas socioemocionais, de comportamento e de aprendizado, está claro que programas de educação para os pais podem fornecer uma ajuda inestimável para todas as famílias (Gottman, 1997). Programas de educação dos pais são particularmente úteis para aqueles com crianças com necessidades especiais e problemas de desenvolvimento/aprendizagem. Algumas clínicas de aconselhamento e de serviços psicológicos oferecem treinamentos e oficinas para os pais. As famílias com crianças autistas podem se beneficiar de um programa desse tipo, se o seu objetivo é desenvolver habilidades gerais como eles. Em geral, programas de treinamento mais especializados para os pais, que os ajudem a lidar com todas as necessidades dos seus filhos, não estão disponíveis e certamente seriam difíceis de estruturar, a menos que coordenados por uma clínica de autismo que fornecesse uma ampla gama de serviços.

No entanto, as famílias podem ter a assistência de que necessitam através de consultores que ajudam os pais a estabelecer programas domiciliares ou através de terapeutas em clínicas, que estejam dispostos a levar os seus programas até a residência da criança. Muitos fonoaudiólogos, terapeutas ocupacionais e fisioterapeutas fornecem tais serviços durante as visitas clínicas ou, a pedido, às vezes fazem visitas domiciliares para ajudar as famílias. Consultores que auxiliam as famílias na criação de programas de análise comportamental aplicada podem ser particularmente úteis no estabelecimento de metas educacionais para a criança com autismo, oferecendo técnicas para que os pais ajudem os seus filhos a alcançar essas metas, lidem com problemas de comportamento e ajudando-os a estabelecer uma equipe de professores pagos e voluntários. Educadores que utilizam a abordagem TEACCH também se dedicam a coordenar os programas escolares e domiciliares.

Serviços de aconselhamento e médicos

Muitas famílias relutam em procurar aconselhamento e serviços psicológicos porque associam tais atividads a ter uma doença mental ou algum tipo de desajuste grave. No entanto, estes serviços podem fornecer assistência geral à maioria das famílias com crianças autistas, além de assistência especializada aos seus membros que sentem tristeza ou apresentam depressão, crises agudas de ansiedade e de pânico, dificuldades conjugais, problemas com irmãos e outros problemas relacionados com a gestão dos estressores associados à criação de uma criança com autismo. Por exemplo, o aconselhamento e os serviços psicológicos orientados para a família podem ajudá-los a passar pelo processo de luto, fornecer técnicas para a gestão da ansiedade, ajudar a negociar conflitos de papéis, esclarecer a dinâmica subjacente aos problemas conjugais, promover a comunicação familiar eficaz, ensinar a resolução de problemas e habilidades de gerenciamento de tempo e ajudar os irmãos a lidarem com conflitos e sentimentos de ansiedade e raiva. O foco dos serviços de aconselhamento geralmente está em ajudar os membros da família a crescer e em prevenir o desenvolvimento de problemas graves.

Além de trabalhos de aconselhamento, serviços médicos especializados, muitas vezes, podem melhorar o funcionamento da família. Todas as crianças com autismo também devem receber exames físicos de rotina e, se for o caso, exame neurológico para avaliar o funcionamento cerebral e possível atividade convulsiva. Mesmo que não exibam sinais evidentes de comportamento convulsivo, as crianças podem ter microconvulsões detectáveis apenas através de uma avaliação neurológica completa. Tais convulsões, que são muitas vezes bastante tratáveis, podem estar relacionadas com os problemas de atenção e de aprendizagem de uma criança. Além disso, os pais jamais devem negligenciar os cuidados com a própria saúde. Aqueles que sofrem de ansiedade e/ou depressão aguda provavelmente devem consultar um médico sobre a adequação da medicação. No entanto, se a abordagem medicamentosa for recomendada, ainda será preciso abordar os problemas de ansiedade e depressão em programas de terapia e de gestão do estresse.

Apoio financeiro

Em razão do custo de todas essas intervenções, as famílias de crianças com autismo precisam de assistência financeira. Tal auxílio pode vir de diferentes origens: privadas, locais, estaduais e federais. Os pais geralmente localizam essas fontes de ajuda conversando com outros pais de crianças com necessidades especiais e com agências prestadoras de serviços. Esse processo deve começar o mais cedo possível após o diagnóstico de autismo. Os pais também podem entrar em contato com os representantes políticos, em todos os níveis do governo, em relação à sua necessidade de ajuda. Esse tipo de contato não apenas serve para alertar os políticos sobre as necessidades da família, mas também oferece aos pais uma oportunidade para defenderem os direitos dos seus filhos a serviços mais extensos e apoio mais abrangente.

Apoio de voluntários

A maioria das comunidades conta com várias agências que prestam assistência voluntária. Algumas dessas agências recrutam voluntários para a finalidade específica de ajudar as famílias de crianças com necessidades especiais. Além das agências comunitárias, muitas faculdades e universidades têm organizações de voluntariado e estágio que colocam os estudantes em programas domiciliares. Famílias com crianças autistas precisam considerar ativamente essa opção. Os voluntários podem prestar assistência atuando como babás e atendendo às necessidades de descanso dos pais e também auxiliando em programas educacionais e terapêuticos realizados em casa. Os pais que têm um programa de análise comportamental aplicada baseado em casa, muitas vezes, precisam de uma equipe de quatro ou mais voluntários para ajudar com a implementação. Os voluntários também podem exercer funções mais informais, agindo como amigos ou como irmão/irmã mais velho para os irmãos na família.

Grupos de apoio para pais e irmãos

Em muitas comunidades, as famílias com crianças autistas unem-se para criar grupos de apoio formais e informais. Esses grupos podem servir a diferentes funções. A maioria deles fornece apoio emocional, oportunidades para a troca de informações e assistência na resolução de problemas. Às vezes, eles servem a uma função de advocacia, ajudando a catalisar novos serviços. Uma vez que muitos dos pais nesses grupos têm vasta experiência e informações sobre o autismo, eles podem servir como mentores para os pais cujos filhos receberam recentemente o diagnóstico do transtorno. Por variarem consideravelmente em termos de suas necessidades e conhecimentos, os membros dos grupos de apoio, que organizam suas agendas para atender às necessidades específicas do membro, estão mais propensos a terem sucesso. Em uma série de estudos, Bitsika e Sharpley (1999, 2000) avaliaram um grupo de apoio para pais de crianças autistas. No primeiro estudo, o grupo de apoio voltou-se para o compartilhamento de informações e discussão de problemas. Os pesquisadores descobriram melhorias apenas mínimas no bem-estar geral dos pais participantes. Ao término do grupo de apoio, os pais afirmaram que preferiam ter assistência mais específica para ajudá-los a lidar com as dificuldades e crises diárias. Em um segundo estudo, os membros do grupo aprenderam técnicas de gerenciamento de estresse, específicas para a situação, resultando em uma melhoria significativa do bem-estar dos pais.

Programas de voluntariado em algumas comunidades são projetados especificamente para ajudar os irmãos de crianças com autismo. Um desses programas, chamado de "Super Sibs", desenvolvido na Universidade de Notre Dame, em Indiana, combina estudantes universitários, que têm irmãos com deficiência, como voluntários para trabalhar com crianças sem deficiências que também tenham um irmão ou irmã com deficiência. Este programa único oferece às crianças sem deficiências um fórum informal para discutir e refletir sobre o que é ter um irmão ou irmã com deficiência e como essa deficiência afeta a eles e suas famílias.

Resumo

Familiares que lidam com sucesso com os desafios de ter um filho autista muitas vezes servem como uma fonte de inspiração para os outros, e se tornam modelos para outras pessoas, em razão de sua força, compaixão e vontade de ajudar. Pesquisadores voltados para as famílias só agora começaram a entender os fatores individuais e sociais que produzem tal resiliência. Os fatores de proteção descritos na última seção fornecem uma resposta preliminar à questão de porque algumas famílias parecem prosperar em face ao desafio. À medida que os desafios enfrentados pelas famílias com crianças autistas são mais articulados e os fatores que fundamentam a resiliência familiar são melhor compreendidos é provável que programas de intervenção mais eficazes sejam desenvolvidos para ajudar essas famílias. O que já está claro é que essas pessoas precisam de serviços de qualidade em suas comunidades.

No próximo capítulo, apresentaremos várias recomendações que têm implicações diretas para ajudar e apoiar as famílias com filhos autistas. Algumas das recomendações têm por objetivo capacitar os pais a ajudarem a si mesmos de forma mais eficaz. Outras recomendações são para os profissionais que prestam serviços; pesquisadores que estão envolvidos em esforços sistemáticos para expandir nosso conhecimento sobre a natureza do autismo e a melhor forma de tratá-lo; e para os políticos e administradores de programas, que ajudam a formular novas políticas sociais, que afetam a vida das famílias e suas crianças autistas. De modo mais geral, as recomendações são projetadas para aumentar a resiliência familiar e proteger as famílias que enfrentam grandes desafios.

CAPÍTULO 7

Recomendações para pais, terapeutas/educadores, pesquisadores e legisladores

Neste capítulo, oferecemos uma série de recomendações para pais, terapeutas, investigadores e responsáveis por políticas sociais sobre o desenvolvimento, implementação e avaliação de programas de intervenção para crianças com autismo. Atualmente, os pais que criam crianças autistas se deparam com um volume imenso de informações sobre os tipos de programas de intervenção que devem implementar. Devido à complexidade, ambiguidade e à natureza, muitas vezes, conflitante dessas informações, os pais, frequentemente, têm dificuldade para decidir como proceder no estabelecimento de um programa para os seus filhos. Por esse motivo, ofereceremos uma série de recomendações sobre a filosofia e estrutura de programas de intervenção, bem como sobre os papéis, atitudes e suas responsabilidades. Depois, faremos recomendações aos profissionais que prestam suporte, terapêutico e educacional, para crianças com autismo e suas famílias. O foco dessas recomendações está em como os profissionais podem ajudar na implementação e avaliação de programas eficazes para crianças autistas, e apoiar as famílias no desenvolvimento de programas domiciliares. A seguir, ofereceremos uma série de recomendações para os pesquisadores no que se refere às áreas carentes de estudo empírico. Finalmente, deixamos recomendações para pessoas responsáveis pelas políticas sociais, bem como para aqueles que podem influenciar a política social, o que inclui a maioria dos cidadãos. Essas recomendações destinam-se à criação de infraestruturas que permitam o desenvolvimento e fornecimento de programas de investigação e intervenção mais eficazes. A tabela 7.1 (*p. 270*) resume estas recomendações.

Tabela 7.1 Recomendações para pais, terapeutas/educadores, pesquisadores e legisladores

Pais	Terapeutas/ educadores	Pesquisadores	Legisladores
1) Estudar sobre o autismo	1) Desenvolver uma parceria com os pais	1) Desenvolver avaliações diagnósticas precoces	1) Focar na intervenção precoce
2) Iniciar as intervenções o mais cedo possível	2) Coordenar programas escolares e domiciliares	2) Focar no desenvolvimento	2) Estabelecer centros locais de apoio para o autismo
3) Desenvolver programas estruturados	3) Promover o comportamento autorregulador	3) Avaliar terapias promissoras	3) Dar apoio a pesquisas de políticas públicas
4) Tornar-se um consumidor inteligente dos serviços	4) Salientar a avaliação	4) Desenvolver currículos para o ensino de habilidades sociais complexas	4) Dar suporte a pesquisas básicas e aplicadas
5) Pensar cientificamente	5) Tornar-se interdisciplinar		
6) Não esperar curas rápidas			
7) Considerar, com atenção, o melhor arranjo educacional			
8) Tornar-se um defensor			
9) Cuidar de você mesmo e da sua família			

Recomendações para os pais

Estudar sobre o autismo

Os pais têm condições de ajudar seus filhos com autismo de uma forma que ninguém mais pode, em razão do seu vasto conhecimento sobre as capacidades e limitações das crianças, de sua capacidade para interpretar os significados e razões para as ações dessas crianças e do seu compromisso em ajudá-las. Embora terapeutas e professores possam prestar uma assistência fundamental para ajudar as crianças autistas, o seu impacto é limitado, devido à brevidade e natureza intermitente do seu contato com elas e, às vezes, pela falta de conhecimento sobre autismo e entendimento sobre o trabalho com esta população. Por todas estas razões, os pais veem-se, com frequência, no papel de professor e terapeuta principal. Não nos surpreende que eles se sintam mal preparados para assumirem esta responsabilidade. Para prepararem-se para tal função e ajudarem melhor seus filhos, os pais precisam estudar sobre o autismo.

Embora alguns pais possam questionar sua capacidade para se tornarem bons estudantes do autismo, eles possuem capacidades únicas, porque são aprendizes motivados, guiados pelo desejo de ajudar os que amam. Eles também têm um entendimento intuitivo do transtorno que se manifesta no seu filho. Este é um bom momento para estudar o autismo, em razão dos crescentes e numerosos recursos disponíveis aos pais. Esses recursos incluem livros escritos por peritos na área, pesquisadores, terapeutas, outros pais de crianças autistas e por pessoas com autismo. Além disso, a internet está tornando-se uma importante fonte de informação, particularmente os sites de organizações profissionais, diretamente envolvidas no trabalho com o autismo. Salas de bate-papo na web também podem ser de grande ajuda para os pais com dúvidas específicas. Outra importante fonte de informação vem do contato que eles têm com profissionais que trabalham com seus filhos. Cada vez mais, os profissionais percebem que uma parte importante do seu trabalho é servir como um recurso para as famílias às quais atendem. Os pais precisam buscar, ativa e estrategicamente, informações com esses profissionais. Uma fonte inestimável de assistência também vem de outros pais que têm filhos autistas, particularmente aqueles que tiveram sucesso na busca de recursos e serviços para os seus filhos. Além disso, muitos pais melhoram o seu aprendizado pela participação em workshops profissionais sobre o transtorno, e em conferências profissionais realizadas por organizações como a *Autism Society of América*. Finalmente, um número crescente de pais está se tornando terapeuta paraprofissional, como consequência do treinamento que recebem em workshops e de consultores que os ajudam a estabelecer programas educacionais domiciliares.

Começar os programas de intervenção o mais cedo possível

A importância de iniciar os programas de intervenção tão cedo quanto possível não pode ser subestimada. Mesmo se não há a confirmação de um diagnóstico formal de autismo, mas apenas a sua suspeita, é conveniente criar intervenções para resolver quaisquer problemas significativos de desenvolvimento que estejam ocorrendo, sejam eles na área motora, sensorial, cognitiva, de linguagem ou social. Um diagnóstico formal do transtorno, geralmente, tem pouco impacto sobre os objetivos de um programa de intervenção, embora deva influenciar a forma como tais programas serão estruturados. A lógica para programas de intervenção precoce é convincente e se baseia em pesquisas, tanto básicas quanto aplicadas, assim como na teoria do desenvolvimento.

Sob uma perspectiva biológica, sabemos que durante a infância precoce o desenvolvimento cerebral já avançou ao ponto em que bilhões de neurônios, os blocos de construção básicos do cérebro, já se formaram. O processo de interligação desses neurônios, no entanto, recém iniciou-se (Bornstein e Cordeiro, 1992). Durante os primeiros anos de vida de uma criança, trilhões de conexões entre os neurônios formam-se. Com o passar do tempo, muitas das conexões são eliminadas. As primeiras experiências da criança desempenham um papel fundamental na determinação das conexões que se desenvolvem e são mantidas entre os neurônios e quais desaparecem. Embora os genes desempenhem um papel vital no desenvolvimento dos blocos de construção do cérebro, o ambiente é a força vital, determinando como estes blocos se organizarão especificamente, ou, para usarmos outra metáfora, como as "ligações" serão feitas no cérebro.

Os processos básicos, incluindo os processos sensoriais, motores, perceptivos e linguísticos são influenciados pelos ambientes em que as crianças com autismo vivem. Esses processos distintos não apenas se tornam mais estáveis, mas os diferentes processos, como o visual e o motor, o visual e o auditivo e o de linguagem e sensório-motor se tornam interconectados uns com os outros pela experiência. Os processos cognitivos emergem a partir desse vasto padrão de conexões. Ocorre, então, o desenvolvimento do reconhecimento corporal e pessoal. Os pensamentos vinculam-se às emoções. Os caminhos inibitórios se formam, permitindo que as emoções sejam controladas, com a aprendizagem das regras sociais.

Esse processo de desenvolvimento, extremamente complexo, sofre perturbação quando o autismo ocorre. Não sabemos exatamente o que produz as perturbação ou quais são os efeitos específicos de tal perturbação sobre o desenvolvimento posterior. Os genes indubitavelmente exercem um papel, ao influenciarem a forma como a bioquímica e as estruturas do cérebro evoluem, e também pela colocação de restrições sobre o modo como os ambientes influenciam as conexões cerebrais. Ainda assim, o ambiente tem uma influência profunda sobre o desenvolvimento das crianças autistas.

Em termos fenomenológicos, parece que crianças com autismo não vivenciam o ambiente à sua volta da mesma forma que crianças com desenvolvimento típico. Com base nos escritos de pessoas autistas, tais como Temple Grandin e Donna Williams, parece que os seus ambientes são frequentemente caóticos e imprevisíveis, bem como assustadores (Grandin, 1995; Williams, 1992). Parece, também, que para reduzirem o caos e o medo, as crianças com autismo alteram a forma como interagem com os seus arredores, para controladorem melhor os estímulos ambientais. Comportamentos obsessivos, ritualísticos e de retraimento social provavelmente emergem para ajudá-las a lidar com os seus ambientes e tornar mais inteligíveis as informações sensoriais.

O que os programas de intervenção precoce fazem? O objetivo desses programas é criar ambientes seguros e previsíveis, reduzindo assim a necessidade de as crianças com autismo desenvolverem mecanismos de enfrentamento que as desliguem do seu ambiente. Os programas de intervenção precoce visam facilitar o desenvolvimento normal, em um contexto que forneça apoios sociais e emocionais apropriados. Sob uma perspectiva neurológica, o cérebro das crianças autistas será programado; é apenas uma questão de como – seja por um ambiente criado e controlado pela criança ou por um ambiente criado por educadores e pais para a promoção da aprendizagem.

Embora o cérebro, incluindo o cérebro de crianças com autismo, seja extremamente malável, existem limites. Há janelas de oportunidade para a conexão de processos emocionais, motores, sensotiais, cognitivos e de linguagem. Se, devido a restrições no ambiente, a estimulação apropriada desses processos não ocorre em determinado período, seu desenvolvimento pode ser inibido, causando atrasos. Embora os atrasos possam ser corrigidos, pelo menos em parte, por programas de intervenção, a aprendizagem torna-se mais difícil se ocorre fora dessas janelas de oportunidade. Processos mais básicos, incluindo os processos sensorial, motor e emocional, parecem ser programados mais cedo do que aqueles sociais e de linguagem. Entretanto, uma vez que todos esses processos estão interligados no cérebro, é importante abordar quaisquer atrasos e deficiências emergentes tão logo seja possível.

Sob uma perspectiva psicológica, a aprendizagem ocorre em qualquer ambiente em que a criança seja colocada; entretanto, nem toda a aprendizagem é igualmente bem ajustada. Os comportamentos desajustados, que se tornam entrincheirados, podem virar habituais. Quanto mais estabelecidos esses hábitos estão, mais difícil é rompê-los. Os comportamentos desajustados, como a evitação social, estereotipia e comportamentos ritualísticos parecem desenvolver-se porque servem a um fim, para as crianças com autismo: eles reduzem o medo e a ansiedade. Esses hábitos, contudo, dificultam o aprendizado de comportamentos apropriados. Os programas de intervenção precoce têm por objetivo estabelecer novos padrões de comportamento adaptativo, que tornam desnecessários os hábitos ou sintomas desajustados das crianças autistas. Quando o início dos programas de intervenção é adiado, o estabelecimento de novos hábitos apropriados leva mais tempo e comportamentos complexos, como a linguagem, tornam-se muito mais difíceis de ensinar. Embora não possamos afirmar com qualquer precisão qual é o momento ideal para os programas de intervenção precoce, uma regra geral é a de iniciar tais programas tão logo seja possível, com a sua estrutura sendo ditada pela idade e nível de desenvolvimento da criança.

Desenvolver programas estruturados

Para que qualquer criança aprenda, o ambiente deve ser estruturado para ter ordem e previsibilidade. Espaços que estão constantemente em um estado de fluxo, não apenas dificultam a adaptação e o aprendizado, mas também causam estresse. Crianças com autismo são particularmente carentes de estrutura em seus programas educacionais. Em virtude dos seus problemas sensoriais, motores, cognitivos, de linguagem e sociais elas tendem a ter mais dificuldade para lidar com ambientes e interações sociais típicas. As crianças autistas demonstram mais estresse quando confrontadas com mudanças, porque têm menos recursos para enfrentar mudanças do que as que não possuem a mesma deficiência. Como consequência, elas desligam sua atenção do ambiente social. Muitos dos sintomas de autismo, incluindo as obsessões com certos estímulos e a adesão compulsiva a certas rotinas, parecem ser formas de lidar e de controlar ambientes complexos, caóticos e emocionalmente perturbadores.

Por essas razões, programas de intervenção estruturados, que seguem rotinas definidas, são benéficos para as crianças com autismo. A estrutura impede a ansiedade e libera os pacientes para que se beneficiem cognitivamente das experiências educacionais e de treinamento. Mudanças, quando necessárias, devem ser introduzidas lenta e organizadamente. À medida que as crianças autistas adquirem novos comportamentos adaptativos e habilidades de enfrentamento, elas devem ser capazes de tolerar mudanças com maior facilidade. Uma questão crítica, que precisa ser respondida é: o que, exatamente, constitui um programa estruturado? Às vezes, a resposta a esta questão é dada pela oferta de exemplos do que algumas pessoas entendem como sendo um programa estruturado, como a terapia lúdica. A oferta desses tipos de exemplos gerais, entretanto, não fornece informações específicas sobre o que queremos dizer com "estruturado", e pode deixar dúvidas.

A análise de metodologias educacionais e terapêuticos sugere que os programas estruturados devem ter as seguintes características: objetivos claramente definidos, procedimentos de intervenção e materiais didáticos. Uma intervenção bem estruturada também especifica como as habilidades e comportamentos, recém-adquiridos pela criança, serão generalizados para ambientes da vida diária. Em termos mais específicos, os objetivos educacionais devem ser definidos de forma concreta, de modo que os programas de intervenção possam ser conduzidos de maneira consistente e a conquista dos objetivos possa ser avaliada com confiança. As intervenções educacionais devem ser articuladas com detalhes suficientes para permitir a transferência de um protocolo de tratamento padrão, e sua condução consistente, por pais, professores, voluntários e profissionais. Finalmente, o ambiente adjacente ao tratamento, incluindo materiais utilizados, arranjos da sala e ordem do programa, deve ser especificado. O nível de desenvolvimento, padrão de pontos fortes e limitações, interesses, escolhas e nível de motivação da criança devem ser considerados, na formulação de programas estruturados. Na medida do possível, as crianças devem receber informações sobre a natureza exata da estrutura do programa, assim como sobre as mudanças que podem ocorrer nessa estrutura, após o seu estabelecimento.

Tornar-se um consumidor inteligente dos serviços

Os pais que recorrem a profissionais para conseguirem os serviços necessários para os seus filhos precisam tornar-se consumidores inteligentes. Antes do encontro com os provedores de serviço, os pais devem ter algumas ideias sobre o tipo de serviço que desejam, e precisam ter investigado o suficiente para determinar que profissionais podem oferecê-lo da forma mais apropriada. No encontro com o provedor do serviço, os pais devem sentir-se à vontade para fazer perguntas sobre a natureza exata dos serviços, sobre o raciocínio subjacente a eles e sobre a experiência que o provedor já teve no trabalho com crianças com autismo. Se apropriado, os pais devem avaliar a disposição do provedor para levar o programa para o arranjo domiciliar e ensiná-los a administrá-lo. Os pais devem ter a mente aberta o suficiente para considerarem com cuidado o que o provedor diz, mas não devem presumir automaticamente que "o médico sempre sabe o que é o melhor". Se o provedor não escuta os pais ou não considera com cuidado as informações que estes lhe dão, eles devem buscar outro profissional e uma segunda opinião. Uma vez que apenas gradualmentem os pais tornam-se "especialistas" em autismo eles podem ser consumidores menos inteligentes dos serviços do que deveriam idealmente ser. Entretanto, enquanto leem e aprendem, seus conhecimentos aumentam rapidamente.

Pensar cientificamente

Em uma área emergente como o autismo, em que as perguntas são mais numerosas que as boas respostas, existem especulações consideráveis pelos pais acerca de quais, das muitas abordagens de tratamento disponíveis, seriam as melhores para os seus filhos. Alguns tratamentos são bastante controvertidos, e muitos deles não foram avaliados empiricamente. Às vezes, um tratamento é selecionado com base nos testemunhos da pessoa que o desenvolveu e/ou em pais que acreditam que ele beneficiou os seus filhos. Alguns pais tendem a "pular" de um tratamento para outro rapidamente, na esperança de que algo seja útil. Embora alguns métodos sejam muito caros, os pais podem sentir-se culpados, se não dão aos filhos todas as chances de melhorarem. Em algum ponto, os pais acabam fazendo a si mesmos as seguintes perguntas: Como deveríamos tomar as decisões sobre o que é melhor para o nosso filho? Qual é a melhor maneira de distribuirmos nossos recursos financeiros para ajudar nosso filho?

Uma abordagem para responder a perguntas como essas é pensar cientificamente. Pensar cientificamente envolve considerar o tratamento de forma tão objetiva e sem paixão quanto possível. A necessidade de ajudar os filhos pode gerar emoções intensas, que, por sua vez, podem colocar em risco uma análise equilibrada, necessária para a avaliação de um tratamento. Anteriormente, recomendamos que os pais aprendam tanto quanto puderem sobre o autismo e seu tratamento. Enquanto leem a literatura sobre tratamentos, os pais devem fazer a si mesmos uma série de perguntas, incluindo: Que tratamento é esse, exatamente? Como o tratamento produz seus efeitos; especificamente, há um raciocínio lógico para sua eficácia ou por que ele deve funcionar? Quanta evidência empírica existe para a eficácia do tratamento? Os efeitos colaterais, particularmente os efeitos colaterais potencialmente adversos, foram investigados de forma sistemática? Nos casos em que a natureza precisa do tratamento não está clara e onde pesquisas empíricas, de boa reputação, avaliando o tratamento inexistem ou não geram evidências convincentes sobre sua eficácia, os pais devem acautelar-se quanto ao seu uso com os seus filhos.

Frequentemente, os pais sentem-se indevidamente pressionados a usar determinados tratamentos, em razão de testemunhos de outros pais ou profissionais, ainda que não existam evidências empíricas. Os pais, às vezes, perguntam o que há de errado em basear suas decisões de tratamento nesses testemunhos. Uma resposta é que os testemunhos, frequentemente, são dados por pessoas que desejam, e muitas vezes precisam, acreditar na eficácia do tratamento, incluindo os pais, que passam um tempo considerável e gastam grandes quantias com o tratamento, e também os profissionais, que desenvolveram a técnica e em geral lucram com as pessoas que a utilizam.

Os testemunhos frequentemente se baseiam em percepções, onde o foco está sobre o que as pessoas desejam, ou esperam ver, e as evidências contraditórias são ignoradas. Os depoimentos geralmente não se baseiam em pesquisas que avaliam os efeitos do tratamento e os efeitos colaterais usando protocolos experimentais apropriados. Para o observador não treinado, os tratamentos às vezes parecem funcionar, mas na realidade a criança não está realmente mudando, ou está mudando por razões que não estão relacionadas à terapia. Ainda assim, chega-se à conclusão de que o tratamento foi eficaz e responsável pela mudança, quando na verdade isto não ocorreu.

Um grande problema com evidências por testemunho é que isto ignora a possibilidade dos efeitos placebo. Os efeitos placebo são reais; as pessoas melhoram, mas isso não se deve ao tratamento administrado, e sim a um resultado de outras coisas que acompanharam o tratamento, mas não fazem parte dele. Por exemplo, os efeitos placebo podem ocorrer porque os pais, ou outras pessoas, tratam a criança de forma diferente, após a administração da terapia. Eles esperam que as crianças mudem e reagem como se isso tivesse ocorrido, criando uma profecia que se cumpre automaticamente. O efeito das expectativas sobre o comportamento pode ser muito poderoso. Alguns pesquisadores sugerem que até 90% das curas médicas no último século poderiam ser atribuídas inteiramente, ou parcialmente, a efeitos placebo. Os pesquisadores que investigam os tratamentos geralmente empregam desenhos de controle e/ou avaliação dos efeitos placebo.

Ocasionalmente, vemos um comentário como: "E que importância tem se os efeitos do tratamento são produzidos pelos mecanismos de placebo?" De certo modo, é bom se funciona, mas um valor substancialmente alto pode ser pago por um tratamento que, em e por si mesmo, não é eficaz. Será que os pais devem gastar altas quantias em uma pílula de açúcar? As pesquisas tentam entender os efeitos de placebo e criar tratamentos eficazes baseados nos mecanismos que os produzem. Outro problema com tratamentos que colocam ênfase no efeito placebo é que tais efeitos frequentemente são temporários, isto é, não se mantêm ao longo do tempo. Quando os pais utilizam tratamentos não testados e não veem mudanças, ou essas são apenas temporárias, a explicação geralmente é a de que a criança precisa continuar no tratamento por maior tempo, aumentando assim as despesas com a modalidade escolhida.

Um alerta final aos pais, com relação a testemunhos sobre tratamentos: os terapeutas profissionais, assim como os pais, podem ser convencidos por testemunhos de sucesso. Eles podem recomendar tratamentos com base em relatos informais dos seus clientes e em suas próprias observações pessoais. Uma vez que muitos terapeutas não têm um treinamento profundo no uso de métodos científicos, eles estão sujeitos às mesmas falácias de lógica e influências emocionais que os pais. Os terapeutas profissionais, assim como os pais, têm interesse em ajudar as crianças e desejam acreditar que aquilo que estão fazendo é útil. Aqui, também o ego está em jogo, porque os profissionais sabem que sua reputação se baseia, em grande parte, no sucesso daquilo que fazem. De modo semelhante, a crença do terapeuta na eficácia do seu tratamento pode ser influenciada por considerações financeiras: as pessoas não procuram serviços que não apresentam resultados.

Não esperar curas rápidas: não existem soluções mágicas

Alguns pais procuram continuamente novos tratamentos que possam ajudar seus filhos a se "recuperarem" do autismo. Eles esperam que o próximo tratamento tentado seja aquele que tirará os filhos do mundo autista em que vivem. Suas esperanças podem ser encorajadas pelas histórias de outros pais, ou pelas vezes em que os seus próprios filhos mostraram competências inesperadas: breves instantâneos das crianças que esses pais acharam que teriam, antes do aparecimento dos sintomas de autismo.

Qual é a probabilidade do desenvolvimento de um tratamento milagroso que cure o autismo? Com base no estado atual do nosso conhecimento, é melhor os pais não terem esperanças altas demais. O autismo é um transtorno complexo, provavelmente causado por deficiências em diversos genes, talvez 15 ou mais. Além disso, ele provavelmente é ativado por eventos ambientais que ocorrem no início do desenvolvimento, provavelmente na fase pré-natal. Apesar de grandes avanços na busca pelas causas do autismo, o advento de "tratamentos que curam" ainda requer o isolamento desses genes e gatilhos ambientais específicos, assim como dos processos bioquímicos que eles controlam. Essa busca levará tempo, particularmente em razão da natureza poligenética (mais de um gene) do transtorno. A probabilidade de encontrar uma cura milagrosa para o transtorno é bastante baixa, sem um entendimento prévio dos processos genéticos e ambientais que fundamentam o seu desenvolvimento. Além disso, devido à diversidade da sintomatologia associada com o autismo, é bem possível que suas causas não sejam as mesmas para todos os indivíduos.

Se não é provável que tenhamos uma cura milagrosa em breve, o que os pais devem fazer? O mais importante é manter-se otimista quanto ao futuro. Atualmente, inúmeros programas de pesquisas dedicam-se a isolar os processos genéticos, biológicos e ambientais que produzem o autismo. Alguns desses projetos começam a fornecer insights iniciais sobre os mecanismos subjacentes ao transtorno. Em seu papel de defensores dos direitos dos filhos, os pais devem incentivar seus representantes políticos para que apoiem o financiamento de pesquisas básicas sobre o autismo. Embora a prevenção primária, que envolve uma cura para o transtorno, ainda não seja possível, os pesquisadores começam a entender gradualmente como ele ocorre. Com tal conhecimento, a prevenção secundária e programas de tratamento podem ser elaborados para alterar a trajetória do desenvolvimento da criança autista e moderar a gravidade deste transtorno.

As "faces" do autismo já estão mudando. Atualmente, muitas crianças autistas não exibem todas as características clássicas da doença. Por exemplo, elas frequentemente formam vínculos fortes com seus pais e são aprendizes afetuosos, socialmente atenciosos e rápidos. À medida que novos programas terapêuticos e educacionais são criados, essa é uma tendência positiva que deve continuar. Enquanto não temos uma cura definitiva para o autismo, os pais precisam iniciar os programas de intervenção que demonstram eficácia tão cedo quanto possível. Por outro lado, eles devem ter muita cautela sobre gastos, de tempo e dinheiro, em tratamentos de "cura rápida" não comprovados, com baixa probabilidade de sucesso e que podem até mesmo afetar adversamente o desenvolvimento da criança.

Considerar cuidadosamente o melhor arranjo educativo para seu filho

Nas décadas de 1960 e 1970, houve um grande movimento nos Estados Unidos para a desinstitucionalização de pessoas com deficiências graves do desenvolvimento e para a sua integração na sociedade em geral. Como parte desse movimento de "normalização", foi dada ênfase à oferta de serviços a pessoas com deficiências nos mesmos locais em que pessoas sem deficiências os recebem. Em termos educacionais, a "normalização" era interpretada, com frequência, como colocar as crianças com deficiências em salas de aula típicas. A justificativa geral para a integração no ensino regular era complexa, mas fazia sentido. A principal asserção era a de que os serviços educacionais tradicionais para pessoas com deficiências eram inferiores aos serviços educacionais padrões, e negavam aos indivíduos com problemas do desenvolvimento o seu direito aos melhores tratamentos e programas educacionais possíveis. Além disso, pensava-se que a colocação no ensino regular reduziria a discriminação e o preconceito, e promoveria o melhor entendimento e aceitação de crianças com deficiências pela população em geral.

Atualmente, por essas e outras razões, os pais muitas vezes preferem que seus filhos autistas sejam colocados nas salas de aula regulares. Sua opinião é que as expectativas são maiores nesses arranjos e que os seus filhos se beneficiarão com a maior demanda de salas de aula regulares. Eles também acreditam que crianças com desenvolvimento típico são melhores modelos para os seus filhos que as crianças com atraso no desenvolvimento.

Na prática, a integração assume muitas formas; algumas crianças são colocadas no ensino regular durante o dia inteiro e outras comparecem em determinados períodos, para atividades como música e recreio. Crianças com Transtornos do Espectro do Autismo, colocadas em salas de aula regulares durante o dia inteiro, às vezes têm o mesmo currículo que os seus colegas. Com frequência, eles possuem assistentes presentes na classe e/ou salas de recursos para a oferta de assistência adicional. A adequação da educação regular para as crianças com o transtorno provavelmente depende da qualidade dos seus professores, dos assistentes em sala de aula e dos recursos adicionais disponíveis. Normalmente, os professores e assistentes das classes regulares têm pouco treinamento na área do autismo.

Em contraste, algumas escolas têm programas de educação especial para crianças autistas que envolvem menos integração. Os encarregados da execução desses programas são professores que, com frequência, têm algum treinamento e experiência na área do autismo. Cada vez mais, à medida que técnicas para o trabalho com crianças autistas evoluem, e entendemos mais sobre as necessidades e estilos de aprendizado desta população, o currículo e seu emprego, nessas salas de aula "especiais", têm divergido daqueles encontrados em uma sala de aula regular. Em termos mais específicos, os objetivos do currículo não se baseiam tanto no que as crianças de determinada idade deveriam estar fazendo como um grupo, mas mais no nível de desenvolvimento, conquistas e pontos fortes do aluno específico; em resumo, o currículo é mais individualizado. Estas modificações podem ser introduzidas em uma sala de aula normal e isto, às vezes, ocorre; entretanto, nesses casos, a criança com autismo recebe um currículo diferente daquele das outras crianças. O que não pode ser facilmente transportado para salas de aula regulares são algumas das rotinas e procedimentos de instrução mais estruturados, salientados em programas como o TEACCH e treinamento por tentativas discretas.

Em última análise, o que os pais precisam considerar, ao selecionarem ou lutarem por programas educacionais para os seus filhos, é a natureza do currículo e a qualidade do ensino no ambiente de sala de aula regular, comparado com classes especiais. Embora a integração das crianças com necessidades especiais tenha muitos aspectos positivos, ela nem sempre vem ao encontro das necessidades da criança. A integração enfatiza a importância de educar juntos os alunos com e sem deficiência. No entanto, deve haver também uma consideração sobre o melhor plano educacional a executar para o aluno especial. O programa ideal é aquele sob medida para as necessidades educacionais da criança, que promove a aprendizagem e ocorre no ambiente "menos restritivo" e normalizado possível, capaz de apoiar esses objetivos educacionais. Decisões relativas à colocação de crianças em programas educativos devem basear-se, inicialmente, no tipo de programa que melhor favoreça a conquista acadêmica, assim como as habilidades sociais e de vida apropriadas e, ainda que integre a criança, na máxima extensão possível, na sociedade em geral. O melhor arranjo pode consistir em um programa híbrido com alguma integração em uma sala de aula "normal" e alguns arranjos de ensino especializados, em outra sala de aula.

Tornar-se um defensor dos direitos da criança

Quando os serviços adequados não estão disponíveis, ou prontamente disponíveis, para crianças com autismo, os pais precisam tornar-se proativos em sua defesa. Eles são os defensores naturais dos direitos dos seus filhos, especificamente porque estão familiarizados com as necessidades destes, com os serviços que lhes foram fornecidos e com aqueles que precisam ser oferecidos. A defensoria é uma habilidade multifacetada, que pode ser aprendida. Entretanto, é preciso tomar decisões envolvendo as batalhas que merecem ser combatidas. A solução mútua de problemas e a negociação com aqueles com poder para iniciar mudanças sempre são preferíveis à confrontação. Durante o processo de defesa dos direitos da criança, é preciso articular, com a máxima clareza possível, a lógica para a mudança e o tipo de estrutura do serviço que os pais consideram necessários para seus filhos. Em geral, é uma boa estratégia entregar propostas escritas para as mudanças solicitadas, antes de reuniões presenciais. Sempre que possível, grupos de indivíduos com um interesse comum no desenvolvimento de novos serviços, ou modificação de serviços existentes, devem organizar e apresentar suas ideias juntos. Há poder nos números. Quando não há satisfação, é possível apelar a autoridades superiores, por exemplo, recorrer ao diretor em uma escola, ao secretário de ensino ou ao conselho escolar. Quando apropriado, os políticos capazes de criar mudanças devem ser procurados para a mobilização na forma de *lobby*. Alguns defensores dos direitos infantis ajudam seus representantes políticos a elaborarem novos projetos de lei a serem considerados para câmara. Se tudo mais falhar, uma abordagem jurídica à defensoria pode, ocasionalmente, ser apropriada. Muitos dos direitos que crianças com deficiência desfrutam atualmente vieram como consequência da defensoria pública, de novas leis e de processos para a conquista de direitos.

Ao discutir a defensoria educacional para crianças com autismo, Mulick e Butler (2002) apontam que o número de processos legais contra sistemas escolares aumentou nos últimos anos. A maioria dessas ações foi iniciada pelos pais e, em geral, tem como foco a obtenção de programas educacionais adequados para as crianças. Quando a sentença nesses processos favorece os pais, a apresentação do caso inclui os seguintes temas: documentação da ausência de progresso da criança em programas administrados pelo sistema de ensino; descrição das diretrizes federais, como aquelas estipuladas por leis para pessoas com necessidades especiais; e demonstração de que planos educacionais mais apropriados estão disponíveis e já são implementados com êxito em outros locais.

Cuidar de você e da sua família

Os pais, cumprindo o seu papel, com frequência, colocam as necessidades dos filhos à frente das suas. Os pais de crianças autistas, muitas vezes, reformulam suas vidas para ajudar seus filhos a obter todas as vantagens possíveis. No processo, eles podem ignorar suas próprias necessidades, bem como as dos seus cônjuges e dos outros filhos. Uma vez que a família é um sistema de membros interligados, o que afeta um deles afeta os outros. Em última análise, se as necessidades de alguns dos membros são ignoradas por um longo período de tempo, para o atendimento às necessidades de outro, toda a família pode sofrer, incluindo quem mais obviamente precisa de ajuda.

Os pais e outros familiares precisam aprender a compartilhar e revezar as responsabilidades, de modo que cada um tenha tempo para buscar os seus próprios interesses e encontre momentos de descanso. Os pais, que em geral fazem autossacrifícios com naturalidade, podem ter de aprender a ser um pouco egoistas. Para cuidar das necessidades da família, também é preciso desenvolver e promover suportes externos à ela, incluindo o apoio de parentes, amigos, grupos religiosos, voluntários e agências comunitárias. Se os recursos permitem, a contratação de pessoal de apoio pode ser muito útil, quando há o devido treinamento.

Recomendações para terapeutas, professores e outros profissionais

Desenvolver uma parceria com os pais

Dependendo, em parte, da disciplina em que atuam, os profissionais podem ter diferentes ideias sobre a natureza dos seus relacionamentos com aqueles para quem prestam serviços. Alguns profissionais adotam um modelo mais semelhante a "especialista", no qual o "doutor" sabe o que é melhor para o cliente, que deve aderir às prescrições e programas fornecidos. O modelo de especialista pressupõe uma lacuna de conhecimento entre profissional e cliente, e do que um precisa para resolver o problema do outro. Além disso, os pacientes precisam acreditar que os profissionais farão o que é correto e, certamente, não devem desafiar essa autoridade. Outro aspecto desse modelo é que as famílias são vistas como disfuncionais e sem capacidade para se ajudarem (Powell *et al.*, 1992).

Contrastando com este conceito, temos o modelo de parceria, no qual o profissional vê a família como um rico recurso, composto por indivíduos que, frequentemente, são muito bem informados sobre o autismo, geralmente são os melhores juízes das necessidades da criança e atuam como os principais professores dela. O profissional visa capacitar os pais, incentivando-os a fazer perguntas, a aprender sobre o serviço terapêutico e a auxiliar na concepção e implementação do programa. O profissional torna-se mais um designer do programa, um treinador dos pais e um consultor, em vez de ser simplesmente uma pessoa que fornece serviços. A criança autista é vista como incorporada à família e, assim, o cliente é a família toda.

Alguns profissionais temem perder pacientes, ao ensinarem sua disciplina a outros para a condução dos programas terapêuticos. Na verdade, o que acontece é que os profissionais desenvolvem um papel novo e mais dinâmico, que permite a extensão e intensificação da atividade terapêutica. Em essência, o profissional desenvolve um quadro de paraprofissionais. O especialista mantém o controle de qualidade ensinando e monitorando atentamente o comportamento dos paraprofissionais (pais, voluntários etc.).

Coordenar programas escolares e domiciliares

Feinberg e Vacca (2000) apontam que existe uma tensão inerente entre os pais e o pessoal das escolas. Os educadores desejam, por um lado, que as famílias se envolvam ativamente na tomada de decisões, mas, por outro lado, querem que elas "lutem por algo que seja consistente com o que a secretaria de educação pode oferecer" (p. 133). Embora possam ser o marco de uma sociedade progressista, as escolas, como muitas instituições, com frequência têm uma natureza mais conservadora. As famílias de crianças com autismo, comumente, pedem mudanças na forma de operação da instituição de ensino, aumentando assim a tensão. As tensões podem crescer quando a escola diz às famílias que os professores não estão treinados o bastante para trabalhar com crianças autistas; que há uma obrigação com as outras crianças de desenvolvimento típico, que não deve ser comprometida; e que os recursos disponíveis não são suficientes para individualizar os programas educacionais, particularmente quando as necessidades das crianças com autismo são tão diferentes das de outras crianças.

Para que ocorra uma parceria entre o pessoal das escolas e as famílias, ambos precisam ver um ao outro como aliados, não como adversários. Uma verdadeira parceria exige mútua expressão de pontos de vista, a criação de objetivos mutuamente acordados, debate sobre as opções, solução criativa de problemas e meios-termos. É preciso desenvolver um roteiro que permita a individualização dos programas educacionais na máxima extensão possível, e a sua exportação para a situação doméstica. Além disso, o pessoal das escolas precisa ser receptivo à ideia de estender de forma bem-sucedida os programas de educação domiciliar para a sala de aula. Para ajudar a garantir que o roteiro se concretize, as escolas e as famílias têm de unir-se, para benefícios mútuos, para a obtenção de novos recursos que se façam necessários.

Promover a autorregulação do comportamento

Um dos principais problemas para os educadores e terapeutas que trabalham com crianças autistas refere-se à generalização e manutenção do comportamento. A manutenção refere-se a um processo no qual os comportamentos, uma vez aprendidos por um estudante, continuam ocorrendo ao longo do tempo, nas situações em que foram ensinados inicialmente. Por exemplo, uma criança que aprende a dar nome às partes do seu corpo, quando solicitada por um professor, ainda é capaz de fazê-lo em um momento posterior. A generalização refere-se a um processo em que os comportamentos aprendidos em uma situação se transferem para outras, particularmente para situações semelhantes àquela em que o comportamento foi aprendido originalmente. Por exemplo, uma criança que aprende a dar nome às partes do seu corpo em casa, na presença dos seus pais, também pode fazê-lo na escola, na presença de um professor, e pode, ainda, identificar as mesmas partes do corpo de outra pessoa. Esse tipo de generalização é variadamente chamado de "situacional", "de estímulo" e "generalização para pessoas".

Muitos professores/terapeutas enfatizam a aprendizagem inicial sobre manutenção e generalização, em parte pela pressuposição (ou esperança) de que as crianças manterão e generalizarão o que aprenderam sem muita instrução extra. Esta hipótese é questionável. A maioria das crianças com autismo tem dificuldade para manter o que aprendeu e um problema ainda maior para transferir ou generalizar o que sabem para novas situações. Em virtude dos problemas de manutenção e generalização, a programação nessas áreas precisa receber um foco educacional maior. Uma grande variedade de técnicas para promover a manutenção e generalização já foi estabelecida e demonstrou eficácia empírica, no trabalho com crianças com deficiência intelectual. Essas técnicas incluem: treinamento intensificado, análise sistemática e repetição do treinamento; se necessário, alteração nos programas de reforço passando de contínuo para intermitente e de fixo para variável; alteração de reforços primários, como alimentos, para reforços secundários, como elogios e afeto; utilização de estímulos comuns entre situações; programação em várias situações e com diversos treinadores; e treinamento em ambientes naturais (Whitman *et al.*, 1983).

Outra abordagem à instrução, utilizada com menos frequência por professores e terapeutas, envolve ensinar as crianças a autorregular seu comportamento. Uma pesquisa realizada por Wehmeyer *et al.* (2000) sugere a importância de promover a autodeterminação em programas educacionais para alunos com deficiência. Uma vez que a ação independente é valorizada pela sociedade, as crianças com autismo que se tornam autônomas estão mais propensas a serem percebidas e recebidas de modo positivo por outros (Whitman, 1990). Embora o foco de programas de autodeterminação (ou o que chamamos aqui de autorregulação) varie, os objetivos de tais programas, geralmente, incluem a promoção da tomada de decisões, resolução de problemas, fazer escolhas, autogestão, autoconsciência, autodefesa e definição de objetivos. O ensino da autorregulação para crianças autistas apresenta diversas vantagens. Ao exercerem a autorregulação, as crianças agem sem orientação externa e, assim, tornam-se independentes. Além disso, elas são mais propensas a manter o que aprenderam e a generalizar as respostas para situações nas quais não foram explicitamente treinadas. Como consequência, essas crianças estão mais propensas a poder viver em arranjos normalizados, onde a supervisão atenta não é possível.

Duas abordagens básicas têm sido empregadas no ensino da autorregulação. A primeira abordagem envolve a descontinuação gradual dos controles externos, até a criança começar a agir sem supervisão. Inicialmente, uma criança aprende, por exemplo, com lembretes do professor e com reforço contingente, a resolver um problema de aritmética. Posteriormente, os lembretes e reforços são removidos aos poucos. Uma segunda abordagem envolve o uso da linguagem e autoinstrução de uma criança. Uma das principais distinções entre as abordagens educacional comportamental e cognitivo-comportamental, para a promoção da manutenção e generalização, é que esta última salienta o uso da linguagem da própria criança para o controle do comportamento. As crianças aprendem a verbalizar o que devem fazer em uma situação de aprendizagem e, depois, são ensinadas a seguir suas próprias diretivas verbais.

Devido às suas deficiências de linguagem, existem evidências sugerindo que uma abordagem tradicional de instrução pode ser menos eficaz que a autoinstrução, para pessoas com atrasos do desenvolvimento (Whitman, 1987). A abordagem tradicional salienta o controle do comportamento por meio de orientação verbal por pessoas relevantes, como professores e pais. Este modo de instrução pressupõe um certo grau de controle linguístico pela pessoa que está aprendendo e que, na verdade, pode não existir. Crianças com autismo capazes de se expressar verbalmente, com frequência, não conseguem usar a linguagem para orientar o próprio comportamento. Essa abordagem também estabelece, potencialmente, o hábito de recorrer a outros. Em contraste com uma abordagem didática tradicional, uma abordagem de autoinstrução faz bastante sentido, no trabalho com crianças autistas, porque elas têm dificuldades em usar a linguagem como um veículo para o monitoramento, avaliação e controle do próprio comportamento. Devido a essas limitações, os autistas provavelmente também têm dificuldade para refletir e para interpretar as ações de outros; ou seja, parecem não possuir uma teoria da mente (ver capítulo 3). Para desenvolver a autorregulação, um aluno autista deve possuir um certo nível de proficiência linguística, para criar habilidades de regulagem verbal.

Há razão para crermos que as crianças com autismo, e que têm capacidade verbal, podem tornar-se autoconfiantes através do treinamento para a autoinstrução, especificamente devido à sua ênfase sistemática em fornecer ao estudante indicadores verbais relevantes para a autodireção, ensinar as crianças a utilizarem adequadamente esses indicadores verbais e garantir que o aluno seja capaz de usar tais indicadores verbais para regular o seu comportamento. Durante o treinamento para a autoinstrução, o ônus da instrução é assumido pelo professor, inicialmente, mas à medida que o aluno adquire proficiência em seguir as instruções verbais, o apoio do educador é retirado gradualmente e o aluno assume um papel mais ativo para regular verbalmente o seu comportamento. Portanto, o formato de autoinstrução fornece as ferramentas linguísticas gerais, necessárias para regular o comportamento, e, então, ensina o uso ativo dessas ferramentas. Recomendamos que o leitor consulte o capítulo 4 para uma discussão mais detalhada sobre a autoinstrução e a autorregulagem.

Deve ser notado que a utilidade da abordagem de autoinstrução, para o ensino da autorregulação, também está relacionada ao conteúdo da instrução. O conteúdo da instrução é, no mínimo, tão importante quanto o formato da mesma. Em pesquisas anteriores sobre a autoinstrução, os investigadores utilizaram um formato de questionário e salientaram os seguintes componentes da instrução: declarações de análise da tarefa, declarações estratégicas gerais e específicas envolvendo como concluir uma atividade, declarações de automonitoramento, de autoavaliação e autorreforço (Whitman, 1987). Durante o treinamento, os alunos aprendem a fazer e, depois, responder a perguntas específicas sobre o que precisam fazer, o que sabem e como deveriam realizar o automonitoramento, para garantirem o sucesso da tarefa. Portanto, esta abordagem apoia o desenvolvimento de estratégias de processamento metacognitivo e executivo – habilidades que as crianças com autismo não exibem normalmente em situações de ensino (ver capítulo 2).

No estabelecimento da autorregulação, o valor da abordagem de autoinstrução também depende da gama e do tipo de tarefas apresentadas, assim como das habilidades analíticas específicas ensinadas. Durante a instrução, os estudantes precisam ser expostos a uma ampla variedade de tarefas, que requerem estratégias similares ou diferentes para a solução. Eles devem aprender a:

1. analisar as estruturas respectivas da tarefa;
2. discriminar diferenças nas estruturas de tarefas e chegar a uma decisão sobre o tipo de tarefa;
3. selecionar a abordagem estratégica apropriada.

Para demonstrar a generalização, uma pessoa deve aprender a reconhecer as semelhanças entre uma tarefa de treinamento e uma generalização, e a identificar quando uma resposta ou estratégia utilizada em uma situação se aplica a outra situação. No processo, ela também aprende a discriminar quando determinada resposta não é apropriada a um contexto (Whitman, 1987).

Enfatizar a avaliação

Em qualquer área de rápida emergência, como a do autismo, onde muitas novas técnicas terapêuticas e educacionais estão sendo introduzidas, é fundamental avaliarmos a eficácia desses procedimentos. Com demasiada frequência, sem avaliação, as técnicas proliferam-se através de esforços evangelizadores dos desenvolvedores e discípulos da técnica. Uma vez que os pais geralmente não são treinados para pensar cientificamente, sua seleção de programas terapêuticos para seus filhos, muitas vezes, é guiada pela emoção e evidências testemunhais, em vez de por sólidos dados empíricos. Portanto, é fundamental que os profissionais que atendem crianças autistas utilizem, sempre que possível, técnicas validadas empiricamente. Às vezes, no entanto, devido à indisponibilidade de técnicas validadas, os terapeutas empregam técnicas não validadas, mas promissoras ou modificam técnicas existentes ou desenvolvem novos programas de intervenção. Nesses casos, é imperativo que os terapeutas avaliem a eficácia dessas técnicas, à medida que as empregam com os seus clientes. Os médicos, em essência, vendem um produto e devem responsabilizar-se pelos produtos que entregam, como qualquer pessoa que faz negócios. Este processo de avaliação fornece informações essenciais para um terapeuta, que lhe diz se as suas intervenções estão realmente ajudando seus clientes ou precisam ser interrompidas. Essa avaliação também constitui-se em um primeiro passo importante no processo de validação formal, que envolve estudos empíricos abrangentes e sistemáticos.

A formação da maioria dos médicos lhes confere pelo menos algum treinamento em avaliação de programas e desenho experimental. Com o advento das metodologias com único participante, os médicos não precisam de desenhos elegantes ou com um grande grupo para avaliarem a eficácia dos seus programas. Desenhos com participante único salientam a coleta de dados de linha-base antes da aplicação do tratamento, bem como a coleta de dados durante e após a terapia para avaliar a aprendizagem, manutenção e generalização. O uso dessas metodologias é rotineiramente incentivada, atualmente, por muitos consultores que empregam abordagens de análise do comportamento aplicada, tais como treinamento por tentativas discretas, para o ensino de crianças autistas (Lovaas, 2003).

Tornar-se interdisciplinar

Uma vez que crianças com autismo frequentemente recebem muitos tipos diferentes de serviços, os profissionais precisam estar cientes de programas, além daqueles que eles próprios criaram, que possam ser úteis para os seus clientes. Essa consciência é importante para o desenvolvimento de uma abordagem integrada de serviços. A integração adequada envolve garantir que os vários programas usados com um paciente complementam uns aos outros de forma apropriada. Em alguns casos, os profissionais precisam considerar a utilização não apenas dos seus próprios regimes de tratamento/ensino, mas, quando apropriado, estender os regimes de tratamento estabelecidos por outros terapeutas/professores. Por exemplo, se há um programa bem-sucedido para controlar o comportamento agressivo, ele pode ser razoavelmente utilizado em todos os arranjos terapêuticos/educacionais. Similarmente, procedimentos de treinamento da linguagem podem ser introduzidos em outros arranjos de treinamento. A aplicação consistente, com frequência, é a chave para o sucesso de um programa. Embora os terapeutas não possam fazer tudo, às vezes, eles podem integrar, com um mínimo de esforço, métodos bem-sucedidos estabelecidos por outros nos seus próprios programas.

Para desenvolverem um programa multidisciplinar dinâmico, os profissionais precisam estabelecer comunicação com outros terapeutas e falar com os pais sobre a natureza de outros programas existentes. Conferências de casos, nas quais a equipe terapêutica é reunida, devem ser usadas, pelo menos de forma intermitente, para estabelecer um esforço coordenado. Um gerente de caso também pode ser inestimável para facilitar e coordenar a comunicação entre terapeutas e educadores. Na ausência de conferências de casos ou de um gestor de caso, os pais devem ser incentivados a assumir o papel de coordenador, especificamente pelo compartilhamento de informações e relatórios clínicos formais entre terapeutas.

Recomendações para os pesquisadores

Desenvolver avaliações diagnósticas precoces

Uma vez que o autismo é um transtorno do desenvolvimento, os atrasos associados com ele se acumulam ao longo do tempo. Por esta razão, os programas de intervenção precisam começar tão cedo quanto possível, para que possam alterar a trajetória do desenvolvimento de crianças autistas, de crescentes atrasos para o aumento no comportamento bem ajustado. Para que programas de intervenção e prevenção possam ser iniciados, é preciso identificar, tão logo seja possível, o transtorno na criança. Infelizmente, instrumentos para a avaliação do autismo nos primeiros anos de vida recém começam a surgir. A tarefa de desenvolvimento de avaliações diagnósticas precoces é complicada, pelo fato de que muitos dos sintomas clássicos do transtorno não se manifestam ou são difíceis de detectar nos seus estágios iniciais.

Por essa razão, devemos dar mais atenção ao estudo dos grupos de bebês em alto risco para o autismo, para entendermos melhor a natureza do desenvolvimento inicial nas crianças que acabam diagnosticadas como autistas. Os grupos de alto risco incluem: bebês que têm irmãos ou parentes próximos com autismo; crianças que manifestam sinais precoces do transtorno, mas ainda não podem ser diagnosticadas como autistas; crianças com atrasos de desenvolvimento que não estão claramente associados com algum distúrbio; e bebês cujos pais têm problemas clínicos, como Transtorno Obsessivo-Compulsivo, que ocasionalmente estão associados com o autismo.

Neste momento, começamos a ver instrumentos de avaliação do transtorno em suas fases iniciais; entretanto, muitas dessas avaliações são compostas de itens que supostamente são as versões precoces de sintomas autistas posteriores. Precisamos de estudos desenvolvimentais, de crianças em risco para o autismo, que ampliem o conjunto de potenciais marcadores iniciais, para buscarmos outras anomalias do desenvolvimento correlacionadas ou precursosas de sintomas diagnosticáveis do autismo mais tardio. Esses correlatos do desenvolvimento podem incluir comportamentos em domínios que não são parte do sistema atual de diagnóstico do autismo, como marcadores motores, sensoriais ou emocionais. Outra prioridade das pesquisas é isolar marcadores biológicos do autismo de natureza genética, neurológica ou neuroquímica (Bristol-Power e Spinella, 1999). Para uma discussão mais aprofundada dos métodos de diagnóstico precoce, recomendamos que o leitor consulte o capítulo 1.

Focar no desenvolvimento

Além dos estudos projetados para auxiliar na formulação de melhores instrumentos de diagnóstico precoce, os pesquisadores precisam concentrar-se, em termos mais gerais, no estudo de crianças em risco para o autismo, para entenderem melhor como o desenvolvimento delas ocorre ao longo do tempo, especificamente, o desenvolvimento inicial nas áreas emocional, sensorial, motora, cognitiva, de linguagem/comunicação e social. Insights preciosos sobre o autismo tendem a surgir, por exemplo, de estudos da reatividade emocional precoce, regulagem emocional, acuidade sensorial, acompanhamento sensorial, hipersensibilidades, hipossensibilidades, tônus muscular, coordenação motora, habilidades visuais-motoras, comportamentos de orientação, respostas de habituação, padrões de vocalização e interações entre adultos e a criança.

As pesquisas também precisam examinar como o desenvolvimento em uma área, por exemplo o funcionamento motor, influencia o desenvolvimento em outras áreas, tais como o funcionamento emocional, sensorial ou cognitivo e vice-versa, para compreendermos melhor as influências entre os sistemas descritos no modelo apresentado na figura 4.3 (*p. 153*, capítulo 4). Similarmente, as pesquisas precisam analisar as influências, concomitantes e a longo termo, das anormalidades desenvolvimentais precoces, como aquelas ocasionalmente observadas nas áreas motora e sensorial, sobre as interações sociais entre adultos e a criança, o funcionamento cognitivo e da linguagem. Além disso, precisamos saber mais sobre as influências dos relacionamentos adulto-criança iniciais sobre o desenvolvimento posterior da criança. Embora não haja razão para acreditarmos que os pais causam o autismo, pode ser que os problemas do desenvolvimento precoce nos bebês levem a estilos assíncronos e não contingentes de criação dos filhos, que por sua vez afetam adversamente as trajetórias desenvolvimentais das crianças autistas.

Avaliar terapias promissoras

O uso de terapias não validadas pelos terapeutas e pelos pais talvez seja maior na área do autismo do que para qualquer outro transtorno da infância. Provavelmente existem várias razões para esta situação. Uma vez que ele é um transtorno tão complexo, em termos sintomáticos, não existe uma abordagem de tratamento isolada, mas sim uma miríade de terapias voltadas aos diferentes aspectos do mesmo. Como consequência, a tarefa de validar tantas terapias diferentes é gigantesca, se não assustadora. Além disso, uma vez que diversas terapias foram desenvolvidas por médicos não treinados em uma tradição experimental, a avaliação sistemática da eficácia delas não fez parte do processo de desenvolvimento. Finalmente, até mais recentemente, a área do autismo não atraía muitos pesquisadores do desenvolvimento aplicado. Ainda assim, em virtude do abrupto aumento no diagnóstico do transtorno, a atenção pública e científica tem sido atraída para esta área, e verbas para o estudo do autismo começam a aumentar.

Como sugerido no capítulo 5, com a exceção da análise comportamental aplicada, e certos tratamentos farmacológicos, a maioria das terapias utilizadas com crianças autistas não foi validada empiricamente. Precisamos de pesquisas que examinem não apenas novas intervenções, mas também as terapias mais populares não validadas, tais como aquelas dirigidas à promoção da integração sensorial, funcionamento motor, linguagem e comunicação, funcionamento lúdico e cognitivo, assim como tratamentos mais controversos, como aqueles envolvendo a alteração da dieta, suplementos vitamínicos, "medicamentos" homeopáticos, administração hormonal e tratamentos imunológicos. Sob uma perspectiva de desenho, tais estudos deveriam examinar não apenas os efeitos diretos da terapia, por exemplo, o resultado da terapia auditiva sobre o processamento auditivo, mas também seus efeitos indiretos sobre outros processos, tais como atenção, regulagem da emoção e interação social. Os efeitos tanto no curto quanto no longo prazo, assim como efeitos positivos e negativos, devem ser examinados. Finalmente, devem ser empregados desenhos experimentais que incluam não só um grupo de comparação sem tratamento, mas também algum tipo de condição com placebo ou controle da atenção. Devido ao fervor radical associado com o uso de alguns tratamentos, pode ser que os seus efeitos sejam pelo menos em parte uma função dos mecanismos de placebo, como exceptativas mantidas pelos terapeutas e pais.

Desenvolver currículos para o ensino de habilidades sociais complexas

Um dos grandes desafios para os estudiosos de pesquisas aplicadas é desenvolver e avaliar programas que ajudem crianças autistas com funcionamento superior e Síndrome de Asperger a funcionarem de modo mais eficaz em situações sociais. Essas crianças precisam aprender não apenas competências comportamentais específicas, mas também entender os pensamentos e ações dos outros. Técnicas rudimentares começam a evoluir, como as descritas por Carol Gray (1994), mas muito mais precisa ser feito, antes de termos um currículo desenvolvimental completo para o ensino destas competências. À medida que esses programas evoluem, as pesquisas precisam avaliar a sua eficácia. Uma série de questões interessantes necessita ser respondida, além daquela relativa a se diferentes habilidades sociais e aspectos da inteligência emocional podem ser ensinados. Por exemplo, se as crianças com Síndrome de Asperger podem aprender a entender melhor suas próprias mentes e emoções, será que estas habilidades cognitivas se generalizam para entenderem melhor também as perspectivas e os estados emocionais dos outros, e será que essas habilidades melhoram suas interações sociais e aceitação pelos seus pares que não têm um Transtorno do Espectro do Autismo?

É interessante notar que a recente pressão pelos educadores para o desenvolvimento de programas de treinamento socioemocional para crianças autistas é consistente com uma ênfase mais geral por educadores, pesquisadores e legisladores em promover o ajustamento socioemocional, como um instrumento de apoio à preparação de crianças pequenas para a aprendizagem na escola. Raven (2002) resume uma variedade de resultados de pesquisas que indicam que as crianças mais ajustadas emocionalmente estão mais propensas a ter sucesso na escola. Por outro lado, ela aponta que crianças com dificuldades emocionais são mais difíceis de ensinar e são alvo de antipatia por professores e colegas com maior frequência, o que causa a perda de oportunidades valiosas de aprendizado para ambos. Raven (2002) sugere que intervenções com foco no desenvolvimento socioemocional devem ser dirigidas a ajudar e não só a aumentar o conhecimento emocional das crianças, mas também ao controle das suas emoções.

Recomendações para os legisladores sociais

Focar na intervenção precoce

Tradicionalmente nos Estados Unidos, uma parcela desproporcional dos recursos públicos é reservada para o desenvolvimento e implementação de programas educacionais para crianças em idade escolar. Crianças do ensino fundamental e médio têm desfrutado de currículos mais diversificados, bem desenvolvidos e individualizados que para crianças pré-escolares. Uma ênfase consideravelmente menor é dada à educação básica e programas de intervenção para lactentes, crianças pequenas e pré-escolares, com exceção dos programas como o Head Start, voltados para crianças que vivem na pobreza. Os programas existentes para crianças pequenas com deficiências, tais como o autismo, com frequência, limitam-se àqueles de turno parcial em confinamento, que se iniciam quando as crianças chegam aos três anos de idade. Programas externos e domiciliares para crianças na faixa etária do nascimento aos três anos, embora comecem a aparecer, ainda são menos desenvolvidos e variam consideravelmente em sua disponibilidade e qualidade, de um estado do país para outro.

Uma série de argumentos convincentes da política social coloca maior ênfase em programas de intervenção precoce para bebês e crianças pequenas diagnosticadas com autismo. Em primeiro lugar, programas que começam cedo podem impedir o desenvolvimento de alguns dos atrasos e sintomas comumente associados com o transtorno. Já aqueles que começam mais tarde frequentemente precisam atender crianças com estilos de aprendizagem e problemas de comportamento mais intratáveis, consequentemente, esses programas de intervenção precisam passar um tempo considerável corrigindo e rompendo hábitos desajustados. Além disso, programas que começam em idades mais avançadas não têm sucesso comparável àqueles iniciados em idade mais precoce. Em segundo lugar, e de modo relacionado, sob uma perspectiva de custo, uma vez que evitam muitos atrasos, os programas de intervenção precoce reduzem o alto valor monetário que teria de ser gasto depois, em pessoal adicional para o ensino e em programas especializados. A questão é: investir agora em programas de prevenção e intervenção precoce ou investir muito mais, mais tarde, em programas de intervenção que terão menos sucesso. Em terceiro lugar, devido ao aumento na incidência do diagnóstico de autismo, que agora está estimada em cerca de uma em cada 250 crianças, a necessidade por serviços precoces aumentou consideravelmente nos últimos anos; no entanto, o desenvolvimento de novos programas especializados para crianças autistas não acompanhou tal aumento (Schopler *et al.*, 2001).

Os encarregados de políticas sociais devem dar atenção especial ao estabelecimento de programas de treinamento intensivos para os pais, conduzidos na casa da criança. Programas de intervenção precoce para autistas precisam se concentrar mais na exportação de programas para a fala, educação física, ocupacional e comportamental, do arranjo da clínica para o ambiente doméstico. Uma vez que essas crianças passam a maior parte do tempo em casa, este é o ambiente em que os programas de intervenção e prevenção sistemática são mais necessários e, provavelmente, têm o maior impacto. Para que existam programas apropriados, é preciso haver financiamento para que os consultores possam ir à casa da criança e mostrar aos pais como administrar os programas, monitorar a condução destes por eles e fazer os ajustes necessários. Além disso, o financiamento é necessário para que profissionais treinados ajudem os pais a implementar diretamente os programas, o que muitas vezes é intensivo e demorado. Embora os programas de intervenção precoce precisem ser um componente fundamental de qualquer esforço de educação no autismo, também é essencial que esses tipos de programas tenham continuidade durante os primeiros anos de ensino. Como Brooks-Gunn (2003) aponta, "Esperar que a intervenção precoce dispense a ajuda adicional para as crianças nos anos do ensino fundamental e depois é um pensamento mágico" (*p. 3*).

Estabelecer centros locais para o autismo

Atualmente, a maioria das comunidades, com exceção das grandes cidades, não tem centros comunitários dedicados exclusivamente ao atendimento a crianças com autismo e suas famílias. Normalmente, as crianças autistas são encaminhadas para agências que coordenam e prestam serviços para crianças com retardo mental e outros atrasos do desenvolvimento. A equipe dessas agências, muitas vezes, não possui conhecimento sólido na área do autismo. As crianças com o transtorno são frequentemente colocadas em programas mais genéricos e que não abordam diretamente as suas necessidades desenvolvimentais.

Em virtude do aumento na incidência de autismo "diagnosticado", a criação de centros, em todas as áreas com cidades médias e grandes, é fundamental para o trabalho com crianças autistas e suas famílias. No mínimo, tais centros devem fornecer informações aos pais sobre o transtorno, diagnóstico, tratamento e assistência financeira familiar, bem como fazer encaminhamentos a agências sociais apropriadas. As informações podem ser transmitidas de várias maneiras, por exemplo, por telefone, pela internet, por contato presencial e com instrução em aulas. Um centro de autismo poderia, e idealmente deveria, fornecer uma gama de outros serviços. Ele poderia fornecer, por exemplo, serviços diagnósticos e intervenção precoce. Os serviços de intervenção precoce devem consistir em programas de creche/pré-escola, e em terapias residenciais, com estreita coordenação para garantir sua consistência. Além disso, serviços de consultoria poderiam auxiliar as famílias a desenvolverem programas especializados, que não são oferecidos diretamente pelo centro ou por outras agências da comunidade. Os programas do centro também poderiam ter seu foco em ajudar as famílias a lidarem com o estresse de criar crianças autistas, pela coordenação ou oferta de serviços de aconselhamento familiar, grupos de apoio e serviços de apoio/descanso para os pais. Além disso, um centro ajudaria a coordenar os programas domiciliares com os programas conduzidos na escola, uma vez que as crianças ingressem no jardim de infância. Do mesmo modo, os centros podem desempenhar um papel fundamental para que as escolas e os professores estabeleçam programas apropriados para crianças autistas através da realização de workshops e consultas individuais com os professores. Finalmente, os centros de autismo poderiam ter um componente de avaliação de pesquisas e do programa desenvolvido com o apoio de universidades e faculdades próximas.

Apoiar as pesquisas sobre políticas públicas

Atualmente, os tipos de programas de educação para o autismo, administrados em vários locais, diferem consideravelmente entre comunidades e países do mundo. Deve ser dada ênfase à avaliação do sucesso destes diferentes programas, utilizando avaliações padronizadas e uniformes. Os resultados dos tratamentos provavelmente variam, dependendo da sua filosofia, estrutura, local de administração e horas de programação por semana. Os resultados dessas pesquisas de avaliação do programa podem ser usados para informar futuras políticas sociais, sobre os tipos de intervenções recomendados e apoiados publicamente. Devemos dedicar especial atenção à avaliação de programas especificamente domiciliares para crianças de três a cinco anos de idade, porque este tipo de programa é visto atualmente como uma das opções mais eficazes no tratamento do autismo.

Feinberg e Vacca (2000) apontam que o conceito de cuidados centrados na família influencia de modo crítico a oferta e a estrutura dos programas de intervenção precoce, durante o período do nascimento aos três anos de idade. No entanto, existe frequentemente uma cisão entre o sistema de entrega que ocorre durante esse período e o sistema de oferta posterior de programas dos três aos cinco anos. Quando as crianças autistas chegam aos três anos, os tratamenos tornam-se mais baseados na comunidade e o apoio para programas intensivos e domiciliares, com frequência, dissipa-se no período em que muitos profissionais salientam a importância de tais intervenções. Assim, quando as crianças chegam aos três anos, as famílias, muitas vezes, precisam confiar em suas próprias iniciativas e recursos para assegurar a continuidade de um programa em casa. Algumas famílias com mais recursos, particularmente recursos financeiros, conseguem adquirir os serviços de consultores para auxiliar no desenvolvimento de programas como Análise Comportamental Aplicada (ABA), enquanto outras precisam recorrer a quaisquer serviços disponíveis na comunidade. A maioria das famílias com crianças com autismo está na segunda categoria. Na maioria desses lares, apenas um dos pais trabalha, geralmente o pai, e o outro membro do casal fica em casa cuidando do filho autista, criando assim problemas financeiros em famílias que já podem estar vivendo com poucos recursos ou inclusive na linha da pobreza. O impacto das pressões econômicas sobre estas famílias muitas vezes é considerável e inclui: aumento do estresse, problemas de ansiedade e depressão nos seus membros, discórdia familiar e divórcio. Por sua vez, esses tipos de problemas provavelmente afetam a disponibilidade e qualidade dos cuidados parentais e a eficácia dos esforços de intervenção. Por essas razões, deve ser dada atenção especial ao desenvolvimento de apoio para famílias de baixa renda e carentes de recursos.

Rosman *et al.* (2002) salientam que a deficiência na infância é excessivamente representada em famílias em situação de pobreza e em famílias que recebem benefícios do governo. As razões para esta relação provavelmente são complexas e multidirecionais. Ter uma criança com deficiência aumenta as demandas sobre os recursos familiares, produzindo assim pressões e necessidades financeiras. Por outro lado, recursos financeiros restritos e pobreza podem criar circunstâncias capazes de influenciar negativamente a trajetória do desenvolvimento da criança com deficiência e, em circunstâncias extremas, produzir uma deficiência. Sob uma perspectiva de política pública, Rosman *et al.* (2002) enfatizam a necessidade de maior atenção à avaliação de como populações especiais, incluindo as famílias que têm crianças com autismo, são afetadas por políticas de combate à pobreza e de benefícios sociais. Eles sugerem que as políticas sociais provavelmente interferem com essas famílias de formas significativamente diferentes do que ocorre com outras famílias que vivem na pobreza. Atualmente, o impacto das políticas, que nos EUA fazem parte da Lei para a Educação de Informações com Necessidades Especiais (IDEA) e da Lei de Conciliação de Responsabilidade Pessoal e Oportunidades de Trabalho (PRWORA), sobre as famílias de crianças com autismo, deve ser cuidadosamente avaliado.

Apoiar as pesquisas básicas e aplicadas

Atualmente, as pesquisas básicas e aplicadas requerem um aumento considerável em verbas para a sua condução. Precisamos de estudos, por exemplo, para:

- isolar as causas biológicas específicas do autismo;
- auxiliar no desenvolvimento de instrumentos de avaliação de autismo em seus primeiros estágios;
- avaliar tratamentos médicos e intervenções educacionais não validados;
- desenvolver novos tratamentos médicos e intervenções educacionais.

Não é fácil conduzir esse tipo de pesquisas. Um dos principais problemas que os investigadores encontram, na condução desses projetos, é localizar um número suficiente de participantes. O número de participantes na maioria dos estudos de autismo varia de 10 a 30. Grande parte dos investigadores tem dificuldade para obter acesso a amostras grandes, especialmente se a pesquisa ocorre fora de uma grande área metropolitana.

Da perspectiva do desenho dos estudos, tamanhos de amostra pequenos restringem seriamente os tipos de perguntas que podem ser feitas no estudo, além de limitarem a capacidade de generalização das conclusões. Além disso, muitos dos tópicos importantes de pesquisas que precisam ser abordados atualmente requerem um tamanho grande de amostra, tais como aqueles que:

1. comparam a eficácia de diferentes tratamentos;
2. examinam as características dos indivíduos com autismo (p. ex., idade, gravidade e configurações específicas de sintomas) que mais se beneficiam de um tratamento específico;
3. avaliam o inter-relacionamento dos diferentes processos de desenvolvimento e sintomas (p. ex., sensorial, motor, cognitivo e socioemocional).

Por essa razão, uma abordagem diferente para a realização de pesquisas precisa ser considerada pelas agências financiadoras, particularmente para projetos nas ciências sociais. Em vez de se concentrarem no financiamento de estudos menores por investigadores únicos, precisamos de maior ênfase das agências de financiamento sobre o apoio a projetos colaborativos, em vários locais e com vários investigadores, que tenham acesso a um grande número de participantes e utilizem protocolos experimentais padronizados.

As agências de financiamento também precisam considerar mais ativamente o apoio à investigação básica e aplicada do autismo, que envolva a colaboração entre investigadores de diferentes disciplinas médicas e das ciências sociais. Devido à natureza complexa do transtorno e do seu tratamento, o apoio a pesquisas colaborativas pode ajudar a catalisar o desenvolvimento de teorias mais abrangentes sobre o autismo e novas intervenções eficazes, bem como reduzir, em termos gerais, o provincianismo e relacionamentos conflitantes que existem entre as disciplinas que trabalham atualmente na área. Com maior apoio à investigação sobre o autismo, é provável que ocorram grandes avanços em nosso entendimento sobre as causas específicas da doença e sobre o desenvolvimento de tratamentos e programas educacionais eficazes.

Referências

AABEL, S.; FOSSHEIM, S. e RISE, F. "Nuclear magnetic resonance (NMR) studies of homeopathic solutions". *The British Homeopathic Journal* 90, 2001, pp. 14-20.

AAP (American Academy of Pediatrics). "Practice Parameter: Screening and diagnosis of autism". *Neurology* 55, 2000, pp. 468-479.

ABRAHAMSEN, E. e MITCHELL, J. "Communication and sensorimotor functioning in children with autism". *Journal of Autism and Developmental Disorders* 20, 1990, pp. 75-85.

ADRIEN, J.; MARTINEAU, J.; BARTHÉLÉMY, C.; BRUNEAU, N.; GARREAU, B. e SAUVAGE, D. "Disorders of regulation of cognitive activity in autistic children". *Journal of Autism and Developmental Disorders* 25, 1995, pp. 249-263.

AHEARN, W.; CASTINE, T.; NAULT, K. e GREEN, G. "An assessment of food acceptance in children with autism or pervasive developmental disorder – not otherwise specified". *Journal of Autism and Developmental Disorders* 31, 2001, pp. 505-511.

AKSHOOMOFF, N. "Neurological underpinnings of autism". *In:* A. M. Wetherby e B. M. Prizant (eds.). *Autism spectrum disorders: a transactional developmental perspective*. Vol. 9. Baltimore: Brookes Publishing, 2000, pp. 109-142.

ALARCON, M.; CANTOR, R.; LIU, J.; GILLIAM, T. e GESCHWIND, D. "Autism genetic research exchange consortium. Evidence for a language quantitative trait locus on chromosome 7q in multiplex autism families". *American Journal of Human Genetics* 70 (1), 2002, pp. 60-71.

ALS, H. "Toward a syntactic theory of development: promise for the assessment and support of infant individuality". *Infant Mental Health* 3, 1982, pp. 229-243.

AMERICAN ASSOCIATION ON MENTAL RETARDATION. *Mental retardation: definition, classification, and systems of support*. 9ª edição. Washington: American Associations on Mental Retardation, 1992.

AMERICAN PSYCHIATRIC ASSOCIATION. *Manual*. 4ª edição. Washington: American Psychiatric Association, 1994.

AMERICAN SLEEP DISORDERS ASSOCIATION. *The international classification of sleep disorders: diagnostic and Coding Manual*. Rochester: American Sleep Disorders Association, 1990.

ANDERSON, G.; HORNE, W.; CHATTERJEE, D. e COHEN, D. "The hyperserotonemia of autism". *Annals of the New York Academy of Science* 600, 1990, pp. 331-340.

ANDRES, C. "Molecular genetics and animal models in autistic disorder". *Brain Research Bulletin* 57 (1), 2002, pp.109-119.

ANZALONE, M. E. e WILLIAMSON, G. G. "Sensory processing and motor performance in autism spectrum disorders". *In:* A. M. Wetherby e B. M. Prizant (eds.). *Autism spectrum disorders*. Baltimore: Brooks Publishing, 2000, pp. 143-166.

ARBELLE, S. e BEN-ZION, I. "Sleep problems in autism". *In:* E. Schopler; N. Yirmuja; C. Shulman e L. Marcus (eds.). *The research basis for autism intervention*. Nova York: Kluwer Academic Plenum, 2001, pp. 219-228.

ASPERGER, H. "Die 'autistischen psychopathen' un kindersaltes". *Archiv. Fur Psychiatrie und Nervenkrankheiten* 117, 1944, pp. 76-136.

ATTWOOD, T. *Asperger's syndrome: a guide for parents and professionals*. Londres: Jessica Kingsley Publishers, 1998.

AURANEN, M.; VANHALA, R.; VARILO, T.; AYERS, K.; KEMPAS, E.; YLISAUKKO-OJA, T.; SINSHEIMER, J. S.; PELTONEN, L. e JARVELA, I. "A genomewide screen for autism-spectrum disorders: evidence for a major susceptibility locus on chromosome 3q25-27". *American Journal of Human Genetics* 71, 2002, pp. 777-790.

AYRES, A. J. *Sensory integration and the child*. Los Angeles: Western Psychological Services, 1979.

BAILEY, A.; LE COUTEUR, A.; GOTTESMAN, I.; BOLTON, P.; SIMONOFF, E.; YUZDA, E. e RUTTER, M. "Autism as a strongly genetic disorder, evidence from a British twin study". *Psychological Medicine* 25(1), 1995, pp. 63-77.

BALLABAN-GIL, K. e TUCHMAN, R. "Epilepsy and epileptiform EEG: association with autism and language disorder". *Mental Retardation and Developmental Disabilities Research Reviews* 6, 2000, pp. 300-308.

BALTES, P. B. "Theoretical propositions of life-span developmental psychology. On the dynamics between growth and decline". *Developmental Psychology* 23, 1987, pp. 611-626.

_____.; REESE, H. W. e LIPSITT, L. P. "Life-span developmental psychology". *Annual Review of Psychology* 31, 1980, pp. 65-110.

BANDURA, A. *Principles of behavior modification*. Nova York: Holt, Rinehardt and Winston, 1969.

_____. *Social foundations of thought and action: a social cognitive theory*. Englewood Cliffs: Prentice-Hall, 1986.

BARANEK, G. "Autism during infancy: a retrospective video analysis of sensory-motor and social behaviors at 9-12 months of age". *Journal of Autism and Developmental Disabilities* 29, 1999, pp. 213-224.

_____.; REINHARTSEN, D. e WANNAMAKER, S. "Play: engaging young children with autism". *In:* R. Huebner (ed.). *Autism: a sensorimotor approach to management*. Gaithersburg: Aspen, 2001, pp. 313-352.

BARBEZAT, G.; POULTON, R.; MILNE, B.; HOWELL, S.; FAWCETT, J. P. e TALLEY, N. "Prevalence and correlates of irritable bowel symptoms in a New Zealand birth cohort". *New Zealand Medical Journal* 115(1164), 2002.

BARNHILL, G.; HAGIWARA, T.; MYLES, B. e SIMPSON, R. "Asperger's syndrome: a study of the cognitive profiles of 37 children and adolescents". *Focus on autism and other developmental disabilities* 15, 2000, pp. 146-153.

BARON-COHEN, S.; RING, H. A.; WHEELWRIGHT, S.; BULLMORE, E. T.; BRAMMER, M. J.; SIMMONS, A. e WILLIAMS, S. C. "Social intelligence in the normal and autistic brain: an fMRI study". *European Journal of Neuroscience* 11(6), 1999, pp. 1.891-1.898.

_____.; TAGER-FLUSBERG, H. e COHEN, D. *Understanding other minds*. 2ª edição. Oxford: Oxford University Press, 2000.

BARRETT, K. e CAMPOS, J. J. "Perspectives on emotional development: II. A functional approach to emotions". *In:* J. D. Osofsky (ed.). *Handbook of infant development*. 2ª edição. Nova York: Wiley, 1987, pp. 555-578.

BARTON, M. e VOLKMAR, F. "How commonly are known medical conditions associated with Autism?" *Journal of Autism and Developmental Disorders* 28, 1998, pp. 273-278.

BAUMAN, M. e KEMPER, T. (eds.). *The neurobiology of autism*. Baltimore: The Johns Hopkins University Press, 1997.

BAUMEISTER, A. e FOREHAND, R. "Stereotyped acts". *In:* N. Ellis (ed.). *International review of research in mental retardation*. Vol. 6. Nova York: Academic Press, 1973, pp. 55-96.

BAUMINGER, N. e KASARI, C. "The experience of loneliness and friendship". *In:* E. Schopler; N. Yirmiya; C. Shulman e L. Marcus (eds). *The research basis for autism intervention*. Nova York: Kluwer Academic/Plenum Publishers, 2001, pp. 151-170.

BECK, G.; BECK, V. e RIMLAND, B. *Unlocking the potential of secretin*. San Diego: The Autism Research Institute, 1998.

BELSKY, J. "The determinants of parenting: a process model". *Child Development* 55, 1984, pp. 83-96.

_____.; FRIEDMAN, S. e HSIEH, K. "Testing a core emotion-regulation prediction: does early attentional persistence moderate the effect of infant negative emotionality on later development?" *Child Development* 72, 2001, pp. 123-133.

BERARD, G. *Hearing equals behavior*. New Caanan: Keats, 1993.

BERKSON, G. "Repetitive stereotyped behaviors". *American Journal of Mental Deficiency* 88, 1983, pp. 239-246.

BETANCUR, C.; LEBOYER, M. e GILLBERG, C. "Increased rate of twins among affected sibling pairs with autism". *American Journal of Human Genetics* 70(5), 2002, pp. 1.381-1.383.

BETTLEHEIM, B. *The empty fortress: infantile autism and the birth of self*. Nova York: The Free Press, 1967.

BITSIKA, V. e SHARPLEY, C. "An exploratory examination of the effects of support groups on the well-being of parents of children with autism-I: General counseling". *Journal of Applied Health Behaviour* 1, 1999, pp. 16-22.

_____. "Development and testing of the effects of support groups on the well-being of parents of children with autism-II: specific stress management techniques". *Journal of Applied Health Behaviour* 2, 2000, pp. 8-15.

BLATT, B. e KAPLAN, F. *Christmas in Purgatory*. Boston: Allyn and Bacon, 1966.

BLATT, G.; FITZGERALD, C.; GUPTILL, J.; BOOKER, A.; KEMPER, T. e BAUMAN, M. "Density and distribution of hippocampal neurotransmitter receptors in autism, an autoradiographic study". *Journal of Autism and Developmental Disorders* 31(6), 2001, pp. 537-543.

BLOOM, L. *The transition from infancy to language: acquiring the power of expression*. Nova York: Cambridge University Press, 1993.

_____. e CAPATIDES, J. B. "Expression of affect and the emergence of language". *Child Development* 58, 1987, pp. 1.513-1.522.

_____. e TINKER, E. "The intentionality model and language acquisition: engagement, effort and the essential tension in development". *Monographs of the Society for Research in Child Development* 66, 2001, pp. 1-104.

BODDAERT, N. e ZILBOVICIUS, M. "Functional neuroimaging and childhood autism". *Pediatric Radiology* 32(1), 2002, pp. 1-7.

BOLMAN, W. M. e RICHMOND, J. A. "A double-blind, placebo-controlled crossover pilot trial of low dose dimethylglycine in patients with autistic disorder". *Journal of Autism and Developmental Disorders* 29, 1999, pp. 191-194.

BOLTON, P. e GRIFFITHS, P. "Association of tuberous sclerosis of temporal lobes with autism and atypical autism". *Lancet* 349(9049), 1997, pp. 392-395.

BONDY, A. e FROST, L. "Mands across the water: a report on the application of the picture-exchange communication system in Peru". *The Behavior Analyst* 16, 1993, pp. 123-128.

_____. "The picture exchange communication system". *Focus on Autistic Behavior* 9, 1994, pp. 1-17.

BORNSTEIN, M. e LAMB, M. *Development in infancy: an introduction*. Nova York: McGraw-Hill, 1992.

BRISTOL, M. M.; GALLAGHER, J. J. e SCHOPLER, E. "Mothers and fathers of young developmentally disabled and nondisabled boys: adaptation and spousal support". *Developmental Psychology* 24, 1988, pp. 441-451.

BRISTOL-POWER, M. e SPINELLA, G. "Research on screening and diagnosis in autism: a work in progress". *Journal of Autism and Developmental Disabilities* 29, 1999, pp. 435-438.

BROOKS-GUNN, J. "Do you believe in magic? What can we expect from early childhood intervention programs?" *Social Policy Report: Giving Child and Youth Development Knowledge Away* 17, 2003, pp. 1-15.

BROWN, A. e SUSSER, E. "In utero infection and adult schizophrenia". *Mental Retardation and Developmental Disabilities Research Reviews* 8(1), 2002, pp. 51-57.

BRYSON, S. "Brief report: epidemiology of autism". *Journal of Autism and Developmental Disorders* 26, 1996, pp. 165-167.

BUCHSBAUM, M. S.; HOLLANDER, E.; HAZNEDAR, M. M.; TANG, C.; SPEIGEL-COHEN, J.; WEI, T. C.; SOLIMANDO, A.; BUCHSBAUM, B. R.; ROBINS, D.; BIENSTOCK, C.; CARTWRIGHT, C. e MOSOVICH, S. "Effect of fluoxetine on regional cerebral metabolism in autistic spectrum disorders: a pilot study". *International Journal of Neuropsychopharmacology* 4, 2001, pp. 119-125.

BUITELAAR, J.; VAN DER GAAG, R.; KLIN, A. e VOLKMAN, F. "Exploring the boundaries of pervasive developmental disorder not otherwise specified: analyses of data from the DSM-IV autistic disorder field trial". *Journal of Autism and Developmental Disorders* 29, 1999, pp. 33-43.

BUXBAUM, J. D.; SILVERMAN, J. M.; SMITH, C. J.; GREENBERG, D. A.; KILIFARSKI, M.; REICHERT, J.; COOK, E. H.; FANG, Y.; SONG, C. Y. e VITALE, R. "Association between a GABRB3 polymorphism and autism". *Molecular Psychiatry* 7, 2002, pp. 311-316.

CARLSON, J. K., HAGIWARA, T. e QUINN, C. "Assessment of students with autism". *In:* R. L. Simpson e B. S. Myles (eds.). *Educating children and youth with autism*. Austin: Pro-Ed, 1998, pp. 25-53.

CARMODY, D.; KAPLAN, M. e GAYDOS, A. "Spatial orientation adjustments in child with autism in Hong Kong". *Child Psychiatry and Human Development* 31, 2001, pp. 233-247.

CARPENTER, M. e TOMASELLO, M. "Joint attention, cultural learning and language acquisition: implications for children with autism". *In:* A. Wetherby e B. Prizant (eds.). *Autism spectrum disorders: a transactional developmental perspective*. Baltimore: Brookes Publishing, 2000, pp. 31-54.

CELANI, G.; BATTACCHI, M. e ARCIDIACONO, L. "The understanding of emotional meaning of facial expressions in people with autism". *Journal of Autism and Developmental Disorders* 29, 1999, pp. 57-66.

CENTERS FOR DISEASE CONTROL (CDC). *Prevalence of autism in Brick Township*. Nova Jersey, 1998. *Community Report*. Disponível em <www.cdc.gov/ncbddd/pub/BrickReport.pdf.>, 2000.

CHAN, J. B. e SIGAFOOS, J. "Does respite care reduce parental stress in families with developmentally disabled children?" *Child and Youth Care Forum* 30, 2001, pp. 253-263.

CHARMAN, T. e BAIRD, G. "Practitioner review: diagnosis of autism spectrum disorders in 2- and 3-year old children". *Journal of Child Psychology* 43, 2002, pp. 289-305.

_____. e SWETTENHAM, J. "Repetitive behaviors and social-communicative impairments in autism: implication for developmental theory and diagnosis". *In:* J. Burack; T. Charman; N. Yirmiya e P. Zelazo (eds.). *The development of autism: perspectives from theory and research*. Mawah: Erlbaum, 2001, pp. 325-345.

CHESS, S. e THOMAS, A. "Temperament and its functional significance". *In:* S. Greenspan e G. Pollock (eds.). *The course of life: early childhood*. Madison: International Universities Press, 1989, pp. 163-225.

CHIRON, C.; LEBOYER, M.; LEON, F.; JAMBAQUE, I.; NUTTIN, C. e SYROTA, A. "SPECT of the brain in childhood autism, evidence for a lack of normal hemispheric asymmetry". *Developmental Medicine and Child Neurology* 37(10), 1995, pp. 849-860.

CHUGANI, H.; DASILVA, E. e CHUGANI, D. "Infantile spasms: III. Prognostic implications of bitemporal hypometabolism on positron emission tomography". *Annals of Neurology* 39(5), 1996, pp. 643-649.

CHUGANI, D. C.; MUZIK, O.; BEHEN, M.; ROTHERMEL, R.; JANISSE, J. J.; LEE, J. e CHUGANI, H. T. "Developmental changes in brain serotonin synthesis capacity in autistic and nonautistic children". *Annals of Neurology* 45(3), 1999, pp. 287-295.

CICCHETTI, D. e SCHNEIDER-Rosen, K. "Theoretical and empirical considerations in the investigation of the relationship between affect and cognition in atypical populations of infants: contributions to the formulation of an integrative theory of development". *In:* C. Izard; J. Kagan e R. Zajonc (eds.). *Emotions, cognition and behavior*. Cambridge: Cambridge University Press, 1984, pp. 366-408.

CLINICALTRIALS.GOV "Effects of CX-516 on functioning in Fragile X and autism". Study ID Number CORX-CX516-013, 2003.

COLEMAN, M. e GILBERG, C. *The biology of autistic syndromes*. 2ª edição. Londres: McKeith Press, 1992.

COMI, A.; ZIMMERMAN, A.; FRYE, V.; LAW, P. e PEEDEN, J. "Familial clustering of autoimmune disorders and evaluation of medical risk factors in autism". *Journal of Child Neurology* 14(6), 1999, pp. 388-394.

CONIGLIO, S. J.; LEWIS, J. D.; LANG, C.; BURNS, T. G.; SUBHANI-SIDDIQUE, R.; WEINTRAUB, A.; SCHUB, H. e HOLDEN, E. W. "A randomized double-blind, placebo-controlled trial of single-dose intravenous secretin as treatment for children with autism". *Journal of Pediatrics* 138, 2001, pp. 649-655.

COOK, D. e DUNN, W. "Sensory integration for students with autism". *In:* R. Simpson e B. Myles (eds.). *Educating children and youth with autism*. Austin: Pro-Ed, 1998, pp. 191-240.

COOK, E. H. "Brief report: pathophysiology of autism – neurochemistry". *Journal of Autism and Developmental Disorders* 26(2), 1996, pp. 221-225.

_____.; ARORA, R.; ANDERSON, G.; BERRY-KRAVIS, E.; YAN, S.; YEOH, H.; SKLENA, P.; CHARAK, D. e LEVENTHAL, B. L. "Platelet serotonin studies in hyperserotonemic relatives of children with autistic disorder". *Life Sciences* 52(25), 1993, pp. 2.005-2.015.

_____.; COURCHESNE, R.; LORD, C.; COX, N. J.; YAN, S.; LINCOLN, A.; HAAS, R.; COURCHESNE, E. e LEVENTHAL, B. L. "Evidence of linkage between the serotonin transporter and autistic disorder". *Molecular Psychiatry* 2(3), 1997, pp. 247-250.

_____.; KARNS, C.; DAVIS, H.; ZICCARDI, R.; CARPER, R. A.; TIGUE, Z. D.; CHISUM, H. J.; MOSES, P.; PIERCE, K.; LORD, C.; LINCOLN, A. J.; PIZZO, S.; SCHREIBMAN, L.; HAAS, R.; AKSHOOMOFF, N. e COURCHESNE, R. "Unusual brain growth patterns in early life in patients with autistic disorder, an MRI study". *Neurology* 24, 57(2), 2001, pp. 245-254.

_____.; PERRY, B.; DAWSON, G.; WAINWRIGHT, M. e LEVENTHAL, B. "Receptor inhibition by immunoglobulins: specific inhibition by autistic children, their relatives, and control subjects". *Journal of Autism and Developmental Disorders* 23(1), 1993, pp. 67-78.

_____. e PIERCE, K. "An inside look at neurobiology, etiology, and future research of autism". *Advocate*, julho-agosto de 2000, pp. 18-22.

_____.; ROWLETT, R.; JASELSKIS, C. e LEVENTHAL, B. L. "Fluoxetine treatment of children and adults with autistic disorder and mental retardation". *Journal of the American Academy of Child and Adolescent Psychiatry* 31, 1992, pp. 739-745.

_____.; SAITOH, O.; YEUNG-COURCHESNE, R.; PRESS, G. A.; LINCOLN, A. J.; HAAS, R. H. e SCHREIBMAN, L. "Abnormality of cerebellar vermian lobules VI and VII in patients with infantile autism: identification of hypoplastic and hyperplastic subgroups with MR imaging". *American Journal of Roentgenology* 162(1), 1994, pp. 123-130.

_____.; TOWNSEND, J. e SAITOH, O. "The brain in infantile autism: posterior fossa structures are abnormal". *Neurology* 44(2), 1994, pp. 214-223.

COPPERSMITH, E. "A special 'family' with handicapped members: one family therapist's learnings from the L'Arche community". *In:* C. Hansen e E. Coppersmith (eds.). *Families with handicapped members*. Rockville: Aspen Systems Corporation, 1984, pp. 150-158.

CORBETT, B.; KHAN, K.; CZAPANSKY-BEILMAN, D.; BRADY, N.; DROPIK, P.; GOLDMAN, D. Z.; DELANEY, K.; SHARP, H.; MUELLER, I.; SHAPIRO, E. e ZIEGLER, R. "A double-blind, placebo-controlled crossover study investigating the effect of porcine secretin in children with autism". *Clinical Pediatrics (Phila)* 40, 2001, pp. 327-331.

COULTHARD, P. e FITZGERALD, M. "In God we trust? Organized religion and personal beliefs as resources and coping strategies, and their implications for health in parents with a child on the autistic spectrum". *Mental Health, Religion e Culture* 2, 1999, pp. 19-33.

COVEY, S. R.; MERRILL, R. A. e MERRILL, R. R. *First things first: to live, to love, to learn, to leave a legacy*. Nova York: Fireside, 1996.

COX, R. "Normal development from birth to five years". *In:* E. Schopler; M. Van Bourgondrein e M. Bristol (eds.). *Preschool issues in autism*. Nova York: Plenum Press, 1993, pp. 39-57.

CRITCHLEY, H. D.; DALY, E. M.; BULLMORE, E. T.; WILLIAMS, S. C.; VAN AMELSVOORT, T.; ROBERTSON, D. M.; ROWE, A.; PHILLIPS, M.; MCALONAN, G.; HOWLIN, P. e MURPHY, D. G. "The functional neuroanatomy of social behaviour: changes in cerebral blood flow when people with autistic disorder process facial expressions". *Brain* 123 (Pt. 11), 2000, pp. 2.203-2.212.

CROEN, K.; GRETHER, J.; HOOGSTRATE, J. e SELVIN, S. "The changing prevalence of autism in California". *Journal of Autism and Developmental Disabilities* 32, 2002, pp. 153-163.

CROONENBERGHS, J.; BOSMANS, E.; DEBOUTTE, D.; KENIS, G. e MAES, M. "Activation of the inflammatory response system in autism". *Neuropsychobiology* 45(1), 2002, pp. 1-6.

CUCHERAT, M.; HAUGH, M. C.; GOOCH, M. e BOISSEL, J. P. "Evidence of clinical efficacy of homeopathy: a meta-analysis of clinical trials". *European Journal of Clinical Pharmacology* 56, 2000, pp. 27-33.

DANYSZ, W. "CX-516 Cortex pharmaceuticals". *Current Opinion in Investigational Drugs* 3(7), 2002, pp. 1.081-1.088.

DAWSON, G. e LEVY, A. "Arousal, attention and the socioemotional adjustment of individuals with autism". *In:* G. Dawson (ed.). *Autism: nature, diagnosis and treatment*. Nova York: Guilford, 1989.

DAY, J. D.; CORDON, L. A. e KERWIN, M. L. "Informal instruction and development of cognitive skills: a review and critique of research". *In:* C. B. McCormick; G. Miller e M. Pressley (eds.). *Cognitive strategy research: from basic research to educational applications*. Nova York: Springer-Verlag, 1989.

DELGIUDICE-ASCH, G.; SIMON, L.; SCHMEIDLER, J.; CUNNINGHAM-RUNDLES, C. e HOLLANDER, E. "Brief report: a pilot open clinical trial of intravenous immunoglobulin in childhood autism". *Journal of Autism and Developmental Disorders* 29, 1999, pp. 157-160.

DENHAM, S.; BLAIR, K.; DEMULDER, E.; LEVITAS, J.; SAWYER, K.; AUERBACH-MAJOR, S. e QUEENAN, P. "Preschool emotional competence: pathway to social competence". *Child Development* 74, 2003, pp. 238-256.

D'EUFEMIA, P.; CELLI, M.; FINOCCHIARO, R.; PACIFICO, L.; VIOZZI, L.; ZACCAGNINI, M.; CARDI, E. e GIARDINI, O. "Abnormal intestinal permeability in children with autism". *Acta Paediatrica* 85(9), 1996, pp. 1.076-1.079.

DEVELOPMENTAL DISABILITIES ASSISTANCE AND BILL OF RIGHTS ACT OF 1990, Title 42, U.S.C. 6000-6083. *U.S. Statutes at Large*, 1.191-1.204.

DHOSSCHE, D.; APPLEGATE, H.; ABRAHAM, A.; MAERTENS, P.; BLAND, L.; BENCSATH, A. e MARTINEZ, J. "Elevated plasma gamma-aminobutyric acid (GABA) levels in autistic youngsters: stimulus for a GABA hypothesis of autism". *Medical Science Monitor* 8(8), 2002, PR1-6.

DIAMOND, A. e GOLDMAN-RAKIC, P. "Comparison of human infants and rhesus monkeys on Piaget's task: evidence for dependence on the dorsolateral prefrontal cortex". *Experimental Brain Research* 24, 1989, pp. 24-40.

DI MARTINO, A. e TUCHMAN, R. F. "Antiepileptic drugs: affective use in autism spectrum disorders". *Pediatric Neurology* 25(3), 2001, pp. 199-207.

DOLSKE, M. C.; SPOLLEN, J.; MCKAY, S.; LANCASHIRE, E. e TOLBERT, L. "A preliminary trial of ascorbic acid as supplemental therapy for autism". *Progress in Neuropsychopharmacology e Biological Psychiatry* 17, 1993, pp. 765-774.

DONENBERG, G. e BAKER, B. L. "The impact of young children with externalizing behaviors on their families". *Journal of Abnormal Child Psychology* 21, 1993, pp. 179-198.

DOWNEY, M. *A blessed weakness*. San Francisco: Harper e Row Publishers, 1986.

DUNN-GEIER, J.; HO, H. H.; AUERSPERG, E.; DOYLE, D.; EAVES, L.; MATSUBA, C.;ORRBINE, E.; PHAM, B. e WHITING, S. "Effect of secretin on children with autism: a randomized control trial". *Developmental Medicine and Child Neurology* 42, 2000, pp. 796-802.

DUNN, M. E.; BURBINE, T.; BOWERS, C. A. e TANTLEFF-DUNN, S. "Moderators of stress in parents of children with autism". *Community Mental Health Journal* 37, 2001, pp. 39-52.

DUNN, W. "The impact of sensory processing on the daily lives of young children and their families: a conceptual model". *Infants and Young Children* 1, 1997, pp. 23-35.

EISENBERG, L. e KANNER, L. "Early infantile autism". *American Journal of Orthopsychiatry* 26, 1956, pp. 556-566.

EISENBERG, N.; PIDADA, S. e LIEW, J. "The relationship of regulation and negative emotionality to Indonesian children's social functioning". *Child Development* 72, 2001, pp. 1.747-1.763.

ELKIND, D. "School and family in the postmodern world". *Phi Delta Kappan,* setembro de 1995, pp. 8-14.

ERNST, M.; ZAMETKIN, A.; MATOCHIK, J.; PASCUALVACA, D. e COHEN, R. "Low medial prefrontal dopaminergic activity in autistic children". *Lancet* 350(9078), 1997, p. 638.

ESCALONA, A.; FIELD, T.; SINGER-STRUNCK, R.; CULLEN, C. e HARTSHORN, K. "Improvements in the behavior of children with autism following massage therapy". *Journal of Autism and Developmental Disorders* 31, 2001, pp. 90-95.

FATEMI, S.; HALT, A.; STARY, A.; KANODIA, J.; SCHULZ, R. e REALMUTO, G. "Glutamic acid decarboxylase 65 and 67 kDa proteins are reduced in autistic parietal and cerebellar cortices". *Biological Psychiatry* 52, 2002, pp. 805-810.

FDA (US Food and Drug Administration). "FDA talk paper: FDA issues final ruling on OTC products containing colloidal silver". Disponível em <www.fda.gov/bbs/topics/ANSWERS/ ANS00971.html>, 1999.

FEINBERG, E. e VACCA, J. "The drama and trauma of creating policies on autism: critical issues to consider in the new millennium". *Focus on Autism and Other Developmental Disabilities* 15, 2000, pp. 130-137.

FERNELL, E.; WATANABE, Y.; ADOLFSSON, I.; TANI, Y.; BERGSTROM, M.; HARTVIG, P.; LILJA, A.; VON KNORRING, A. L.; GILLBERG, C. e LANGSTROM, B. "Possible effects of tetrahydrobiopterin treatment in six children with autism - clinical and positron emission tomography data: a pilot study". *Developmental Medicine and Child Neurology* 39, 1997, pp. 313-318.

FILIPEK, P.; ACCARDO, P. J.; BARANEK, G. T.; Cook, E. H.; DAWSON, G.; GORDON, B.; GRAVEL, J. S.; JOHNSON, C. P.; KALLEN, R. J.; LEVY, S. E.; MINSHEW, N. J.; PRIZANT, B. M.; RAPIN, I.; ROGERS, S. J.; STONE, W. L.; TEPLIN, S.; TUCHMAN, R. F. e VOLKMAR, F. "The screening and diagnosis of autistic spectrum disorders." *Journal of Autism and Developmental Disorders* 29, (6), 1999, pp. 439-484.

FINDLING, R. L.; MAXWELL, K.; SCOTESE-WOJTILA, L.; HUANG, J.; YAMASHITA, T. e WIZNITZER, M. "High-dose pyridoxine and magnesium administration in children with autistic disorder: an absence of salutary effects in a double--blind, placebo-controlled study". *Journal of Autism and Developmental Disorders* 27(4), 1997, pp. 467-478.

FLAVELL, J. H. "Metacognition and cognitive monitoring: a new era of cognitive-developmental inquiry". *American Psychologist* 34, 906-911.

_____. "Metacognitive development". *In:* J. Scandura e C. Brainerd (eds.). *Structural process theories of complex human behavior.* Leyden: Sijthoff, 1978.

FOLSTEIN, S. e ROSEN-SHEIDLEY, B. "Genetics of autism: complex aetiology for a heterogeneous disorder". *Nature Reviews Genetics* 2(12), 2001, pp. 943-955.

FOMBONNE, E. "Is the prevalence of autism increasing?" *Journal of Autism and Developmental Disorders* 26, 1996, pp. 673-676.

FOX, L.; DUNLAP, G. e BUSCHBACHER, P. "Understanding and intervening with children's challenging behavior". *In:* A. Wetherby (ed.). *Autism spectrum disorders: a transactional developmental perspective.* Baltimore: Brooks, 2000, pp. 307-332.

FRITH, U. e HAPPÉ, F. "Autism: 'beyond theory of mind'". *Cognition* 50, 1994, pp. 115-132.

FUDENBERG, H. H. "Dialysable lymphocyte extract (DLyE) in infantile onset autism: a pilot study". *Biotherapy* 9, 1996, pp. 143-147.

FURNHAM, A. e BOND, C. "The perceived efficacy of homeopathy and orthodox medicine: a vignette-based study". *Complementary Therapies in Medicine* 8, 2000, pp. 193-201.

GARDNER, J. M. e KARMEL, B. Z. "Attention and arousal in preterm and full-term neonates". *In:* T. Field e A. Sostek (eds.). *Infants born at risk.* Nova York: Grune e Stratton, 1983, pp. 69-98.

GEPNER, B. e MESTRE, D. "Brief report: postural reactivity to fast visual motion differentiates autistic from children with Asperger Syndrome". *Journal of Autism and Developmental Disorders* 12, 2002, pp. 231-238.

GHAZIUDDIN, M., LEININGER, L. e TSAI, L. "Thought disorder in Asperger Syndrome: comparison with high functioning autism". *Journal of Autism and Developmental Disorders* 25, 1995, pp. 311-317.

_____.; TSAI, L. Y. e GHAZIUDDIN, N. "Fluoxetine and autism: more useful in the presence of depression". *Journal of the American Academy of Child and Adolescent Psychiatry* 30, 1991, pp. 508-509.

GILLBERG, C. "Asperger syndrome in 23 Swedish children". *Developmental Medicine and Child Neurology* 31, 1989, pp. 520-531.

_____. "Infantile autism and other childhood psychoses in a Swedish urban region: epidemiological aspects" *Journal of Child Psychology and Psychiatry* 25, 1984, pp. 35-43.

_____. e DE SOUZA, L. "Head circumference in autism, Asperger Syndrome, and ADHD: a comparative study". *Developmental Medicine Child Neurology* 44(5), 2002, pp. 296-300.

_____. e GILLBERG, I. C. "Asperger's Syndrome. Some epidemiological considerations: a research note". *Journal of Child Psychology and Psychiatry* 30, 1989, pp. 631-638.

GOLDSTEIN, G.; JOHNSON, C. e MINSHEW, N. "Attentional processes in autism". *Journal of Autism and Developmental Disabilities* 31, 2001, pp. 433-440.

GOLDSTEIN, H. "Commentary: interventions to facilitate auditory, visual and motor integration: show me the data". *Journal of Autism and Developmental Disabilities* 30, 2000, pp. 423-425.

GOLEMAN, D. *Emotional intelligence: why does it matter more than IQ?* Nova York: Bantam Books, 1994.

GORDON, C. T.; STATE, R. C.; NELSON, J. E.; HAMBURGER, S. D. e RAPOPORT, J. L. "A double-blinded comparison of clomipramine, desipramine and placebo in the treatment of autistic disorders". *Archives of General Psychiatry* 50, 1993, pp. 441-448.

GOTTMAN, J. *The heart of parenting: raising an emotionally intelligent child.* Nova York: Simon e Schuster, 1997.

GRANDIN, T. *Thinking in pictures: and other reports from my life with autism*. Nova York: Random House, 1996.

GRAY, C. *Comic strip conversations*. Arlington: Future Horizons, 1994.

GREEN, L.; FEIN, D.; MODAHL, C.; FEINSTEIN, C.; WATERHOUSE, L. e MORRIS, M. "Oxytocin and autistic disorder: alterations in peptide forms". *Biological Psychiatry* 50(8), 2001, pp. 609-613.

GREENBERG, D. A.; HODGE, S. E.; SOWINSKI, J. e NICOLL, D. "Excess of twins among affected sibling pairs with autism: implications for the etiology of autism". *American Journal of Human Genetics* 69(5), 2001, pp. 1.062-1.067.

GREENMAN, P. E. e MCPARTLAND, J. M. "Cranial findings and iatrogenesis from craniosacral manipulation in patients with traumatic brain syndrome". *Journal of the American Osteopathic Association* 95, 1995, pp. 182-188.

GREENSPAN, S. I. *Infancy and early childhood*. Madison: International Universities Press, 1992.

GURALNICK, M. J. "Early childhood intervention: evolution of a system". *Focus on Autism and Other Developmental Disabilities* 15, 2000, pp. 68-79.

GUPTA, S.; AGGARWAL, S. e HEADS, C. "Disregulated immune system in children with autism: beneficial effects of intravenous immune globulin on autistic characteristics". *Journal of Autism and Developmental Disorders* 26, 1996, pp. 439-452.

_____.; RIMLAND, B. e SCHILLING, P. D. "Pentoxifylline: a brief review and rationale for its possible use in the treatment of autism". *Journal of Child Neurology* 11, 1996, pp. 501-504.

HALLMAYER, J.; GLASSON, E. J.; BOWER, C.; PETTERSON, B.; CROEN, L.; GRETHER, J. e RISCH, N. "On the twin risk in autism". *American Journal of Human Genetics* 71(4), 2002, pp. 941-946.

HAPPÉ, F. "Parts and wholes, meanings and minds: central coherence and its relation to theory of mind". *In:* S. Baron-Cohen, H. Tager-Flusberg e D. Cohen (eds.). *Understanding other minds, perspectives from autism and developmental neuroscience*. 2ª edição. Oxford: Oxford University Press, 2000, pp. 203-221.

_____.; EHLERS, S.; FLETCHER, P.; FRITH, U.; JOHANSSON, M.; GILLBERG, C.; DOLAN, R.; FRACKOWIAK, R. e FRITH, C. "'Theory of mind' in the brain. Evidence from a PET scan study of Asperger syndrome". *Neuroreport* 8(1), 1996, pp. 197-201.

HARRIS, G. "L'Arche: homes for people who are mentally retarded". *Journal of Counseling and Development* 65, 1987, pp. 322-324.

HASHIMOTO, T.; SASAKI, M.; FUKUMIZU, M.; HANAOKA, S.; SUGAI, K. e MATSUDA, H. "Single-photon emission computed tomography of the brain in autism: effect of the developmental level". *Pediatric Neurology* 23(5), 2000, pp. 416-420.

HASTINGS, R. P. e JOHNSON, E. "Stress in UK families conducting intensive home-based behavioral intervention for their young child with autism". *Journal of Autism and Developmental Disorders* 31, 2001, pp. 327-336.

HAZNEDAR, M. M.; BUCHSBAUM, M. S.; WEI, T. C.; HOF, P. R.; CARTWRIGHT, C.; BIENSTOCK, C. e HOLLANDER, E. "Limbic circuitry in patients with autism spectrum disorders studied with positron emission tomography and magnetic resonance imaging". *American Journal of Psychiatry* 157(12), 2000, pp. 1994-2001.

HERING, E.; EPSTEIN, R.; ELROY, S.; IANCU, D. e ZELNEK, N. "Sleep patterns in autistic children". *Journal of Autism and Developmental Disorders* 29, 1999, pp. 143-147.

HIRST, S. J.; HAYES, N. A.; BURRIDGE, J.; PEARCE, F. L. e FOREMAN, J. C. "Human basophil degranulation is not triggered by very dilute antiserum against human IgE". *Nature* 366 (6.455), 1993, pp. 525-527.

HOBSON, R. P. *Autism and the development of mind*. Hillsdale: Erlbaum, 1993.

HOLLANDER, E.; DOLGOFF-KASPAR, R.; CARTWRIGHT, C.; RAWITT, R. e NOVOTNY, S. "An open trial of divalproex sodium in autism spectrum disorders". *Journal of Clinical Psychiatry* 62(7), 2001, pp. 530-534.

_____.; NOVOTNY, S.; HANRATTY, M.; YAFFE, R.; DECARIA, C. M.; ARONOWITZ, B. R. e MOSOVICH, S. "Oxytocin infusion reduces repetitive behavior in adults with autistic and Asperger's disorders". *Neuropsychopharmacology* 28, 2003, pp. 193-198.

HOPPES, K. e HARRIS, S. L. "Perceptions of child attachment and maternal gratification in mothers of children with autism and Down syndrome". *Journal of Clinical Child Psychology* 19, 1990, pp. 365-370.

HORVATH, K. e PERMAN, J. "Autism and gastrointestinal symptoms". *Current Gastroenterology Report* 4(3), 2002, pp. 251-258.

HUEBNER, R. A. *Autism: a sensorimotor approach to management*. Gaithersburg: Aspen, 2001.

_____. e KRAEMER, G. "Sensorimotor aspects of attachment and social relatedness in autism." *In:* R. A. Huebner (ed.). *Autism: a sensorimotor approach to management*. Gaithersburg: Aspen, 2001, pp. 209-244.

HULTMAN, C. M.; SPAREN, P. e CNATTINGIUS, S. "Perinatal risk factors for infantile autism". *Epidemiology* 13(4), 2002, pp. 417-423.

HUNT, J. McV. *Intelligence and experience*. Nova York: Ronald Press, 1961.

INSEL, T. R. e WINSLOW, J. T. "Central administration of oxytocin modulates the infant rat's response to social isolation". *European Journal of Pharmacology* 203, 1991, pp. 149-152.

ITARD, J. *The wild boy of aveyron*. Nova York: Appleton-Century Crofts, 1962.

JAKOVLJEVIC, M.; MUCK-SELER, D.; PIVAC, N. e CRNCEVIC, Z. "Platelet 5-HT and plasma cortisol concentrations after dexamethasone suppression test in patients with different time course of schizophrenia". *Neuropsychobiology* 37(3), 1998, pp. 142-145.

JARROLD, C. "Pretend play in autism: executive explanations". *In:* J. Russell (ed.). *Autism as an executive disorder*. Oxford: Oxford University Press, 1997, pp. 101-140.

JASELSKIS, C. A.; COOK, E. H.; FLETCHER, K. E. e LEVENTHAL, B. L. "Clonidine treatment of hyperactive and impulsive children with autistic disorder". *Journal of Clinical Psychopharmacology* 12, 1992, pp. 322-327.

JONES, M. e SZATMARI, P. "A risk-factor model of epistatic interaction, focusing on autism". *American Journal of Medical Genetics* 114, 2002, pp. 558-565.

JORDAN, R. *Autism spectrum disorders: an introductory handbook for practitioners*. Londres: David Fulton, 1999.

JUUL-DAM, N.; TOWNSEND, J. e COURCHESNE, E. "Prenatal, perinatal, and neonatal factors in autism, pervasive developmental disorder-not otherwise specified, and the general population". *Pediatrics* 107(4), 2001, E63.

KAMINSKY, L. e DEWEY, D. "Psychosocial adjustment in siblings of children with autism". *Journal of Child Psychology and Psychiatry* 43, 2002, pp. 225-232.

KAMINSKA, B.; CZAJA, M.; KOZIELSKA, E.; MAZUR, E. e KORZON, M. "Use of secretin in the treatment of childhood autism". *Medical Science Monitor* 8, 2002, BR22-26.

KANFER, F. H. e GAELICK, L. "Self-management methods". *In:* F. H. Kanfer e A. P. Goldstein (eds.). *Helping people change*. Nova York: Pergamon, 1986, pp. 283-345.

KANNER, L. "Autistic disturbances of affective contact". *Nervous Child* 2, 1943, pp. 217-250.

______. "Commentary: the treatment of seizure disorder and EEG abnormalities in children with autism spectrum disorders: are we getting ahead of ourselves?" *Journal of Autism and Developmental Disorders* 30, 2000, pp. 491-495.

_____. "Emotional interference with intellectual functioning". *American Journal of Mental Deficiency* 56, 1952, pp. 701-707.

_____. e EISENBERG, L. "Early infantile autism". *American Journal of Orthopsychiatry* 26, 1956, pp. 556-566.

KAROLY, P. "Perspectives on self-management and behavior change". *In:* P. Karoly e F. H. Kanfer (eds.). *Self-management and behavior changes: from theory to practice*. Nova York: Pergamon, 1982, pp. 3-31.

KASARI, C.; CHAMBERLAIN, B. e BAUMINGER, N. *In:* J. Burack; T. Charman; N. Yirmiya e P. Zelazo (eds.). *The development of autism: perspectives from theory and research*. Mawah: Erlbaum, 2001, pp. 309-325.

_____.; SIGMAN, M.; MUNDY, P. e YIRMIYA, N. "Care-giver interactions with autistic children". *Journal of Abnormal Child Psychology* 16, 1988, pp. 45-56.

KATZ, S. e KESSEL, L. "Grandparents of children with developmental disabilities: perceptions, beliefs, and involvement in their care". *Issues in Comprehensive Pediatric Nursing* 25, 2002, pp. 113-128.

KAUFMAN, B. e KAUFMAN, S. *To love is to be happy with*. Londres: Souvenir Press, 1976.

KAUFMAN, J. e ZIGLER, E. "Do abused children become abusive parents?" *American Journal of Orthopsychiatry* 57, 1987, pp. 186-192.

KAZDIN, A. *Behavior modification in applied settings*. 6ª edição. Belmont: Wadsworth/Thomson Learning, 2001.

KENDALL, P. C. *Child and adolescent therapy: cognitive-behavioral procedures*. Nova York: Guilford Press, 1991.

KERN, J. K.; MILLER, V. S.; CAULLER, P. L.; KENDALL, P. R.; MEHTA, P. J. e DODD, M. "Effectiveness of N,N-dimethylglycine in autism and pervasive developmental disorder". *Journal of Child Neurology* 16, 2001, pp.169-173.

KITAHARA, K. *Daily life therapy*. Vol. 1, 2 e 3. Tóquio: Musashino, Higashi, Gakuen School, 1983/84.

KLIN, A. "Auditory brainstem responses in autism: brainstem dysfunction or peripheral hearing loss". *Journal of Autism and Developmental Disorders* 23, 1993, pp. 15-35.

_____.; JONES, W.; SCHULTZ, R.; VOLKMAR, F. e COHEN, D. "Visual fixation patterns during viewing naturalistic social situations as predictors of social competence in individuals with autism". *Archives of General Psychiatry* 59, 2002, pp. 809-816.

KOCHANSKA, G.; MURRAY, K. e HARLAN, E. T. "Effortful control in early childhood: continuity and change, antecedents, and implications for social development". *Developmental Psychology* 36, 2000, pp. 220-232.

KÖGEL, R. e KOEGEL, L. *Teaching children with autism: strategies for initiating positive interactions and improving learning opportunities*. Baltimore: Brookes, 1995.

_____.; SCHREIBMAN, L.; LOOS, L. M.; DIRLICH-WILHELM, H.; DUNLAP, G.; ROBBINS, F. R. e PLIENIS, A. J. "Consistent stress profiles in mothers of children with autism". *Journal of Autism and Developmental Disorders* 22, 1992, pp. 205-216.

KOLMEN, B. K.; FELDMAN, H. M.; HANDEN, B. L. e JANOSKY, J. E. "Naltrexone in young autistic children: a double--blind placebo-controlled crossover study". *Journal of the American Academy of Child and Adolescent Psychiatry* 34, 1995, pp. 223-231.

_____. "Naltrexone in young autistic children: replication study and learning measures". *Journal of the American Academy of Child and Adolescent Psychiatry* 36, 1997, pp. 1.570-1.578.

KONSTANTAREAS, M. M. e HEWITT, T. "Autistic disorder and schizophrenia: diagnostic overlaps". *Journal of Autism and Developmental Disorders* 31, 2001, pp. 19-28.

_____. e HOMATIDIS, S. "Assessing child symptom severity and stress in parents of autistic children". *Journal of Child Psychology and Psychiatry* 30, 1989, pp. 459-470.

KOPP, C. B. "Antecedents of self-regulation: a developmental perspective". *Developmental Psychology* 18, 1982, pp. 199-214.

_____. "Regulation of distress and negative emotions: a developmental view". *Developmental Psychology* 25, 1989, pp. 343-354.

KOSHES, R. J. "Use of fluoxetine for obsessive-compulsive behavior in adults with autism". *American Journal of Psychiatry* 154, 1997, p. 578.

KRAUSE, I.; HE, X. S.; GERSHWIN, M. E. e SHOENFELD, Y. "Brief report: immune factors in autism: a critical review". *Journal of Autism and Developmental Disorders* 32(4), 2002, pp. 337-345.

KREMEN, A. M. e BLOCK, J. "The roots of ego-control in young adulthood: links with parenting in early childhood". *Journal of Personality and Social Psychology* 75, 1998, pp. 1.062-1.075.

KÜBLER-ROSS, E. *On death and dying*. Nova York: Scribner, 1969.

LAINHART, J. E.; PIVEN, J.; WZOREK, M.; LANDA, R.; SANTANGELO, S. L.; COON, H. e FOLSTEIN, S. E. "Macrocephaly in children and adults with autism". *Journal of the American Academy of Child and Adolescent Psychiatry* 36(2), 1997, pp. 282-290.

LANG, D. "Preventing short-term strain through time-management coping". *Work and Stress* 6, 1992, pp. 169-176.

LAZARUS, R. S. "Thoughts on the relations between emotion and cognition". *American Psychologist* 37, 1982, pp. 1.019-1.024.

LEDOUX, J. *Synaptic self: how our brains become who we are*. Nova York: Viking Press, 2002.

LEEKAM, S. e MOORE, C. "The development of attention and joint attention in children with autism". *In:* J. Burack; T. Charman; N. Yirmiya e P. Zelezo (eds.). *The development of autism: perspectives from theory and research*. Mawah: Erlbaum, 2001, pp. 105-130.

LENGUA, L. "The contribution of emotionality and self-regulation to the understanding of children's response to multiple risk". *Child Development* 73, 2002, pp. 144-161.

LEREA, L. E. "The behavioral assessment of autistic children". *In:* D. Cohen; A. Donnellan e R. Paul (eds.). *Handbook of autism and pervasive developmental disorders*. Silver Springs: Winston e Sons, 1987, pp. 273-288.

LESLIE, A. M. "Pretense and representation: the origins of 'theory of mind'". *Psychological Review* 94, 1987, pp. 412-426.

LEWIS, M. e BAUMEISTER, A. "Stereotyped mannerisms in mentally retarded persons: animal models and theoretical analysis". *In:* N. Ellis (ed.). *International review of research in mental retardation*. Vol. 11. Nova York: Academic Press, 1982, pp. 123-161.

_____. e MICHALSON, L. *Children's emotions and moods*. Nova York: Plenum Press, 1983.

LIGHTDALE, J. R.; HAYER, C.; DUER, A.; LIND-WHITE, C.; JENKINS, S.; SIEGEL, B.; ELLIOT, G. R. e HEYMAN, M. B. "Effects of intravenous secreting on language and behavior of children with autism and gastrointestinal symptoms: a single-blinded, open label pilot study". *Pediatrics* 108, 2001, E90.

LINDE, K.; SCHOLZ, M.; RAMIREZ, G.; CLAUSIUS, N.; MELCHART, D. e JONAS, W. B. "Impact of study quality on outcome in placebo-controlled trials of homeopathy". *Journal of Clinical Epidemiology* 52, 1999, pp. 631-636.

LÖHR, J. e SCHWARTZ, T. *The power of full engagement: managing energy, not time, is the key to high performance and personal renewal*. Nova York: Free Press, 2003.

LORD, C. e RISI, S. "Diagnosis of autism spectrum disorders in young children". *In:* A. M. Wetherby e B. M. Prizant (eds.) *Autism spectrum disorders*. Baltimore: Brookes, 2000, pp. 11-30.

LOVAAS, O. I. *Teaching individuals with developmental delays: basic interventional techniques*. Austin: Pro-Ed, 2003.

_____. *The autistic child: language development through behavior modification*. Nova York: Irvington, 1977.

_____. Teaching Developmentally Disabled Children: *the me book*. Austin: Pro-Ed, 1992.

LUCARELLI, S.; FREDIANI, T.; ZINGONI, A. M.; FERRUZZI, F.; GIARDINI, O.; QUINTIERI, F.; BARBATO, M.; D'EUFEMIA, P. e CARDI, E. "Food allergy and infantile autism", *Panminerva Medicine* 37(3), 1995, pp. 137-141.

LUNA, B.; MINSHEW, N. J.; GARVER, K. E.; LAZAR, N. A.; THULBORN, K. R.; EDDY, W. F. e SWEENEY, J. "Neocortical system abnormalities in autism: an fMRI study of spatial working memory". *Neurology* 59(6), 2002, pp. 834-840.

LURIA, A. R. *The role of speech in the regulation of normal and abnormal behaviors*. Nova York: Liverright, 1961.

MACAN, T. H. "Time management: test of a process model". *Journal of Applied Psychology* 79, 1994, pp. 381-391.

_____. "Time-management training: effects on time behaviors, attitudes, and job performance". *The Journal of Psychology* 130, 1996, pp. 219-236.

MADSEN, K. M.; HVIID, A.; VESTERGAARD, M.; SCHENDEL, D.; WOHLFAHRT, J.; THORSEN, P.; OLSEN, J. e MELBYE, M. "A population-based study of measles, mumps, and rubella vaccination and autism". *New England Journal of Medicine* 347(19), 2002, pp. 1.477-1.482.

MAES, L.; VOLKMAN, F.; HOOKS, M. e CICCHETTI, D. "Differentiating pervasive developmental disorder not otherwise specified from autism and language disorders". *Journal of Autism Developmental Disorders* 23, 1993, pp. 79-90.

MAGNÚSSON, P. e SAEMUNDSEN, E. "Prevalence of autism in Iceland". *Journal of Autism and Developmental Disorders* 31, 2001, pp. 153-163.

MALONE, R. P.; MAISLIN, G.; CHOUDHURY, M. S.; GIFFORD, C. e DELANEY, M. A. "Risperidone treatment in children and adolescents with autism: short-and long-term safety and effectiveness". *Journal of the American Academy of Child and Adolescent Psychiatry* 41, 2002, pp. 140-147.

MANJIVIONA, J. e PRIOR, M. "Comparison of Asperger syndrome and high functioning autistic children on a test of motor impairment". *Journal of Autism and Developmental Disorders* 25, 1995, pp. 23-39.

MAURER, D. e MAURER, C. *The world of the newborn*. Nova York: Basic Books, 1988.

MAURICE, C. *Let me hear your voice: a family's triumph over autism*. Nova York: Fawcett Columbine, 1993.

_____.; GREEN, G. e LUCE, S. (eds.) *Behavioral intervention for young children with autism*. Austin: Pro-Ed, 1996.

MCAFEE, J. *Navigating the social world: a curriculum for individuals with Asperger's Syndrome, high-functioning autism and related disorders*. Arlington: Future Horizons, 2002.

MCCRACKEN, J. T.; MCGOUGH, J.; SHAH, B.; CRONIN, P.; HONG, D.; AMAN, M. G.; ARNOLD, L. E.; LINDSAY, R.; NASH, P.; HOLLWAY, J.; MCDOUGLE, C. J.; POSEY, D.; SWIEZY, N.; KOHN, A.; SCAHILL, L.; MARTIN, A.; KOENIG, K.; VOLKMAR, F.; CARROLL, D.; LANCOR, A.; TIERNEY, E.; GHUMAN, J.; GONZALEZ, N. M.; GRADOS, M.; VITIELLO, B.; RITZ, L.; DAVIES, M.; ROBINSON, J. e MCMAHON, D. (Research Units on Pediatric Psychopharmacology (RUPP) Autism Network) "risperidone in children with autism and serious behavioral problems". *New England Journal of Medicine* 347(5), 2002, pp. 314-321.

MCDOUGLE, C. J.; HOLMES, J. P.; CARLSON, D. C.; PELTON, G. H.; COHEN, D. J. e PRICE, L. H. "A double-blind, placebo-controlled study of risperidone in adults with autistic disorder and other pervasive developmental disorders". *Archives of General Psychiatry* 55, 1998, pp. 633-641.

_____.; NAYLOR, S. T.; COHEN, D. J.; VOLKMAR, F. R.; HENINGER, G. R. e PRICE, L. H. "A double-blind, placebo-controlled study of fluvoxamine in adults with autistic disorder". *Archives of General Psychiatry* 53, 1996, pp. 1.001-1.008.

_____.; SCAHILL, L.; MCCRACKEN, J. T.; AMAN, M. G.; TIERNEY, E.; ARNOLD, L. E.; FREEMAN, B. J.; MARTIN, A.; MCGOUGH, J. J.; CRONIN, P.; POSEY, D. J.; RIDDLE, M. A.; RITZ, L.; SWIEZY, N. B.; VITIELLO, B.; VOLKMAR, F. R.; VOTOLATO, N. A. e WALSON, P. (Research Units on Pediatric Psychopharmacology (RUPP) Autism Network).

"Background and rationale for an initial controlled study of risperidone". *Child and Adolescent Psychiatric Clinics of North America* 9(1), 2000, pp. 201-224.

_____.; STIGLER, K. A. e POSEY, D. "Treatment of aggression in children and adolescents with autism and conduct disorder". *Journal of Clinical Psychiatry* 64 (Suppl. 4), 2003, pp. 16-25.

MCKUSICK, V. *et al.* (não listados) (eds.). *Online Mendelian Inheritance in Man (OMIM)*. National Center for Biotechnology Information, US National Institutes of Health. Disponível em <www.ncbi.nlm.nih.gov/entrez/query.fcgidb=OMIM.>, 2003.

MENOLD, M.; SHAO, Y.; WOLPERT, C.; DONNELLY, L.; RAIFORD, K.; MARTIN, E.; RAVAN, S.; ABRAMSON, R.; WRIGHT, H.; DELONG, G.; CUCCARO, M.; PERICAK-VANCE, M. e GILBERT, J. "Association analysis of chromosome 15 gabaa receptor subunit genes in autistic disorder". *Journal of Neurogenetics* 15, 2001, pp. 245-259.

MESIBOV, G.; ADAMS, L. e KLINGER, L. *Autism: understanding the disorder*. Nova York: Plenum Press, 1997.

MICHEL, G. e MOORE, C. *Developmental psychobiology: an interdisciplinary approach*. Cambridge: MIT Press, 1995.

MILGRAM, N. A. e ATZIL, M. "Parenting stress in raising autistic children". *Journal of Autism and Developmental Disorders* 18, 1988, pp. 415-424.

MILLER, J. e OZONOFF, S. "The external validity of asperger's disorders: lack of evidence from the domain of neuropsychology". *Journal of Abnormal Psychology* 109, 2000, pp. 227-238.

MILLWARD, C.; POWELL, S.; MESSER, D. e JORDAN, R. "Recall for self and other in autism: children's memory for events experienced by themselves and their peers". *Journal of Autism and Developmental Disorders* 30, 2000, pp. 15-28.

MODAHL, C.; GREEN, L.; FEIN, D.; MORRIS, M.; WATERHOUSE, L.; FEINSTEIN, C. e LEVIN, H. "Plasma oxytocin levels in autistic children". *Biological Psychiatry* 43, 1998, pp. 270-277.

MOES, D. "Parenting education and stress". *In:* R. L. Koegel e L. K. Koegel (eds.). *Teaching children with autism: strategies for initiating positive interaction and improving learning opportunities*. Baltimore: Brookes, 1995, pp. 79-93.

_____.; KOEGEL, R. L.; SCHREIBMAN, L. e LOOS, L. M. "Stress profiles for mothers and fathers of children with autism". *Psychological Reports* 71, 1992, pp. 1.272-1.274.

MORGENSTERN, J. *Time management from the inside out: the foolproof system for taking control of your schedule and your life*. Nova York: Henry Holt, 2000.

MOSTERT, M. "Facilitated communication since 1995: a review of published studies". *Journal of Autism and Developmental Disorders* 31, 2001, pp. 287-313.

MOTTRON, L. e BURACK, J. "Enhanced perceptual functioning in the development of autism". *In:* J. Burack; T. Charman; N. Yirmiya e P. Zelazo (eds.). *The development of autism: perspectives from theory and research*. Mawah: Erlbaum, 2001, pp. 131-148.

MOYES, R. A. *Incorporating social goals in the classroom: a guide for teachers and parents of children with high-functioning autism and Asperger Syndrome*. Londres: Jessica Kingsley Publishers, 2001.

MUDFORD, O.; CROSS, B.; BREEN, S.; CULLEN, C.; REEVES, D.; GOULD, J. e DOUGLAS, J. "Auditory integration training for children with autism: no behavioral benefits detected". *American Journal on Mental Retardation* 105, 2000, pp. 118-129.

MULICK, J. e BUTLER, E. "Educational advocacy for children with autism". *Behavioral Interventions* 17, 2002, pp. 57-74.

MULLER, R. A.; BEHEN, M. E.; ROTHERMEL, R. D.; CHUGANI, D. C.; MUZIK, O.; MANGNER, T. J. e CHUGANI, H. T. "Brain mapping of language and auditory perception in high-functioning autistic adults: a pet study". *Journal of Autism and Developmental Disorders* 29(1), 1999, pp. 19-31.

MUNDY, P. e CROWSON, M. "Joint attention and early social communication: implications for research on intervention with autism". *Journal of Autism and Developmental Disorders* 27, 1997, pp. 653-676.

_____. e STELLA, J. "Joint attention, social orienting and nonverbal communication in autism". *In:* A. Wetherby e B. Prizant (eds.). *Autism spectrum disorders: a transactional developmental perspective*. Baltimore: Brookes Publishing, 2000, pp. 55-77.

MURRAY, M. e PARIS, B. "The importance of play in learning and development". *In:* C. Murray-Slutsky e B. Paris (eds.). *Exploring the spectrum of autism and pervasive developmental disorders*. Therapy Skill Builder: Harcourt Health Sciences, 2000, pp. 370-384.

MURRAY-SLUTSKY, C. "Somatopraxia and intervention strategies". *In:* C. Murray-Slutsky e B. Paris (eds.). *Exploring the spectrum of autism and pervasive developmental disabilities*. Therapy Skill Builder: Harcourt Health Science, 2000, pp. 237-277.

MYLES, B. S. e ADREON, D. *Asperger syndrome e adolescence: practical solutions for school success*. Shawnee Mission: Autism/Asperger Publishing, 2001.

_____. e SIMPSON, R. *Asperger syndrome: a guide for educators and parents*. Austin: Pro-Ed, 1998.

NATIONAL CENTER ON CHILD ABUSE AND NEGLECT (NCCAN). *A report on the maltreatment of children with disabilities (DHHS Contract n. 105-89-1630)*. Washington: National Clearinghouse on Child Abuse and Neglect Information, 1993.

NEW YORK STATE DEPARTMENT OF HEALTH EARLY INTERVENTION PROGRAM. *Clinical practice guideline: the guideline technical report – Autism/pervasive developmental disorders assessment and intervention for young children (0-3 years)*. Albany: New York State Department of Health Early Intervention Program, 1999.

NIRJE, B. "The normalization principles and its human management implications" *In:* R. Kugel e W. Wolfensberger (eds.). *Changing patterns in residential services for the mentally retarded*. Washington: President's Committee on Mental Retardation, 1969.

NOH, S.; DUMAS, J. E.; WOLF, L. C. e FISMAN, S. N. "Delineating sources of stress in parents of exceptional children". *Family Relations* 38, 1989, pp. 456-461.

NORTON, P. e DREW, C. "Autism and potential family stressors". *The American Journal of Family Therapy* 22, 1994, pp. 67-76.

NOUWEN, H. *The road to daybreak*. Nova York: Doubleday, 1988.

NYE, C. e BRICE, A. "Combined vitamin B6-magnesium treatment in autism spectrum disorder (Cochrane Review)". *Cochrane Library* 2. Oxford: Update Software, 2003.

O'BRIEN, F. "Treating self-stimulatory behavior". *In:* J. Matson e J. McCartney (eds.). *Handbook of behavior modification with the mentally retarded*. Nova York: Plenum Press, 1981.

OGLETREE, B. "The communicative context of autism". *In:* R. Simpson e B. Myles (eds.). *Educating children and youth with autism: srategies for effective practice*. Austin: Pro-Ed, pp. 141-172.

OLSSON, M. B. e HWANG, C. P. "Depression in mothers and fathers of children with intellectual disability". *Journal of Intellectual Disability Research* 45, 2001, pp. 535-543.

O'NEILL, M. e JONES, R. "Sensory-perceptual abnormalities in autism: a case for more research". *Journal of Autism and Developmental Disorders* 27, 1997, pp. 283-293.

ORNITZ, E. "The functional neuroanatomy of infantile autism". *International Journal of Neuroscience* 19, 1983, pp. 85-124.

OWLEY, T.; MCMAHON, W.; COOK, E. H.; LAULHERE, T.; SOUTH, M.; MAYS, L. Z.; SHERNOFF, E. S.; LAINHART, J.; MODAHL, C. B.; CORSELLO, C.; OZONOFF, S.; RISI, S.; LORD, C.; LEVENTHAL, B. e FILIPEK, P. A. "Multisite, double-blind, placebo-controlled trial of porcine secretin in autism". *Journal of the American Academy of Child and Adolescent Psychiatry* 40, 2001, pp. 1.293-1.299.

PARIS, B. "Characteristics of autism". *In:* C. Murray-Slutsky e B. Paris (eds.). *Exploring the spectrum of autism and pervasive developmental disorders*. Therapy Skill Builder: Harcourt Health Sciences, 2000a, pp. 7-23.

_____. "Motor control and coordination difficulties". *In:* C. Murray-Slutsky e B. Paris (eds). *Exploring the spectrum of autism and pervasive developmental disorders*. Therapy Skill Builder: Harcourt Health Sciences, 2000b, pp. 278-332.

_____. e MURRAY-SLUTSKY, C. "Sensory integration and treatment". *In:* C. Murray-Slutsky e B. Paris (eds.). *Exploring the spectrum of autism and pervasive developmental disorders*. Therapy Skill Builder: Harcourt Health Sciences, 2000, pp. 80-98.

PAUL, R. "Communication". *In:* D. Cohen; A. Donnellan e R. Paul (eds.). *Handbook of autism and pervasive developmental disorders*. Silver Springs: V. H. Winston e Sons, 1987, pp. 61-87.

PELTOLA, H.; PATJA, A.; LEINIKKI, P.; VALLE, M.; DAVIDKIN, I. e PAUNIO, M. "No evidence for measles, mumps, and rubella vaccine-associated inflammatory bowel disease or autism in a 14-year prospective study". *Lancet* 351(9112), 1998, pp. 1.327-1.328.

PHILLIPS, W.; BARON-COHEN, S. e RUTTER, M. "The role of eye contact in goal detection: evidence from normal infants and children with autism or mental handicap". *Development and Psychopathology* 4(3), 1992, pp. 375-383.

PIAGET, J. "Piaget's theory". *In:* P. H. Mussen (ed.). *Carmichael's manual of child psychology*. Vol. 1, 3ªedição. Nova York: Wiley, 1970, pp. 703-732.

PIERCE, K. e COURCHESNE, E. "Evidence for a cerebellar role in reduced exploration and stereotyped behavior in autism". *Biological Psychiatry* 49(8), 2001, pp. 655-664.

_____.; GLAD, K. e SCHREIBMAN, L. "Social perception in children with autism: an attention deficit". *Journal of Autism and Developmental Disorders* 27, 1997, pp. 265-282.

PIVEN, J. "The biological basis of autism". *Current Opinions Neurobiology* 7(5), 1997, pp. 708-712.

_____.; ARNDT, S.; BAILEY, J. e ANDREASON, N. "Regional brain enlargement in autism: a magnetic resonance imaging study". *Journal of the American Academy of Child Adolescent Psychiatry* 35(4), 1996, pp. 530-536.

PLAUD, J. e EIFERT, G. *From behavior theory to behavior therapy*. Boston: Allyn e Bacon, 1998. PLIOPLYS, A. V. "Intravenous immunoglobulin treatment of children with autism". *Journal of Child Neurology* 13, 1998, pp.79-82.

POWELL, T. H.; HECIMOVIC, A. e CHRISTENSEN, L. "Meeting the unique needs of families". *In*: D. E. Berkell (ed.). *Autism: identification, education and treatment*. Hillsdale: Erlbaum, 1992, pp. 187-219.

PRIZANT, B. "Brief report: communication, language, social and emotional development". *Journal of Autism and Developmental Disorders* 26, 1996, pp. 173-178.

_____. e RUBIN, E. "Contemporary issues in interventions for autism spectrum disorders: a commentary". *Journal of the Association for the Severely Handicapped* 24, 1999, pp. 199-208.

_____. e WETHERBY, A. "Communication in preschool. Autistic children". *In:* E. Schopler e M. Bourgondien (eds.). *Preschool issues in autism*. Nova York: Plenum, 1993, pp. 95-128.

QUINTANA, H.; BIRMAHER, B.; STEDGE, D.; LENNON, S.; FREED, J.; BRIDGE, J. e GREENHILL, L. "Use of methylphenidate in the treatment of children with autistic disorder". *Journal of Autism and Developmental Disorders* 25, 1995, pp. 283-294.

RAVEN, C. C. "Emotions matter: making the case for the role of young children's emotional development for school readiness". *Social Policy Report* 16, 2002, pp. 3-19.

REDDY, V.; WILLIAMS, E. e VAUGHAN, A. "Sharing humor and laughter in autism and Down's syndrome". *British Journal of Psychology* 93, 2002, pp. 219-242.

RENNER, P.; KLINGER, L. e KLINGER, M. "Implicit and explicit memory in autism: is autism an amnesic disorder?" *Journal of Autism and Developmental Disorders* 30, 2000, pp. 3-14.

RIMLAND, B. *Infantile autism: the syndrome and its implication for a neural theory of behavior*. Nova York: Appleton-Century-Crofts, 1964.

_____. "Savant capabilities of autistic children and their cognitive implications". *In:* G. Serban (ed.). *Cognitive defects in the development of mental illness*. Nova York: Brunner/Mazel, 1978, pp. 43-65.

_____.; CALLAWAY, E. e DREYFUS, P. "The effect of high doses of vitamin B6 on autistic children: a double-blind crossover study". *American Journal of Psychiatry* 135(4), 1978, pp. 472-475.

RINEHARDT, N.; BRADSHAW, J.; BRERETON, A. e TONGE, B. "Movement preparation in high-functioning autism and Asperger disorder: a serial choice reaction time task involving motor reprogramming". *Journal of Autism and Developmental Disorders* 31, 2001, pp. 79-88.

RISCH, N.; SPIKER, D.; LOTSPEICH, L.; NOURI, N.; HINDS, D.; HALLMAYER, J.; KALAYDJIEVA, L.; MCCAGUE, P.; DIMICELI, S.; PITTS, T.; NGUYEN, L.; YANG, J.; HARPER, C.; THORPE, D.; VERMEER, S.; YOUNG, C.; WIESE--SLATER, S.; ROGERS, T.; SALMON, B.; NICHOLAS, P.; PETERSEN, P. B.; PINGREE, C.; MCMAHON, W.; WONG, D.; CAVALLI-SFORZA, J. J.; KRAEMER, H. C. e MYERS, R. M. "A genomic screen of autism: evidence for a multilocus etiology", *American Journal of Human Genetics* 65, 1999, pp. 493-507.

ROBBINS, T. "Integrating the neurobiological and neuropsychological dimensions of autism". *In:* J. Russell (ed.). *Autism as an executive disorder*. Oxford: Oxford University Press, 1997, pp. 21-53.

ROBERTS, W.; WEAVER, L.; BRIAN, J.; BRYSON, S.; EMELIANOVA, S.; GRIFFITHS, A. M.; MACKINNON, B.; YIM, C.; WOLPIN, J. e KOREN, G. "Repeated doses of porcine secretin in the treatment of autism: a randomized, placebo-controlled trial". *Pediatrics* 107, 2001, E71.

ROBINSON, P.; SCHUTZ, C.; MACCIARDI, F.; WHITE, B. e HOLDEN, J. "Genetically determined low maternal serum dopamine beta-hydroxylase levels and the etiology of autism spectrum disorders". *American Journal Medical Genetics* 100, 2001, pp. 30-36.

RODIER, P. M.; INGRAM, J. L.; TISDALE, B.; NELSON, S. e ROMANO, J. "Embryological origin for autism: developmental anomalies of the cranial nerve motor nuclei". *Journal of Comparative Neurology* 370(2), 1996, pp. 247-261.

ROEYERS, H. e MYCKE, K. "Siblings of a child with autism, with mental retardation and with a normal development". *Child-care, Health and Development* 21, 1995, pp. 305-319.

ROGERS, S. e BENNETTO, L. "Intersubjectivity in autism: the roles of imitation and executive function". *In:* A. Wetherby e B. Prizant (eds.). *Autism spectrum disorders: a transactional developmental perspective*. Baltimore: Brookes, 2000, pp. 79-107.

_____.; OZONOFF, S. e MASLIN-COLE, C. "Developmental aspects of attachment behavior in young children with pervasive developmental disorders". *Journal of the American Academy of Child and Adolescent Psychiatry* 32, 1993, pp. 1.274-1.282.

ROSENHALL, U.; NORDIN, V.; SANDSTROM, M.; AHLSEN, G. e GILLBERG, C. "Autism and hearing loss". *Journal of Autism and Developmental Disorder* 29, 1999, pp. 349-357.

ROSMAN, E.; YOSHIKAWA, H. e KNITZER, J. "Toward an understanding of the impact of welfare reform on children with disabilities and their families: setting a research and policy agenda". *Social Policy Report* 16, 2002, pp. 3-15.

RUBIN, K. H.; COPLAN, R. J.; FOX, N. A. e CALKINS, S. D. "Emotionality, emotion regulation, and preschoolers' social adaptation". *Development and Psychopathology* 7, 1995, pp. 49-62.

RUBLE, L. A. "Analysis of social interactions as goal-directed behaviors in children with autism". *Journal of Autism and Developmental Disabilities* 31, 2001, pp. 471-482.

_____. e SEARS, L. L. "Diagnostic assessment of autistic disorder". *In:* R. A. Huebener (ed.). *Autism: a sensorimotor approach to management*. Gaithersburg: Aspen, 2001, pp. 41-59.

RUSSELL, J. "How executive disorders can bring about an inadequate 'theory of mind'". *In:* J. Russell (ed.). *Autism as an executive disorder*. Oxford: Oxford University Press, 1997, pp. 256-304.

RUTTER, M. "Cognitive deficits in the pathogenesis of autism". *Journal of Child Psychology and Psychiatry* 24, 1983, pp. 513-531.

RYDEEN, K. "Integration of sensorimotor and neurodevelopmental approaches". *In:* R. Huebner (ed.). *Autism: a sensorimotor approach to management*. Gaithersburg: Aspen, 2001, pp. 209-244.

SADEH, A.; GRUBER, R. e RAVIV, A. "Sleep, neurobehavioral functioning and behavior problems in school-age children". *Child Development* 73, 2002, pp. 405-417.

SANDERS, J. L. e MORGAN, S. B. "Family stress and adjustment as perceived by parents of children with autism or Down Syndrome: implications for intervention". *Child and Family Behavior Therapy* 19, 1997, pp. 15-32.

SARNI, C. *The development of emotional competence*. Nova York: Guilford Press, 1999.

SCHAEFER, G. B.; THOMPSON, J. N.; BODENSTEINER, J. B.; MCCONNELL, J. M.; KIMBERLING, W. J.; GAY, C. T.; DUTTON, W. D.; HUTCHINGS, D. C. e GRAY, S. B. "Hypoplasia of the cerebellar vermis in neurogenetic syndromes". *Annals of Neurology* 39(3), 1996, pp. 382-385.

SCHEUERMANN, B. e WEBBER, J. *Autism: teaching does make a difference*. Belmont: Wadsworth, 2002.

SCHEUFFGEN, K.; HAPPÉ, F.; ANDERSON, M. e FRITH, U. "High 'intelligence', low 'IQ'? Speed of processing and measured IQ in children with autism". *Development and Psychopathology* 12, 2000, pp. 83-90.

SCHNECK, C. "The efficacy of a sensorimotor treatment approach by occupational therapists". *In:* R. Huebner (ed.). *Autism: a sensorimotor approach to management*. Gaithersburg: Aspen, 2001, pp. 139-178.

SCHOPLER, E. *Parent survival manual: a guide to crisis resolution in autism and related developmental disorders*. Nova York: Plenum, 1995.

_____.; MESIBOV, G. e HEARSEY, K. "Structured teaching in the TEACCH system". *In:* E. Schopler e G. Mesibov (eds.). *Learning and cognition in autism*. Nova York: Plenum Press, 1995, pp. 243-267.

_____.; YIRMIYA, N.; SHULMAN, C. e MARCUS, L. *The research basis for autism intervention*. Nova York: Kluwer Academic/Plenum Publishers, 2001.

SCHRECK, K. "Behavioral treatments for sleep problems in autism: empirically supported or just universally accepted". *Behavioral Interventions* 16, 2001, pp. 265-278.

SCHREIBMAN, L. *Autism*. Newbury Park: Sage Publications, 1988.

SCHULER, A. e WOLFBERG, P. "Promoting play and socialization". *In:* A. Wetherby e B. Prizant (eds.). *Autism spectrum disorders: a transactional developmental perspective*. Baltimore: Brookes, 2000, pp. 251-277.

SCHULTZ, R. T.; GAUTHIER, I.; KLIN, A.; FULBRIGHT, R. K.; ANDERSON, A. W.; VOLKMAR, F.; SKUDLARSKI, P.; LACADIE, C.; COHEN, D. J. e GORE, J. C. "Abnormal ventral temporal cortical activity during face discrimination among individuals with autism and Asperger syndrome." *Archives General Psychiatry* 57(4), 2000, pp. 331-340.

SELIGMAN, M. *Learned optimism.* Nova York: Pocket Books, 1998.

SERAJEE, S.; ZHONG, H.; NABI, R. e HUQ, A. "The metabotropic glutamate receptor 8 gene at 7q31: partial duplication and possible association with autism". *Journal of Medical Genetics* 40, 2003, E42.

SEVIN, J.; MATSON, J.; COE, D.; FEE, V. e SEVIN, B. "A comparison and evaluation of three commonly used autism scales". *Journal of Autism and Developmental Disabilities* 21, 1991, pp. 417-432.

SHAO, Y.; CUCCARO, M. L.; HAUSER, E. R.; RAIFORD, K. L.; MENOLD, M. M.; WOLPERT, C. M.; RAVAN, S. A.; ELSTON, L.; DECENA, K.; DONNELLY, S. L.; ABRAMSON, R. K.; WRIGHT, H. H.; DELONG, G. R.; GILBERT, J. R. e PERICAK-VANCE, M. A. "Fine mapping of autistic disorder to chromosome 15q11-q13 by use of phenotypic subtypes". *American Journal of Human Genetics* 72(3), 2003, pp. 539-548.

_____.; RAIFORD, K. L.; WOLPERT, C. M.; COPE, H. A.; RAVAN, S. A.; ASHLEY-KOCH, A. A.; ABRAMSON, R. K.; WRIGHT, H. H.; DELONG, R. G.; GILBERT, J. R.; CUCCARO, M. L. e PERICAK-VANCE, M. A. "Phenotypic homogeneity provides increased support for linkage on chromosome 2 in autistic disorder". *American Journal of Human Genetics* 70(4), 2002, pp. 1.058-1.061.

SHARPLEY, C. F. e BITSIKA, V. "Influence of gender, parental health, and perceived expertise of assistance upon stress, anxiety, and depression among parents of children with autism". *Journal of Intellectual and Developmental Disability* 22, 1997, pp. 19-28.

SHAVELLE, R.; STRAUSS, D. e PICKETT, J. "Causes of death in autism". *Journal of Autism and Developmental Disorders* 31, 2001, pp. 569-576.

SHEARER, A. *L'Arche.* Washington: President's Committee on Mental Retardation, 1997.

STEHLI, A. *The sound of a muscle.* Nova York: Doubleday, 1990.

SIEGEL, B. *The world of the autistic child: understanding and treating autistic spectrum disorders.* Nova York: Oxford University Press, 1996.

SIGELMAN, C. K. e SHAFFER, D. R. *Life-span human development.* 2ª edição. Pacific Grove: Brooks/Cole, 1995.

SIGMAN, M. "What are the core deficits in autism?" *In:* S. Broman e J. Grafman (eds.). *Atypical cognitive deficits in developmental disorders.* Hillsdale: Erlbaum, 1994, pp. 139-158.

_____. e CAPPS, L. *Children with autism: a developmental perspective.* Cambridge: Harvard University Press, 1997.

_____. e MUNDY, P. "Social attachments in autistic children". *Journal of American Academy of Child and Adolescent Psychiatry* 28, 1989, pp. 74-81.

SILLER, M. e SIGMAN, M. "The behaviors of parents of children with autism predict the subsequent development of their children's communication". *Journal of Autism and Developmental Disorders* 32, 2002, pp. 77-89.

SIMPSON, R. L. e MYLES, B. "Management of students with autism". *In:* R. Simpson e B. Myles (eds.). *Educating children and youth with autism.* Austin: Pro-Ed, 1998, pp. 55-172.

_____. "Understanding and responding to the needs of students with autism". *In:* R. Simpson e B. Myles (eds.). *Educating children and youth with autism: strategies for effective practice.* Austin: Pro-Ed, 1998, pp. 1-24.

_____. e ZIONTS, P. *Autism: information for professionals and parents.* Austin: Pro-Ed, 2000.

SINGH, V. K.; FUDENBERG, H.; EMERSON, D. e COLEMAN, M. "Immunodiagnosis and immunotherapy in autistic children". *Annals of the New York Academy of Sciences* 540, 1988, pp. 602-604.

_____.; LIN, S. X. e YANG, V. C. "Serological association of measles virus and human herpesvirus-6 with brain autoantibodies in autism". *Clinical Immunology Immunopathology* 89(1), 1998, pp. 105-108.

_____.; WARREN, R. P.; ODELL, J. D.; WARREN, W. L. e COLE, P. "Antibodies to myelin basic protein in children with autistic behavior". *Brain Behavior and Immunity* 7(1), 1993, pp. 97-103.

SLEIGH, M. e LICKLITER, R. "Augmented prenatal auditory stimulation alters postnatal perception, arousal, and survival in bobwhite quail chicks". *Developmental Psychobiology* 30(3), 1997, pp. 201-212.

SMALLEY, S. L. "Genetic influences in childhood-onset psychiatric disorders: autism and attention-deficit/hyperactivity disorder". *American Journal of Human Genetics* 60(6), 1997, pp. 1.276-1.282.

SMITH, I. e BRYSON, S. "Imitation and action in autism: a critical review". *Psychological Bulletin* 116, 1994, pp. 259-273.

SMITH, L. B. e THELEN, E. *A dynamic systems approach to development: applications.* Cambridge: MIT Press, 1993.

SODERHOLM, J. D.; YANG, P. C.; CEPONIS, P.; VOHRA, A.; RIDDELL, R.; SHERMAN, P. M. e PERDUE, M. H. "Chronic stress induces mast cell-dependent bacterial adherence and initiates mucosal inflammation in rat intestine". *Gastroenterology* 123(4), 2002, pp. 1.099-1.108.

SPARKS, B. F.; FRIEDMAN, S. D.; SHAW, D. W.; AYLWARD, E. H.; ECHELARD, D.; ARTRU, A. A.; MARAVILLA, K. R.; GIEDD, J. N.; MUNSON, J.; DAWSON, G. e DAGER, S. R. "Brain structural abnormalities in young children with autism spectrum disorder". *Neurology* 59(2), 2002, pp. 184-192.

STEHLI, A. (ed.). *Dancing in the rain.* Westport: The Georgiana Organization, 1995.

STEHLIN, I. "Homeopathy: real medicine or empty promises". *FDA Consumer Magazine* 30 (10). Cópia eletrônica disponível em <www.fda.gov/fdac/features/096_home.html>, 1996.

STILLER, M. e SIGMAN, M. "The behaviors of parents of children with autism predict the subsequent development of their children's communication". *Journal of Autism and Developmental Disorders* 32, 2002, pp. 77-89.

STOKES, T. e BAER, D. "An implicit technology of generalization". *Journal of Applied Behavior Analysis* 10, 1977, pp. 349-367.

STONE, W. L. e OUSLEY, O. X. "Pervasive developmental disorders: autism." *In:* M. L. Wolraich (ed.). *Disorders of development and learning.* Boston: Mosley, 1996, pp. 379-405.

_____.; OUSLEY, O.; HEPBURN, S.; HOGAN, K. e BROWN, C. "Patterns of adaptive behavior in very young children with autism". *American Journal on Mental Retardation* 104, 1999, pp. 187-199.

STONEMAN, Z. "Supporting positive sibling relationships during childhood". *Mental Retardation and Developmental Disabilities Research Review* 7, 2001, pp. 134-142.

STROMLAND, K.; NORDIN, V.; MILLER, M.; AKERSTROM, B. e GILLBERG, C. "Autism in thalidomide embryopathy: a population study". *Developmental Medicine and Child Neurology* 36(4), 1994, pp. 351-356.

SULTANA, R.; YU, C.-E.; YU, J.; MUNSON, J.; CHEN, D.; HUA, W.; ESTES, A.; CORTES, F.; DE LA BARRA, F.; YU, D.; HAIDER, S. T.; TRASK, B. J.; GREEN, E. D.; RASKIND, W. H.; DISTECHE, C. M.; WIJSMAN, E.; DAWSON, G.; STORM, D. R.; SCHELLENBERG, G. D. e VILLACRES, E. C. "Identification of a novel gene on chromosome 7q11.2 interrupted by a translocation breakpoint in a pair of autistic twins". *Genomics* 80, 2002, pp. 129-134.

SULZER-AZAROFF, B. e MAYER, G. R. *Behavior analysis for lasting change.* Fort Worth: Holt, Rinehardt e Winston, 1991.

SUMMERS, J. A.; BEHR, S. K. e TURNBULL, A. P. "Positive adaptations and coping strengths of families who have children with disabilities". *In:* G. Singer e L. Irvin (eds.). *Support for care-giving families: enabling positive adaptation to disability.* Baltimore: Brookes, 1989, pp. 27-40.

TAGER-FLUSBERG, H. "Brief report: current theory and research on language and communication in autism". *Journal of Autism and Developmental Disorders* 26, 1996, pp. 169-172.

_____.; JOSEPH, R. e FOLSTEIN, S. "Current directions in research in autism". *Mental Retardation and Developmental Disabilities Research Reviews* 7, 2001, pp. 21-29.

TARAKESHWAR, N. e PARGAMENT, K. I. "Religious coping in families of children with autism". *Focus on Autism and Other Developmental Disabilities* 16, 2001, pp. 247-260.

TAYLOR, B.; MILLER, E.; LINGAM, R.; ANDREWS, N.; SIMMONS, A. e STOWE, J. "Measles, mumps, and rubella vaccination and bowel problems or developmental regression in children with autism: population study". *British Medical Journal* 324(7334), 2002, pp. 393-396.

TEICHER, M. H.; ANDERSEN, S. L.; POLCARI, A.; ANDERSON, C. M. e NAVALTA, C. P. "Developmental neurobiology of childhood stress and trauma". *Psychiatric Clinics of North America* 25(2), 2002, pp. 397-426, vii-viii.

TEITELBAUM, P.; TEITELBAUM, O.; NYE, J.; FRYMAN, J. e MAUER, P. "Movement analysis in infancy may be useful for early diagnosis of autism". *Proceedings of the National Academy of Sciences* 95, 1998, pp. 13.982-13.987.

THELEN, E. "Time-scale dynamics and the development of an embodied cognition". *In:* R. F. Port e T. van Gelder (eds.). *Mind as motion: explorations in the dynamics of cognition.* Cambridge: MIT Press, 1995.

THOMAS, A. e CHESS, S. *Temperament and development.* Nova York: Brunner/Mazel, 1977.

THOMPSON, B. e ANDREWS, S. "An historical commentary on the physiological effects of music: Tomatis, Mozart and neurophysiology". *Integrative Physiological and Behavioral Sciences* 35, 2000, pp. 174-188.

THOMPSON, R. J. e GUSTAFSON, K. E. *Adaptation to chronic illness.* Washington: American Psychological Association, 1996.

TINBERGEN, A. N. e TINBERGEN, E. *Autistic children: new hope for a cure.* Londres: George Allen and Unwin, 1983.

_____. "Early childhood autism: an ethological approach. Advances in ethology", *Journal of Comparative Ethology*, Supplement n. 10. Berlin: Paul Berry, 1972.

TOBING, L. E. e GLENWICK, D. S. "Relation of the childhood autism rating scale – Parent version to diagnosis, stress, and age". *Research in Developmental Disabilities* 23, 2002, pp. 211-223.

TOMMASONE, L. e TOMMASONE, J. "Adjusting to your child's diagnosis". *In:* M. Powers (ed.). *Children with autism: a parent's guide.* Rockville: Woodbine House, 2000, pp. 22-43.

TRAVIS, L. e SIGMAN, M. "Communicative intentions and symbols in autism. Examining a case of altered development". *In:* J. Burack; T. Charman; N. Yirmiya e P. Zelazo (eds.). *The development of autism: perspectives from theory and research.* Mawah: Erlbaum, 2001, pp. 279-308.

TREFFERT, D. e WALLACE, G. "Islands of genius". *Scientific American*, junho de 2002, pp. 76-85.

TREVARTHEN, C.; AITKEN, K.; PAPOUDI, D. e ROBARTS, J. *Children with autism: diagnosis and interventions to meet their needs.* Londres: Jessica Kingsley Publishers, 1996.

TSAI, L. Y. "Brief report: Co-morbid psychiatric disorders". *Journal of Autism and Developmental Disorders* 26, 1996, pp. 159-163.

_____. "Medical treatment in autism". *In:* D. Berkell (ed.). *Autism: identification, education, and treatment.* Hillsdale: Erlbaum, 1992, pp. 151-184.

_____. "Medical interventions in students with autism" *In:* R. Simpson e B. Myles (eds.). *Educating children and youth with autism.* Austin: Pro-Ed, 1998, pp. 277-314.

_____. "Psychopharmacology in autism". *Psychosomatic Medicine* 61, 1999, pp. 651-665.

TUCHMAN, R. "Treatment of seizure disorders and EEG abnormalities in children with autism spectrum disorders". *Journal of Autism and Developmental Disorders* 30, 2000, pp. 485-489.

TUCHMAN, R.; RAPIN, I. e SHINNAR, S. "Autistic and dysphasic children II: epilepsy". *Pediatrics* 88, 1991, pp. 1.219-1.225.

TUNALI, B. e POWER, T. G. "Coping by redefinition: cognitive appraisals in mothers of children with autism and children without autism". *Journal of Autism and Developmental Disorders* 32, 2002, pp. 25-34.

TURGAY, A.; BINDER, C.; SNYDER, R. e FISMAN, R. "Long-term safety and efficacy of risperidone for the treatment of disruptive behavior disorders in children with subaverage IQs". *Pediatrics* 110(3), 2002, p. 34.

TURNER, M. "Toward an executive dysfunction account of repetitive behavior". *In:* J. Russell (ed.). *Autism as an executive disorder.* Oxford: Oxford University Press, 1997, pp. 57-100.

UVLAND, S. e SMITH, L. "The predictive validity of nonverbal communicative skills in infants with perinatal hazards". *Infant Behavior and Development* 19, 1996, pp. 441-449.

VANIER, J. *The heart of L'Arche*. Toronto: Novalis, 1995.

VANIER, T. *One bread, one body*. Toronto: Novalis, 1997.

VOLDEN, J. e JOHNSTON, J. "Cognitive scripts in autistic children and adolescents". *Journal of Autism and Developmental Disorders* 29, 1999, pp. 203-211.

VOLKMAN, F.; SZATMARI, P. e SPARROW, S. "Sex differences in pervasive developmental disabilities". *Journal of Autism and Developmental Disabilities* 23, 1993, pp. 579-591.

VOLKMAR, F. R. "Pharmacological interventions in autism: theoretical and practical issues". *Journal of Clinical Child Psychology* 30(1), 2001, pp. 80-87.

_____.; COHEN, D. e PAUL, R. "An evaluation of DSM-III criteria for infantile autism". *Journal of American Academy of Child Psychiatry* 25, 1986, pp. 190-197.

VYGOTSKY, L. S. *Mind in society: the development of higher psychologiscal processes*. *In:* M. Cole; V. John-Steiner; S. Scribner e E. Souberman (eds.). Cambridge: Harvard University Press, 1978.

WALTZ, M. *Pervasive developmental disorders: finding a diagnosis and getting help*. Sebastopol: O'Reilly e Associates, 1999.

WANG, C. "High autism prevalence but no cluster found in Brick Township". *Advocate* 33, 2000, pp. 11-12.

WATERHOUSE, L. e FEIN, D. "Autism and the evolution of human social skills". *In:* F. R. Volkmar (ed.). *Autism and pervasive developmental disorders*. Nova York: Cambridge University Press, 1998, pp. 242-267.

_____. e MODAHL, C. "Neurofunctional mechanisms in autism". *Psychological Review* 103(3), 1996, pp. 457-489.

WATERHOUSE, S. *A positive approach to autism*. London: Jessica Kingsley Publishers, 2000.

WATSON, L. "Issues in early comprehension development of children with autism". *In:* E. Schopler; N. Yirmiya; C. Shulman e L. Marcus (eds.). *The research basis for autism intervention*. Nova York: Kluwer Academic Plenum Publishers, 2001, pp. 135-150.

WEBSTER'S NEW WORLD COLLEGE DICTIONARY. 4ª edição. Nova York: Macmillan, 1999.

WEHMEYER, M.; AGRAN, M. e HUGHES, C. "A national survey of teachers' promotion of self-determination and student directed learning". *Journal of Special Education* 34, 2000, pp. 58-68.

WERTSCH, J. V. "From social interaction to higher social processes: a clarification and application of Vygotsky's theory". *Human Development* 22, 1979, pp. 1-22.

WETHERBY, A. e PRIZANT, B. "Facilitating language and communication development in autism: assessment and intervention guidelines". *In:* D. Berkell (ed.). *Autism: identification, education and treatment*. Hillsdale: Lawrence Erlbaum, 1992, pp. 107-134.

WHITMAN, T. L. "Self-instruction, individual differences, and mental retardation". *American Journal of Mental Deficiency* 92, 1987, pp. 213-223.

_____. "Self-regulation and mental retardation". *American Journal on Mental Retardation* 94, 1990, pp. 347-362.

_____.; BORKOWSKI, J. G.; KEOGH, D. A. e WEED, K. *Interwoven lives: adolescent mothers and their children*. Mawah: Erlbaum, 2001.

_____.; O'CALLAGHAN, M. e SOMMER, K. "Emotion and mental retardation". *In:* W. McLean (ed.). *Handbook of mental deficiency: psychological theory and research*. 3ª edição. Mawah: Erlbaum, 1997, pp. 77-98.

_____.; SCIBAK, J. e REID, D. *Behavior modification with the severely and profoundly retarded*. Nova York: Academic Press, 1983.

WILBARGER, P. e WILBARGER, J. L. *Sensory defensiveness in children aged 2-12*. Denver: Avanti Educational Programs, 1991.

WILLIAMS, D. S. *Like color to the blind*. Nova York: Times Books-Random House, 1996 (republicado em 1999, Londres: Jessica Kingsley Publishers).

_____. *Nobody nowhere*. Nova York: Doubleday, 1992 (republicado em 1999, Londres: Jessica Kingsley Publishers).

_____. *Thinking in pictures*. Nova York: Vintage Books, 1992.

WILLIAMS, M. e SHELLENBERGER, S. *How does your engine run? A teacher's guide to the Alert Program for self-regulation*. Albuquerque: Therapy Works, 1996.

WING, L. "Asperger's syndrome: a clinical account". *Psychological Medicine* 11, 1981, pp. 115-129.

_____. e GOULD, J. "Severe impairments of social interaction and associated abnormalities in children: epidemiology and classification". *Journal of Autism and Developmental Disorders* 9, 1979, pp. 11-29.

WINSLOW, J. T. e INSEL, T. R. "The social deficits of the oxytocin knockout mouse". *Neuropeptides* 36, 2002, pp. 221-229.

WOLF, L. C.; NOH, S.; FISMAN, S. N. e SPEECHLEY, M. "Brief report: psychological effects of parenting stress on parents of autistic children". *Journal of Autism and Developmental Disorders* 19, 1989, pp. 157-166.

WOODHOUSE, W.; BAILEY, A.; RUTTER, M.; BOLTEN, P.; BAIRD, G. e LE CONTEUR, A. "Head circumference in autism and other pervasive developmental disorders". *Journal of Child Psychology and Psychiatry* 37(6), 1996, pp. 665-671.

WORLD HEALTH ORGANIZATION. *International classification of diseases (10ª rev.): criteria for research*. Genebra: Organização Mundial de Saúde, 1990.

YARROW, L. J. "Perspectives on interactional research" *In:* E. Shapiro e E. Weber (eds.). *Cognitive and affective growth*. Hillsdale: Erlbaum, pp. 97-108.

ZILBOVICIUS, M.; BODDAERT, N.; BELIN, P.; POLINE, J. B.; REMY, P.; MANGIN, J. F.; THIVARD, L.; BARTHELEMY, C. e SAMSON, Y. "Temporal lobe dysfunction in childhood autism: a pet study. Positron emission tomography". *American Journal of Psychiatry* 157(12), 2000, pp. 1.988-1.993.

_____.; GARREAU, B.; SAMSON, Y.; REMY, P.; BARTHELEMY, C.; SYROTA, A. e LELORD, G. "Delayed maturation of the frontal cortex in childhood autism". *American Journal of Psychiatry* 152(2), 1995, pp. 248-252.

ZIOLKO, M. "Counseling parents of children with disabilities: a review of literature and implications for practice". *In:* M. Nagler (ed.). *Perspectives on Disability*. Palo Alto: Health Market Research, 1993.

Índice Remissivo

Este livro foi impresso nas oficinas gráficas da Editora Vozes Ltda.,
Rua Frei Luís, 100 – Petrópolis, RJ.